"十四五"职业教育国家规划教材

U0680570

汽车

电气系统检修

附微课视频 | **附AR 交互模型**

杨智勇 修玲玲 张宇／主编

王洪佩 郭明华 王希业／副主编

人民邮电出版社

北 京

图书在版编目（ＣＩＰ）数据

汽车电气系统检修：附微课视频、附AR交互模型 /
杨智勇，修玲玲，张宇主编. -- 北京：人民邮电出版社，
2018.9（2024.1 重印）
汽车类职业技能培养"十三五"规划教材
ISBN 978-7-115-47200-7

Ⅰ. ①汽… Ⅱ. ①杨… ②修… ③张… Ⅲ. ①汽车—
电气系统—检修—技术培训—教材 Ⅳ. ①U472.41-64

中国版本图书馆CIP数据核字(2017)第269495号

内 容 提 要

本书从实际出发，根据项目教学的要求，将具体内容按照学习目标、任务引入、相关知识、任务实施的形式进行编排。本书共分 9 个项目，内容包括汽车电气系统总体认识、蓄电池的检修、交流发电机及调节器的检修、起动系统的检修、点火系统的检修、照明与信号系统的检修、仪表与报警系统的检修、汽车辅助电器的检修、汽车电路图分析。本书以国内外中高档轿车为例，系统地讲述了现代汽车电气设备的基本结构、工作原理及检修方法。

本书可作为高职高专院校相关课程的教材，也可作为汽车技术人员的培训教材和参考用书。

◆ 主　　编　杨智勇　修玲玲　张　宇
　　副 主 编　王洪佩　郭明华　王希业
　　责任编辑　王丽美
　　责任印制　马振武

◆ 人民邮电出版社出版发行　　北京市丰台区成寿寺路 11 号
　　邮编　100164　电子邮件　315@ptpress.com.cn
　　网址　http://www.ptpress.com.cn
　　北京联兴盛业印刷股份有限公司印刷

◆ 开本：787×1092　1/16
　　印张：18　　　　　　　　　　　2018 年 9 月第 1 版
　　字数：430 千字　　　　　　　2024 年 1 月北京第 14 次印刷

定价：49.80 元

读者服务热线：(010)81055256　印装质量热线：(010)81055316
反盗版热线：(010)81055315
广告经营许可证：京东市监广登字 20170147 号

编写背景

"汽车电气系统检修"是职业院校汽车检测与维修技术、汽车电子技术等专业的一门专业核心课程。为了适应新的职业教育模式的要求，使学生能够系统地学习汽车电器的知识与技能，并体现"做中学"和"基于工作过程"的教学理念，我们组织高职院校教师及企业专家编写了本书。

本书特色

1. 落实立德树人根本任务

贯彻党的二十大报告所提出的"育人的根本在于立德。全面贯彻党的教育方针，落实立德树人根本任务，培养德智体美劳全面发展的社会主义建设者和接班人"。本书精心设计，依据专业课程的特点融入素质培养要素，弘扬了精益求精的专业精神、职业精神和工匠精神，激发学生自信自强、守正创新，踔厉奋发、勇毅前行。

2. 项目引领，任务驱动

本书从实际应用出发，根据项目教学的要求，采用"项目引领，任务驱动"的模式编写。全书共 9 个项目，每个项目又分若干个任务，任务中将具体内容按照学习目标、任务引入、相关知识、任务实施的形式进行编排。为了满足职业教育教学的要求，顺应职业院校学生的认知习惯，本书在编写过程中，紧紧围绕汽车专业教育教学改革的要求，注重职业教育的特点，按技能型、应用型人才培养的模式进行设计构思。

3. 校企合作，双元开发，产教融合

本书由职业院校教师和企业专业技术人员共同开发，由教学经验丰富的教师执笔，企业提供真实项目案例。本书的理论知识与项目实践相结合，保证了教材的职业教育特色。

4. 课证融通，注重技能培养

本书在"1+X"课证融通相应的项目中选取学习任务，将知识和技能进行整合，突出体现了以知识为目标，以实践为载体，以技能培养为核心的特点。

5. 配套丰富的立体化教学资源

本书是一本体现"互联网＋教育"理念的教材。书中对重点知识配备了视频和动画，以二维码的形式插入书中，读者可通过手机等移动终端扫描观看。本书还提供了基于 AR 技术的多媒体图片（带"AR 汽车电器"字样的图标），打开"易用 AR 立体书"App 扫描多媒体图片，识别后可随意操作模型，实现从抽象思维到形象思维的转变，有效提高学生的学习兴趣。为了方便教学，本书提供了相应的教学资源，包括 PPT 课件、练习思考题答案、授课计划、课程标准、作业单、习题库等。

AR 资源使用方法

- 安装软件 App。安装方法有两种：①扫描右侧二维码，根据提示

安装"易用 AR 立体书"App；②在手机应用商店中搜索"AR 立体书"，下载安装"易用 AR 立体书"App。

- 打开"易用 AR 立体书"App，手机摄像头对准多媒体图片扫描。识别后，点击"解锁" 按钮。解锁后，点击下面右图中右侧的按钮，实现交互操作。

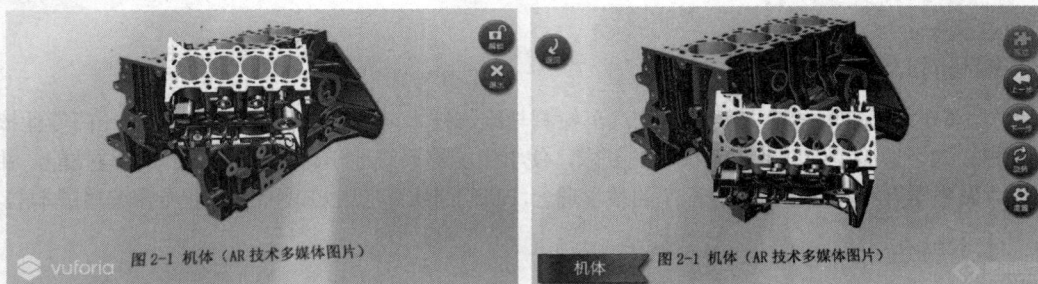

图 2-1 机体（AR 技术多媒体图片）

图 2-1 机体（AR 技术多媒体图片）

教学建议

本书的参考学时为 70 学时，其中实训环节为 30 学时，各项目的参考学时参见下面的学时分配表。

学时分配表

项目	课程内容	学时分配	
		讲授	实训
项目一	汽车电气系统总体认识	2	2
项目二	蓄电池的检修	4	2
项目三	交流发电机及调节器的检修	6	4
项目四	起动系统的检修	4	4
项目五	点火系统的检修	6	4
项目六	照明与信号系统的检修	4	4
项目七	仪表与报警系统的检修	4	4
项目八	汽车辅助电器的检修	8	4
项目九	汽车电路图分析	2	2
学时总计		40	30

编者情况

本书由辽宁省交通高等专科学校杨智勇、修玲玲和哈尔滨职业技术学院张宇任主编，山东理工职业学院王洪佩、辽宁省交通高等专科学校郭明华和潍坊职业学院王希业任副主编，全书由杨智勇统稿。参加本书编写工作的还有辽宁省交通高等专科学校黄艳玲、王丽梅、翟静、韩伟、季成久、张凤云、李培军等。

由于编者水平所限，书中难免有不妥之处，恳请使用本书的读者批评指正。

编　者

2023 年 5 月

目 录

任务一 认识汽车电气系统

（1）了解汽车电气设备的发展阶段和发展趋势。

（2）掌握汽车电气系统的组成与特点。

（3）能够正确认识汽车电气设备。

（4）培养学生良好的职业道德和较强的社会责任感，培养大国工匠精神。

口 任务引入 口

学习和研究汽车电气设备的作用、工作原理、结构和检修方法，对于今后从事汽车维修方面的工作具有十分重要的意义。

虽然汽车电气设备各级系统的结构、性能随着其他技术的发展和人们的要求不断变化和发展，但是，只要真正掌握汽车电气设备各个系统的作用、基本工作原理，及时掌握各种新技术在汽车电气设备中的应用动态，就能适应汽车技术发展的要求，真正维护好汽车电气设备。

口 相关知识 口

一、汽车电气设备的发展

1. 汽车电气设备的发展概况

经过近百年的发展，汽车电气设备成为汽车越来越重要的组成部分。其结构是否合理、性能是否优良、技术状况是否正常，对汽车的动力性、经济性、安全性、可靠性、舒适性和排放水平都有非常重要的影响。

文档

培养具有工匠精神的
汽车人

在汽车发展的最初阶段，除了点火系统外，汽车上几乎没有电气设备。汽车电子技术始于 20 世纪 50 年代，其发展大致可分为 4 个阶段，如表 1-1 所示。

表 1-1　　　　　　　　　　　　汽车电子技术发展阶段

发展阶段	主要特征
第一阶段（20世纪50年代初至70年代初）	开发分立元件和集成电路，开始应用电子装置代替传统的机械部件，如集成电路调节器、电子点火器等

发展阶段	主要特征
第二阶段（20世纪70年代中期至80年代中期）	发展专用的独立系统，电气装置被应用在某些机械装置所无法解决的复杂控制功能方面，如电子控制汽油喷射系统、制动防抱死系统等
第三阶段（20世纪80年代中期至90年代中期）	电控单元开始在汽车上获得应用，并实现了对许多功能的集中控制。开发可完成各种功能的综合系统及各种车辆整体系统的电控单元控制。汽车上的电气装置不仅能自动承担基本控制任务，而且还能处理外部和内部的各种信息，如部分传统电气设备实现电控单元控制，发动机和底盘的许多机械部分实现电控单元控制
第四阶段（20世纪90年代中期开始）	研究并发展汽车电子智能控制技术，模拟人的思维和行为对车辆进行控制，如汽车自动驾驶系统、汽车自动导航系统等

汽车采用电子控制系统的概况如图 1-1 所示。

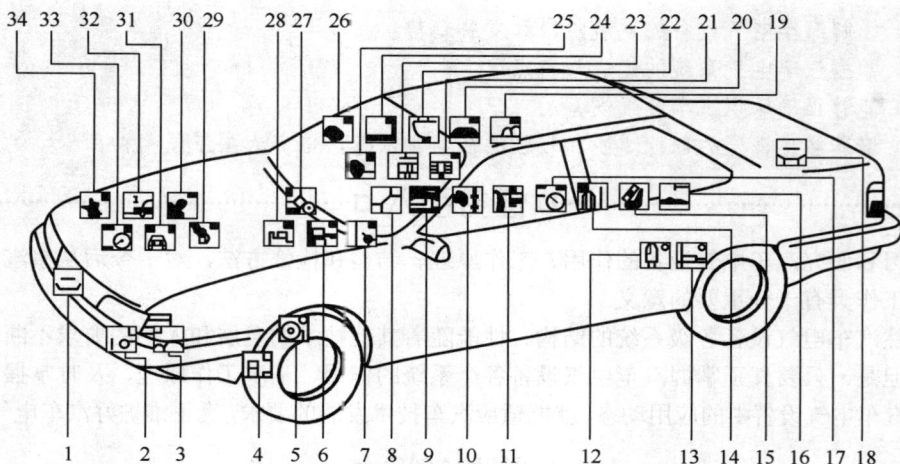

图 1-1　汽车电子技术在汽车上的应用

1、18—雷达车距检测　2—前照灯控制与自动清洗　3—气体放电车灯　4—轮胎气压检测　5—制动防抱死与防滑转控制　6—底盘故障诊断　7—刮水器与洗涤器控制　8—维修周期提示　9—液面与磨损检测　10—安全气囊与安全控制　11—车辆防盗控制　12—前/后轮转向控制　13—电子控制悬架　14—自动空调　15—电动座椅调节　16—中控门锁　17—巡航控制　19—线束控制　20—信息显示　21—交通控制与通信　22—车载电话　23—车载电控单元　24—音响系统　25—声控系统　26—声音复制　27—控制器区域网络　28—加速踏板控制　29—电控单元点火控制　30—自动变速控制　31—发动机电控系统故障诊断　32—空燃比反馈控制　33—怠速控制　34—发动机电控燃油喷射系统控制

2. 汽车电子技术应用的发展趋势

人类进入 21 世纪，现代汽车工业已进入成熟期，世界汽车生产能力已大于需求总量的 20%。其重要标志是汽车技术向机电一体化迈进，汽车电子化程度不断提高。

随着集成控制技术、计算机技术和网络技术的发展，汽车电子技术已明显向集成化、智能化和网络化 3 个主要方向发展，如表 1-2 所示。

表 1-2　　　　　　　　　　　　　　　　汽车电子技术发展方向

发展方向	主要特征
集成化	近年来嵌入式系统、局域网控制和数据总线技术的成熟，使汽车电子控制系统的集成成为汽车技术发展的必然趋势。将发动机管理系统和自动变速器控制系统，集成为动力传动系统的综合控制；将制动防抱死控制系统、牵引力控制系统和驱动防滑控制系统综合在一起进行制动控制；通过中央底盘控制器，将制动、悬架、转向、动力传动等控制系统通过总线进行连接，控制器通过复杂的控制运算，对各子系统进行协调，将车辆行驶性能控制到最佳水平，形成一体化底盘控制系统
智能化	智能化传感技术和计算机技术的发展，加快了汽车的智能化进程。汽车智能化相关的技术问题已受到汽车制造商的高度重视。其主要技术中"自动驾驶仪"的构想必将依赖于电子技术的实现。智能交通系统（ITS）的开发将与电子、卫星定位等多个交叉学科相结合，它能根据驾驶人提供的目标资料，向驾驶人提供距离最短而且能绕开车辆密度相对集中处的最佳行驶路线。它装有电子地图，可以显示出前方道路并采用卫星导航。从全球定位卫星获取沿途天气、车流量、交通事故、交通堵塞等各种情况，自动筛选出最佳行车路线
网络化	随着电控器件在汽车上应用得越来越多，车载电子设备间的数据通信变得越来越重要。以分布式控制系统为基础构造汽车车载电子网络系统是十分必要的。大量数据的快速交换、高可靠性及低成本是对汽车电子网络系统的要求。在该系统中，各子处理机独立运行，控制改善汽车某一方面的性能，同时在其他处理机需要时提供数据服务。主处理机收集整理各子处理机的数据，并生成车况信息显示

二、汽车电气系统的组成与特点

1. 汽车电气系统的组成

汽车电气系统的功能是保证车辆在行驶过程中的可靠性、安全性和舒适性。如图 1-2 所示，汽车电气系统可分为以下几部分。

（1）电源系统

电源系统包括蓄电池、交流发电机及其调节器。

（2）起动系统

起动系统包括起动机、起动继电器等。

（3）点火系统

点火系统包括点火开关、点火线圈、分电器（有的车型已取消分电

器）、电控单元（ECU）、信号发生器、点火控制器、火花塞、高压导线等。

（4）照明系统

照明系统包括前照灯、雾灯、牌照灯、顶灯、阅读灯、仪表板照明灯、行李箱灯、门灯、发动机舱照明灯等。

（5）仪表系统

仪表系统包括车速里程表、燃油表、冷却液温度表、发动机转速表等。

（6）信号系统

信号系统包括音响信号和灯光信号装置，制动信号灯、转向信号灯、倒车信号灯以及各

文档

车载网络和数据总线

种报警指示灯等。

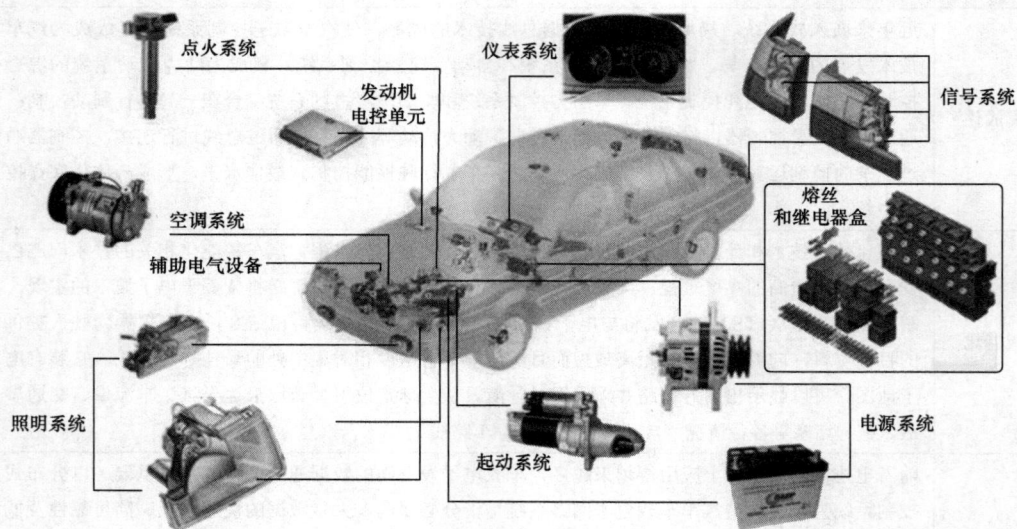

图 1-2　汽车电气系统的组成

（7）空调系统

空调系统包括暖风、制冷与除湿装置等。

（8）其他辅助电气设备

其他辅助电气设备包括电动玻璃升降器、中央控制门锁、电动后视镜、风窗刮水器、洗涤器、电喇叭、点烟器、电动天窗、巡航控制系统、安全气囊、电动座椅等。

2. 汽车电气系统的特点

（1）低压

汽车用电设备的额定电压有 12V 和 24V 两种。汽油车多采用 12V 电源电压，而大型柴油车多采用 24V 电源电压。

（2）直流

汽车电气设备用直流电主要是从蓄电池的充电来考虑的。因为蓄电池充电时必须用直流电，所以汽车电源必须是直流电。

（3）单线制

汽车上所有用电设备都是并联的，电源与用电设备之间只用一根导线连接，而另一根导线则用汽车车体或发动机机体的金属部分代替，作为公共回路，这种连接方式称为单线制。单线制可节省导线，使线路简化、清晰，便于安装与检修，并且用电设备无须与车体绝缘，因此现代汽车广泛采用单线制。

（4）负极搭铁

采用单线制时，蓄电池的一个电极需接到汽车车体或发动机机体的金属部分，俗称"搭铁"。若将蓄电池的负极接到汽车车体或发动机机体的金属部分，便称为"负极搭铁"。目前，各国生产的汽车基本上都采用"负极搭铁"。

········· ▫ 任务实施 ▫ ·········

操作 认识汽车电气设备

汽车电气设备的安装位置可参照图 1-3。其中，电源系统、起动系统、点火系统、空调系统的大部分部件都安装在发动机舱内，仪表系统安装在驾驶室内，照明系统、信号系统安装在车身的前后部位，电动玻璃升降器、中央控制门锁、电动后视镜、风窗刮水器、电动天窗等安装在车身上。

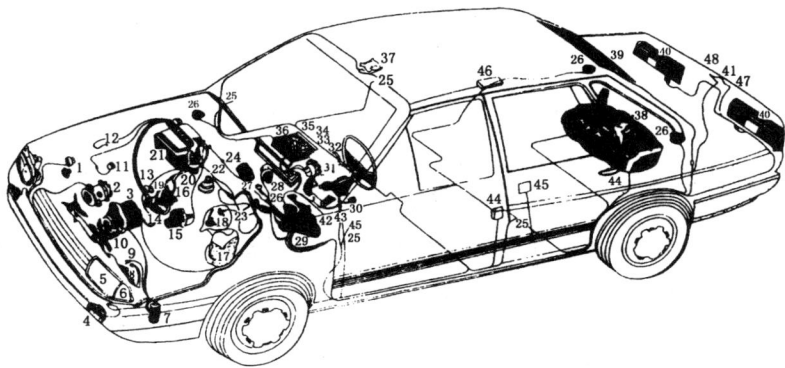

图 1-3 汽车电气设备位置

1—双音喇叭 2—空调压缩机 3—交流发电机 4—雾灯 5—前照灯 6—转向指示灯 7—空调储液干燥器
8—中间继电器 9—电动风扇双速热敏开关 10—风扇电动机 11—进气电预热器 12—化油器怠速截止电磁阀
13—热敏开关 14—机油油压开关 15—起动机 16—火花塞 17—风窗清洗液电动泵 18—冷却液液面传感器
19—分电器 20—点火线圈 21—蓄电池 22—制动液液面传感器 23—倒车灯开关 24—空调、暖风用鼓风机
25—车门接触开关 26—扬声器 27—点火控制器 28—风窗刮水器电动机 29—中央接线盒 30—前照灯变光
开关 31—组合开关 32—空调及风量旋钮 33—雾灯开关 34—后窗电加热器开关 35—危急报警灯开关
36—收放机 37—顶灯 38—油箱油面传感器 39—后窗电加热器 40—组合后灯 41—牌照灯 42—电动天线
43—电动后视镜 44—中央控制门锁 45—电动摇窗机 46—电动天窗开关 47—后盖集控锁 48—行李箱灯

任务二 汽车电气系统故障诊断基础知识

········· ▫ 学习目标 ▫ ·········

（1）了解汽车电气系统常见故障类型与特点。
（2）熟悉汽车电路故障诊断常用工具的正确使用方法。
（3）掌握汽车电气系统故障诊断流程与注意事项。
（4）熟悉汽车电气系统故障诊断方法。
（5）培养学生具备良好的人文科学和职业素养，扎实的专业技能，以及运用所学专业知识分析和解决实际问题的能力。

近年来，汽车电子工业发展迅速，新型汽车电子产品不断取代传统的汽车电气设备，普遍实现了电气化、自动化，给汽车工业带来了巨大的效益，促进了现代电器电子化的发展，也使得汽车电气系统越来越复杂。据相关行业的数据统计，日常发生的汽车维修问题中电气系统故障出现的概率是较高的。

汽车电气系统出现的故障给汽车用户带来了很多困扰，只有掌握现代汽车中电气系统故障的特点，分析常见故障产生的种类与原因，明确电气系统故障在汽车维修时的注意事项，针对现代汽车中常见的电气系统故障提出具体的诊断方法，才能对汽车进行有效的维修。

一、汽车电气系统常见故障类型

汽车电气系统的故障总体上可分为两种类型：电气设备的故障；控制电路的故障。

1. 电气设备的故障

电气设备故障是指电气设备自身丧失其原有机能，包括电气设备的机械损坏、烧毁，电子元件的击穿、老化、性能减退等。在实际使用和维修中，常常因电路故障而造成电气设备故障。电气设备故障一般是可修复的，但一些不可拆的电子设备出现故障后只能更换。

2. 控制电路的故障

电路故障包括短路、断路、高电阻、接线松脱、接触不良或绝缘不良等。这一类故障有时容易出现一些假象，给故障诊断带来困难。例如，某搭铁线与车身接触不良，就有可能造成电气设备开关失控，电气设备工作混乱。这是因为有的搭铁线为几个电气设备共用，一旦该搭铁线出现接触不良，它就把多个电气设备的工作电路联系到一起，通过其他电路找到搭铁途径，造成一个或多个电气设备工作异常。

（1）短路故障

① 搭铁短路故障。搭铁短路是指电路未经过负载提前搭铁的一种故障现象。汽车电路中大部分搭铁短路故障是由于导线或电路元件的绝缘层破裂，并且搭铁造成的。

图 1-4（a）所示为开关和用电设备之间的导线绝缘层破损导致搭铁短路，电流没有通过用电设备而直接返回搭铁端，导致用电设备不工作，电路中的电流升高，熔丝或其他电路保护装置断开。如果电路没有保护装置，还会引起线路或其他部件烧毁甚至燃烧。

如图 1-4（b）所示，电路在用电设备和开关之前搭铁，会导致用电设备不工作并且开关无法控制电路，熔丝也会马上烧断。如果没有电路保护装置，还有可能会烧毁电源。若出现这种情况，即使更换了熔丝，接通电路后，仍然会再次烧断熔丝。

② 与电源短路故障。与电源短路通常是一个电路的两个独立分支因导线绝缘层破损相互连接，导致电路不能正常工作或反应异常甚至烧毁。

如图 1-5（a）所示，用电设备前面的导线和用电设备与开关之间的导线短接，这样会造成左边的电路失效，而右边的电路正常。如图 1-5（b）所示，两个独立的支路在开关前面短路，会使两个电路都不能单独控制，任何一个开关都可以同时控制这两个电路。

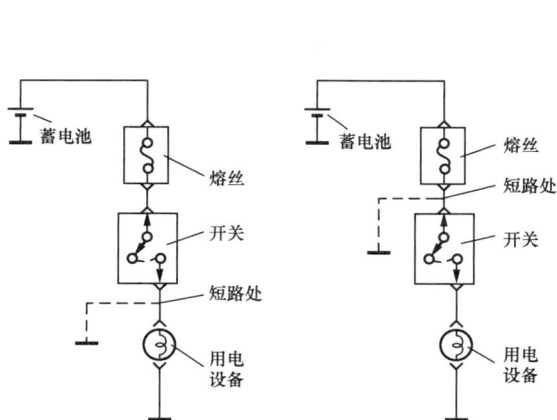

（a）从开关后短路　　　（b）从开关前短路

图1-4 搭铁短路故障简单示意图

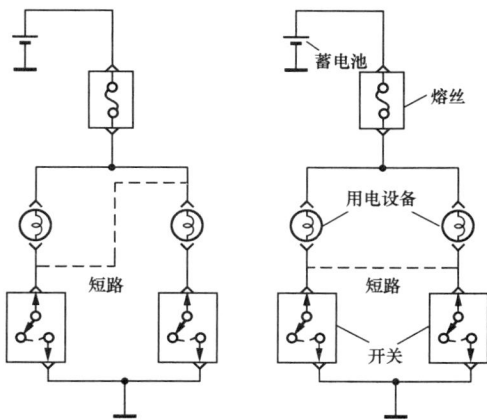

（a）　　　　　　　（b）

图1-5 与电源短路故障简单示意图

小结

遇到短路故障，要具体情况具体分析，不能一概而论，要根据故障的详细情况，参照电路图并利用检测工具正确判断才行。

（2）断路故障

断路故障是一种不连续的、有中断的电路故障。电气部件接触不良就是一种轻微的断路现象。电路中的任何一部分出现问题都有可能导致断路，如导线断裂、电路部件烧毁、接头松动等。

① 串联电路中的断路故障。如果一个串联电路中有断路故障，则会导致整个电路都不导通。检测电路中断路的方法是分别测量电路中各个部件两端的电压。如果某一个部件的一端有电压，而另一端没有电压，则这个部件中间肯定有断路存在。如图1-6所示，用万用表测量熔丝后的电路a点处有电压，为12V；再用万用表测量开关后的电路b点处没有电压，为0V，说明开关有故障。

② 并联电路中的断路故障。在并联电路中出现的断路故障比较复杂。如图1-7所示，如果在并联电路的主线路或搭铁电路中出现断路，则结果和串联电路中出现断路是一样的，整个电路都会失效。如果在并联电路的某个支路中出现断路，则只有这个出现断路的支路受到影响，其他支路还可以正常导通。

（3）高电阻（高阻抗）

高电阻现象在汽车电路中经常出现，高电阻会使整个电路或某个器件断断续续地导通，或者电路中电流过低。例如，灯泡闪烁或者亮度降低，就有可能是高电阻引起的。电路连接不好，松动或者接头不干净都有可能引起高电阻问题。

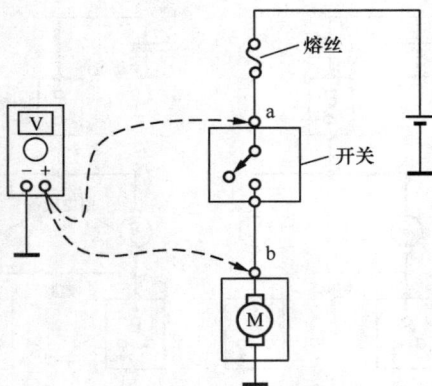

图 1-6 串联电路断路检测方法

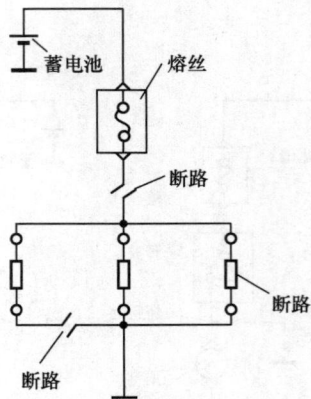

图 1-7 并联电路断路简单示意图

小结

　　由于汽车的工作环境比较恶劣，比如高速、高温、寒冷、颠簸、腐蚀等都会引起电路故障。所以在日常行车过程中要经常检查和注意保养电气系统。如果发现电气部件有异常或导线破裂、扭结、松动等，一定要及时检修。

二、汽车电气系统故障诊断常用工具

1. 跨接线

　　跨接线就是一段专用导线，不同形式的跨接线主要是其长短和两端接头不同，如图 1-8 所示。跨接线两端的接头一般是不同形式的插头或鳄鱼夹，以适应对不同位置的跨接。

　　跨接线主要用于电路故障诊断。当某个电气元件不工作时可用跨接线将被检元件的搭铁端子直接搭铁，若电气元件工作恢复正常，则说明该元件搭铁电路有故障。同理，若用跨接线将蓄电池正极跨接到被检元件电源端子上时，电气元件工作恢复正常，则说明该电源电路有故障。

　　使用跨接线时应注意以下两点。

　　（1）用跨接线将蓄电池正极跨接到被检电气元件的电源端子上时，必须弄清被检元件规定电源电压值。若将 12V 电源直接加在电气元件上，可能导致电气元件损坏。

　　（2）不要用跨接线将被检元件电源端子直接搭铁，以免导致电源短路。

2. 测试灯（测电笔）

　　测试灯实际就是带导线的电笔，主要是用来检查电气元件电路的通断。测试灯带有显示电路通断的指示灯，对电路进行检测时，根据指示灯的亮度还可判断被测电路的电压高低。测试灯分为不带电源测试灯（12V 测试灯）和自带电源测试灯两种类型。

（1）不带电源测试灯（12V 测试灯）

如图 1-9 所示，不带电源测试灯以汽车电源作为电源，由 12V 测试灯、导线和各种不同的端头组成，主要用来检查系统内电源电路是否给电气系统各部件供电，举例如下：

① 将 12V 测试灯一端搭铁，另一端接电气元件电源插头。如果灯亮，说明该电气元件电路无故障；

② 如果灯不亮，再将 12V 测试灯接电源的一端去接电源方向的第二个接点。如果灯亮，说明故障在第一接点和第二接点之间，电路出现断路故障；

③ 如果灯仍不亮，则去接第三个接点、第四个接点、……，越来越接近电源，直至灯亮为止，且断路发生在最后的被测接点与前一个被测接点之间。

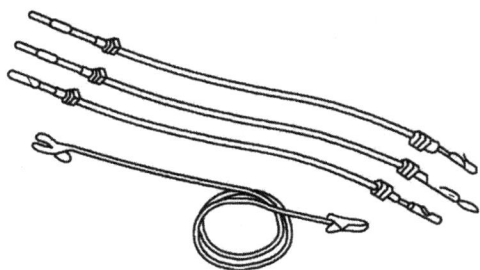

图 1-8　跨接线

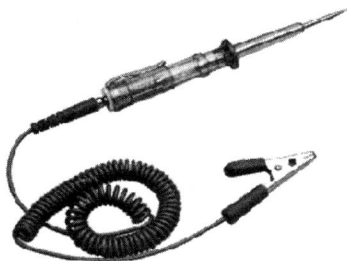

图 1-9　不带电源测试灯（12V 测试灯）

（2）自带电源测试灯

如图 1-10 所示，自带电源测试灯以其手柄内装有的两节干电池作为电源，其余同于 12V 测试灯，也是用于检查线路断路与短路故障的。

① 检查断路。断开电器的电源电路，将自带电源测试灯的一端连接在电路首端，将另一端分别连接其他各接点。如果灯亮，说明检测点与电路首端导通；如果灯不亮，则断路发生在检测点与前一接点之间。

② 检查短路。断开电器的电源电路，将自带电源测试灯一端搭铁，将另一端连接电气元件电路。如果灯亮，表示有短路故障。可一步一步地采取将电路接点脱开、开关打开或拆除元件等办法，直至使电源测试灯熄灭，则短路出现在最后开路与前一开路部件之间。

注意

如无特殊说明，不可用 12V 测试灯和自带电源测试灯检测电子控制单元（ECU）。

3.万用表

万用表是检测电子电路时最常用的仪表之一，它以携带及使用方便、可测参数多等显著特点而深受汽车修理人员的青睐。万用表可用来测量交流与直流电压、电流和导体电阻等。汽车修理中常用万用表来测量电阻、电压、电压降等，以判断电路的通断和电气设备的技术情况。万用表可分为模拟式（指针式）万用表和数字式万用表两种类型，如图 1-11 所示。

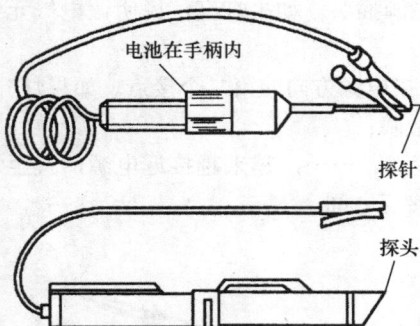

图 1-10　自带电源测试灯

（a）指针式万用表　　（b）数字式万用表

图 1-11　万用表

（1）电阻测量的方法

将开关转到电阻挡的适当位置，校零后即可测量电阻。汽车上很多电气设备的技术状态都可用检查电阻的方法来判断，如检查断路、短路、搭铁故障。

> **注意**
>
> 测量电阻时绝不能带电操作，否则易烧坏万用表。

（2）直流电压测量的方法

将开关转到直流电压挡的适当位置（选择量程）。注意表针的"＋""－"极应分别和电路两端的正负一致。用测电压的方法可以检查电路上某点是否存在电源电压，以及电路通过电气元件电压降的大小。

万用表检测汽车电气元件的注意事项如下。

① 在检测之前，应先检查汽车电气元件中熔丝、线束插接器（插头）是否良好。可参照维修手册说明的安装位置，检查各熔丝的工作状态。

② 蓄电池应保持充足的电量，电源线应接触良好，因为当电源电压小于 11V 时，会使检测结果增大甚至测试错误。

③ 万用表的输入阻抗应大于 10MΩ。若使用低阻抗的万用表，轻者会使测试数据不准确，严重时还会使汽车电气设备中的集成电路元件、传感器等损坏，因此使用前应认真阅读汽车万用表的使用说明书，对输入阻抗的数值进行核对。

④ 测量电控单元（ECU）各个端子的电压时，各插接器（插头）与各个执行器、传感器之间应保持连接状态，只有这样才能检测出准确的数据。

⑤ 测量电控单元（ECU）各个端子的电阻时，不允许用普通万用表的电阻挡测量，要特别注意的是不要将较高电压引入电控单元（ECU）内部，以免损坏电控单元（ECU）的内部元件。

4. 汽车专用示波器

汽车专用示波器（见图1-12）主要用来显示汽车电气控制系统中输入、输出信号的电压波形，以供维修人员根据波形分析判断汽车电气设备的故障。示波器比一般电子设备的显示速度快，是唯一能显示瞬时波形的检测仪器，是汽车电气系统尤其是点火系统故障诊断中的重要设备。

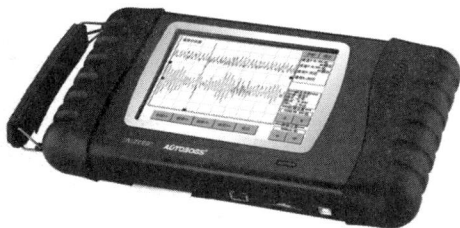

图 1-12 汽车专用示波器

（1）汽车专用示波器类型

汽车专用示波器可分为模拟式示波器和数字式示波器。模拟式示波器显示速度快，但显示波形不稳定（抖动），且没有记忆功能，给对故障波形的分析判断带来困难。数字式示波器由微处理器控制，由于将模拟信号转换成数字信号需要一定的时间，所以显示速度较模拟式示波器慢，但数字式示波器显示波形稳定，且具有记忆功能，可在测试结束后使故障波形重现，便于对故障波形进行进一步的分析判断。

模拟式示波器一般采用开关、按键和旋钮等来实现对波形垂直幅度、水平幅度、垂直位置、水平位置和亮度等的调整。数字式示波器多采用菜单式操作，只需在各级菜单上选择测试项目，无需任何设定和调整，可以直接观测波形，使用起来非常方便。

① 四通道示波器（模拟式示波器）。四通道示波器可测试各种传感器、执行元件、电路和点火系统等电压波形。四通道示波器连接方法如图1-13所示。

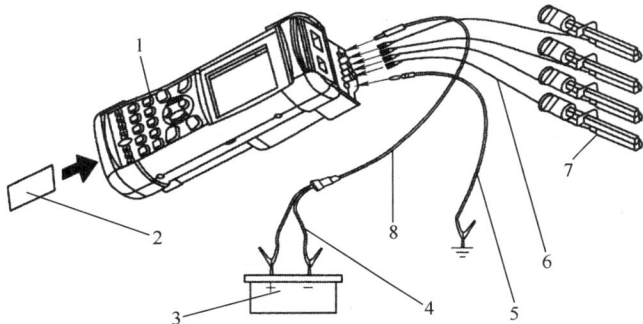

图 1-13 四通道示波器连接方法

1—主机 2—发动机分析测试卡 3—蓄电池 4—蓄电池电缆 5—搭铁电缆

6—示波器电缆 7—连接传感器 8—点烟器电缆

② 数字式示波器。数字式示波器除了可测试各种传感器、执行元件、电路和点火系统等电压波形外，还具有汽车万用表功能，可对测试内容进行记录、回放，能提供在线帮助，包括提供系统工作原理、测试连接方法、接线颜色等。其连接方法如图1-14所示，可测试电压、电阻、闭合角、喷油脉冲、喷油时间、点火电压等。有的示波器内部还存有汽车数据库和标准波形，使判断故障更为方便。

（2）使用汽车示波器的注意事项

① 测试点火高压线时，必须使用专用的电容探头，不能将示波器探头直接接入点火次级电路。

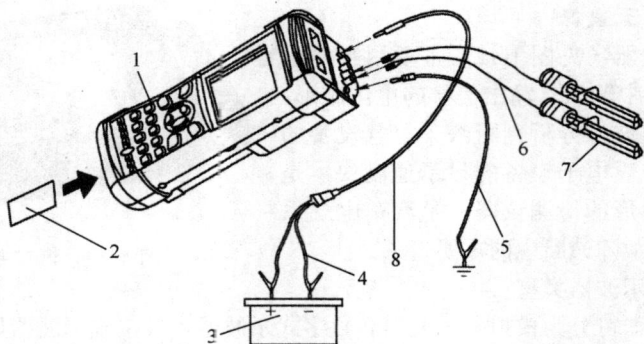

图 1-14　数字式示波器的汽车万用表连接方法

1—主机　2—发动机分析测试卡　3—蓄电池　4—蓄电池电缆　5—搭铁电缆
6—示波器电缆　7—连接被测对象　8—点烟器电缆

② 使用汽车示波器时，注意远离热源（如排气歧管、催化器等），温度过高会损坏仪器。

③ 使用汽车示波器时，测试线应尽量离开风扇叶片、传动带等转动部件。

④ 路试中，不要将汽车示波器放在仪表台上方，最好是拿在手中测试。

三、汽车电气系统故障诊断流程与注意事项

1. 汽车电气系统故障诊断流程

现代汽车是由许多零件组成的复杂系统，当汽车电气系统出现故障时，不仅故障的种类是多种多样的，而且故障的原因和部位也是多种多样的，既可能是一般的机械故障，也可能是电气控制系统的故障。因此，在对汽车电气系统进行检修时，要按照一定的原则和维修工艺进行。否则，不但会浪费大量的时间，而且还有可能"旧病未除又添新病"。

汽车电气系统故障诊断一般流程如图 1-15 所示。

另外，现代汽车上微型计算机控制系统越来越多，利用故障诊断仪读取故障码和数据流进行故障诊断非常快捷，能有效地缩小故障范围，甚至能直接完成故障定位。因此，对于微型计算机控制系统故障或相关故障，应优先采用故障诊断仪。

2. 汽车电气系统故障检修注意事项

① 拆卸和安装电气元件时，应切断电源。

② 更换熔丝时，一定要与原规格相同，切勿用导线替代。

③ 正确拆卸导线插接器（插头与插座）。为了防止插接器在汽车行驶中脱开，所有插接器均采用了闭锁装置。要拆开插接器时，首先要解除闭锁，然后把插接器脱开，不允许在未解除闭锁的情况下用力拉导线，

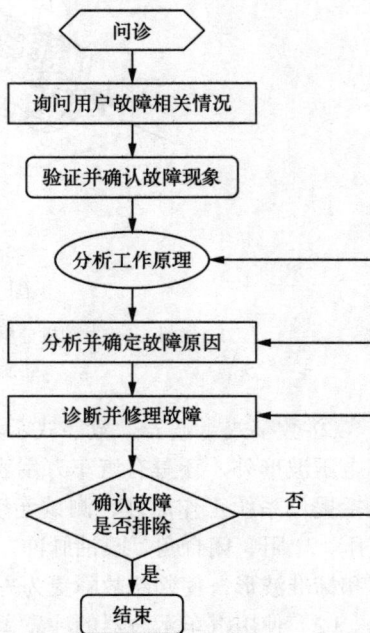

**图 1-15　汽车电气系统故障诊断
一般流程**

这样会损坏闭锁装置或连接导线。

④ 在检修传统汽车电路故障时，往往采用"试火"的办法逐一判断故障部位。在装有电子设备的汽车上，不允许使用这种方法，否则可能会对某些电路和电子元件造成意想不到的损害。

⑤ 在发动机工作时，不要拆下蓄电池连接导线。

⑥ 不允许使用欧姆表及万用表的 R×100 以下低阻欧姆挡检测小功率晶体管，以免电流过载损坏晶体管。

四、汽车电气系统故障诊断方法

为了能迅速准确地诊断汽车电气系统的故障，下面介绍几种常用的诊断方法。

1. 直观诊断法

汽车电气系统发生故障，有时会出现冒烟、火花、异响、焦臭、发热等异常现象。这些现象可通过人的眼、耳、鼻、身感觉到，从而可以直接判断出故障所在部位。

例如，在汽车使用过程中，突然发现转向信号灯与转向指示灯均不亮，用手触摸，如发现闪光器发热烫手，则说明闪光器已被烧坏。

2. 断路法

汽车电气设备发生搭铁（短路）故障时，可用断路法判断。将怀疑有搭铁故障的电路段断路后，根据电气设备中搭铁故障是否还存在，判断电路搭铁的部位和原因。

例如，在汽车行驶时，听到电喇叭长鸣，则可以将继电器"按钮"接线柱上的导线拆开，此时如果喇叭停鸣，则说明喇叭按钮至继电器这段电路中有搭铁现象。

3. 短路法

汽车电路中出现断路故障，还可以用短路法判断。将怀疑有断路故障的电路短接，观察仪表指针变化或电气设备工作状况，从而判断该电路中是否存在断路故障。

例如，怀疑汽车电路中的各种开关有故障，可用导线将开关短接来判断开关是好是坏。

4. 试灯法

试灯法就是用一只小功率汽车用灯泡作为试灯，检查电路中有无断路故障。

例如，用试灯的一端和交流发电机的"电枢"接线柱连接，另一端搭铁。如果灯不亮，说明蓄电池至交流发电机"电枢"接线柱间有断路现象；若灯亮，说明该段电路良好。

5. 仪表法

观察汽车仪表板上的冷却液温度表、燃油表、机油压力表等的指示情况，判断电路中有无故障。

例如，发动机冷态，接通点火开关时，冷却液温度表指示满刻度位置不动，说明冷却液温度传感器有故障或该电路有搭铁。

6. 高压试火法

对高压电路进行搭铁试火，观察电火花状况，判断点火系统的工作情况。

具体方法：取下点火线圈或火花塞上的高压导线，拆下一个火花塞并装回到高压导线上，将火花塞放在缸盖上，然后转动点火开关，使发动机运转，观察火花塞跳火情况。如果火花强烈，呈天蓝色，且跳火声较大，则表明点火系统工作基本正常；反之，则说明点火系统工作不正常。

7. 模拟法

模拟法就是通过模拟电路故障发生时的环境和条件，使暂时消失的故障显现出来，进而确定故障点的诊断方法。在汽车电路维修实践中，经常会遇到一些不稳定的间歇性故障，故障出现没有规律，时有时无。对于这类故障，可以采用模拟法进行诊断。

常用的模拟诊断方法有振动模拟（见图 1-16）、热敏感模拟（见图 1-17）、冷冻模拟（见图 1-18）、水淋模拟（见图 1-19）、电负荷模拟等。在汽车电气系统故障诊断中灵活、熟练地运用这些方法，往往可以事半功倍。

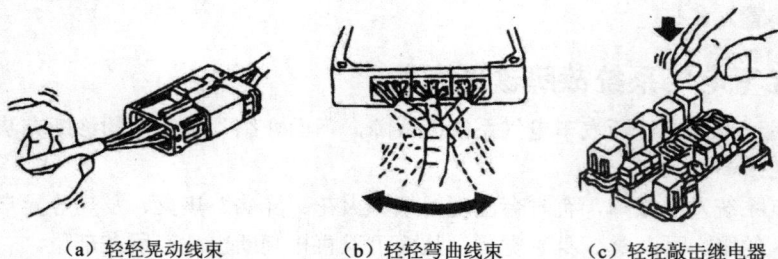

（a）轻轻晃动线束　　　　（b）轻轻弯曲线束　　　　（c）轻轻敲击继电器

图 1-16　振动模拟试验

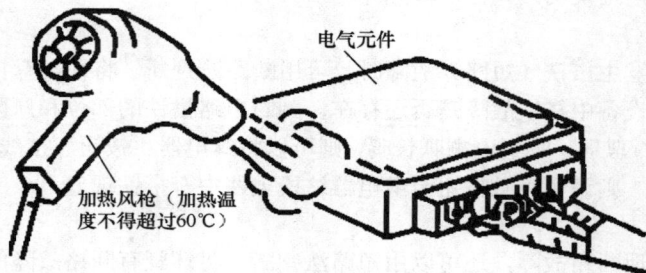

电气元件

加热风枪（加热温度不得超过60℃）

图 1-17　热敏感模拟试验

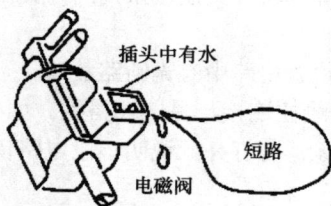

插头中有水

短路

电磁阀

图 1-18　冷冻模拟试验

图 1-19　水淋模拟试验

8. 专用检测仪器法

随着汽车电气设备的日趋复杂，在维修中，特别是维修安装电子设备较多的车辆，使用一些专用的检测仪器（如汽车专用示波器）能快速、准确地诊断汽车电气系统的故障。

···□ 任务实施 □···

操作一　用测试灯检查电路

步骤一　测试灯查找短路位置

如果熔丝已熔断，说明已发生过短路，这时可用测试灯进行检查。

如图 1-20 所示，首先将开关打开，拆下熔断的熔丝，并将测试灯跨接到熔丝端子上，观察测试灯是否点亮。

如果测试灯亮，说明熔丝盒与开关之间出现短路，应修理熔丝盒与开关之间的线束。

如果测试灯不亮，再将开关闭合，并断开前照灯插接器，观察测试灯是否亮。如果灯亮，说明开关与插接器之间出现短路，应修理开关与插接器之间的线束。如果灯不亮，说明插接器与照明灯之间出现短路，修理照明灯与插接器之间的线束。

步骤二 用自带电源测试灯检查开关导通性

用自带电源测试灯检查开关导通性时，接线方法如图 1-21 所示。当开关打开时，测试灯应不亮；当开关闭合时，测试灯应亮，否则开关有故障。

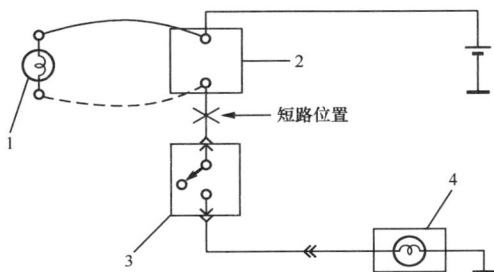

图 1-20 短路位置的检查

1—测试灯 2—熔丝 3—开关 4—前照灯

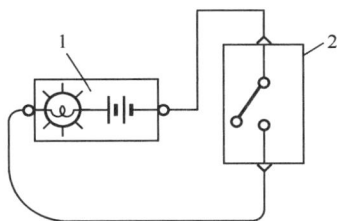

图 1-21 检查开关导通性

1—自带电源测试灯 2—开关

步骤三 测试灯查找断路位置

将测试灯的一根引线搭铁，另一根引线连接到开关插接器电源侧端子上，即图 1-22 中 a 点位置，测试灯应点亮；然后将测试灯连接到电动机插接器上，即图 1-22 中 b 点位置，若将开关打开，测试灯不应点亮；若将开关闭合，测试灯应点亮，否则开关及开关到电动机插接器之间的线路断路。

操作二 用跨接线检查电路

当怀疑某条线路断路时，用跨接线将开关的 a、b 两端短接，若电动机工作，即可断定开关断路，如图 1-23 所示。

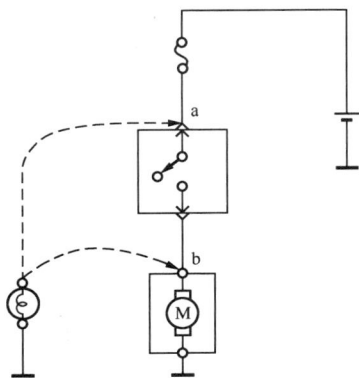

图 1-22 测试灯检查断路位置

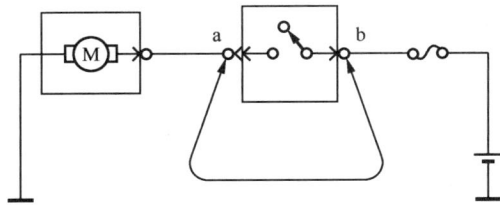

图 1-23 跨接线法检查断路

操作三　线束插接器的检测

步骤一　防水插接器的检测

当对防水插接器的导通性及电压进行测试时，要求使用专用工具，如图 1-24 所示，以免引起插接器接触不良或防水性能降低。千万不要用背测探针检测防水插接器，否则会引起端子腐蚀，使电路性能下降。

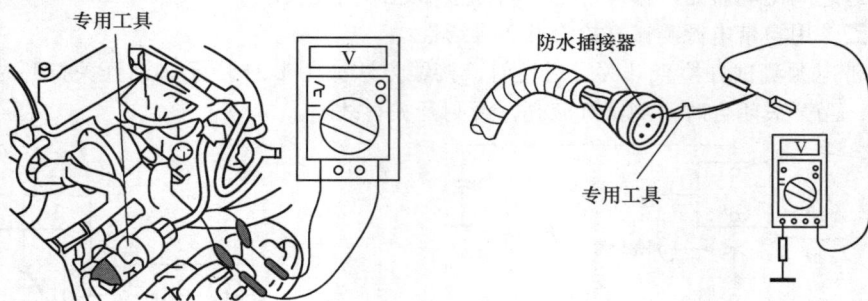

图 1-24　防水插接器的检测

线束插接器的检测注意事项

（1）断开插接器进行检测，如果面对的部分是插孔一侧，要选用合适的探针，且接触端子时力量不要太大，探针不要同时接触两个或多个端子，否则可能损坏电路，引起火灾。

（2）如果面对的部分是插针一侧，在检测某一个端子时，不要将探针碰到其他端子。

（3）若需要拉动线束时，应小心轻拉，不要让端子脱离插接器。

（4）当发现插接器端子接合不良时，可以拆下插接器座上的端子，拔出导片，再维修插接器端子。

步骤二　普通型插接器的检测

对普通型插接器的导通性及电压进行测试时，可以用背测探针的方法直接检测，检测时，注意不要将导线刺透、刺断，也不要碰到其他端子的导线，如图 1-25 所示。

步骤三　插接器端的拆解

（1）压下闭锁装置，将插接器拉开。在将闭锁装置压下以前，千万不要猛拉导线，以免损坏插接器及导线。

（2）将 1.4mm 宽的螺钉旋具插入插接器，用螺钉旋具稍微抬起座内导电片，并拉出端子，如图 1-26 所示。

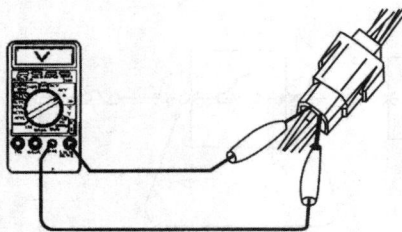

图 1-25　普通型插接器的检测

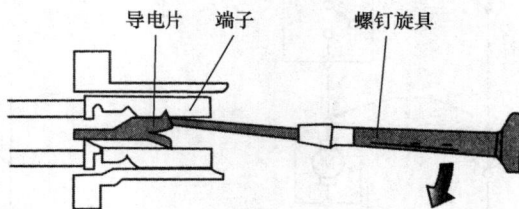

图 1-26　插接器端的拆解方法

小　结

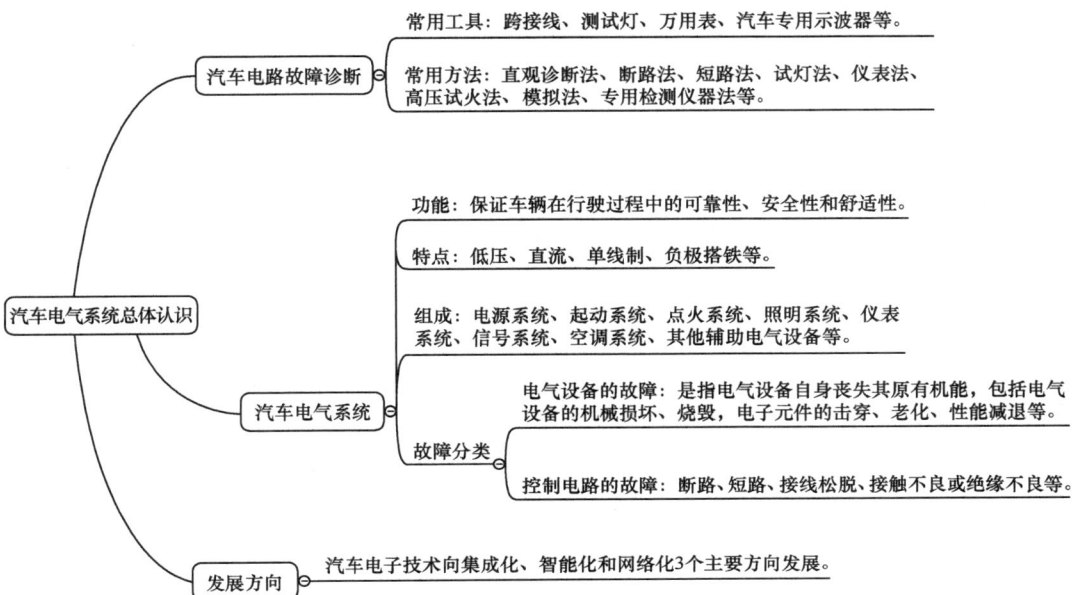

练习思考题

1. 汽车电气系统主要由哪几部分组成？各有何作用？
2. 汽车电气系统的特点有哪些？
3. 汽车电气系统的故障总体上可分为哪几种类型？试举例说明。
4. 简述汽车电气系统常见故障的诊断与排除流程？
5. 汽车电气系统故障诊断常用工具有哪些？各常用工具都有何特点？
6. 汽车电气系统故障诊断常用方法有哪些？试举例说明。

任务一　蓄电池的维护与检测

□ 学习目标 □

（1）了解蓄电池的工作原理和作用。

（2）熟悉蓄电池的结构、蓄电池型号的含义。

（3）掌握蓄电池技术状况的检查方法、蓄电池的充电方法、蓄电池的正确使用与维护方法。

（4）培养学生严谨细致的工作态度。

□ 任务引入 □

车主王先生来到某汽车 4S 店反映，他的上汽大众波罗轿车蓄电池没电了，发动机不能正常起动。进一步问询，王先生说该车行驶里程为 6 000km，蓄电池使用不到 1 年。

为了正确地判断蓄电池故障，查明故障原因，汽车维修人员必须全面认识蓄电池，熟悉蓄电池的结构与工作原理。

汽车上的蓄电池必须满足发动机起动的需要。如果蓄电池维护使用不当，会导致发动机不能起动或起动困难，直接影响车辆的正常使用。因此在汽车维修过程中，对蓄电池应经常进行检查、维护等作业。

文档

培养严谨细致
的工作态度

□ 相关知识 □

一、蓄电池的作用

蓄电池（俗称"电瓶"），是汽车上的两个电源之一，在汽车上与发电机并联，共同向用电设备供电。蓄电池在车上的安装位置如图 2-1 所示。

蓄电池既是一种能将化学能转换为电能的装置，也是一种能将电能转化为化学能的可逆低压直流电源。当蓄电池放电时，将储存的化学能转换为电能；当蓄电池充电时，将电能转换为化学能储存起来，直到化学能储存满时充

图 2-1　蓄电池在车上的安装位置

电结束。汽车上蓄电池的作用如下：

（1）在发动机起动时，向起动机和点火系统供电；

（2）在发电机不发电或电压较低的情况下向用电设备供电；

（3）当发电机超载时，协助发电机供电；

（4）蓄电池存电不足，而发电机负载又较少时，它可将发电机的电能转变为化学能储存起来（即充电）；

（5）过载保护。蓄电池相当于一个大容量电容器，在发电机转速和负载发生比较大的变化时，它能够保持汽车电气系统电压的相对稳定。同时，还可吸收发电机产生的瞬间过电压，保护汽车电子元件不被损坏，所以，发电机不允许脱开蓄电池运转。

二、蓄电池的分类

汽车上所使用的蓄电池主要是为了满足起动发动机的需要，所以，通常称为起动型蓄电池。起动型蓄电池在短时间内可提供强大的起动电流（一般为 200～600A，最大可达 1 000A）。

根据电解液的不同，起动型蓄电池的分类与特点如表 2-1 所示。

表 2-1　　　　　　　　　　　起动型蓄电池的分类与特点

分类		特点	
铅酸蓄电池	普通铅酸蓄电池	新蓄电池内没有电解液，极板不带电，使用前需加注规定量的电解液并进行初充电。在使用过程中需要定期维护	铅酸蓄电池结构简单、内阻小、起动性能好、价格低廉，所以在汽车上广泛采用
	干荷电蓄电池	干荷电蓄电池又称干式荷电蓄电池，新蓄电池内没有电解液，极板处于干燥且已充电的状态。如需使用，只要在规定的保存期内（一般为2年）加入规定量的电解液，静置30min后即可使用（无需初充电）。在使用过程中需要定期维护	
	湿荷电蓄电池	湿荷电蓄电池又称湿式荷电蓄电池，新蓄电池内有少量电解液，极板处于已充电的状态。如需使用，只要在规定的保存期内（一般为2年）加入规定量的电解液，静置30min后即可使用（无需初充电）。在使用过程中需要定期维护	
	免维护蓄电池	在有效使用期（一般为4年）内，无需检查电解液液面高度、添加蒸馏水、清理极桩等维护工作	
镍碱蓄电池	铁镍蓄电池	镍碱蓄电池具有容量大、使用寿命长、维护简单等优点，但其价格昂贵，目前只在少数汽车上使用	
	镉镍蓄电池		

目前，世界各国正在不断探索和研制电动汽车，其主要的动力源为新型高能蓄电池。电动汽车新型高能蓄电池具有无污染、比容量大、充放电性能好、使用寿命长等优点，但结构复杂、成本高。

视频

认识蓄电池

三、蓄电池的结构与型号

1. 蓄电池的结构

蓄电池由多个单格电池组成，每个单格电池由正、负极板，隔板，电解液和壳体等组成，解剖的蓄电池实物如图 2-2 所示，构造图如图 2-3 所示。蓄电池壳体一般分为 3 格、6 格或 12 格等，每格均填充电解液，正、负极板浸入电解液中成为单格电池。每个单格电池的标准电压为 2.06V，因此，3 个单格电池串联在一起成为 6V 蓄电池，6 个单格电池串联在一起成为 12V 蓄电池，蓄电池的结构如表 2-2 所示。

极板
隔板
壳体

图 2-2　解剖的蓄电池实物

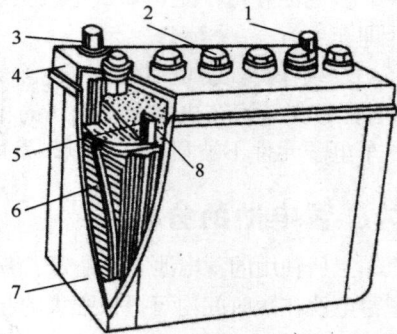

图 2-3　蓄电池构造

1—负极桩　2—带通气孔的加液口盖　3—正极桩　4—密封盖
5—内穿壁式连接条　6—隔板　7—外壳　8—单格间隔

表 2-2　　　　　　　　　　　　　　　蓄电池的结构

名称	描述	图片
正、负极板	正、负极板均由板栅涂敷工作物质而成，因工作物质成分不同而分成正极板和负极板。对于充足电的蓄电池来说，正极板上的工作物质为二氧化铅（PbO_2），呈深棕色；负极板上的工作物质为海绵状纯铅（Pb），呈青灰色	正极板　负极板
极板组	为增大蓄电池的容量，将多片正、负极板分别并联焊接，组成正、负极板组。横板上连有极桩，各片间留有空隙。安装时正、负极板相互嵌合，中间插入隔板。由于正极板的机械强度差，所以，在每个单体电池中，负极板的数量总比正极板多一片，这样正极板都处于负极板之间，使其两侧放电均匀，不致造成正极板拱曲变形	 （a）极板组　（b）极板组总成 1—极板　2—隔板　3、4—横板　5—极桩

续表

名称	描述	图片
隔板	为了减小蓄电池的内阻和尺寸，蓄电池内部正、负极板应尽可能地靠近，但为了避免彼此接触而短路，正、负极板之间要用隔板隔开。隔板材料应具有多孔性和渗透性，且化学性能要稳定，即具有良好的耐酸性和抗氧化性。常用的隔板材料有木质隔板、微孔橡胶、微孔塑料、玻璃纤维和纸板等	
壳体	蓄电池的壳体是用来盛放电解液和极板组的，应由耐酸、耐热、耐振、绝缘性好并且有一定机械强度的材料制成。早期生产的起动型蓄电池大都采用硬橡胶壳体，近年来随着工程塑料的迅速发展，大都采用聚丙烯塑料壳体。壳体为整体式结构，壳体内部由间壁分隔成3个或6个互不相通的单格，底部有凸起的肋条以搁置极板组。另外，壳体上有两个极桩	 　极桩
电解液	电解液在电能和化学能的转换过程即充电和放电的电化学反应中起离子间的导电作用并参与化学反应。电解液由相对密度为1.84的纯硫酸和蒸馏水按一定比例配制而成，相对密度一般为1.24～1.30。配制电解液必须使用耐酸器皿，切记只能将硫酸慢慢倒入蒸馏水中并不断搅拌	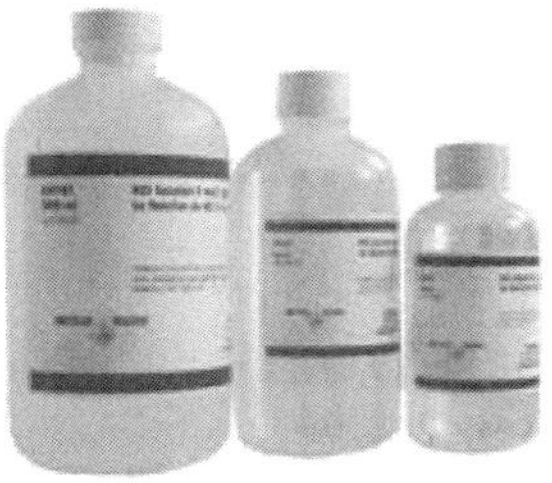
加液孔盖	由于每个单格内电解液是不相通的，因此每单格均有各自的加液口，这6个加液口位于整体式上盖上。加液口由加液孔盖封闭，其上部有通气孔	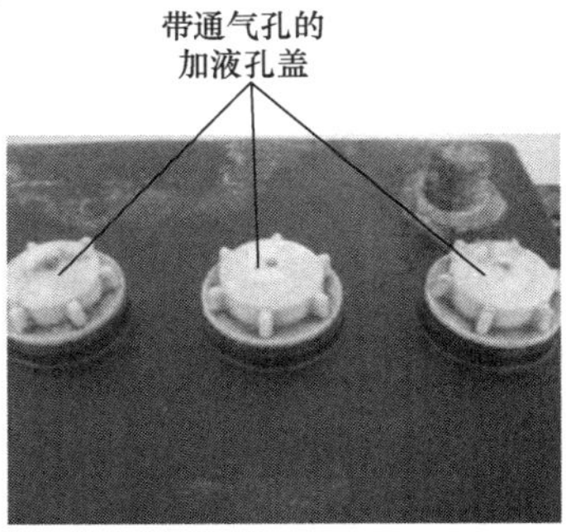 带通气孔的加液孔盖

2. 蓄电池的型号

根据 JB/T 2599—2012《铅酸蓄电池名称、型号编制与命名办法》规定，蓄电池型号的编制由 5 部分组成，蓄电池的型号一般都标注在外壳上。蓄电池产品型号和含义如下。

$$\boxed{1}-\boxed{2}\ \boxed{3}-\boxed{4}\ \boxed{5}$$

1 表示蓄电池总成由几个单格电池组成，用阿拉伯数字表示。

2 表示蓄电池用途，用大写字母表示，如汽车用蓄电池用"Q"表示，摩托车用蓄电池用"M"表示，船用蓄电池用"JC"表示，飞机用蓄电池用"HK"表示。

3 表示蓄电池特征，用大写字母表示，干封普通极板铅蓄电池可省略不写，蓄电池特征代号如表 2-3 所示。

4 表示 20h 放电率的额定容量，用阿拉伯数字表示，单位是 A·h（安培小时）。

5 表示特殊性能，用大写字母表示（无字为一般性能蓄电池），如薄型极板的高起动率电池用"G"表示。

表 2-3　　　　　　　　　　　　蓄电池特征代号

特征代号	蓄电池特征	特征代号	蓄电池特征	特征代号	蓄电池特征
A	干荷电	J	胶体电解液	D	带液式
H	湿荷电	M	密闭式	Y	液密式
W	免维护	B	半密闭式	Q	气密式
S	少维护	F	防酸式	I	激活式

蓄电池外壳上标注的型号如图 2-4 所示，型号 6-QAW-90 的含义：由 6 个单格电池组成，额定电压为 12V，额定容量为 90A·h 的起动用干荷电免维护蓄电池。

图 2-4　蓄电池外壳上标注的型号

四、蓄电池的工作原理和工作特性

1. 蓄电池的工作原理

蓄电池的工作原理就是化学能与电能的相互转化。当蓄电池将化学能转化为电能而向外供电时，称为放电过程；当蓄电池与外界直流电源相连而将电能转化为化学能储存起来时，称为充电过程。蓄电池充电过程和放电过程如图 2-5 所示。

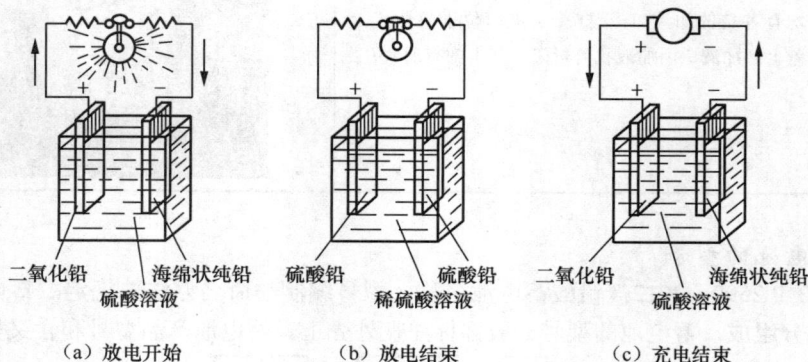

（a）放电开始　　　　（b）放电结束　　　　（c）充电结束
图 2-5　蓄电池的工作原理

蓄电池工作原理的具体内容可扫描二维码"蓄电池的工作原理"学习。

2．蓄电池的工作特性

蓄电池的工作特性一般包括蓄电池内阻、放电特性、充电特性。

蓄电池工作特性的具体内容可扫描二维码"蓄电池的工作特性"学习。

五、蓄电池的容量及影响因素

1．蓄电池的容量

蓄电池的容量是标志蓄电池对外放电能力、衡量蓄电池性能优劣以及选用蓄电池的最重要指标。

蓄电池容量是指在规定的放电条件下，完全充足电的蓄电池所能输出的电量。

蓄电池容量的具体内容可扫描二维码"蓄电池的容量"学习。

2．影响蓄电池容量的因素

蓄电池容量与很多因素有关，有结构因素和使用因素。在结构方面，如增大极板的面积、提高活性物质的多孔率等都可提高蓄电池的容量。而蓄电池在使用过程中，不同的使用条件对蓄电池容量的影响尤为重要。影响蓄电池容量的因素有放电电流、电解液温度和电解液密度等几个方面。

影响蓄电池容量的因素的具体内容可扫描二维码"影响蓄电池容量的因素"学习。

文档	文档	文档	文档
蓄电池的工作原理	蓄电池的工作特性	蓄电池的容量	影响蓄电池容量的因素

任务实施

操作一　蓄电池的拆装

1．蓄电池的拆卸

视频	视频
蓄电池的检修与维护	汽车蓄电池的拆卸

提示

◆从点火开关处取下车钥匙。

◆在拆卸蓄电池之前，应检查音响的防盗密码并做好记录，以备安装蓄电池后使用。

◆在取下蓄电池导线时，应先断开蓄电池负极导线，再断开蓄电池正极导线。复装时，按相反顺序进行。

步骤一　如图 2-6 所示，拧松蓄电池负极桩螺栓（极桩处一般标注"－"记号），取下负极桩导线，再将蓄电池正极桩（极桩处一般标注"＋"）上的导线拆下。

步骤二　如图 2-7 所示，拆下蓄电池固定座上的固定压杆，取出蓄电池。

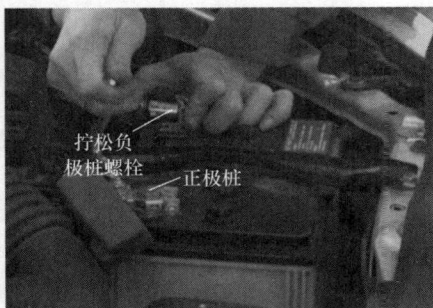

图 2-6　拧松蓄电池负极桩螺栓

图 2-7　拆下蓄电池固定座上的固定压杆

2．蓄电池的安装

蓄电池的安装可按与拆卸相反的顺序进行，同时应注意以下事项。

（1）蓄电池一定要安装牢固。如蓄电池未装牢固，蓄电池振动会影响其使用寿命；如固定不当，会损坏蓄电池隔板和蓄电池壳体，造成蓄电池电解液流出，使蓄电池报废。

（2）一定要先安装并固定好蓄电池正极导线，然后再安装蓄电池负极导线。

（3）蓄电池正、负极一定不能接反，否则，将会造成汽车电子部件损坏。

操作二　蓄电池表面的清洁

步骤一　如图 2-8 所示，用干净的抹布清洁蓄电池的表面，将油污、灰尘等擦拭掉。

步骤二　如图 2-9 所示，使用砂纸清洁蓄电池的两个极桩，保证极桩整洁光滑。

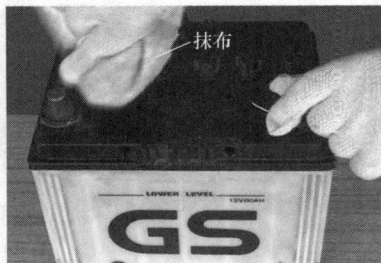

图 2-8　清洁蓄电池的表面

图 2-9　清洁蓄电池极桩

操作三　蓄电池电压降的检测

在检查蓄电池工作性能的时候，可以通过检测蓄电池电压降的方法进行判断。

步骤一 检测蓄电池电压降时，使起动机短暂运转的同时，用万用表分别测量蓄电池正、负电极极桩与对应导线间的电压降，测得的电压应不大于 0.5V（理想状态为 0V）。

步骤二 如果电压大于 0.5V，说明蓄电池极桩与对应导线之间的电阻过大，原因是极桩与导线接触不良（不紧固或有氧化物析出），应清理蓄电池极桩（蓄电池极桩上的氧化物如图 2-10 所示，氧化物可用开水清洗），并重新紧固蓄电池导线。

视频

认识免维护及
少维护蓄电池

操作四　免维护蓄电池工作状况的检查

免维护蓄电池的上面都设有观察窗（观察窗的位置如图 2-11 所示），可以直接通过观察窗中电量指示器的颜色，来确认蓄电池工作状况，如图 2-12 所示。

图 2-10　蓄电池极桩上的氧化物

图 2-11　蓄电池上观察窗的位置

观察窗中电量指示器颜色说明：

（1）绿色表示蓄电池的技术状况良好；

（2）黑色表示电解液密度偏低，应对蓄电池进行补充充电；

（3）黄色表示电解液液面过低，蓄电池已不能继续使用。

提示

不同品牌蓄电池规定观察窗中电量指示器的颜色代表含义也不同。

操作五　电解液液面高度的检查

步骤一 对于透明壳体的蓄电池，壳体均标有上、下刻度线，可以从外部观察到蓄电池内电解液液面与壳体上、下刻度线的关系，如图 2-13 所示。电解液液面高度的标准值应在壳体的上、下刻度线之间。若液面接近或低于下刻度线，一般可以直接加入蒸馏水，但添加后的高度不应高于上刻度线。

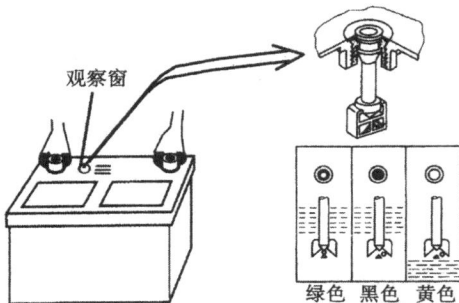

图 2-12　从观察窗检查蓄电池工作状况

步骤二 对于有加液口的蓄电池，液面高度可用玻璃管测量，如图 2-14 所示。电解液液面应高出极板 10 ～ 15mm，电解液不足时应加注蒸馏水（一般不允许加入硫酸溶液）。

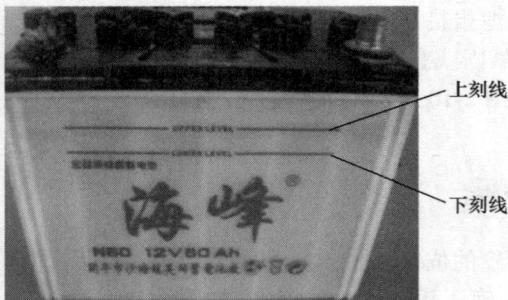

图 2-13　电解液液面高度刻线

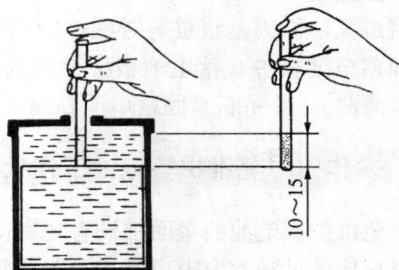

图 2-14　用玻璃管测量电解液液面高度

操作六　用蓄电池电解液密度测量仪测量电解液相对密度

步骤一 准备测量工具：蓄电池密度测量仪和吸管，如图 2-15 所示。

步骤二 旋下加液孔盖，用吸管吸取少量电解液，将电解液涂在密度测量仪的玻璃板上，观察电解液的相对密度值，如图 2-16 所示。

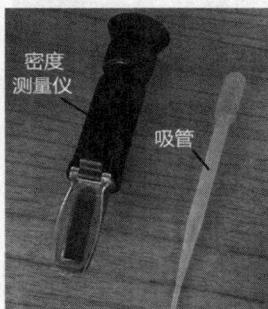

图 2-15　测量工具

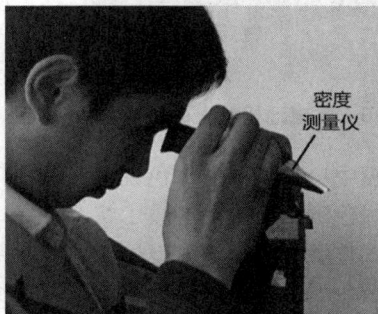

图 2-16　观察电解液的相对密度值

步骤三 图 2-17 所示的密度值为 1.1，数值偏低，应及时为蓄电池补充充电，一般保证电解液相对密度值为 1.2 以上。

操作七　用吸式密度计测量电解液相对密度

如图 2-18 所示，用吸式密度计吸入电解液，使密度计浮子浮起，电解液液面所在的刻度即为电解液相对密度值。

根据实际经验，相对密度每减小 0.01，相当于蓄电池放电 6%，所以从测得的电解液相对密度就可以粗略估算出蓄电池的放电程度。

提示

在强电流放电和加注蒸馏水后，由于电解液混合不匀，不应立即测量电解液相对密度。

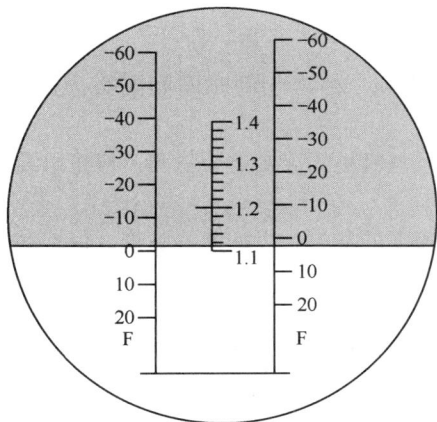

图 2-17 电解液相对密度值为 1.1

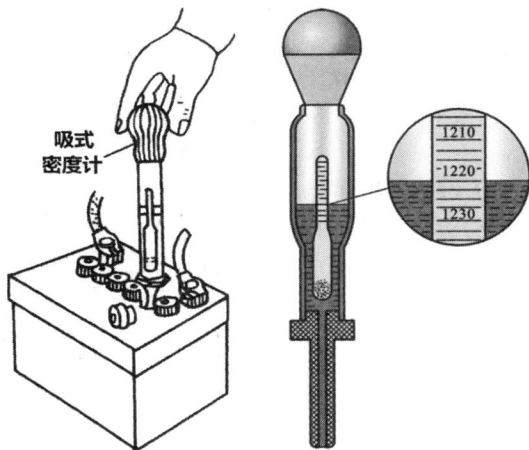

（a）吸入电解液　　　　（b）读数

图 2-18 用吸式密度计测量电解液相对密度

操作八　用高率放电计测量放电电压

高率放电计如图 2-19 所示，它模拟接入起动机负荷，测量蓄电池在大电流（接近起动机起动电流）放电时的端电压，用以判断蓄电池的放电程度和起动能力。高率放电计由一个电压表和一个定值负载电阻组成。

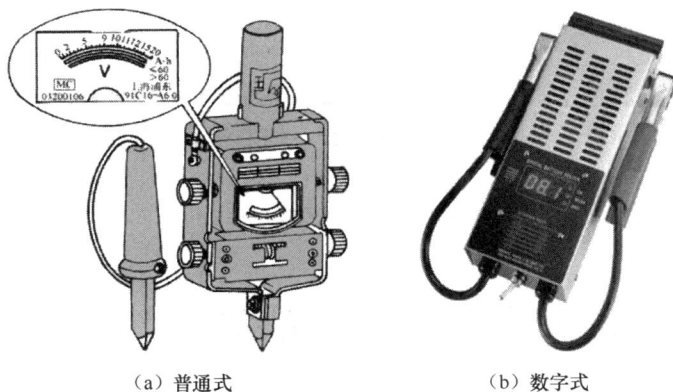

（a）普通式　　　　　　（b）数字式

图 2-19 高率放电计

测量时将两叉尖或夹子与蓄电池的正、负极桩连接，历时不超过 5s，观察大负荷放电情况下蓄电池所能保持的端电压。一般技术状况良好的蓄电池，用高率放电计测量时，蓄电池电压应在 9.6V 以上，并在 5s 内保持稳定；若电压稳定在 10.6～11.6V，说明存电充足；若 5s 内电压迅速下降，电压值低于 9.0V，并且这个低电压值很长时间保持不变，说明该蓄电池已损坏。

不同厂牌的高率放电计，负荷电阻值不同，放电电流和电压表读数也就不同。使用高率放电计时应参照原厂说明书的规定。

操作九　蓄电池的使用与维护

1. 蓄电池的使用

（1）汽车起动时，发动机每次起动时间不能超过 5s，两次起动时间间隔必须在 15s 以上。

（2）经常检查蓄电池的安装是否牢靠，起动电缆线与极桩的连接是否紧固，检查电缆线的线夹与极桩上是否有氧化物，若有应及时清除。

（3）经常检查蓄电池盖表面是否清洁，及时清除盖上的灰尘、电解液等脏物，保持加液孔盖上的气孔畅通。

（4）定期检查电解液的液面高度，当液面降低到一定程度时，应及时补加电解液。

（5）定期对蓄电池进行补充充电，以保证蓄电池始终保持充足电的状态。

（6）经常检查蓄电池的放电程度，超过规定时应立即进行补充充电。

（7）冬季要加强蓄电池的充电检查，以防电解液结冰。

2. 蓄电池的储存

暂不使用的蓄电池，进行湿储存的方法是先将电池充足电，相对密度为 1.285，液面至正常高度，密封加液孔盖上的通气孔后放置室内暗处。储存的时间不宜超过 6 个月，其间应定期检查电解液相对密度和放电电压，如低于 25% 应立即充电。交付使用前也要先充足电。

存放期长的蓄电池，最好以干储法储存。先将电池以 20h 放电率完全放电，倒出电解液，用蒸馏水多次冲洗至水中无酸性，倒尽水滴，晾干后旋紧加液孔盖后密封储存。启用前的准备和新电池相同。

3. 蓄电池正负极性的识别

连接或充电时需要正确判断蓄电池的极性。方法如下：

（1）蓄电池的极桩上一般都标有"＋""－"记号，或正极桩上涂红色；

（2）观察极桩的颜色，使用过的蓄电池正极桩呈深棕色，负极桩呈淡灰色；

（3）用数字式直流电压表接蓄电池的两极桩，如果测量数值有"－"号出现，说明黑色表笔对应的极桩为正极桩；

（4）观察极桩的粗细，粗极桩为正极，细极桩为负极。

文档

安全意识靠培养

任务二　蓄电池的充电与常见故障诊断

□ 学习目标 □

（1）掌握蓄电池的充电方法。

（2）熟悉蓄电池常见故障的诊断方法。

（3）培养学生的安全生产意识。

□ 任务引入 □

上海通用凯越轿车，行驶里程为 12.7 万千米。驾驶人说，发动机难以起动，打开点火开关后仪表板上充电指示灯不亮，怀疑蓄电池的电量不足了，应该对蓄电池进行充电。

蓄电池的电量不足会导致发动机起动困难，甚至不能起动发动机。蓄电池的使用寿命一般为 3 ～ 4 年。蓄电池的充电作业是保证蓄电池在整个使用过程中技术性能良好、延长其使用寿命的一个重要环节。在车辆的使用过程中，如果频繁使用起动机起动发动机，或者发电机的技术状况不良导致发电机不发电或发电量少，蓄电池就会处于亏电状态。因此，需要根据相应方法和操作规范对蓄电池进行充电，在蓄电池出现故障的时候，应能对蓄电池的常见故障进行正确的诊断与分析。

□ 相关知识 □

一、蓄电池的充电

1. 充电方法

蓄电池的充电方法有定流充电、定压充电及脉冲快速充电 3 种，不同的充电种类应根据具体情况正确选择充电方法。

（1）定流充电

在充电过程中，充电电流保持一定的充电方法称为定流充电。由于充电过程中蓄电池电动势逐渐升高，因此，定流充电过程中要不断调整充电电压。当单体蓄电池的端电压上升到 2.4V 时，电解液开始有气泡冒出，这时，应将充电电流减半，直到蓄电池完全充足电为止。

采用定流充电时，被充电的多个蓄电池可串联在一起，如图 2-20 所示。充电时，每个单体需要 2.7V，故串联电池的单体总数不应超过 $n=U_C/2.7$（U_C 为充电机的充电电压）。此外，所串联的蓄电池最好容量相同，否则充电电流的大小必须按照容量最小的蓄电池来选定。

从图 2-20 中的定流充电特性曲线可以看出，一般定流充电过程分为两个阶段：第一阶段以规定的电流进行充电，在这一阶段中，正、负极板上的 $PbSO_4$ 基本上被还原成活性物质；第二阶段，充电电流减半，一直到充电终止。充电电流减半，是为了防止电解 H_2O。

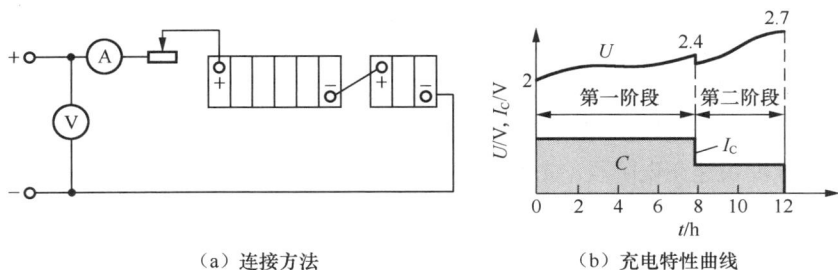

（a）连接方法　　　　　　　（b）充电特性曲线

图 2-20　定流充电

定流充电具有较大的适应性，可以任意选择和调整充电电流，如蓄电池的初充电、补充充电及去硫化充电等均可采用这种方法。但它的缺点是充电时间长，并且需要经常调整充电电压。

（2）定压充电

充电过程中，电源电压始终保持不变的充电方法称为定压充电。采用定压充电时，被充电的多个蓄电池可并联在一起，如图 2-21 所示。在定压充电开始时，充电电流很大。此后随着蓄电池电动势的增大，充电电流逐渐减小，至充电终止时，充电电流降到最小值。如果充电电压调整得当，当充足电时，充电电流为零。

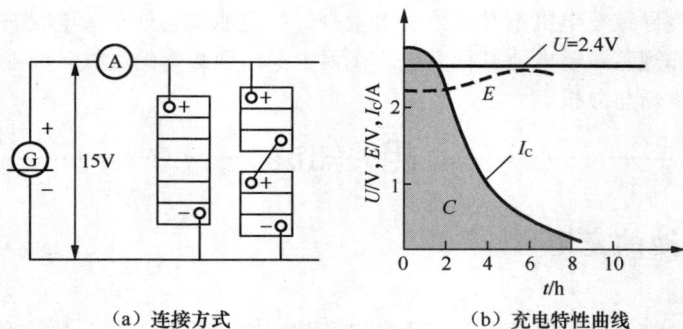

（a）连接方式　　　　　　（b）充电特性曲线

图 2-21　定压充电

由于定压充电的充电时间短，充电过程中不需调整充电电压，因此适合于蓄电池的补充充电。但定压充电过程中，不能调整充电电流的大小，所以不能用于蓄电池的初充电及去硫化充电。定压充电时，要求所有充电的蓄电池电压必须相同。

采用定压充电时，要选择好充电电压。若充电电压过高，则充电初期充电电流过大，且易发生过度充电现象；若充电电压过低，则蓄电池充电不足。在汽车上，发电机给蓄电池的充电是定压充电，这样发电机的调节电压要选择适当，过高或过低对蓄电池都不利。

（3）脉冲快速充电

由前面内容可知，在充电过程的后期，蓄电池两极板间电位差会高于两极板活性物质的平衡电极电位（每单体为 2.1V），这种现象称为极化。极化阻碍了蓄电池充电过程化学反应的正常进行，是造成充电效率低及充电时间长的主要因素。

脉冲快速充电，克服了充电过程中所产生的极化现象，有效地提高了充电效率。脉冲快速充电首先利用充电初期极化现象不明显、蓄电池可以接受大电流充电的特点，初期采用 $(0.8 \sim 1)C_{20}$（C_{20} 为蓄电池容量）的大电流对蓄电池进行定流充电，使蓄电池容量在短时间内达到 60% 左右的额定容量；当单体蓄电池端电压达 2.4V，电解液开始冒气泡时，控制电路使充电转入脉冲快速充电阶段：先停止充电 25ms 左右，接着再用反向脉冲进行快速充电，反向充电的脉宽一般为 $150 \sim 1\,000\mu s$，脉幅为 $(1.5 \sim 3)C_{20}$ 的充电电流，接着再停止充电 25ms，然后再用正向脉冲进行充电，周而复始，直到充足电为止。

脉冲快速充电的优点如下。

① 充电时间大为缩短，一般初充电不超过 5h，补充充电需要 $1 \sim 2h$。而采用定流充电进行初充电需要 $60 \sim 70h$，采用定压充电进行补充充电需要 $13 \sim 16h$。

② 可以增加蓄电池容量。由于脉冲快速充电能够消除极化现象，因此，充电时化学反应充分，加深了反应深度，使蓄电池容量有所增加。

③ 去硫化作用显著。

2．充电种类

（1）初充电

新蓄电池或修复后的蓄电池在使用之前的首次充电称为初充电。初充电的特点是充电电流小、充电时间长。初充电的过程如下。

① 按规定将电解液加注到蓄电池中，加入电解液的温度不得超过 35℃，加入电解液后蓄电池应静置 3～6h，电解液液面应高出极板 10～15mm。

② 接通充电电源。因为新蓄电池的极板表面已被空气氧化，充电时易过热，因此，初充电一般应选用较小的充电电流。初充电通常分两个阶段：第一阶段的充电电流约为 $C_{20}/15$，充电至电解液中产生气泡，单体蓄电池端电压达 2.4V 为止；第二阶段将充电电流减半，继续充电到蓄电池充足电为止，全部充电时间为 60～70h。

③ 初充电完毕后，应测量电解液的相对密度，如不合规定，应用蒸馏水或相对密度为 1.40 的电解液进行调整。

在初充电过程中，如果电解液温度上升至 40℃，可将充电电流减半或停止充电，待电解液温度下降后再继续充电。

（2）补充充电

蓄电池在车辆上使用时，常有电量不足的现象（如起动困难等），这时应对蓄电池进行补充充电。补充充电可以采用定流充电，也可采用定压充电。如采用定流充电，其充电过程与初充电相似，但充电电流可提高一些。第一阶段的充电电流为 $C_{20}/10$，充电至单体蓄电池端电压达到 2.4V 时，充电电流减半，直至充足电为止。

使用中的蓄电池有下列现象之一时，说明蓄电池容量不足，应进行补充充电。

① 电解液密度下降到 $1.15g/cm^3$ 以下。

② 冬季放电超过 25%，夏季放电超过 50%。

③ 起动机运转无力。发动机不工作时，开前照灯，灯光暗淡；按电喇叭（以下简称喇叭），喇叭声音小。

④ 蓄电池放置时间超过一个月。

（3）去硫化充电

当蓄电池极板轻微硫化时，可进行去硫化充电，方法如下。

① 先倒出蓄电池内的电解液，用蒸馏水反复冲洗蓄电池极板数次，然后加入蒸馏水至液面高出极板 10～15mm。

② 用初充电电流进行充电，当电解液密度升到 $1.15g/cm^3$ 以上时，倒出电解液，加入蒸馏水，再继续充电，如此反复多次，至密度不再上升为止。

③ 用 10h 放电率放电检查蓄电池容量，如蓄电池容量达到额定容量的 80% 时，说明硫化已基本消除，即可使用。否则，蓄电池报废。

视频

电气系统之蓄电池
故障的诊断方法

二、蓄电池的常见故障诊断与排除

蓄电池常见故障一般包括外部故障和内部故障。蓄电池的外部故障有外壳裂损、封口胶干裂、接线松脱、接触不良或极桩腐蚀等。内部故障有极板硫化、活性物质脱落、极板拱曲、极板短路和自放电等。蓄电池常见故障的原因及排除方法如表 2-4 所示。

表 2-4 　　　　　　　　　　　　蓄电池常见故障的原因及排除方法

症状	故障现象	故障原因	排除方法和措施
外壳裂损、封口胶干裂	蓄电池外壳破裂、变形或封口胶破裂	（1）汽车行驶中，由于强烈的振动或撞击，会使蓄电池外壳破裂； （2）蓄电池发热，气体压力过大或电解液冰冻膨胀也会使外壳变形或封口胶破裂	用封口胶重新填补裂口，外壳破裂应换新
极板硫化	极板上会逐渐生成一层白色粗晶粒的硫酸铅，在正常充电时不能转化为二氧化铅和海绵状铅，这种现象称为"硫酸铅硬化"，简称"硫化"。这种粗而坚硬的硫酸铅晶体导电性差、体积大，会堵塞活性物质的细孔，阻碍了电解液的渗透和扩散，使蓄电池内阻增加，起动时不能供给大的起动电流，以至于不能起动发动机	（1）蓄电池长期充电不足，或放电后未即时充电； （2）蓄电池内液面太低，使极板上部与空气接触而强烈氧化（主要是负极板），造成极板上部硫化； （3）电解液相对密度过高，电解液不纯、外部气温剧烈变化时也将促进硫化	为了避免极板硫化，蓄电池应经常处于充足电状态，放完电的蓄电池应及时送去充电，电解液相对密度要恰当，液面高度应符合规定。对于已硫化的蓄电池，较轻者可按过充电方法进行处理，较严重者可用小电流充电法或去硫化充电法消除硫化
自放电	充足电的蓄电池，放置不用会逐渐失去电量，这种现象称为蓄电池的"自放电"。 若一昼夜容量损失不超过0.7%时，属于正常自放电。铅蓄电池的正常自放电是由于蓄电池本身因素所造成的一种不可避免的现象。若一昼夜自行放电量超过了2%～3%时，则属于故障性自放电，这主要是由于使用维护不当造成的	（1）电解液杂质含量过多，这些杂质在极板周围形成局部电池而产生自放电； （2）蓄电池内部短路引起的自放电。例如，隔板或壳体隔壁破裂、极板活性物质大量脱落而沉于极板下部等； （3）蓄电池盖上洒有电解液时，会造成自放电，同时，还会使极桩或连接条腐蚀	为减少自放电，电解液的配制应符合要求，并使液面不致过高，使用中还应经常保持蓄电池表面清洁。 自放电严重的蓄电池，可将它完全放电或过度放电，使极板上的杂质进入电解液，然后将电解液倒出，用蒸馏水将电池仔细清洗干净，最后灌入新电解液重新充电
活性物质脱落	活性物质脱落一般多发生在正极板上，其特征为电解液中有沉淀物，充电时电解液有褐色物质自底部上升，但电压上升快，电解液沸腾现象比正常蓄电池出现得早，充电时间大大缩短，放电容量却明显下降	（1）极板本身质量太差； （2）充、放电时活性物质的体积总在不断地膨胀和收缩； （3）充足电后极板孔隙中逸出大量气泡，在极板内部造成压力，从而使活性物质容易脱落； （4）若使用不当，如充、放电流过大，使电解液温度太高，或经常过充电，都将导致极板过早损坏； （5）蓄电池受剧烈振动时，也会引起活性物质脱落	更换极板或更换蓄电池

续表

症状	故障现象	故障原因	排除方法和措施
极板拱曲	极板拱曲也多发生于正极板,极板拱曲后将会造成内部短路等故障	(1)极板在制造过程中铅膏涂填不匀,使充放电时极板各部分所引起的电化学反应强弱不匀,致使极板膨胀和收缩不一样; (2)经常大电流放电,使极板表面各部分电流密度不同而造成弯曲; (3)蓄电池过量放电时,使极板内层深处生成硫酸铅,充电时得不到恢复造成内部膨胀而导致极板拱曲; (4)电解液中含有杂质,在引起局部电化学作用时,仅有小部分活性物质转变为硫酸铅,致使整个极板的活性物质体积变化不一致也会造成极板拱曲	极板轻度拱曲时,可用木夹板夹紧校正,如极板拱曲严重,则应更换新极板
极板短路	极板短路的故障现象为断路电压较低,大电流放电时端电压迅速下降,甚至到零;充电过程中,电压与电解液相对密度上升缓慢,甚至保持很低的数值就不再上升了,充电末期气泡很少,但电解液温度却迅速升高	(1)隔板质量不高或损坏使正、负极板相接触而短路; (2)活性物质在蓄电池底部沉积过多,金属导电物落入正、负极板之间也将造成蓄电池内部极板短路	对于短路的蓄电池可拆开进行检查,也可更换新蓄电池

▫ 任务实施 ▫

操作一　蓄电池的充电

蓄电池充电作业注意事项

(1)严格遵守各种充电方法的操作规范。

(2)充电过程中,要及时检查记录各单格电池电解液密度和端电压。在充电初期和中期,每 2h 检查记录一次即可,接近充电终了时,每 1h 检查记录一次。

(3)若发现个别单格电池的端电压和电解液密度上升比其他单格电池缓慢,甚至变化不明显时,应停止充电,及时查明原因。

(4)在充电过程中,必须随时测量各单格电池的温度,以免温度过高影响蓄电池的性能。当电解液温度上升到 40℃ 时,应立即将充电电流减半,减小充电电流后,如果电解液温度仍继续升高,应该停止充电,待温度降低到 35℃ 以下时,再继续充电。

（5）初充电作业应连续进行，不可长时间间断。

（6）充电时，应旋开出气孔盖，使产生的气体能顺利逸出，充电室要安装通风和防火设备，在充电过程中，严禁烟火，以免发生事故。

（7）就车充电时，一定要将蓄电池负极断开，否则充电机的高电压会将电控系统的电气元件损坏。

（8）如果蓄电池长时间未在行车中使用，如库存车蓄电池等，必须以小电流进行充电。

（9）对过度放电的蓄电池（空载电压为 11.6V 或更低）进行充电，不可采用快速充电的方法，这种蓄电池充电至少应为 24h。

步骤一　在将蓄电池与充电机（见图 2-22）连接之前，应将蓄电池极桩和表面清理干净，将液面高度调整至正常水平。

步骤二　按图 2-23 所示正确连接充电机和蓄电池。

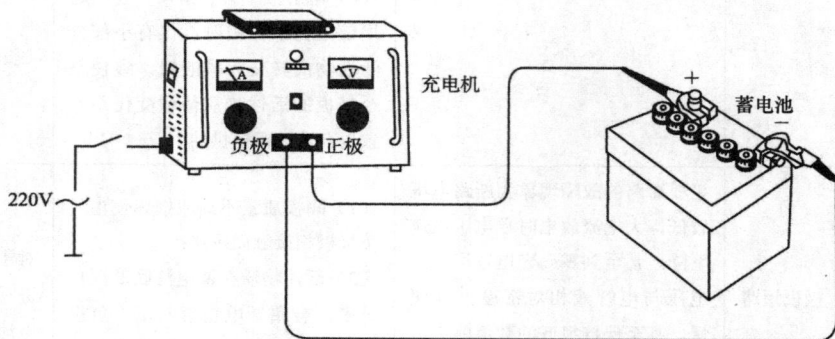

（a）示意图

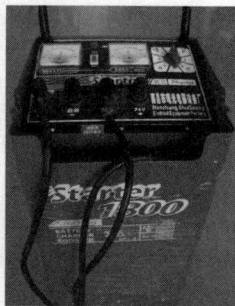

图 2-22　充电机

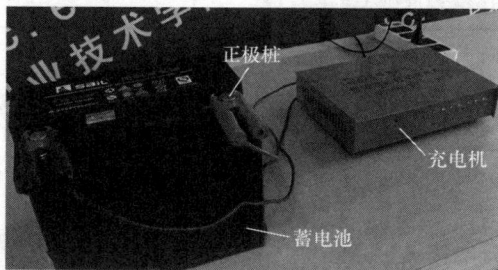

（b）实物连接图

图 2-23　连接蓄电池与充电机

步骤三　将充电机上的电压调节旋钮调至最小位置。

步骤四　打开交流电源开关。

步骤五　打开充电机上的电源开关，调节电压旋钮，观察电流表读数，直到电流表读数指示出所确定的电流值为止（按照充电规范，确定充电电流大小）。

步骤六　通过加液孔观察蓄电池的内部情况，用万用表测量蓄电池两端的电压，当有连续气泡冒出或连续 3h 电压不变时，应立即停止充电。

操作二　蓄电池的应急跨接起动

如果一辆车因蓄电池电量不足而导致发动机不能正常起动，可考虑采用蓄电池应急跨接起动的方法使被救援的车辆顺利起动。

步骤一　准备一对起动跨接电缆线，如图 2-24 所示。

步骤二　找一辆蓄电池电力充足、与被救援车辆电压一致的救援车辆（也可以是一块电力充足的蓄电池）。

步骤三　将两辆车靠近，直到跨接电缆线足够连接到两块蓄电池的正、负极。

步骤四　如图 2-25 所示，确定好两车蓄电池的正极和负极，使用跨接电缆线先将救援车辆正极与被救援车辆正极连接（正极夹子金属部分不能与车身任何地方接触），然后连接救援车辆负极与被救援车辆负极。

图 2-24　跨接电缆线

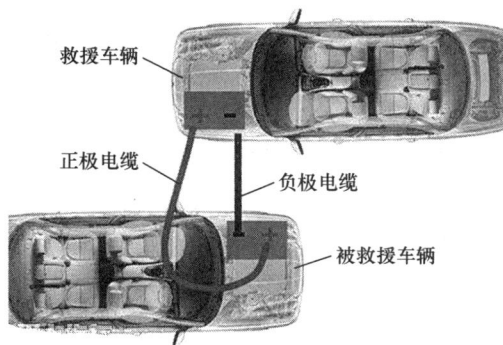

图 2-25　连接跨接电缆线

提示

布置好跨接电缆线的走向，防止起动时跨接电缆与皮带或散热风扇刮蹭。

步骤五　分别将两车与发动机起动无关的电气设备关闭，救援车辆先起动运转几分钟，并保持发动机转速在 2 000r/min 左右，之后被救援车辆可以打火起动。待被救援车辆发动机起动并运转平稳后，先将两车跨接电缆线的负极电缆取下，再取下正极电缆，蓄电池的应急跨接起动过程结束。

提示

这种蓄电池应急跨接起动方法同时适用于手动挡车辆和自动挡车辆。

·· □ 维修实例 □ ··

实例一　发动机不能起动，但推车能起动

（1）故障现象

一汽大众速腾轿车，行驶里程为 3.2 万千米。发动机不能起动，但用推车的方法却能起动。

（2）故障原因

蓄电池负极与搭铁线松动。

（3）故障诊断与排除

拆下起动机检查，电动机运转正常，说明起动机无故障。测量蓄电池电压为 13.7V 左右，说明蓄电池电量正常。

测量交流发电机 B_+ 端与外壳间已压为 14V 左右，说明交流发电机工作也正常。

因起动系统中上述部件都无问题，所以逐一检查起动系统线路，发现蓄电池负极与车身搭铁线松动。将搭铁线固定好后再试车，发动机顺利起动，故障排除。

产生上述故障的原因就是忽视了蓄电池搭铁线的连接，从而使电源线路构不成回路，用电系统（起动机等）因无电而不能工作。

实例二　发动机难以起动，打开点火开关后仪表板上充电指示灯不亮

（1）故障现象

上汽通用凯越轿车，行驶里程为 12.72 万千米。驾驶人说，发动机难以起动，打开点火开关后仪表板上充电指示灯不亮。

（2）故障原因

蓄电池负极接线柱氧化物过多而导致接触不良。

（3）故障诊断与排除

卸下充电指示灯灯泡，观察灯丝，未熔断，表明充电指示灯未损坏。

检查熔丝，未熔断，表明蓄电池至点火开关线路无短路故障。

打开大灯开关，灯光较弱。按动喇叭，声音低哑，分析可能是蓄电池电压过低。用万用表检查蓄电池端电压为 12.5V（规定值为 12V），蓄电池正常，未亏电。显然蓄电池的电输送不出去，而经前述检查，线路又没有搭铁、短路之处，因此可能性最大的是线端连接不牢。检查蓄电池极桩、蓄电池接线柱，接线柱的线夹紧固，但负极极桩氧化物甚多，估计是接触不良。

拆除蓄电池负极接线柱线夹，彻底清除线夹氧化物和蓄电池搭铁线另一线端，重新紧固线夹和搭铁线线端，试车，起动顺列，发动机运转不久，充电指示灯熄灭。

为了能通过大电流，蓄电池连接线做得粗而短，烧蚀断路的可能性极少，多数故障为线夹（端）接触不良。接触不良的原因：

① 线夹紧固不佳；

② 负极接线柱上因电解液溢出或加注电解液时洒出造成氧化，使接触不良。线夹（端）接触不良使接头电阻增大，并使得线路压降过大，从而使起动机的工作电流大大减小，起动机无力运转，发动机难以起动。

小 结

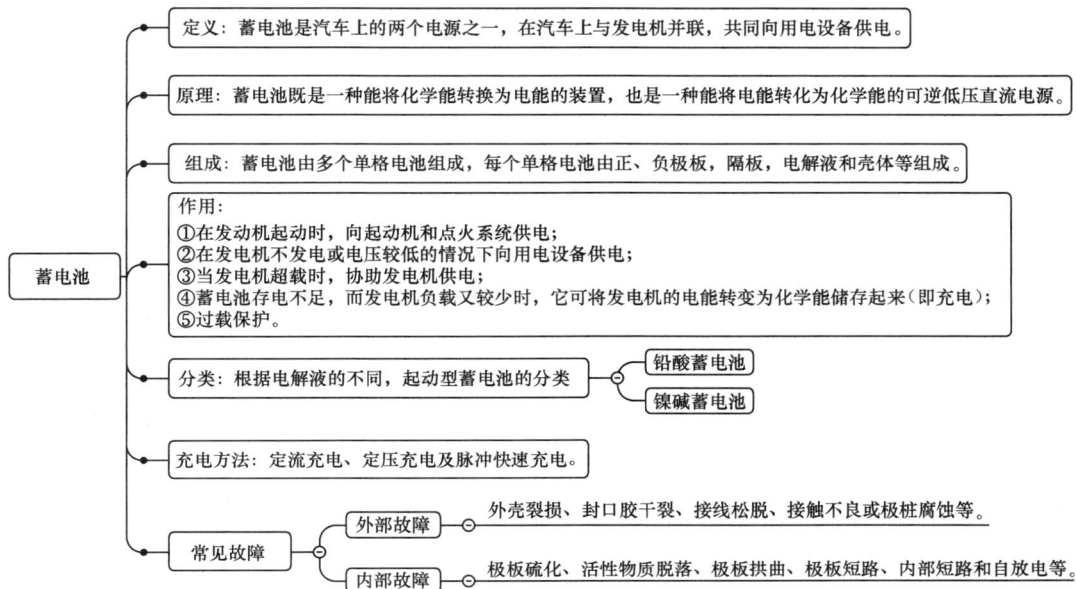

蓄电池

- 定义：蓄电池是汽车上的两个电源之一，在汽车上与发电机并联，共同向用电设备供电。
- 原理：蓄电池既是一种能将化学能转换为电能的装置，也是一种能将电能转化为化学能的可逆低压直流电源。
- 组成：蓄电池由多个单格电池组成，每个单格电池由正、负极板，隔板，电解液和壳体等组成。
- 作用：
  ①在发动机起动时，向起动机和点火系统供电；
  ②在发电机不发电或电压较低的情况下向用电设备供电；
  ③当发电机超载时，协助发电机供电；
  ④蓄电池存电不足，而发电机负载又较少时，它可将发电机的电能转变为化学能储存起来（即充电）；
  ⑤过载保护。
- 分类：根据电解液的不同，起动型蓄电池的分类
  - 铅酸蓄电池
  - 镍碱蓄电池
- 充电方法：定流充电、定压充电及脉冲快速充电。
- 常见故障
  - 外部故障：外壳裂损、封口胶干裂、接线松脱、接触不良或极桩腐蚀等。
  - 内部故障：极板硫化、活性物质脱落、极板拱曲、极板短路、内部短路和自放电等。

练习思考题

1. 简述汽车蓄电池的作用。
2. 简述汽车蓄电池的结构与组成。
3. 解释蓄电池型号 6-QAW-90 的含义。
4. 免维护蓄电池工作状况怎样检查？
5. 蓄电池维护作业内容有哪些？
6. 蓄电池的充电种类有哪几种？
7. 蓄电池的常见故障诊断与排除方法有哪些？
8. 怎样进行蓄电池的应急跨接起动？

任务一 交流发电机及调节器的维护与检修

□ 学习目标 □

(1) 了解交流发电机的工作原理和作用。
(2) 熟悉发电机的结构。
(3) 对交流发电机进行拆装及检测。
(4) 掌握发电机 V 带检查、调整和更换方法。
(5) 能够按照正确的操作方法更换发电机。
(6) 培养学生养成遵守车辆维修规范、规程和标准的习惯。

文档

遵守车辆维修
操作规程

□ 任务引入 □

一辆大众帕萨特轿车，起动发动机后，充电指示灯不熄灭。发动机在中速以上运转时，打开前照灯，灯光暗淡，按动喇叭，喇叭声音小。

汽车上的发电机必须满足车辆正常用电的需要。如果发电机出现故障，会导致发动机起动后，充电指示灯常亮。因此，在汽车维修过程中，对发电机应经常进行检查、维护等作业。通过学习发电机的维护与检测相关知识，能对发电机的技术性能进行正确评价。

□ 相关知识 □

交流发电机及调节器是汽车电源与充电系统的重要部件。在发动机正常工作时，由发电机向全车用电设备供电，同时发电机还要向蓄电池进行补充充电。

随着汽车性能与功能的不断提高，现代汽车上的用电设备数量也越来越多。因此，交流发电机应有较大的输出功率，一般轿车发电机的功率可达 1 200W。

一、交流发电机及调节器的作用与分类

1．交流发电机的作用

(1) 交流发电机的安装位置

交流发电机安装在发动机的前端，由发电机 V 带传递动力，安装位置如图 3-1 所示。

(2) 交流发电机的线路连接

交流发电机的线路连接简图如图 3-2 所示。

图 3-1　交流发电机的安装位置

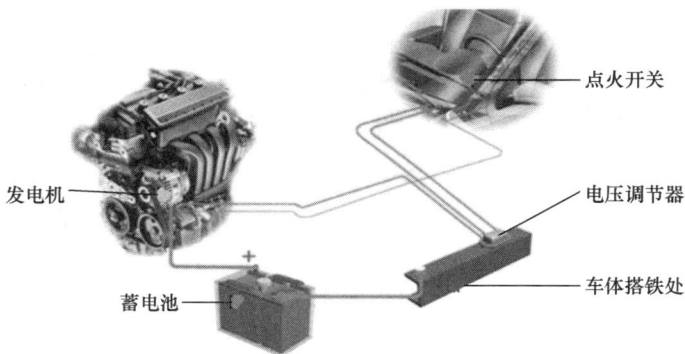

图 3-2　交流发电机的线路连接简图

（3）交流发电机及调节器的作用

① 交流发电机由汽车发动机驱动，是汽车电气设备的主要电源，它在正常工作时，对除起动机以外的所有用电设备供电，并向蓄电池充电以补充蓄电池在使用中所消耗的电能。

② 调节器是一种电压调节装置，其作用是在发电机转速变化时自动调节发电机的输出电压并使其保持稳定。

2. 交流发电机的分类

（1）按总体结构分类

① 普通交流发电机。既无特殊装置，也无特殊功能和特点的汽车交流发电机，称为普通交流发电机，如图 3-3 所示。

② 整体式交流发电机。整体式交流发电机即机体内装有电子调节器的交流发电机，如图 3-4 所示。

③ 带泵交流发电机。带泵交流发电机即带动真空制动助力泵（真空泵）工作的交流发电机，如图 3-5 所示。

④ 无刷交流发电机。无刷交流发电机即没有电刷和滑环的交流发电机，如图 3-6 所示。

图 3-3　普通交流发电机

图 3-4　整体式交流发电机

图 3-5　带泵交流发电机

图 3-6　无刷交流发电机

（2）按磁场绕组搭铁方式分类

① 内搭铁型交流发电机。内搭铁型交流发电机即指磁场绕组的一端经滑环和电刷在发电机端盖上搭铁的发电机，如图 3-7（a）所示。

② 外搭铁型交流发电机。外搭铁型交流发电机即指磁场绕组的两端均与端盖绝缘，其中一端经调节器后搭铁的发电机，如图 3-7（b）所示。外搭铁型交流发电机现被广泛采用。

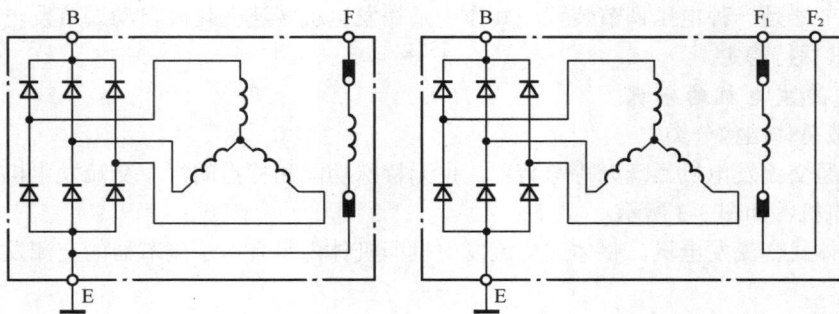

（a）内搭铁型交流发电机　　　　　　　　（b）外搭铁型交流发电机

图 3-7　交流发电机的搭铁形式

（3）按装用的二极管数量分类

① 六管交流发电机。其整流器由 6 只硅二极管组成，这种形式应用最为广泛。六管交流发电机电路简图如图 3-8 所示。

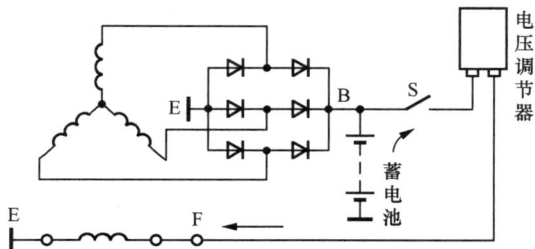

图 3-8 六管交流发电机电路简图

② 八管交流发电机。其整流器总成共有 8 只二极管，其中有两个中性点二极管。八管交流发电机电路简图如图 3-9 所示。

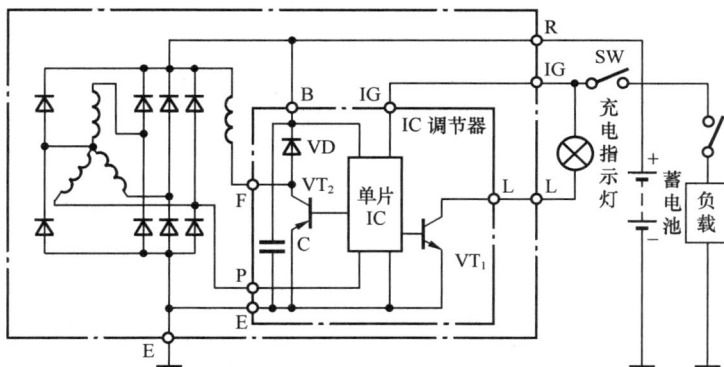

图 3-9 八管交流发电机电路简图

③ 九管交流发电机。其整流器总成共有 9 只二极管，其中有 3 个磁场二极管。九管交流发电机电路简图如图 3-10 所示。

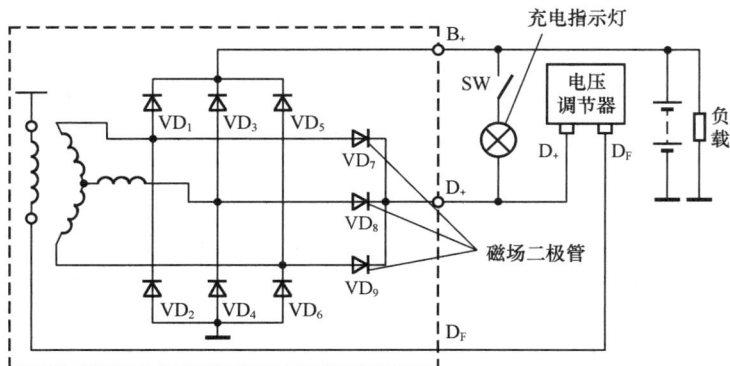

图 3-10 九管交流发电机电路简图

④ 十一管交流发电机。其整流器总成共有 11 只二极管，具有中性点二极管和磁场二极管。十一管交流发电机电路简图如图 3-11 所示。

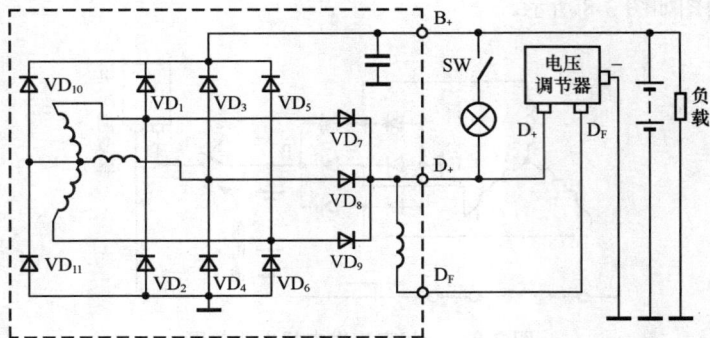

图 3-11　十一管交流发电机电路简图

3. 电压调节器的分类

（1）电压调节器的分类

交流发电机电压调节器可分为触点式电压调节器、晶体管调节器和集成电路调节器，如图 3-12 所示。3 种调节器的基本原理都是以转速为基础，通过改变励磁电流来维持发电机的输出电压恒定。

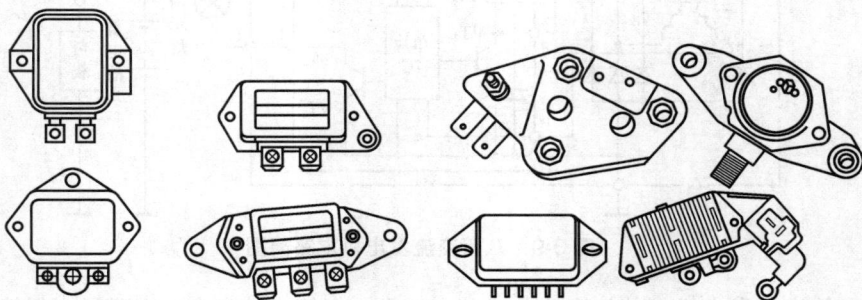

（a）触点式电压调节器　　　（b）晶体管调节器　　　（c）集成电路调节器

图 3-12　常见电压调节器外形

① 触点式电压调节器应用较早，这种调节器触点振动频率慢，存在机械惯性和电磁惯性，电压调节精度低，触点易产生火花，对无线电干扰大，可靠性差，使用寿命短，现已被淘汰。

② 随着半导体技术的发展，产生了晶体管调节器。其优点：晶体管的开关频率高，且不产生火花，调节精度高，还具有重量轻、体积小、使用寿命长、可靠性高、无线电干扰小等优点。现广泛应用于东风、解放等中低档车型。

③ 集成电路调节器除具有晶体管调节器的优点外，其体积非常小，安装于发电机的内部（又称内装式调节器），减少了外接线，并且冷却效果得到了改善。现广泛应用于桑塔纳、奥迪等中高档车型。

（2）电压调节器的结构及外形举例

① 丰田轿车用电压调节器。图 3-13 所示为丰田轿车发电机使用的型号为 15509G 集成

电路调节器外形图，该发电机为整体式交流发电机，调节器为内装式外搭铁型。

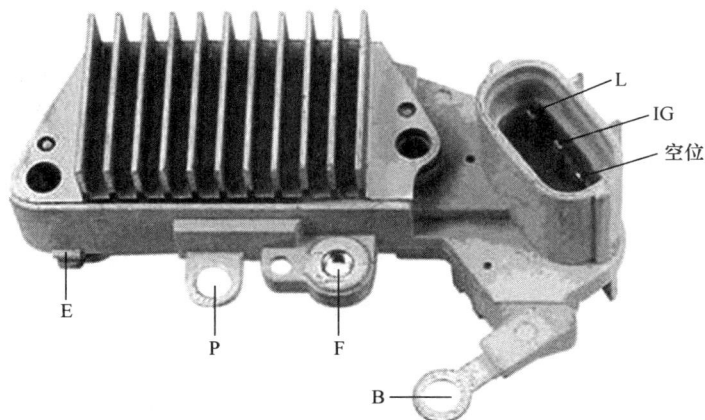

图 3-13　丰田轿车电压调节器

B、E、F、IG、L、P—端子

该调节器有 6 个接线端子，端子 F、P、E 用螺钉直接和发电机连接，端子 B 用螺母固定在发电机的输出端子 B_+ 上，端子 IG、L 用导线连接到调节器的外部接线插座上。

② 桑塔纳轿车用电压调节器。该车电压调节器为集成电路调节器，调节器与电刷组件制成一个整体，并采用外装式结构。当电刷磨损或调节器损坏需要更换时，拆下总成部件的两个固定螺钉，即可取下总成，检修十分方便。

电压调节器与电刷组件总成如图 3-14 所示。两只电刷的引线分别用导电片与电压调节器电路的正极（D_+）和磁场（D_F）连接，主视图中右边一个安装孔用导电片与调节器电路的负极（D_-）连接。当调节器发生故障时，只能更换调节器。

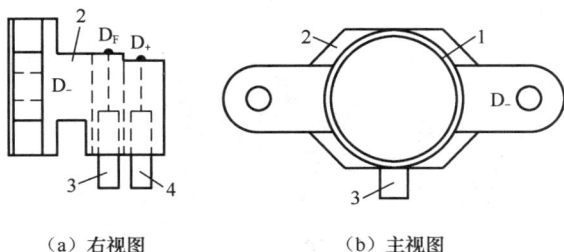

（a）右视图　　　　　　（b）主视图

图 3-14　电压调节器与电刷组件

1—电压调节器　2—电刷架　3—负电刷　4—正电刷

二、交流发电机的结构

1. 普通交流发电机的结构

普通交流发电机由前后端盖（壳体）、电刷架、电刷、硅二极管、元件板、转子、定子、风扇和 V 带轮等组成，分解图如图 3-15 所示。

视频

认识交流发电机

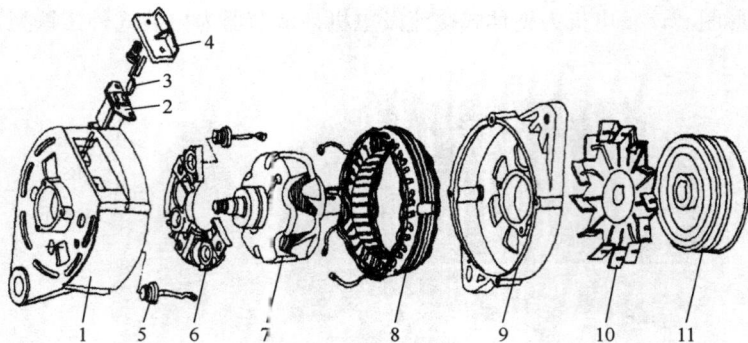

图 3-15　普通交流发电机分解图

1—后端盖（后壳体）　2—电刷架　3—电刷　4—电刷弹簧压盖　5—硅二极管　6—元件板

7—转子　8—定子　9—前端盖（前壳体）　10—风扇　11—V带轮

2. 整体式交流发电机的结构

整体式交流发电机的基本结构也是由定子、转子、整流器和端盖等组成。整体式交流发电机与普通交流发电机的不同点是在基本结构的基础上增加了电压调节器，且都采用集成电路调节器。

整体式交流发电机的结构如图 3-16 所示，分解图如图 3-17 所示。

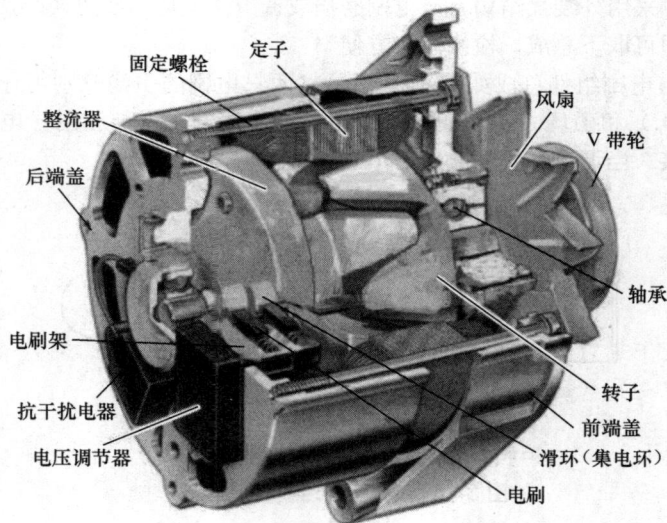

图 3-16　整体式交流发电机的结构

3. 交流发电机的组成部件

（1）定子

定子的作用是产生交流电，其结构如图 3-18 所示，由定子铁心和定子绕组组成。定子铁心由内圆带槽的环状硅钢片叠成，定子绕组为三相对称绕组，安放在定子铁心的槽内。三相绕组的连接方法采用星形连接，绕组引线端子共有 4 个，三相绕组各引出 1 个，中性点引出 1 个。

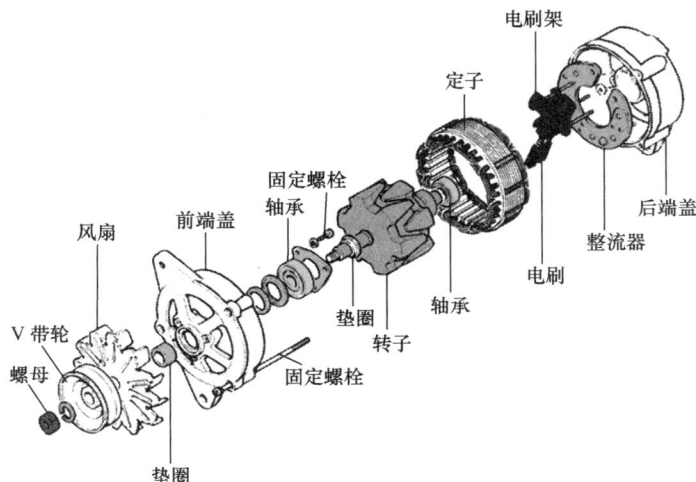

图 3-17　整体式交流发电机分解图

（2）转子

转子的作用是产生磁场，转子主要由转子铁心、磁场绕组、爪极和滑环（也称集电环）等组成，转子的分解图如图 3-19 所示。

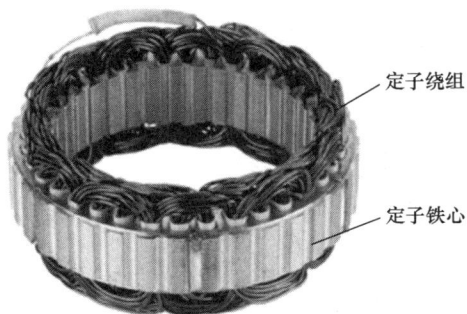

图 3-18　交流发电机定子的结构　　　　图 3-19　转子的分解图

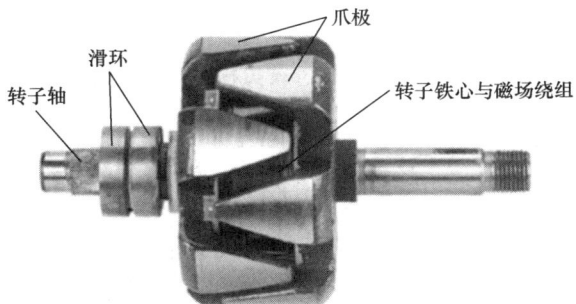

① 爪极。爪极有两块，每块上都有 6 个鸟嘴形磁极，两块爪极压装在转子轴上，爪极间的空腔内装有转子铁心和磁场绕组。磁场绕组绕在铁心上，铁心压装在两块爪极之间的转子轴上。

② 滑环。滑环由彼此绝缘的两个铜环组成，压装在转子轴一端并与转子轴绝缘。磁场绕组的两端分别从内侧爪极上的两个小孔中引出，其中一端焊接在滑环的内侧铜环上，另一端则穿过内侧铜环上的小孔并焊接在外侧铜环上，两铜环分别与发电机的两个电刷接触。当两个电刷与直流电源接通时，磁场绕组中便有电流流过，并产生轴向磁通，使一块爪极磁化为 N 极，另一块爪极磁化为 S 极，从而形成 6 对相互交错的磁极。

（3）整流器

整流器的作用是将三相绕组产生的交流电变为直流电。其整流二极管的特点是工作电流大，反向电压高。交流发电机整流二极管有正极管和负极管之分，引出电极为二极管正极的称为正极管，引出电极为二极管负极的称为负极管。整流器如图 3-20 所示。

① 六管交流发电机的整流器上各元器件的安装位置如图 3-21 所示。3 个正二极管压装在正整流板上，3 个负二极管压装在负整流板上，其中，1 个正极管和 1 个负极管连接在一起。

图 3-20　整流器外形

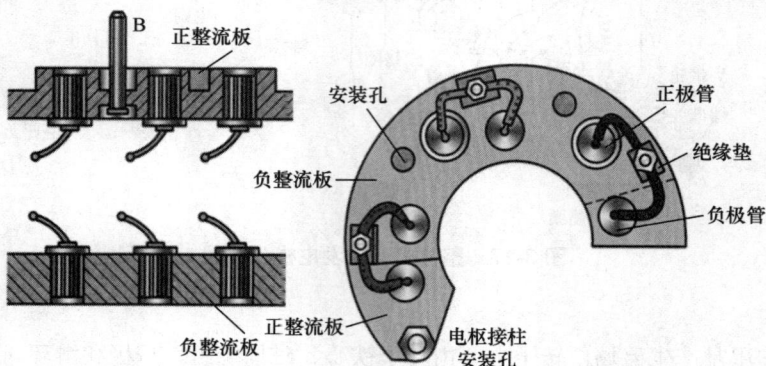

图 3-21　六管交流发电机的整流器

② 十一管交流发电机的整流器上各元器件的安装位置如图 3-22 所示（桑塔纳系列车型发电机）。发电机输出接柱端子标记"B_+"为发电机正极。发电机整流器设有 11 只二极管，其中包括 3 只正极管、3 只负极管、3 只磁场二极管和两只中性点二极管。

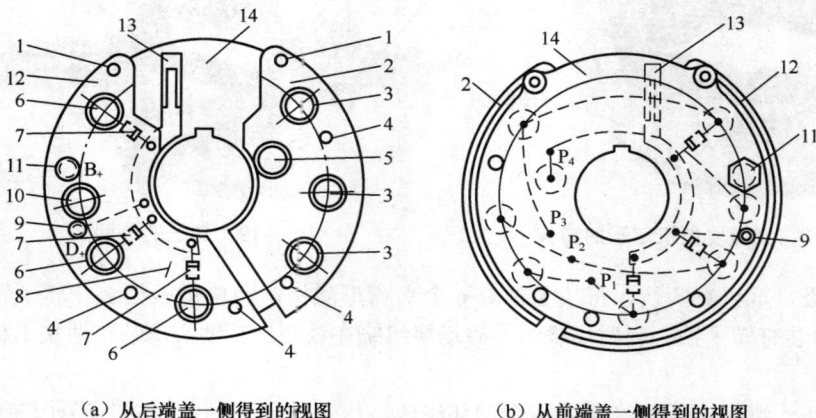

（a）从后端盖一侧得到的视图　　　（b）从前端盖一侧得到的视图

图 3-22　十一管交流发电机的整流器

1—IC调节器安装孔（两个）　2—负整流板　3—负极管　4—整流器总成安装孔（4个）　5—中性点二极管（负极管）　6—正极管　7—磁场二极管　8—防干扰电容器连接插片　9—端子D_+　10—中性点二极管（正极管）　11—端子B_+　12—正整流板　13—电刷架压紧弹片　14—硬树脂绝缘胶板

　　3 只正极管和中性点二极管压装在正整流板上；磁场二极管焊接在正整流板与电刷架压紧弹片之间，压紧弹片与发电机磁场电流输出端子（D+）相通，同时又是 IC 调节器的电源输入端。负极管和中性点二极管压装在负极板上。发电机三相绕组的始端分别与正极管引线和磁场二极管的正极引线焊接在 3 个点，中性点引线与中性点二极管引线焊接在一点。

　　分解和维修发电机时，需用电烙铁（220V/35W 左右）将这些焊点焊开之后，才能进行分解或维修。

　　（4）端盖

　　前、后端盖如图 3-23 所示。交流发电机的前、后端盖均用铝合金铸造而成，具有重量轻、散热性好、不导磁等优点。

　　在发电机前端盖前安装有风扇和 V 带轮，由发动机通过 V 带来驱动发电机带轮和转子转动。发电机的通风散热依靠风扇来实现。在后端盖上安装有电刷组件与调节器总成。

图 3-23　前、后端盖

　　（5）电刷及电刷架

　　如图 3-24 所示，电刷组件由电刷、电刷架和电刷弹簧组成。电刷安装在电刷架的孔内，借弹簧张力使电刷与滑环保持良好接触。每只电刷都有一根引线，该引线直接引到电压调节器内部，从而将磁场绕组与调节器工作电路连接起来。

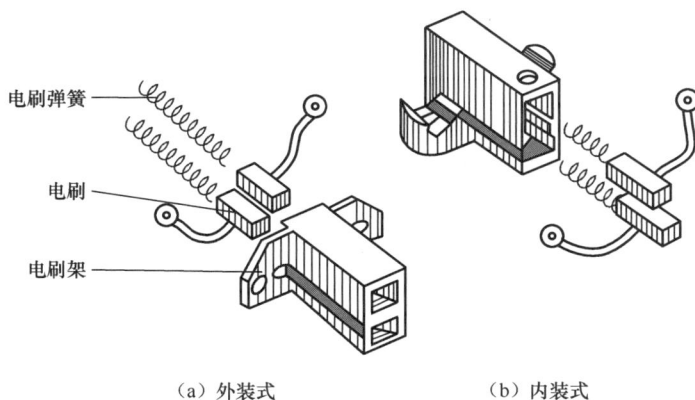

（a）外装式　　　　　　　　（b）内装式

图 3-24　电刷及电刷架

三、交流发电机的工作原理与特性

1. 交流发电机的工作原理

　　交流发电机产生交流电的基本原理是电磁感应原理，即交流发电机是利用产生磁场的转子旋转，使穿过定子绕组的磁通量发生变化，在定子绕组内产生交流感应电动势。图 3-25 所示为交流发电机的工作原理图。

文档

交流发电机的
工作原理

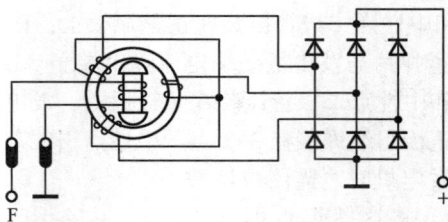

图 3-25　交流发电机的工作原理

交流发电机的工作原理的具体内容可扫描二维码"交流发电机的工作原理"学习。

2. 交流发电机整流原理

文档

交流发电机整流
原理

硅整流二极管具有单向导电性：当给硅整流二极管加上正向电压（正极电位高于负极电位）时导通，硅整流二极管呈现低电阻状态；当给硅整流二极管加一反向电压（正极电位低于负极电位）时截止，硅整流二极管呈现高电阻状态。利用硅整流二极管的这种单向导电性，制成了交流发电机的硅整流器，使交流电变为直流电。硅整流器实际上是一个由 6 只硅整流二极管组成的三相桥式整流电路。

交流发电机整流原理的具体内容可扫描二维码"交流发电机整流原理"学习。

有的发电机具有中性点接线柱，如图 3-26 所示。中性点接线柱是从三相绕组的末端引出来的，标记为"N"，输出电压为 U_N。由于 U_N 是通过 3 个搭铁的负极管子整流后得到的直流电压（即三相半波整流），所以

$$U_N = \frac{1}{2} U$$

中性点电压 U_N 一般用来控制各种用途的继电器，如磁场继电器、充电指示灯继电器等。实际上，对有些交流发电机（如帕萨特、奥迪等轿车）来说，在三相绕组的中性点处接上两只中性点二极管（功率二极管），并通过两只中性点二极管与桥式整流器的正、负输出端相连。图 3-27 所示为原理图，图中 VD_7、VD_8 为中性点二极管。此种做法，当发动机高速运转时，可有效地利用中性点电压来增加发电机的输出功率。实践证明，在交流发电机上采用中性点二极管后，输出功率可增加 10% ～ 15%。

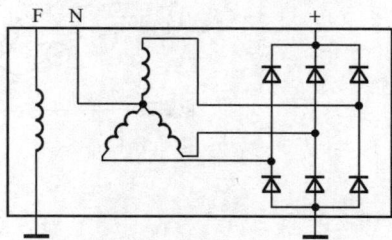

图 3-26　带有中心抽头的交流发电机

3. 交流发电机励磁特点

文档

交流发电机的
励磁电路

交流发电机在无外接直流电源时，由于转子保留的剩磁很弱，因此在低速时，仅靠剩磁产生的电动势（小于 0.6V）并不能使二极管导通，发电机也就不能发电。为了克服这一缺点，在发电机开始发电时采用了他励方式，即由蓄电池为励磁绕组提供励磁电流，以增强磁场，使发电机在低速转动时电压能够迅速上升，从而实现发动机怠速时发电机便可向蓄电池充电。发电机向蓄电池充电时，励磁方法由他励方式变为自励

方式，即励磁电流由发电机自己提供。简单地说，交流发电机的励磁方法：先他励，后自励。

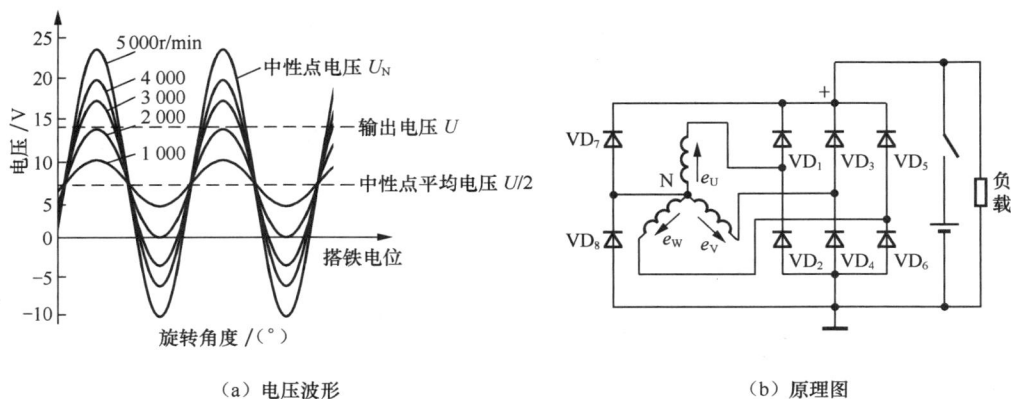

（a）电压波形　　　　　　　　　　　（b）原理图

图 3-27　具有中性点二极管的整流电路

交流发电机励磁电路的具体内容可扫描二维码"交流发电机的励磁电路"学习。

4. 交流发电机的工作特性

交流发电机的工作特性是指发电机经整流后输出的直流电压、电流和转速之间的关系，包括空载特性、输出特性和外特性。

交流发电机工作特性的具体内容可扫描二维码"交流发电机的工作特性"学习。

四、电压调节器的工作原理

由于交流发电机的转子是由发动机通过 V 带驱动旋转的，且发动机和交流发电机的速比为 1.7 ～ 3，因此，交流发电机转子的转速变化范围非常大，这样将引起发电机的输出电压发生较大变化，无法满足汽车用电设备的工作要求。为了满足用电设备恒定电压的要求，交流发电机必须配用电压调节器，使其输出电压在发动机所有工况下保持恒定。

1. 电压调节器的基本工作原理

由交流发电机的工作原理可知，交流发电机的三相绕组产生的三相电动势的有效值 $E_\phi=4.44KfN\Phi$，这样，交流发电机每相绕组电动势有效值可写成：

$$E_\phi=Cn\Phi$$

式中：C 为发电机的结构常数，n 为转子的转速，Φ 为转子的磁极磁通量。也就是说交流发电机所产生的感应电动势 E_ϕ 与转速 n 和磁极磁通量 Φ 成正比。当转速 n 升高时，要想使发电机的输出电压保持恒定，只能通过减小磁极磁通量 Φ 来实现。又因为磁极磁通量 Φ 与励磁电流 I_j 成正比，减小磁极磁通量 Φ 也就是减小励磁电流 I_j。

所以，交流发电机调节器的工作原理：当交流发电机的转速 n 升高时，调节器通过减小发电机的励磁电流 I_j 来减小磁极磁通量 Φ，使发电机的输出电压保持不变。

2. 集成电路调节器的工作原理

集成电路调节器也称 IC 调节器，根据使用要求，将电路中的若干元件集成在同一基片上，制成一个独立的电子芯片。集成电路调节器装于发电机内部，构成整体式交流发电机。发电机外部有 2 个或 3 个接线柱。

集成电路调节器的工作原理与晶体管调节器的工作原理完全一样，都是根据发电机的输出电压信号，利用晶体管的开关特性控制发电机的励磁电流，使发电机的输出电压保持恒定。

根据不同的电压检测方法，集成电路调节器的检测方法可分为发电机电压检测法和蓄电池电压检测法两种电路，如图 3-28 所示。

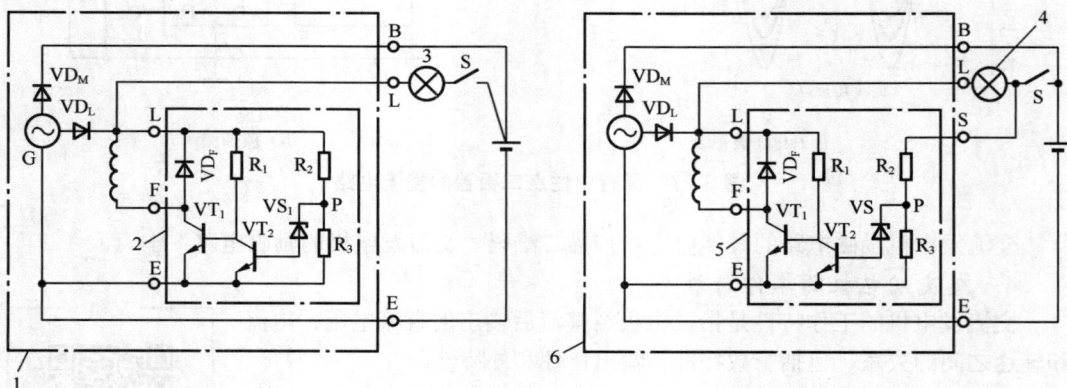

（a）发电机电压检测法 （b）蓄电池电压检测法

图 3-28　集成电路调节器的基本电路

1、6—发电机　2、5—集成电路调节器　3、4—充电指示灯

（1）发电机电压检测法

如图 3-28（a）所示，分压器 R_2 和 R_3 的端电压 U_{LE} 等于发电机的端电压 U_{BE}。由检测点 P 加到稳压管 VS_1 两端的反向电压 U_{PE}（经 VT_2 的发射结）正比于发电机的输出电压 U_{BE}，因此，这种基本电路称为发电机电压检测法。其工作原理如下所述。

点火开关 S 接通后，蓄电池电压加到充电指示灯和分压器 R_2 和 R_3 上。这时由于 U_{PE} 小于 VS_1 的击穿电压，晶体管 VT_2 截止；而晶体管 VT_1 则由于发射结（经 R_1）承受正向电压而导通，励磁电路（他励）：

蓄电池正极→点火开关 S →充电指示灯→励磁绕组→ VT_1 →蓄电池负极（搭铁）。

这时由蓄电池提供励磁电流，充电指示灯亮。发动机起动后，随着发动机转速升高，当发电机的输出电压超过蓄电池电动势时，发电机开始向蓄电池充电，同时，励磁方法由他励变为自励，励磁电路：

发电机二极管 VD_L →励磁绕组→ VT_1 →蓄电池负极（搭铁）。

同时，充电指示灯由于两端的电位相等而熄灭，表示发电机正常发电。当发电机的输出电压达到调整值时，U_{PE} 大于 VS_1 的击穿电压，使 VS_1 导通，VT_2 导通，VT_2 导通的同时将 VT_1 的发射结短路，使 VT_1 截止，励磁电流迅速减小，发电机输出电压 U_{BE}（即 U_{LE}）也随之下降，接着 VS_1 和 VT_2 又重新截止，VT_1 又导通，产生励磁电流。如此循环，VT_1 管反复导通与截止，控制励磁电流，使发电机的输出电压保持恒定。

VT$_1$ 截止瞬间，在励磁绕组中产生的自感电动势，经续流二极管 VD$_F$ 自成回路，迅速消失，从而保护了 VT$_1$，防止被反向击穿。

（2）蓄电池电压检测法

如图 3-28（b）所示，蓄电池电压检测法原理与发电机电压检测法基本相同。所不同的是，发电机电压检测法的控制信号直接来自于发电机的输出电压，而蓄电池电压检测法的控制信号来自于蓄电池的正极。

相比而言，采用发电机电压检测法，可省去信号输入线，缺点是当发电机至蓄电池电路上的压降较大时，可导致蓄电池充电不足。因此，一般大功率发电机多采用蓄电池电压检测法，使蓄电池的端电压得以保证。若采用蓄电池电压检测法，当发电机的电压输出线或信号输入线断路时，由于无法检测发电机的工作情况，可造成发电机出现失控现象。故多数车型在应用中，都对具体电路做了相应改进。

3. 集成电路调节器实例

图 3-29 所示为广泛使用的内装集成电路调节器的整体式交流发电机的电路原理图，为蓄电池电压检测法。其工作过程如下所述。

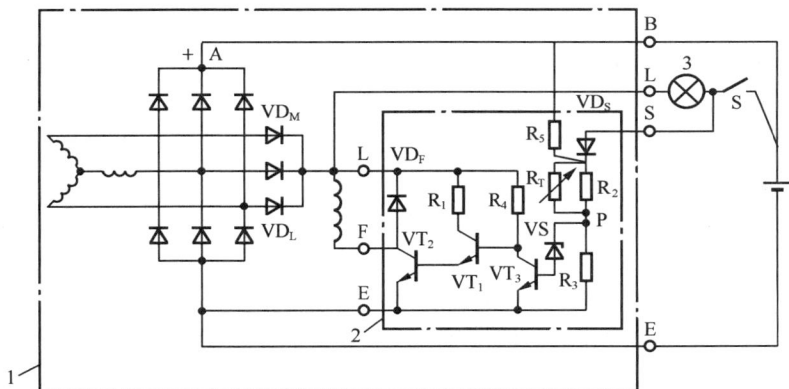

图 3-29 内装集成电路调节器的整体式交流发电机的电路原理

1—发电机　2—集成电路调节器　3—充电指示灯

（1）闭合点火开关 S，蓄电池电压加到充电指示灯和分压器 R$_2$ 和 R$_3$ 上，由于 U_{PE} 电压小于稳压管 VS 的反向击穿电压，晶体管 VT$_3$ 截止，而晶体管 VT$_2$、晶体管 VT$_1$ 导通，励磁电路（他励）：

蓄电池正极→点火开关 S →充电指示灯→发电机励磁绕组→ VT$_2$ →蓄电池负极。

这时，充电指示灯亮。

（2）当发动机起动后，发电机的输出电压大于蓄电池的电压，发电机开始向蓄电池充电，励磁方法由他励变为自励，励磁电路：

发电机二极管 VD$_L$ →发电机励磁绕组→ VT$_2$ →蓄电池负极。

同时，充电指示灯由于两端电位相等而熄灭，表示发电机正常发电。

（3）当发电机的输出电压达到调整值时，U_{PE} 电压大于 VS 的反向击穿电压，VS 导通，VT_3 导通，VT_2、VT_1 截止。这时，励磁电流迅速下降，发电机的输出电压迅速下降。

（4）接着 VS 和 VT_3 又重新截止，VT_2、VT_1 又重新导通，产生励磁电流。如此循环，VT_1 反复导通与截止，控制励磁电流，使发电机的输出电压保持恒定。

其他元件的作用如下所述。

在此电路中，增加了一个与分压器 R_2、R_3 串联的二极管 VD_S，同时在 VD_S 的负极和发电机 B 端之间接入电阻 R_5。这样可防止当蓄电池正极与发电机的接线有断路现象时，发电机失控。

R_T 为热敏电阻，温度升高阻值减小，与 R_2 并联。这样可降低蓄电池在高温（环境温度）时的充电电压，有利于蓄电池的充电。

为了减小发电机流经"S"接线柱的电流，增大了 R_2、R_3 的电阻，这样在电路中增加了 VT_3，VT_3 起放大作用。

□ 任务实施 □

操作一　交流发电机的拆装

发电机的拆卸注意事项

（1）必须首先拆下蓄电池的搭铁线，然后才可以断开发电机与调节器的线束。

（2）当拆卸发电机轴承时，必须使用拉器。

（3）一般情况下，发电机的带轮、风扇和前端盖不必从转子轴上拆卸。

（4）拆卸整流器及后端盖上的接线柱时，所有绝缘衬套和绝缘垫圈不得丢失。

视频

发电机的拆卸

1. 发电机从车上的拆装

（1）发电机的拆卸

步骤一　关闭点火开关，断开蓄电池负极端子的导线（电缆），如图 3-30 所示。

步骤二　如图 3-31 所示，拧松张紧机构，然后拆下发电机 V 带。

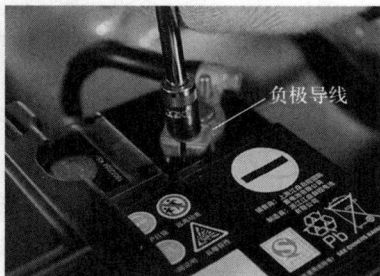

图 3-30　断开蓄电池负极导线

图 3-31　拧松张紧机构

步骤三　断开发电机上的连接导线和插接器，如图 3-32 所示。

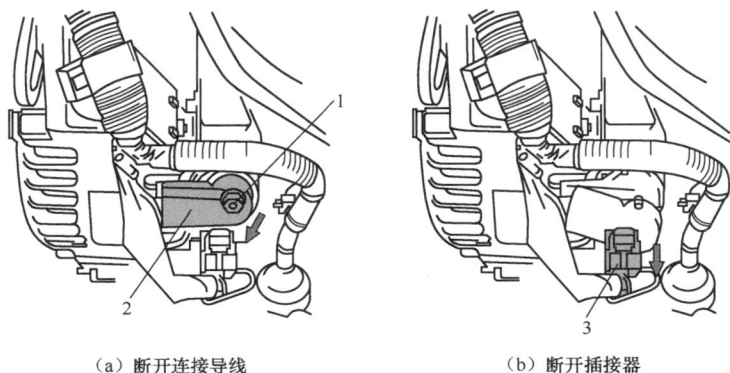

（a）断开连接导线　　　　　　　　（b）断开插接器

图 3-32　断开发电机连接导线和插接器

1—紧固螺母　2—连接导线　3—插接器

步骤四　拆下发电机的固定螺栓，从发动机上取下发电机。

（2）发电机的安装

安装发电机时可按与拆卸相反的顺序进行。

步骤一　将发电机安装到发动机上，拧紧发电机的固定螺栓。

步骤二　安装并调整发电机 V 带。

步骤三　安装相关线束和附件。

步骤四　安装蓄电池负极端子的导线。

2. 发电机的分解

步骤一　如图 3-33 所示，用合适的工具卡住风扇叶片，旋下发电机 V 带轮的固定螺母。

步骤二　如图 3-34 所示，用专用工具——拉器将发电机 V 带轮拉下。

视频

发电机的更换

视频

发电机零件的拆分

图 3-33　旋下发电机 V 带轮的固定螺母

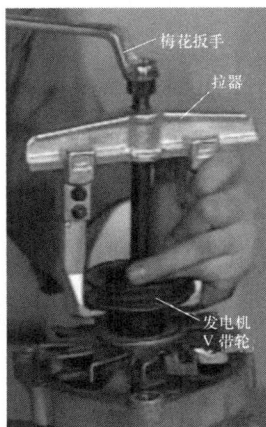

图 3-34　拆卸发电机 V 带轮

步骤三　取出垫圈、风扇叶片和定位垫片。

步骤四　拆卸整流器罩盖固定螺栓，取下整流器罩盖。

步骤五　如图 3-35 所示，拆下前、后端盖之间的固定螺栓。

步骤六　如图 3-36 所示，分开前、后端盖，取出带转子总成的前端盖（前壳体）。

图 3-35　拆下前、后端盖之间的固定螺栓

图 3-36　分开前、后端盖

步骤七　如需要，可用拉器顶出转子，如图 3-37 所示。

步骤八　用烙铁分别焊下定子线圈与整流器的连接接头，分开定子和带整流器的后端盖，如图 3-38 所示。

步骤九　如图 3-39 所示，拆下电压调节器及电刷架总成，拆下电容器。

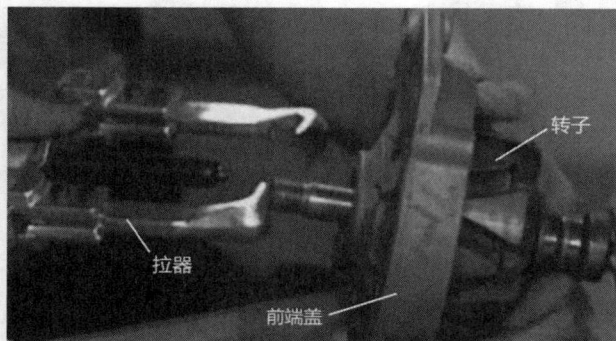

图 3-37　用拉器顶出转子

图 3-38　分开定子和后端盖

步骤十　如图 3-40 所示，拆下元件板上的紧固螺钉（注意有一颗螺钉带有绝缘垫圈），然后从后端盖上取下元件板。

图 3-39　拆下电压调节器、电刷架总成和电容器

图 3-40　拆下元件板

3. 发电机的装配

发电机的装配基本上可按与拆卸相反的顺序进行。

步骤一　安装整流器。拧上固定螺钉，整流器即被固定在后端盖上。装复后用万用表电阻挡测量"B"接线柱与端盖间电阻，应为∞。测量两散热板之间及绝缘散热板与端盖之间电阻，均应为∞。若上述电阻较小或者为零，表明漏装了绝缘垫片或套管，应拆开重装。

步骤二　安装定子总成。装定子绕组上的 4 个接线端子从后端盖孔中穿出，将接线端分别连接在整流器的接线螺钉上。

步骤三　安装前端盖。先将前端盖上的轴承、轴承盖安装并紧固好，再将该部分套到转子轴上，若过盈量较大，可用木锤轻轻敲入。

步骤四　将后端盖、定子装到转子轴上。上述两大部分接合后，安装前、后端盖紧固螺栓并分几次拧紧。

> 提示
>
> 1. 应使前、后端盖上发电机安装挂脚位置恰当（符合拆解标记）。
> 2. 各螺栓的拧紧切不可一次完成，而应轮流进行，并且不断转动转子，若转子运转受阻或者内部有摩擦，应调整拧紧力矩。

步骤五　安装风扇、V 带轮。在转子轴上套上定位套，安装半圆键、风扇叶片、V 带轮、弹簧垫圈，拧紧带轮紧固螺母。

步骤六　安装电刷架和电压调节器。

步骤七　检验装配质量。使用万用表检测各接线柱和与外壳间的电阻值，应该符合规定的技术数据要求，否则应该拆解并重新装配。

视频

发电机零件的复装

操作二　交流发电机的检查

检测交流发电机的注意事项

（1）最好使用专用工具对充电系统进行检测。

（2）判断不发电故障部位是在发电机还是调节器，将调节器短路时，必须注意这时发电机的电压将失控，电压可能达到 16～30V，所以实验要控制在很短的时间内进行。

（3）当线路故障没有排除时，不要更换新的调节器，否则可能会损坏新的调节器。

视频

发电机零件的检修

1. 转子的检查

步骤一 检查转子表面，不得有刮痕，否则表明轴承松旷，应更换前后轴承。检查滑环表面，应光洁平整，两滑环之间的槽内不得有油污和异物，转子线圈（绕组）不允许有搭铁、短路和断路故障。

步骤二 转子的断路检查。如图 3-41 所示，用万用表测量转子两滑环之间的电阻值，如果测得的电阻值为 2～3Ω（不同型号的发电机电阻值不同），说明转子线圈良好；若电阻值无穷大，说明转子线圈有断路故障；若电阻值过低，说明转子线圈有短路故障。如有断路或短路故障，应更换转子总成。

步骤三 转子的搭铁检查。如图 3-42 所示，用万用表测量滑环和转子轴之间是否搭铁短路，一只表笔接转子的滑环，另一只表笔接转子轴或爪极。如果测得的电阻值为无穷大，说明滑环和转子轴之间绝缘良好，若有阻值，则表明转子线圈有搭铁故障，应更换转子。

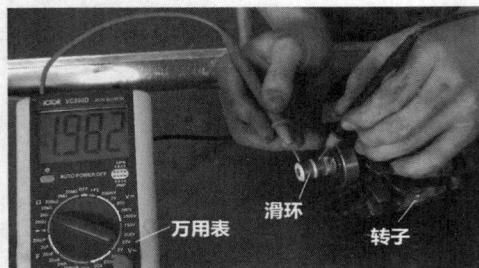

图 3-41　转子的断路检查

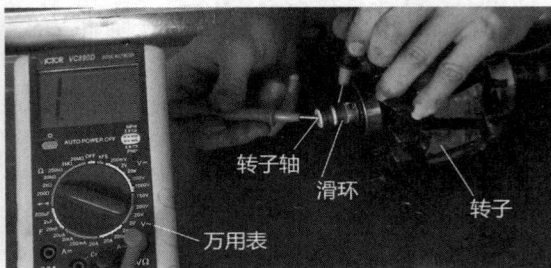

图 3-42　转子的搭铁检查

2. 定子的检查

步骤一 检查定子表面，不得有刮痕，导线表面不得有碰伤、绝缘漆剥落现象；检查绕组，不得有搭铁、短路和断路现象。

步骤二 定子的断路检查。如图 3-43 所示，使用万用表测量定子绕组的 3 根导线与中心抽头是否导通，如不导通，应更换定子。

步骤三 定子的搭铁检查。如图 3-44 所示，使用万用表测量定子绕组 3 根导线与定子铁心是否导通，如能导通，应更换定子。

3. 电刷长度的检查

如图 3-45 所示，用游标卡尺测量电刷的长度，应符合规定值。标准值一般为 10.5mm，极限值一般为 4.5mm。如低于使用极限值时，应更换新的电刷；如表面烧损，应予修磨。如电刷折断（见图 3-46），应予以更换。

4. 整流器的检查

如图 3-47 所示，用万用表检测整流器上二极管的导通情况，正常时应为正向导通（电阻值小或为 0），反向截止（电阻值为无穷大）。若正、反向电阻值均为 0，则说明二极管短路（二极管被击穿）；若正、反向电阻值均为无穷大，则说明二极管断路，应更换整流器。

图 3-43 定子的断路检查

图 3-44 定子的搭铁检查

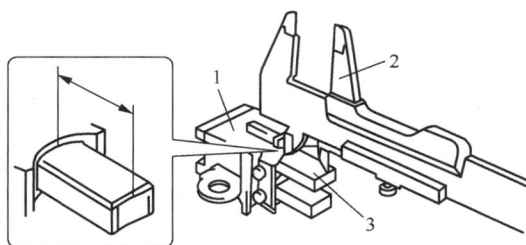

图 3-45 电刷长度的检测

1—电刷架 2—游标卡尺 3—电刷

图 3-46 电刷折断

5. 电压调节器的检查

（1）电压调节器在车上的测量。

步骤一 如图 3-48 所示，将万用表置于直流电压挡，测量发动机起动前蓄电池端电压，应为 12.5V 左右。电压过低，可能是蓄电池电量不足或存在故障。

步骤二 如图 3-49 所示，起动发动机，测量发动机起动后蓄电池的端电压，应为 14.3V。发动机起动时蓄电池端电压瞬间降低，然后迅速提高至 14.3V 左右，此时说明发电机工作正常。

步骤三 逐渐提高发动机转速，测量蓄电池的端电压，应稳定在 14.3V 左右，说明电压调节器工作正常。

（2）使用万用表测量各接线柱之间的电阻值，初步判断其性能。

集成电路调节器（IC）是全封闭模块，对它的性能检测通常还可按以下方法进行。

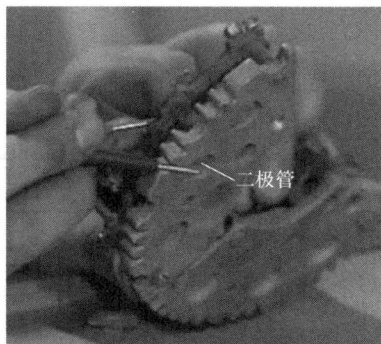

图 3-47 整流器的检测

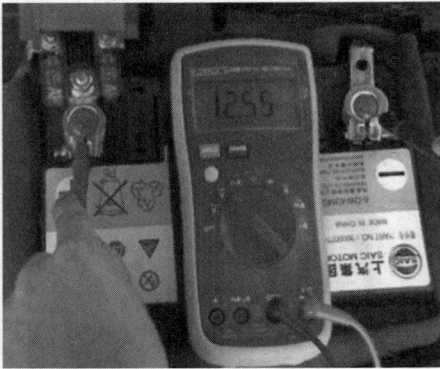

图 3-48　测量发动机起动前蓄电池端电压

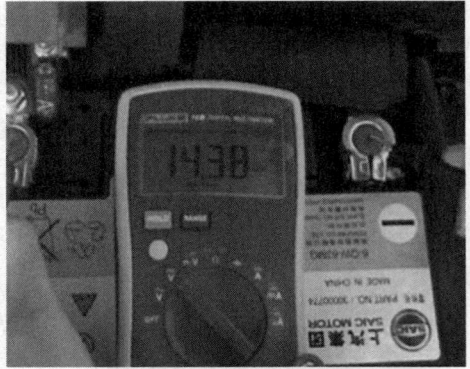

图 3-49　测量发动机起动后蓄电池的端电压

提示

当使用万用表测量各接线柱之间的电阻值时，要选择合适的电阻挡位，以及使用合适的万用表的种类与型号。

对于测量结果只能与表 3-1 中数据对照参考。

表 3-1　　　　　　　　常见集成电路调节器各接线柱之间正常电阻参考数值　　　　　　　（单位：Ω）

发电机型号	"F"与"E"间电阻	"B"与"E"间电阻		"N"与"E"或"B"间电阻	
		正向	反向	正向	反向
JF11/13/15/21/132N	4～7	40～50	≥10 000	10～15	≥10 000
JWF14（无刷）	3.5～3.8	40～50	≥10 000	10～15	≥10 000
夏利JFZ1542	2.8～3.0	40～50	≥10 000	10～15	≥10 000
桑塔纳JFZ1913	2.8～3.0	65～80	≥10 000	10～15	≥10 000

（3）使用可调直流稳压电源和试灯测试电压调节器的性能。

电压调节器及其性能测试工具如图 3-50 所示，使用可调直流稳压电源（输出电压 0～30V，电流 5A）和一只 20W 的汽车灯泡代替发电机磁场绕组，测试电压调节器的性能。

可按照图 3-51 所示接线进行测试。

提示

检查内搭铁式晶体管调节器时，试灯应接在调节器"F"与"－"接线柱之间；检查外搭铁式晶体管调节器时，试灯则应接在调节器"F"与"＋"接线柱之间。

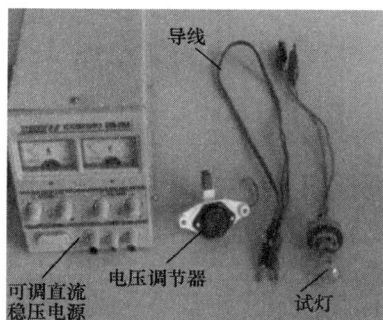

图 3-50　电压调节器及其性能测试工具

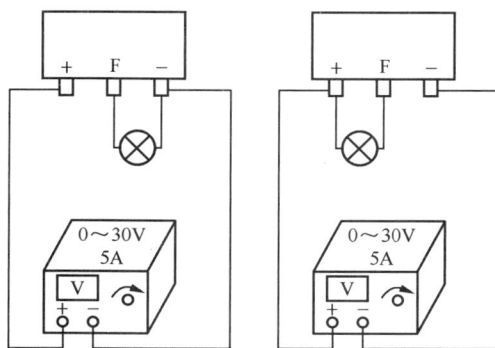

（a）内搭铁式调节器　　（b）外搭铁式调节器

图 3-51　用直流稳压电源检查集成电路
调节器接线图

使用可调直流稳压电源和试灯测试电压调节器性能的步骤如表 3-2 所示。

表 3-2　　　　　　　　使用可调直流稳压电源和试灯测试电压调节器的性能

步骤	测试内容	图示
1	调节直流稳压电源，使其输出电压从零逐渐升高，14V电压调节器当电压升高到6V时，试灯开始点亮	
2	随着电压的不断升高，试灯逐渐变亮，14V电压调节器当电压升高到（14±0.5）V时，试灯应立即熄灭	
3	继续调节直流稳压电源，使电压逐渐降低，试灯又重新变亮，且亮度随电压的降低逐渐减弱，则说明电压调节器良好	

续表

步骤	测试内容	图示
4	当施加到集成电路电压调节器上的电压超过调节电压规定值时，试灯仍不熄灭，或者控制电压的数值与规定值相差较大时，说明电压调节器有故障，已不能起调节作用	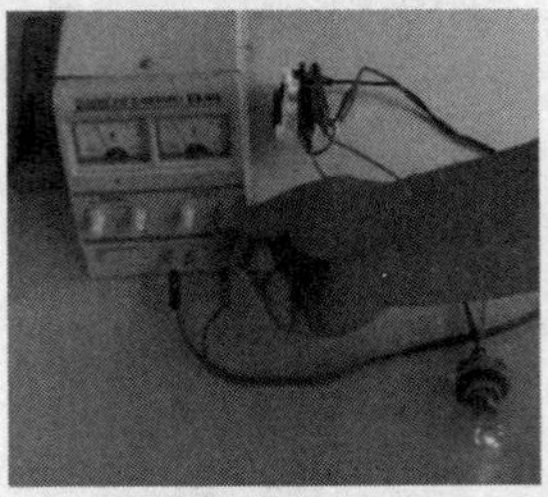
5	如试灯一直不亮，也说明调节器有故障	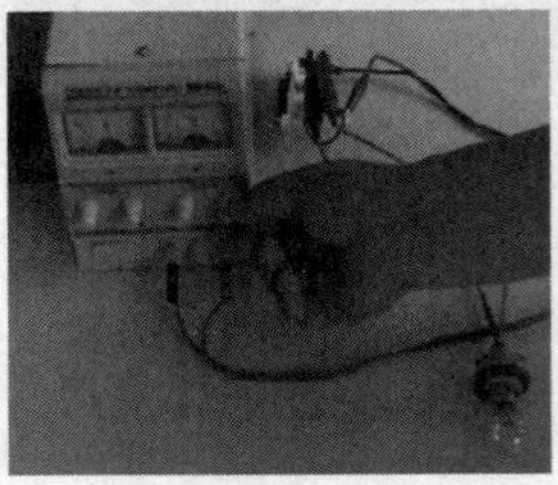 

提示

在试验时，电压应该使用万用表检测，而不应以稳压电源指示数值为准。

6. 交流发电机性能的简单测试

如图 3-52 所示，检修装复的交流发电机，在车辆使用大灯、应急闪光灯（4 个）、刮水器的情况下，发动机以 3 000 ～ 4 000r/min 的转速运转，用万用表测试其输出电压和电流。若检测数据与标准值不符时，应找出原因并予以修理。

操作三　交流发电机 V 带的更换

1. 交流发电机 V 带的拆卸

步骤一　选择合适的工具拧松发电机下方的固定螺栓。注意：固定螺栓拧松即可，不要完全拆卸下来。

步骤二　拧松发电机上方的固定螺栓，然后使用合适的工具逆时针拧松调整螺栓，如图 3-53 所示。

视频	视频

发电机 V 带的拆卸	发电机 V 带的更换

步骤三　当发电机 V 带逐渐松下来之后，即可取出 V 带。

2. 交流发电机 V 带的安装

步骤一　先将发电机 V 带挂到相应的带轮上。

步骤二　用合适的工具将发电机调整螺栓顺时针拧紧。

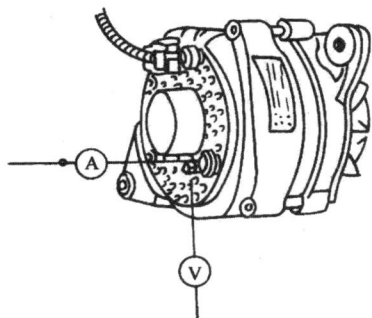

图 3-52　发电机的检测

图 3-53　拧松发电机螺栓

步骤三　检查发电机 V 带的工作状况。用手指用力按压发电机 V 带时，V 带能够产生一定挠度变形，变形量符合厂家规定标准即可。桑塔纳轿车发电机 V 带松紧度的检查方法如图 3-54（a）所示，用拇指在水泵带轮与张紧轮或张紧轮与发电机带轮的中央部位，施加 30～50N 压力，其 V 带的合适挠度：新带应为 2mm，旧带应为 5mm。

提示

V 带过松会打滑，将影响发电机的发电量；V 带过紧将可能导致发电机轴承过早损坏。发电机 V 带的检查与调整方法一般采用经验法。

步骤四　调整 V 带的挠度。一般的调整方法：松开发电机的调整螺栓，移动发电机的位置，按步骤三方法检查 V 带张紧挠度，挠度正确时，再拧紧固定发电机位置的螺栓。

还可以用撬棒调整 V 带的挠度，调整方法如图 3-54（b）所示。

（1）紧固发电机上方和下方的固定螺栓。

（2）起动发动机，检查发电机 V 带是否工作正常。

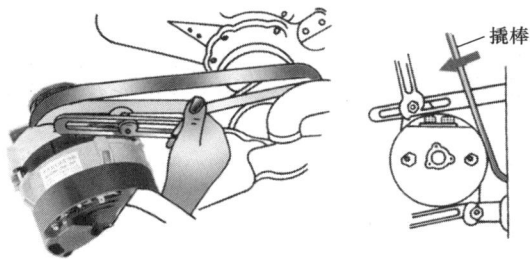

（a）V 带松紧度的检查　　（b）V 带松紧度的调整

图 3-54　发电机 V 带松紧度的检查与调整

操作四　交流发电机与调节器的使用与维护

交流发电机与调节器的使用注意事项

（1）蓄电池的极性必须负极搭铁，不得接反，否则会烧坏发电机与调节器中的电子元件。

（2）发电机工作时，不允许用试火的方法检查发电机的火线接线柱是否发电，否则将损坏发电机的整流器。

（3）当发现发电机不发电或发电量小时，应及时检修，否则易导致蓄电池充电不足。

（4）发电机正常工作时，切不可任意拆动用电设备的连接线，以防止引起电路中的瞬时过电压，损坏电子元件。

（5）发动机自行熄火时，应及时关闭点火开关，以防止蓄电池通过励磁电路放电。

（6）须选用专用调节器，特殊情况临时使用代用调节器时，注意代用调节器的标称电压与搭铁极性。

1．充电系统的初步检验

在进行充电系统检测前，初步检验是很有必要的。许多故障都是从这一简单的步骤中查出的。

步骤一 检查发电机、调节器的线束连接。

步骤二 检查蓄电池的电缆线和极桩，发动机与底盘的搭铁线。

步骤三 检查蓄电池有无充电不足的迹象。

步骤四 检查蓄电池有无过充电的迹象。

2．解体后的检验

解体后清洁各个零部件，在进行零部件检测前应先简单检验。

步骤一 通过使前、后轴承在转子轴上旋转的办法检查轴承有无噪声、晃动或发涩，如果有任何一种情况，都必须更换轴承。

步骤二 目测检查集电环。如果集电环烧蚀、划伤、变色、变脏，可用细砂布抛光。

步骤三 目测定子绕组和励磁绕组转子有无绝缘物烧蚀的迹象，如果有，更换定子或转子总成。

步骤四 目测前、后端盖，风扇及带轮有无裂纹。如果有，更换该部件。

步骤五 电刷高度小于 7mm 时，必须更换。

任务二 充电系统常见故障诊断

---------- □ 学习目标 □ ----------

（1）能够正确分析充电系统电路。

（2）掌握充电系统常见故障诊断与排除方法。

（3）培养学生的创新意识。

---------- □ 任务引入 □ ----------

桑塔纳轿车，行驶里程为 3.6 万千米。打开点火开关但不起动发动机时，发电机充电指示灯一直不亮。蓄电池亏电严重，使用较短时间就要更换。

充电指示灯直接反映发电机的工作状态。在打开点火开关不起动发动机时，仪表板上的充电指示灯应该常亮，而该车充电指示灯不亮，表明充电系统控制电路有故障，可根据充电系统的控制电路对故障进行分析、排除。

·········· □ 相关知识 □ ··········

文档

新宝来轿车充电
系统控制电路

一、交流发电机控制电路分析

1. 奥迪轿车的交流发电机控制电路

奥迪轿车所用的交流发电机电路图如图 3-55 所示。

该发电机是整体式交流发电机，采用了 11 只硅二极管，其中有 6 只整流二极管、3 只励磁二极管、两只中性点二极管，集成电路调节器与电刷架制成一体，在发电机的外部有两个接线柱，分别为火线接线柱 B+、磁场接线柱 D+。

火线接线柱 B+ 向全车供电，磁场接线柱 D+ 的作用是向励磁绕组提供励磁电流、为调节器提供工作电压及控制充电指示灯。

其工作原理如下所述。

（1）接通点火开关 S，蓄电池向发电机提供励磁电流（他励），励磁电路：

蓄电池正极→点火开关 S →充电指示灯→二极管 VD →发电机磁场接线柱 D+ →励磁绕组→电压调节器→搭铁→蓄电池负极。此时，充电指示灯亮。

（2）发动机起动后，发电机的输出电压高于蓄电池的电动势，由于 D+ 与 B+ 电位相等，充电指示灯熄灭，励磁电流由他励变为自励，励磁电路：

励磁二极管→励磁绕组→电压调节器→搭铁→蓄电池负极。

图 3-55　奥迪轿车的交流发电机电路

1—励磁绕组　2—电压调节器　3—励磁二极管
4—充电指示灯　5—抗（防）干扰电容器

（3）当发电机的输出电压达到调整值时，调节器中起开关作用的晶体管截止，励磁电流迅速下降，发电机的输出电压也迅速下降。当发电机的输出电压小于调整值时，起开关作用的晶体管立刻导通，发电机的输出电压随之升高，如此循环反复，使发电机的输出电压稳定在调整值范围内。

2. 丰田轿车整体式交流发电机控制电路

丰田轿车整体式交流发电机的电路图如图 3-56 所示。

（1）工作原理

该发电机属于小型高速发电机，采用两个风扇，风扇在发电机内部并直接焊在转子轴上，分别位于转子爪极的两侧；采用了两只中性点二极管。发电机的外部有 3 个接线柱，分别为相线接线柱 B、点火接线柱 IG、充电指示灯接线柱 L，其工作原理如下。

① 接通点火开关 S，蓄电池电压经接线柱 IG 到集成电路调节器，使晶体管 VT_1、晶体管 VT_2 中均有基极电流流过，于是 VT_1、VT_2 同时导通，励磁电路（他励）：

蓄电池正极→发电机接线柱 B →励磁绕组→ VT_1 →搭铁→蓄电池负极。

VT_2 导通时，充电指示灯亮，表示发电机不发电。充电指示灯电路：

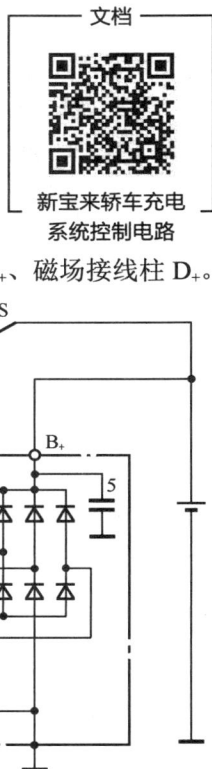

蓄电池正极→点火开关 S →充电指示灯→ VT_2 →搭铁→蓄电池负极。

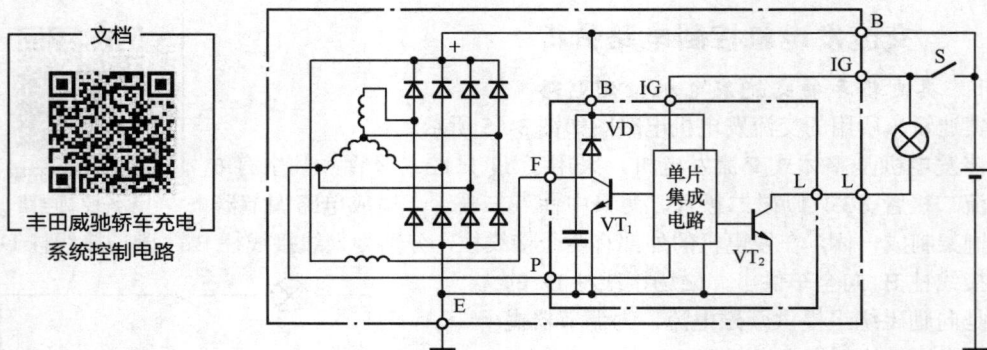

图 3-56　丰田轿车整体式交流发电机的电路

② 发动机起动后，发电机的输出电压高于蓄电池的电动势而小于调节电压时，VT_1 仍导通，但发电机由他励变为自励，并向蓄电池充电。同时，由于 P 点电压输入集成电路使 VT_1 截止，故充电指示灯自动熄灭，表示发电机正常工作。

③ 当发电机的输出电压达到调节电压，集成电路由 IG 点检测到该电压时，VT_1 由导通变截止，励磁电流迅速减小，发电机的输出电压随之下降；当输出电压低于调整值时，集成电路又使 VT_1 导通，励磁绕组中又有电流通过，发电机的输出电压又重新上升，如此反复，发电机的输出电压将被控制在调节电压范围内。

二极管 VD 为续流二极管，在 VT_1 截止时，用于吸收励磁绕组中产生的自感电动势。

（2）自诊及保护功能原理

① 自诊功能：当由于励磁绕组断路等因素导致发电机不发电，P 点无电压输出时，集成电路将使 VT_2 导通，充电指示灯一直发亮，提醒驾驶员充电系统有故障。

② 保护功能：当发电机的输出端 B 或信号输入端 IG 与蓄电池的接线有断路故障时，集成电路除了具有上述自诊功能外，同时，集成电路可根据 P 点的电压信号控制 VT_1 的导通与截止，将发电机的输出电压控制在调节电压范围内，防止失去控制。

二、充电系统电路分析

桑塔纳 2000 系列轿车充电系统线路如图 3-57 所示。交流发电机的电流整流电路输出端 B_+ 用红色导线经 80A 易熔线与蓄电池正极柱连接，易熔线支架固定在蓄电池附近的发动机防火墙上（部分轿车输出端 B_+ 用红色导线与起动机端子 30 连接）。3 只磁场二极管与 3 只负极管也组成一个三相桥式全波整流电路，称为磁场电流整流电路。其输出端 D_+ 用蓝色导线经蓄电池旁边的单端子插接器 T_1 后与中央线路板 D 插座的端子 D_4 连接，再经中央线路板内部线路与 A 插座的端子 A_{16} 相连。点火开关端子 30 用红色导线经中央线路板上的单端子插座 P 与蓄电池正极连接，点火开关端子 15 用黑色导线与仪表板左下方端子 14 黑色插座的端子 14 连接（图中未画出，可参见原厂线路图），经仪表板印制电路上的电阻 R_1、电阻 R_2、充电指示灯（R_2 和充电指示灯串联后再与 R_1 并联）和二极管接回到端子 14 黑色插座端子 12，再用蓝色导线与中央线路板 A 插座的端子 A_{16} 连接。

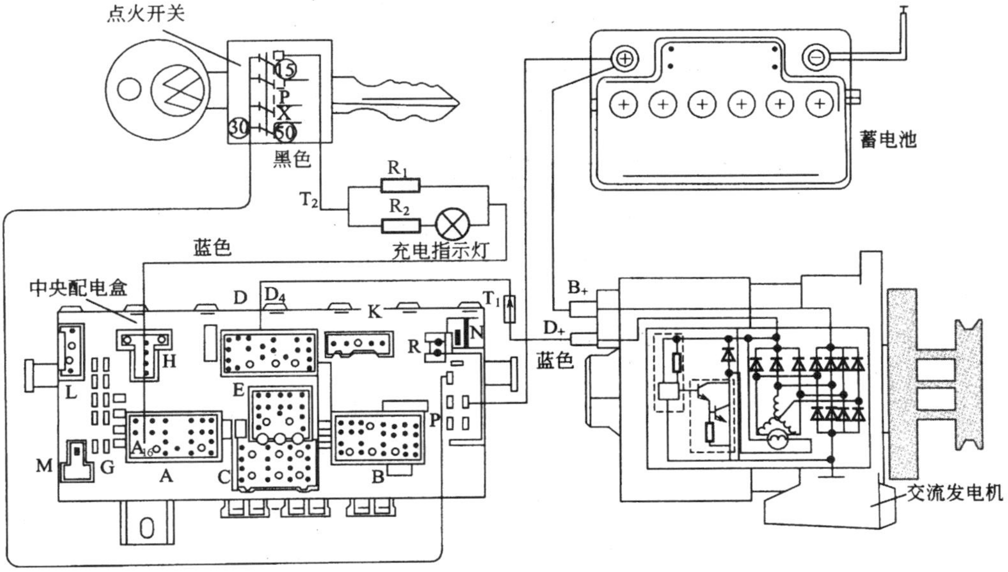

图 3-57　桑塔纳 2000 系列轿车充电系统电路

充电指示灯及发电机励磁绕组电流路径：

蓄电池正极→中央线路板单端子插座端子 P →中央线路板内部线路→中央线路板单端子插座端子 P →点火开关端子 30 →点火开关→点火开关端子 15 →电阻 R_2 和充电指示灯（发光二极管）→二极管→中央线路板端子 A_{16} →中央线路板内部线路→中央线路板端子 D_4 →单端子插接器 T_1（蓄电池旁边）→交流发电机端子 D_+ →发电机的励磁绕组→电子调节器功率管→搭铁→蓄电池负极。

当发电机电压高于蓄电池电压时，则由 3 只励磁二极管的共阴极端（D_+）直接向励磁绕组提供电流。

□ 任务实施 □

操作一　测量交流发电机各接线柱之间的电阻

步骤一　利用万用表的（R×1）挡测量 "F" 与 "−" 之间的电阻值。如果 "F" 与 "−" 之间的阻值过大，表明电刷与集电环接触不良，或励磁绕组断开；若阻值过小，则表明励磁绕组有匝间短路的情况。

步骤二　测量 "+" 与 "−" 之间和 "+" 与 "F" 之间的正、反向电阻值。若 "+" 与 "−" "+" 与 "F" 之间的正向电阻小于表中的标准值，则表示有硅二极管发生短路；如接近表中的数值，但负载电流测试时电流很小，则表示有硅二极管发生断路。

操作二　用数字万用表检测发电机的二极管

步骤一　用数字万用表的二极管测试功能，一个表笔接触发电机壳，另一个表笔接触发电机输出端，如图 3-58 所示。万用表读数在 0.8V 附近时，表示正常；万用表读数为 0.4V 时，表示单个二极管短路。

步骤二　对调两个表笔，再次测量，当两个二极管短路时万用表会发出连续的蜂鸣声。

步骤三　为了确定是哪个二极管失效，应把发电机拆解后，再单独检查每个二极管。

操作三　用示波器检测发电机输出电压波形

当交流发电机有故障时，其输出电压的波形将出现异常。因此，根据输出电压波形可以判断交流发电机内部二极管及定子绕组是否有故障，也是快速判断二极管是否损坏的方法。

步骤一　将示波器连接到发电机端子 B+ 与搭铁之间，线路连接如图 3-59 所示。

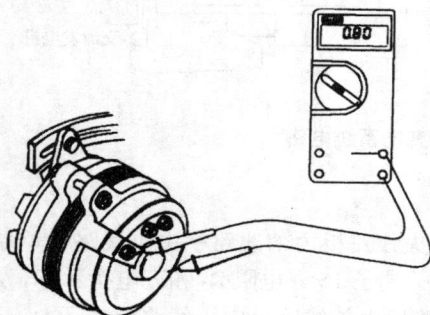

图 3-58　用数字万用表测试发电机的二极管　　图 3-59　示波器与发电机端子之间的线路连接

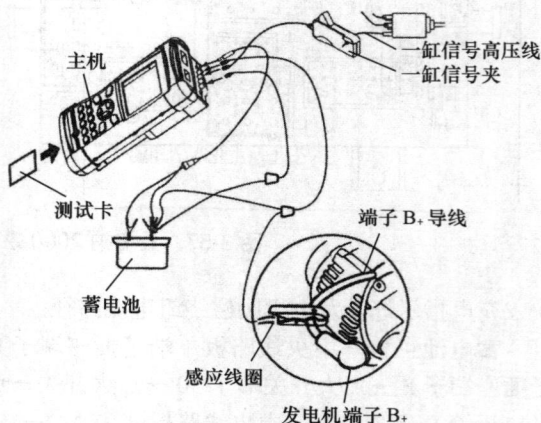

步骤二　将示波器调整到发电机波形测试功能。

步骤三　起动发电机，记录发电机输出波形。

步骤四　参照图 3-60 所示的发电机正常波形及常见故障波形，对比分析发电机工作性能，从而判断交流发电机的工作情况。

操作四　使用万能试验台检测

交流发电机解体前，应先在万能试验台上进行空载电压和负载电流的测试，进一步检查交流发电机的故障程度。有些故障，在没有电流输出的情况下是表现不出来的，所以在对发电机进行空载转速测试（步骤一～步骤五）后，应再做满载转速测试（步骤六～步骤七）。

步骤一　在万能试验台上按图 3-61 所示电路接线。

步骤二　先将开关 S_1 闭合，由蓄电池给发电机提供他励电流。

步骤三　起动电动机，逐步提高电动机的转速。

步骤四　当电动机转速上升到 500 ～ 800r/min 时，发电机开始自励；继续提高转速，同时观察电压表的读数。

步骤五　转速上升到规定值时（如桑塔纳轿车发电机，当电动机空载转速上升到 1 050r/min

时额定电压为 12V，额定电流为 90A），如果电压低于额定值，则表明发电机有故障。

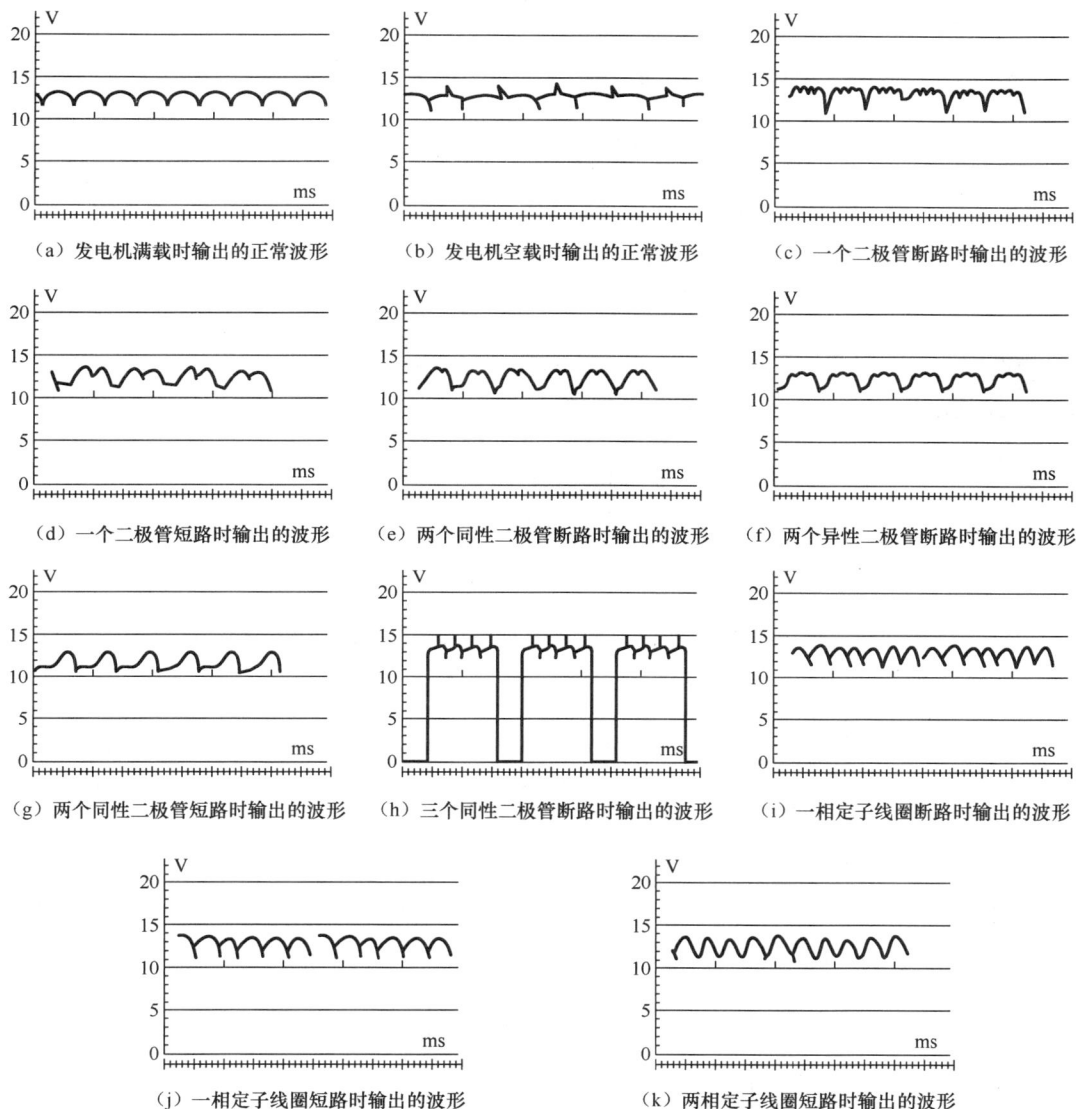

（a）发电机满载时输出的正常波形

（b）发电机空载时输出的正常波形

（c）一个二极管断路时输出的波形

（d）一个二极管短路时输出的波形

（e）两个同性二极管断路时输出的波形

（f）两个异性二极管断路时输出的波形

（g）两个同性二极管短路时输出的波形

（h）三个同性二极管断路时输出的波形

（i）一相定子线圈断路时输出的波形

（j）一相定子线圈短路时输出的波形

（k）两相定子线圈短路时输出的波形

图 3-60　发电机正常波形及常见故障波形

步骤六　当交流发电机的空载转速达到额定值时，接通开关 S_2，提高发电机转速，改变电阻 R_p 阻值，不断增大负载电流。

步骤七　如果发电机在输出额定电流的情况下，其电压能够达到或超出额定值（如桑塔纳轿车发电机，当电动机满载转速上升到 6 000r/min 时，额定电压为 12V，额定电流

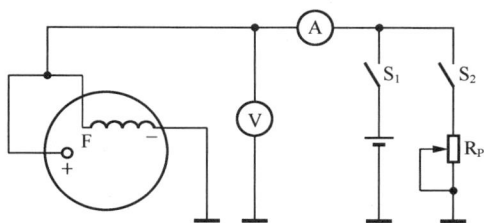

图 3-61　交流发电机的空载和满载测试

为 90A），则说明发电机完好；如果发电机在输出额定电流的情况下，其电压低于额定值，表明发电机有故障。

操作五　充电系统故障诊断与排除

1. 发电机不充电故障的诊断与排除

故障现象：发动机在怠速以上转速运转时，充电指示灯不熄灭；在怠速以下转速运转时，充电指示灯不亮，但蓄电池出现亏电现象。

故障原因：

① 发电机 V 带过松或有油污引起打滑；

② 磁场绕组断路、搭铁或匝间短路；

③ 定子绕组断路、搭铁或匝间短路；

④ 电刷与集电环接触不良；

⑤ 整流二极管、励磁二极管断路或击穿；

⑥ 充电指示灯损坏；

⑦ 充电指示灯与仪表板 14 孔黑色插件 $T_{14/12}$ 插孔间的二极管断路；

⑧ 电压调节器损坏。

故障的诊断与排除：

① 接通点火开关，检查充电指示灯是否闪亮，如果不亮，则可按图 3-62 所示的步骤进行诊断与排除；

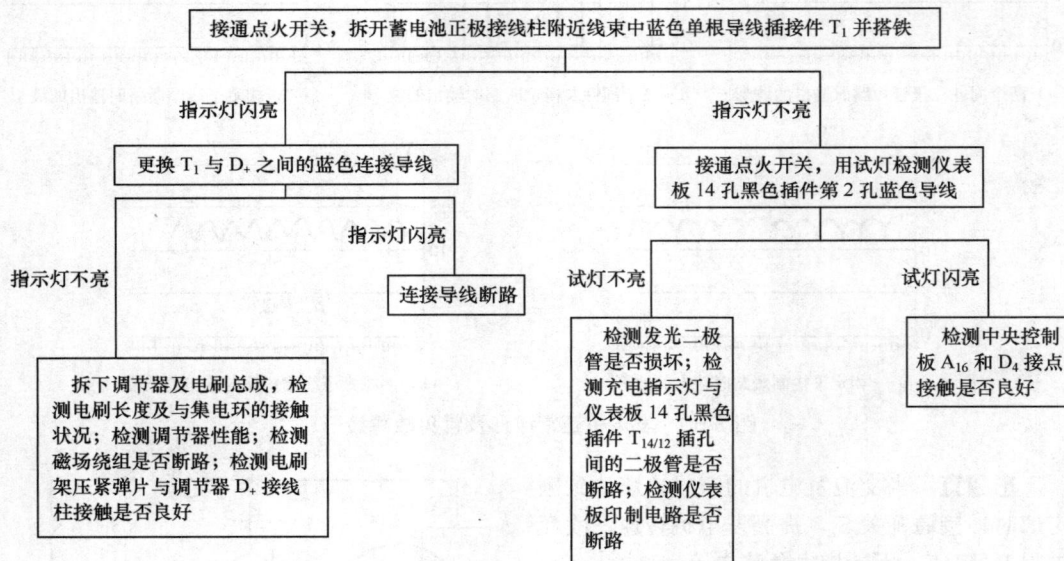

图 3-62　充电指示灯不亮故障诊断与排除流程图

② 发动机在怠速以上转速运转时充电指示灯仍亮，则按图 3-63 所示的顺序进行诊断与排除。

2. 充电电流过小故障的诊断与排除

故障现象：发动机在中速以上转速运转时，充电指示灯方能熄灭，打开前照灯时灯光暗淡。

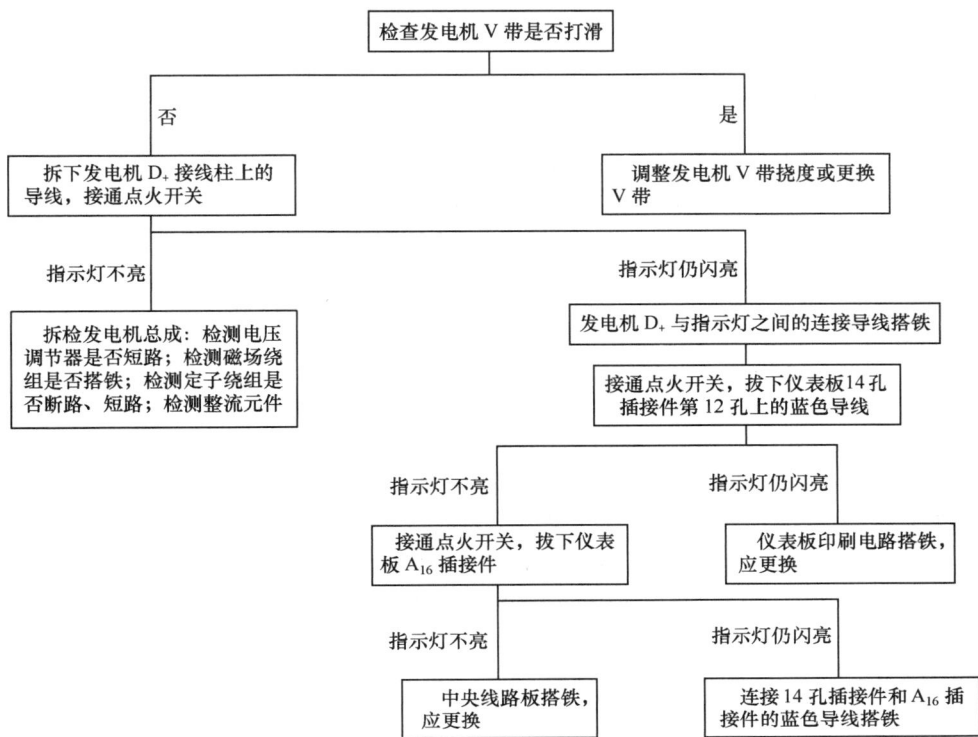

图 3-63　发动机在怠速以上转速运转时充电指示灯仍亮故障判断与排除流程图

故障原因：

① 发电机 V 带打滑；

② 充电线路接触不良；

③ 电刷与集电环接触不良；

④ 电枢绕组局部短路；

⑤ 个别整流二极管或励磁二极管断路、击穿；

⑥ 定子绕组断路或局部短路；

⑦ 电压调节器工作不良。

故障诊断与排除：充电电流过小故障的诊断与排除方法如图 3-64 所示。

3．充电电流过大故障的诊断与排除

故障现象：蓄电池电解液消耗过快，发电机及点火线圈容易过热，灯泡易烧坏。

故障原因：电压调节器 $D_F \rightarrow D_-$ 之间短路。

故障的诊断与排除：更换电压调节器。

4．充电不稳故障的诊断与排除

故障现象：发动机在怠速以上转速运转时，充电指示灯时亮时灭。

故障原因：

① 发电机 V 带打滑；

② 充电线路或磁场接线柱松动；

```
                    ┌─────────────────────┐
                    │ 检查发电机 V 带是否打滑 │
                    └─────────────────────┘
              不打滑                           打滑
       ┌──────────────────────┐      ┌──────────────────────────┐
       │ 检查充电线路接触是否良好 │      │ V 带过松应调整，V 带磨损过甚应更换 │
       └──────────────────────┘      └──────────────────────────┘
        良好                不良
┌──────────────────────────┐   ┌──────────────────────┐
│ 在发电机停转状况下，拆下接线柱 D+、B+ 上 │   │ 连接处松动应紧固，       │
│ 的导线，检查 B+ → 搭铁之间的电阻值是否 │   │ 接点锈蚀应清洁          │
│ 为 35 ~ 45Ω                │   └──────────────────────┘
└──────────────────────────┘
        是                      否
┌──────────────────────────┐   ┌──────────────────────┐
│ 拆下电压调节器及电刷总成，检测 │   │ 拆检发电机总成，       │
│ 电刷长度及集电环的接触状况；检测 │   │ 检测整流二极管是否     │
│ 电压调节器的工作性能；检测电枢绕 │   │ 断路；定子绕组是否     │
│ 组是否短路                 │   │ 断路、短路            │
└──────────────────────────┘   └──────────────────────┘
```

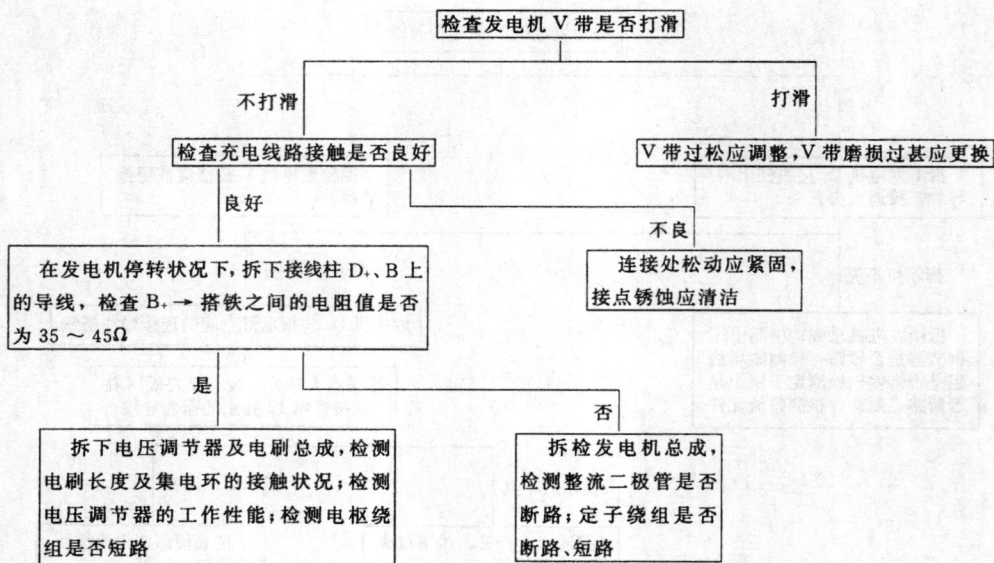

图 3-64　充电电流过小故障的诊断与排除流程图

③ 电刷与集电环接触不良；

④ 发电机内部导线连接松动；

⑤ 电压调节器内部元件损坏。

故障诊断与排除：

① 检查并调整 V 带的挠度，若 V 带磨损严重应更换；

② 检查充电线路、励磁线路是否松动或锈蚀，并视情况予以紧固和清洁；

③ 拆下电刷总成，检查电刷的高度是否符合标准，与集电环接触面是否有油污，在电刷架内运动有无卡滞现象，弹簧弹力是否过小等，并视情予以更换或修理；

④ 拆解发电机，检查电枢绕组、定子绕组连接导线是否松动或脱焊，视情况予以重新焊接；

⑤ 以上检查均正常，则应更换电压调节器。

5．发电机过热故障的诊断与排除

故障现象：发电机运转过程中温度过高，严重时烧坏磁场绕组或定子绕组。

故障原因：

① 发电机前、后端轴承润滑不良；

② 发电机电枢爪极与定子铁心相互摩擦；

③ 交流发电机与发动机不匹配，最高转速过低。

故障诊断与排除：

① 若非原装发电机，应比较现装与原装的最高允许转速及 V 带轮直径；

② 若现装发电机的最高允许转速低于原装发电机的最高允许转速，且差值较大，或 V 带轮直径小于原装 V 带轮直径，应按标准进行更换；

③ 若为原装发电机，则应拆解发电机，检查前、后端轴承是否破裂、润滑是否良好，

转子爪极与定子铁心之间有无摩擦刮痕。

6. 发电机异响故障的诊断与排除

故障现象：发电机工作过程中发出连续或断续的异常响声。

故障原因：

① 发电机 V 带打滑；

② 发电机轴承损坏；

③ 转子与定子间发生碰擦；

④ 风扇叶片与前端盖间发生碰擦。

故障诊断与排除：

① 若异响断续出现，且发电机转速变化时响声严重，应检查发电机 V 带的挠度，并予以调整；

② 若异响连续，应观察风扇叶片与前端盖是否碰擦。用听诊器或旋具听诊发电机前、中、后端部，如图 3-65 所示。如果响声在发电机的前、后部，则为发电机轴承损坏或润滑不良；若响声在发电机中部且有振动感，则为转子与定子发生碰擦。应拆解发电机，润滑或更换相应部件。

图 3-65　用旋具听诊发电机异响

视频

皮带发出异响的
处理方法

············□ **维修实例** □············

🎓 **实例一　打开点火开关时，充电指示灯不亮**

（1）故障现象

桑塔纳 2000 轿车，行驶里程为 3.6 万千米。驾驶人说，打开点火开关时，发电机充电指示灯一直不亮。蓄电池亏电严重，使用较短时间就要更换。

（2）故障原因

发电机整流器二极管损坏。

（3）故障诊断与排除

从以上故障现象初步判断为发电机不发电。为验证此判断，可拆下发电机磁场"F"接线柱引线，在发电机的电枢"B₊"接线柱与磁场"F"接线柱间并联一试灯。发动机中速运转，试灯不亮，表明发电机不发电。

发电机不发电的原因有很多，需要逐一检查。检查发电机 V 带张紧度，正常（挠度 10mm）；拆下并分解发电机进行检查，电刷磨损在允许范围内（新电刷长度为 13mm，磨损超过了 1/3 应更换），弹簧及架均完好，滑环无严重失圆；用万用表检查转子是否断路或短路（短路：电阻值为 2.2Ω，断路：电阻值为∞），所测电阻值在正常范围内（2.2～2.3Ω）；接着用万用表测量线圈与滑环间的电阻值为∞，表明无搭铁故障。

用万用表检查定子：

① 搭铁检查——用万用表两试笔接定子铁心和三相绕组端头之一，电阻值为∞，无搭铁故障；

② 断路检查——用万用表两试笔分别接绕组两端，电阻值近似为 0Ω，无断路和中性点焊接不良故障。

检查整流器二极管的电阻，结果正、反向测量电阻值相等，证实二极管已损坏。

故障原因是桥式整流二极管损坏，造成发电机不发电。桥式整流器由 6 个二极管组成一体，任何一个二极管损坏，应更换桥式整流器组件（如果无组件更换，应更换发电机总成）。更换后，充电指示灯恢复正常。

实例二　发动机冷车时起动困难，充电指示灯不熄灭

（1）故障现象

桑塔纳轿车行驶里程为 5.1 万千米。发动机冷车起动困难，充电指示灯在发动机运转后仍然闪亮。

（2）故障原因

电压调节器损坏。

（3）故障诊断与排除

充电指示灯在发动机起动后闪亮，表明发电机不向蓄电池充电（桑塔纳轿车在发动机起动和怠速时，发电机也能对蓄电池充电）；冷车起动困难，表明蓄电池亏电。分析故障产生的原因一般有两个：

① 发电机工作不良，致使发电机发出电量过小，电压不足；

② 电压调节器损坏，发电机发出的电不能向蓄电池充电。

在发电机的电枢"B₊"接线柱与磁场"F"接线柱间并联一个试灯（拆下发电机磁场"F"接线柱引线），发动机中速运转。接 12V 蓄电池，试灯不亮，表明电压调节器已经损坏。更换电压调节器集成块（如果没有该零件，则要更换发电机总成），故障排除。

电压调节器一般不易损坏，但长期在大电流冲击下也会损坏。这将造成蓄电池亏电并逐渐损坏。

小　结

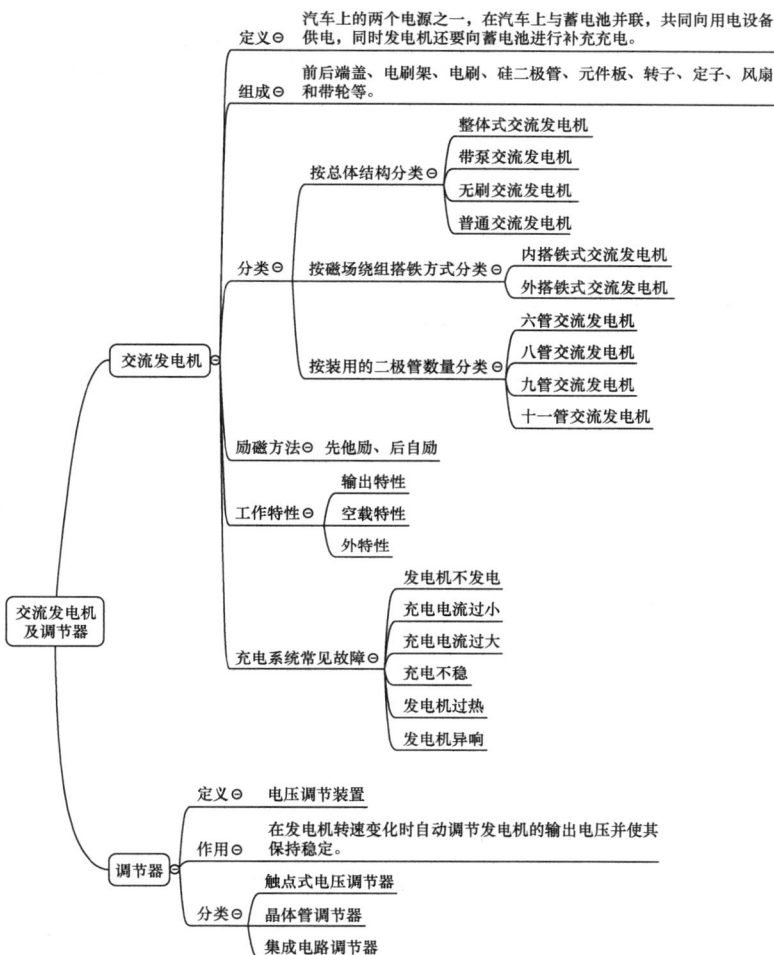

交流发电机及调节器

- 交流发电机
  - 定义⊖ 汽车上的两个电源之一，在汽车上与蓄电池并联，共同向用电设备供电，同时发电机还要向蓄电池进行补充充电。
  - 组成⊖ 前后端盖、电刷架、电刷、硅二极管、元件板、转子、定子、风扇和带轮等。
  - 分类
    - 按总体结构分类⊖
      - 整体式交流发电机
      - 带泵交流发电机
      - 无刷交流发电机
      - 普通交流发电机
    - 按磁场绕组搭铁方式分类⊖
      - 内搭铁式交流发电机
      - 外搭铁式交流发电机
    - 按装用的二极管数量分类⊖
      - 六管交流发电机
      - 八管交流发电机
      - 九管交流发电机
      - 十一管交流发电机
  - 励磁方法⊖ 先他励、后自励
  - 工作特性⊖
    - 输出特性
    - 空载特性
    - 外特性
  - 充电系统常见故障⊖
    - 发电机不发电
    - 充电电流过小
    - 充电电流过大
    - 充电不稳
    - 发电机过热
    - 发电机异响
- 调节器
  - 定义⊖ 电压调节装置
  - 作用⊖ 在发电机转速变化时自动调节发电机的输出电压并使其保持稳定。
  - 分类
    - 触点式电压调节器
    - 晶体管调节器
    - 集成电路调节器

练习思考题

1. 简述汽车交流发电机的作用。
2. 简述汽车交流发电机的结构与组成。
3. 发电机的工作原理是什么？
4. 对照实物指出各个部件的名称及各自的作用。
5. 简述发电机的发电原理。
6. 简述发电机的整流原理。
7. 简述发电机他励与自励两种方式的区别。
8. 在汽车上怎样检测交流发电机是否发电？
9. 充电系统常见故障有哪些？各有什么特点？怎样诊断与排除？

任务一 起动系统的维护与检修

（1）了解起动系统的工作原理和作用。
（2）熟悉起动机的结构。
（3）掌握起动机的拆装方法。
（4）掌握起动机主要部件的检测方法。
（5）培养学生的环保意识。

文档

培养车辆维修时的
环保意识

□ 任务引入 □

一辆速腾轿车，行驶里程为 10 万千米。该车在将点火开关转至起动挡时，起动机不转，发动机不能起动。

发动机的起动需要外力的支持，汽车起动机就是在扮演着这个角色。汽车上的起动系统必须满足发动机起动的需要。如果起动系统使用、维护不当，会导致发动机不能起动或起动困难，直接影响车辆的正常使用。为了正确地判断起动系统故障，查明故障原因，汽车维修人员必须全面认识并熟悉起动系统的结构与工作原理。

□ 相关知识 □

视频

汽车起动系统介绍

一、起动系统的作用

起动机在点火开关和起动继电器的控制下，将蓄电池的电能转化为机械能，带动发动机飞轮齿圈使曲轴转动，完成发动机的起动。

二、起动系统的组成与安装位置

起动系统由蓄电池、起动机、起动继电器、点火开关等组成，如图4-1所示。
起动机一般安装在发动机的后部，靠近飞轮，如图4-2所示。

三、起动机的型号

汽车起动机的型号主要由产品代号、电压等级代号、功率等级代号、设计序号和变型代号组成，如图 4-3 所示。

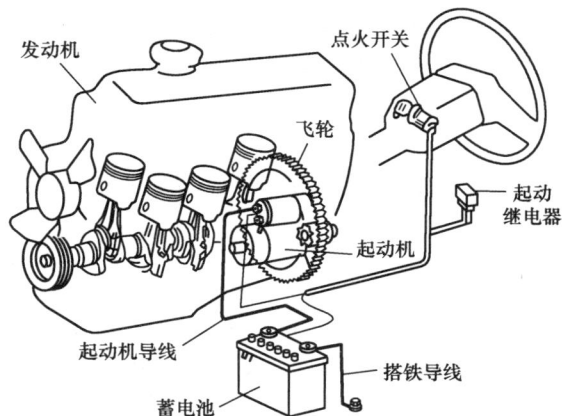

图 4-1 起动系统的组成

（a）起动机的外形

（b）起动机的安装位置

图 4-2 起动机的外形和安装位置

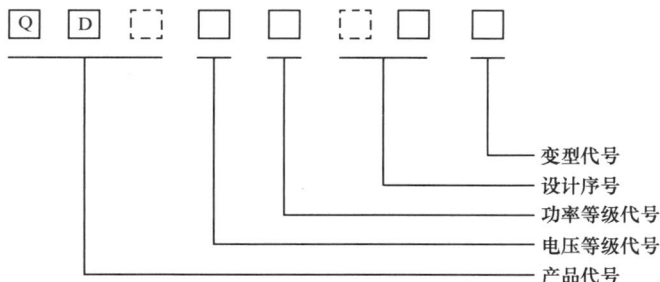

图 4-3 起动机型号组成

（1）产品代号：用字母表示，有 QD、QDJ、QDY 三种，分别表示电磁式起动机、减速式起动机、永磁式起动机或永磁式减速起动机。字母"Q、D、J、Y"分别为汉字"起、动、减、永"汉语拼音的第一个大写字母。

（2）电压等级代号：用一位阿拉伯数字表示，1 表示电压等级为 12V；2 表示电压等级为 24V。

（3）功率等级代号：用一位阿拉伯数字表示，含义如表 4-1 所示。

表 4-1 起动机功率等级代号的含义

功率等级代号	1	2	3	4	5	6	7	8	9
普通起动机功率/kW 减速起动机功率/kW 永磁起动机功率/kW	≤1	>1~2	>2~3	>3~4	>4~5	>5~6	>6~7	>7~8	>8

（4）设计序号：用 1～2 位阿拉伯数字表示，按产品设计的先后顺序排序。

（5）变型代号：主要电气参数和基本结构不变的情况下，一般电气参数的变化和结构某些改变称为变型，用汉语拼音大写字母 A，B，C，…顺序表示。

例如：QD125B 表示为电磁式起动机，额定电压为 12V，功率为 1～2kW，第 5 次设计、产品为 B 型号。

四、起动系统的分类

汽车用起动机种类繁多，形式各异，分类方法各不相同。电磁控制式起动机可按起动机的总体结构、传动机构的啮入方式进行分类。

分类方式	分类	定义	特点
按起动机总体结构分类	电磁式起动机	电动机的磁场为电磁场的起动机	电磁场是指由线圈通电而在铁心中产生的磁场。电磁式起动机现被广泛采用，本章主要介绍电磁式起动机的结构与检修方法
	减速式起动机	传动机构设有减速装置的起动机	其电动机一般采用高速小型电动机，质量和体积比电磁式起动机减小30%～35%。缺点是结构和工艺比较复杂
	永磁式起动机	电动机的磁场由永久磁铁产生的起动机	由于磁极采用永磁材料制成，不需要励磁绕组，因此电动机结构简化、体积小、质量小
按传动机构啮入方式分类	强制啮合式起动机	利用电磁力拉动杠杆机构，使驱动齿轮强制啮入飞轮齿圈的起动机	工作可靠性高，因此现代汽车广泛采用
	电枢移动式起动机	利用磁极产生的电磁力使电枢产生轴向移动，从而将驱动齿轮啮入飞轮齿圈的起动机	结构比较复杂，主要用于大功率汽车发动机
	同轴移动式起动机	利用电磁开关推动电枢轴孔内的啮合推杆移动，使驱动齿轮啮入飞轮齿圈的起动机	主要用于大功率汽车发动机

五、起动系统的结构

起动机（俗称马达）是起动系统的主要组成部分，由串励式直流电动机、传动机构和电磁开关（也称控制装置）3 部分组成，如图 4-4 所示。起动机的结构如图 4-5 所示。

1. 串励式直流电动机

（1）直流电动机的作用是产生电磁转矩。起动系统一般均采用串励式直流电动机。串励是指电枢绕组与励磁绕组串联。

（2）直流电动机的结构。直流电动机由励磁绕组（也称磁场线圈）、磁极铁心、电枢、电刷、电刷架、外壳和端盖等组成，如图 4-6 所示。

图 4-4　起动机的组成

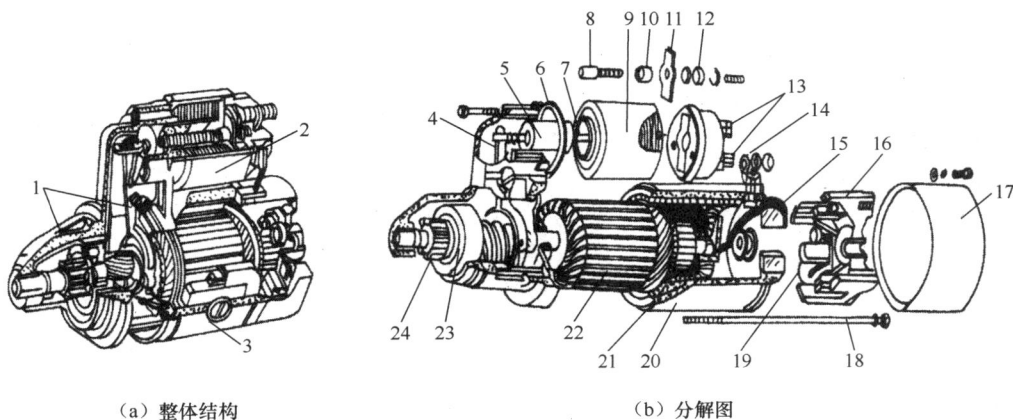

（a）整体结构　　　　　　　　　　　　　　　　（b）分解图

图 4-5　起动机的结构

1—传动机构　2—电磁开关　3—串励式直流电动机　4—拨叉　5—活动铁心　6—垫圈　7—弹簧　8—顶杆
9—线圈体　10、12—绝缘垫　11—接触盘　13—接线柱　14—连接铜片　15—电刷　16—端盖　17—防护罩
18—穿钉　19—搭铁电刷　20—外壳　21—励磁绕组　22—电枢　23—单向离合器　24—驱动齿轮

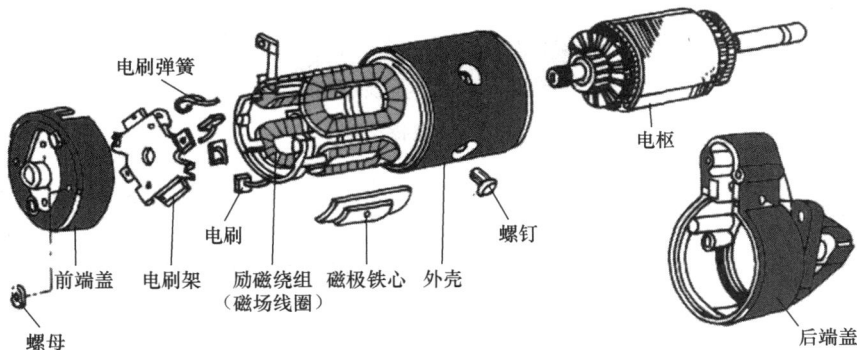

图 4-6　直流电动机的结构

① 磁极。磁极的作用是产生电枢转动时所需要的磁场，它由固定在外壳上的磁极铁心和励磁绕组等组成，如图 4-7 所示。

图 4-8 所示为励磁绕组的内部电路连接方法，励磁绕组一端接在外壳的绝缘接线柱上，另一端与两个非搭铁电刷相连。

② 电枢。如图 4-9 所示，电枢总成由外圆带槽的硅钢片叠成的铁心和电枢绕组等组成，励磁绕组和电枢绕组一般采用矩形断面的裸铜线绕制。

换向器装在电枢轴上，它由许多换向片组成。换向片嵌装在轴套上，各换向片之间均用云母绝缘。

图 4-7　磁极

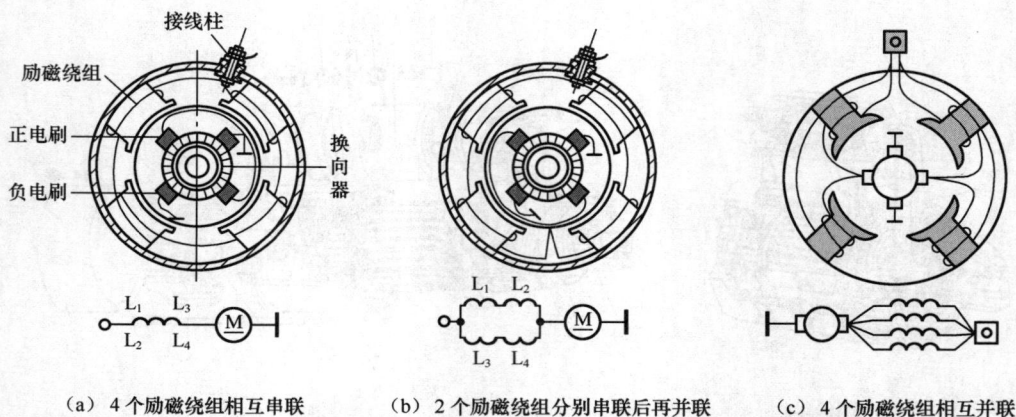

（a）4 个励磁绕组相互串联　　（b）2 个励磁绕组分别串联后再并联　　（c）4 个励磁绕组相互并联

图 4-8　励磁绕组与电枢绕组的连接方式

图 4-9　电枢总成

③ 电刷。电刷和换向器配合使用。它主要用来连接励磁绕组和电枢绕组的电路，并使电枢轴上的电磁力矩保持固定方向。

电刷装在端盖上的电刷架中，电刷弹簧使电刷与换向片之间具有适当的压力，以保持配合，如图 4-10 所示。

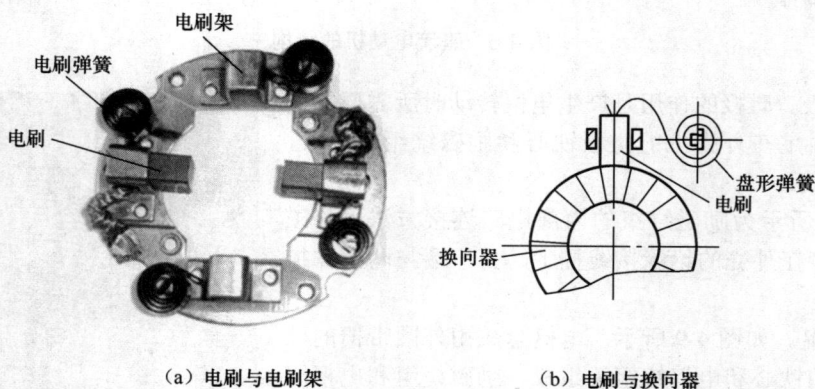

（a）电刷与电刷架　　　　　　　（b）电刷与换向器

图 4-10　电刷及电刷架的组合

以四磁极电动机为例，其中两个电刷与外壳绝缘，电流通过这两个电刷进入电枢绕组，另外两个为搭铁电刷，通过电枢绕组的电流使这两个电刷搭铁。

④ 外壳。它是电动机的磁极和电枢的安装机体，其中一端有 4 个检查窗口，便于进行电刷和换向器的维护。同时起动机的电磁开关也安装在外壳上，其上有一绝缘接线端，是电动机电流的引入线。

2. 传动机构

（1）传动机构的作用

在起动发动机时，传动机构使起动机驱动齿轮与飞轮齿圈啮合，将起动机的转矩传递给发动机曲轴；在发动机起动后又能使起动机驱动齿轮自动空转或与飞轮齿圈脱离啮合。

（2）对传动机构的要求

① 起动机的驱动齿轮与发动机的飞轮齿圈啮合时要平稳，不能发生冲击现象。

② 由于起动机的驱动齿轮与发动机的飞轮齿圈速比很大（一般大于 15），因此发动机起动后，驱动齿轮应能自动打滑或脱离啮合，以免发动机带动起动机电枢高速旋转，造成电枢绕组"飞散"的事故。

③ 因为起动机是由点火开关控制的，所以当发动机工作时，要防止点火开关误操作，使起动机的驱动齿轮再次与发动机的飞轮齿圈啮合，导致起动机与发动机的飞轮齿圈损坏。

（3）传动机构的工作过程

图 4-11 所示为传动机构的工作示意图。

① 图 4-11（a）所示为起动机不工作时所处的位置。

② 图 4-11（b）所示为在电磁开关的作用下，驱动齿轮与飞轮齿圈正在啮合，此时起动机的主电路还没有接通。

③ 图 4-11（c）所示为驱动齿轮与发动机飞轮齿圈完全啮合，主电路接通，电枢轴开始带动发动机曲轴旋转。

发动机起动后，驱动齿轮与飞轮齿圈仍处于啮合状态，单向离合器打滑，驱动齿轮在飞轮的带动下空转。起动结束后，驱动齿轮在电磁开关的作用下，与发动机飞轮齿圈脱离啮合。

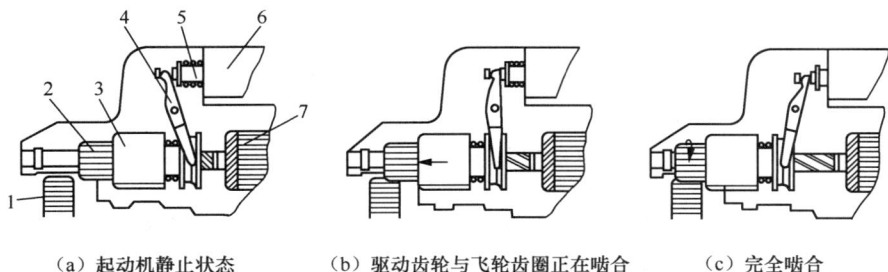

（a）起动机静止状态　　（b）驱动齿轮与飞轮齿圈正在啮合　　（c）完全啮合

图 4-11　传动机构的工作示意图

1—飞轮　2—驱动齿轮　3—单向离合器　4—拨叉　5—活动铁心　6—电磁开关　7—电枢

（4）单向离合器

起动机传动机构中的关键部件是单向离合器。其作用是在起动时将电枢产生的电磁转矩传递给发动机飞轮；而当发动机起动后，单向离合器立刻打滑，防止发动机飞轮带动电枢高速旋转。单向离合器主要有滚柱式、摩擦片式和弹簧式 3 种类型。

滚柱式单向离合器应用最为广泛，其实物如图 4-12 所示。

图 4-12　滚柱式单向离合器

摩擦片式单向离合器可以传递较大的转矩，应用于大功率起动机上。但是在使用过程中，摩擦片磨损后，传递的转矩将会下降，因此需要经常调整，而且其结构复杂。

弹簧式单向离合器结构简单，成本低，使用寿命长，但由于扭力弹簧的轴向尺寸较长，一般只应用在大功率起动机上。

下面仅介绍滚柱式单向离合器的结构与工作过程。

滚柱式单向离合器的原理是通过改变滚柱在楔形槽中的位置来实现分离和接合的，其结构如图 4-13 所示。

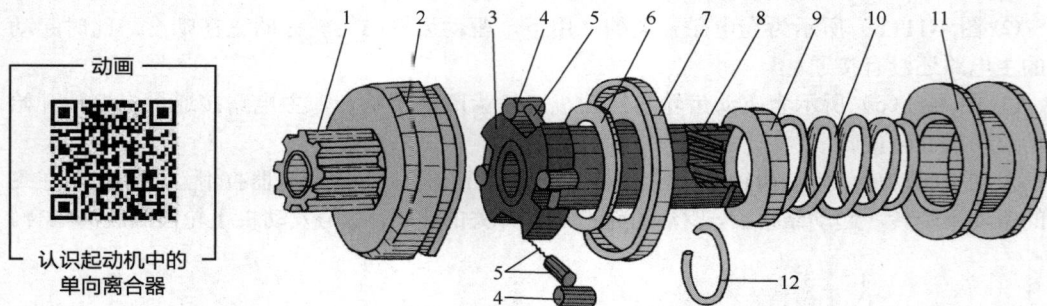

动画

认识起动机中的
单向离合器

图 4-13　滚柱式单向离合器结构

1—驱动齿轮　2—外壳　3—十字块　4—滚柱　5—弹簧与压帽　6—垫圈　7—护盖
8—传动套筒　9—弹簧座　10—弹簧　11—移动衬套　12—卡簧

单向离合器的外壳 2 与驱动齿轮 1 为一体，外壳 2 与十字块 3 之间形成 4 个楔形槽，每个槽中有一个滚柱 4，十字块 3 与传动套筒 8 为一体，传动套筒 8 内侧带键槽，套在电枢轴的花键部位。

单向离合器工作过程：当起动机开始工作时，拨叉拨动移动衬套 11，使驱动齿轮 1 与发动机飞轮齿圈啮合，电磁转矩曰电枢轴传到传动套筒 8 与十字块 3，使十字块 3 同电枢轴一同旋转。此时，再加上飞轮齿圈给驱动齿轮 1 的反作用力，滚柱在摩擦力矩的作用下，滚入楔形槽的窄端而卡死（见图 4-14（a）），于是驱动齿轮 1 和传动套筒 8 为一个整体，带动飞轮，起动发动机。

当发动机起动后，发动机飞轮带动驱动齿轮 1 旋转，外壳 2 的转速高于十字块 3 的转速，此时，滚柱滚向楔形槽的宽端而打滑（见图 4-14（b））。这样发动机的转矩就不能通过驱动齿轮

1传递给电枢，防止电枢因高速飞转而造成电枢绕组"飞散"的事故。

滚柱式单向离合器结构简单，在中、小功率起动机上被广泛应用。但在传递较大转矩时，滚柱易变形卡死，因此滚柱式单向离合器不适用于功率较大的起动机。

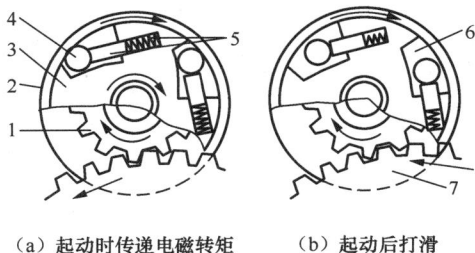

（a）起动时传递电磁转矩　　（b）起动后打滑

图 4-14　滚柱式单向离合器工作原理

1—驱动齿轮　2—外壳　3—十字块　4—滚柱　5—弹簧与压帽　6—楔形槽　7—飞轮

3.电磁开关

（1）电磁开关的作用

电磁开关用来接通和切断串励式直流电动机与蓄电池之间的电路，控制起动机驱动齿轮与发动机飞轮齿圈的啮合与分离。对于汽油发动机，有些起动机的电磁开关还具有在起动发动机时短路点火线圈附加电阻的作用。电磁开关的实物如图 4-15 所示。

（2）电磁开关的结构

图 4-16 所示为电磁开关的结构。电磁开关主要由吸引线圈、保持线圈、复位弹簧、活动铁心、接触片等组成。其中，端子 C 接起动机励磁绕组；端子 30 直接接电源（蓄电池）。

图 4-15　电磁开关

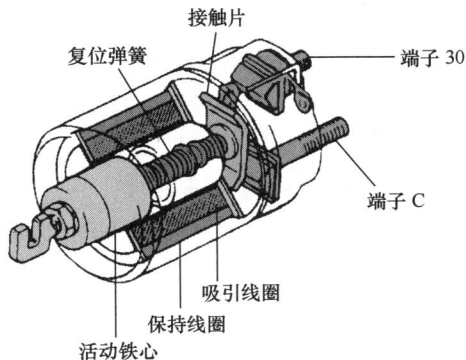

图 4-16　电磁开关结构

六、起动机的工作原理

1.直流电动机的工作原理

直流电动机的基本工作原理是通电的导体在磁场中会受电磁力作用，电磁力的方向遵循左手定则。

如图 4-17 所示，两片换向片分别与环状线圈的两端连接，电刷一端与两换向器片相接触，另一端分别接蓄电池的正极和负极。在环状线圈中电流的方向交替变化，用左手定则判断可知，环状线圈在电磁力矩作用下按顺时针方向连续转动。这样在电源连续对电动机供电时，其线圈就不停地按同一方向转动。

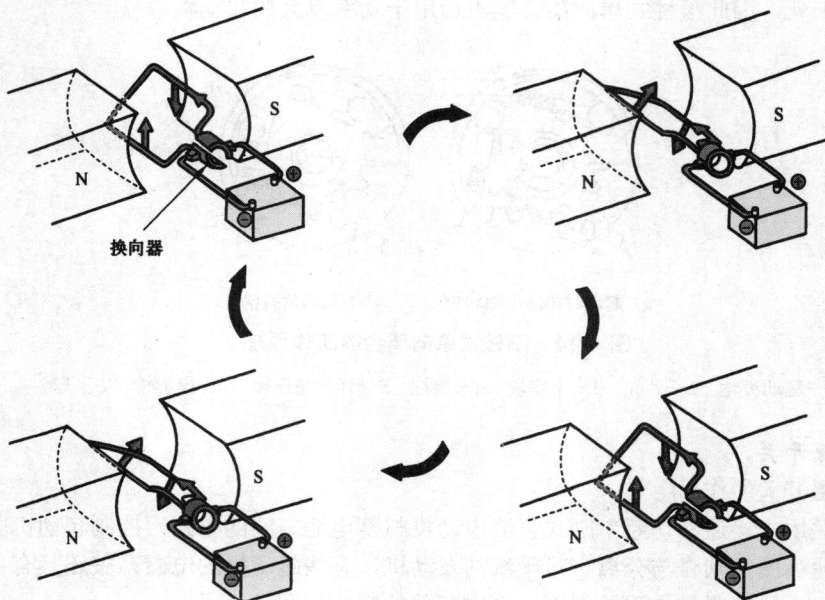

图 4-17　直流电动机的原理图

提示

　　为了增大电动机的输出力矩并使电动机运转均匀，实际的电动机中电枢采用多匝线圈，随线圈匝数的增多，换向片的数量也要增多。

2．起动系统的工作过程

　　起动系统的工作电路如图 4-18 所示。电磁开关主要由吸引线圈 9、保持线圈 10、活动铁心 11、接触盘 8 等组成。其中，吸引线圈 9 与电动机串联，保持线圈 10 与电动机并联，直接搭铁。活动铁心一端通过接触盘 8 控制主电路的导通；另一端通过拨叉 13 控制驱动齿轮 15 的啮合。在起动机电磁开关上一般有 3 个接线柱（个别的也有 4 个接线柱）：磁场接线柱 5、蓄电池接线柱 6 和点火开关接线柱 7。

　　（1）起动时，将点火开关打到 ST 挡，电磁开关通电，其电路如下：

　　蓄电池正极 → 蓄电池接线柱 6 → 点火开关 4 → 点火开关接线柱 7
　→保持线圈10→搭铁。
　→吸引线圈10→磁场接线柱5 → 串励式直流电动机→搭铁。

　　此时，吸引线圈 9 与保持线圈 10 的电流绕向相同，磁场方向相同，活动铁心 11 在两个线圈磁场力的共同作用下克服复位弹簧的作用向左移动，通过拨叉 13 使驱动齿轮 15 与发动机飞轮 16 啮合。

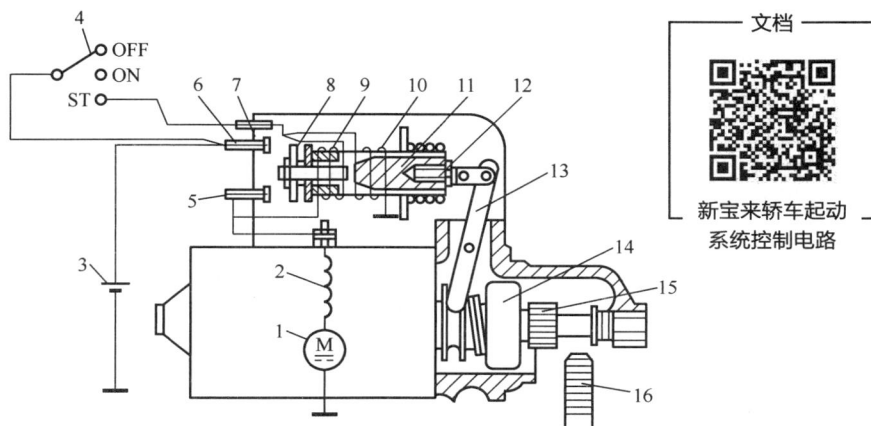

图 4-18 起动系统的工作电路

1—直流电动机 2—励磁绕组（磁场线圈） 3—蓄电池 4—点火开关 5—磁场接线柱（又称主接线柱，C）

6—蓄电池接线柱（又称主接线柱，30） 7—点火开关接线柱（又称起动接线柱，50） 8—接触盘

9—吸引线圈 10—保持线圈 11—活动铁心 12—调节螺钉 13—拨叉

14—单向离合器 15—驱动齿轮 16—飞轮

当驱动齿轮 15 与飞轮 16 啮合后，接触盘 8 将蓄电池接线柱 6、磁场接线柱 5 内侧触头接通，于是起动机的主电路接通（电流为 200 ～ 600A），电路如下：

蓄电池正极→蓄电池接线柱 6 →接触盘 8 →磁场接线柱 5 →励磁绕组 2 →电刷→电枢绕组→电刷→搭铁。

这时直流电动机产生电磁转矩，通过单向离合器带动曲轴旋转，起动发动机。

（2）发动机起动后，单向离合器打滑。

（3）松开点火开关 4，点火开关 4 从 ST 挡回到 ON 挡，这时从点火开关 4 到点火开关接线柱 7 之间已没有电流，吸引线圈 9 与保持线圈 10 的电路：

蓄电池正极→蓄电池接线柱 6 →接触盘 8 →磁场接线柱 5 →吸引线圈 9 →保持线圈 10 →搭铁。

此时，由于吸引线圈 9 与保持线圈 10 的电流绕向相反，磁场方向相反，磁吸力相互抵消，因此，活动铁心 11 在复位弹簧的作用下迅速右移，使主电路断开，驱动齿轮 15 与飞轮 16 脱离啮合，起动机停止工作。

在接触盘 8 接通主电路之前，由于电流经吸引线圈 9 到励磁绕组与电枢绕组，所以电枢产生了一个较小的电磁转矩，使驱动齿轮 15 在缓慢旋转状态下与飞轮 16 平稳啮合。主电路接通后，吸引线圈 9 被短路，活动铁心 11 的位置由保持线圈产生的磁吸力来保持。

七、起动机的工作特性

1. 汽车起动机上的串励式直流电动机

如图 4-19 所示，在直流电动机中，励磁绕组与电枢绕组的连接方式可分为串励式、并励式和复励式 3 种形式。

汽车起动机所用的电动机为串励式直流电动机，其工作特性有转矩特性、转速特性和功率特性，具体内容可扫描二维码"起动机的工作特性"学习。

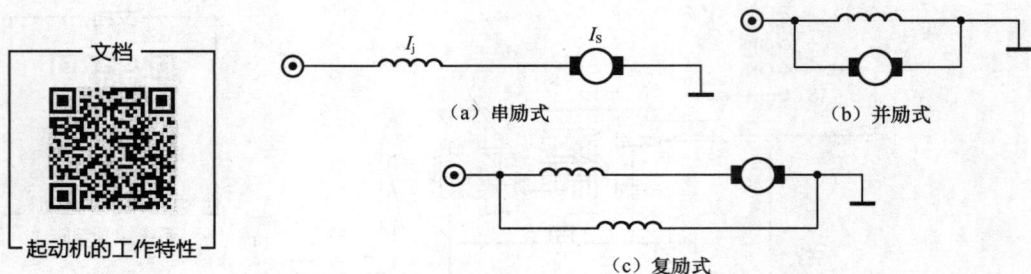

（a）串励式　　　　　　（b）并励式

（c）复励式

图 4-19　直流电动机的励磁方法

I_j—励磁电流　I_s—电枢电流

2. 影响起动机功率的使用因素

（1）接触电阻

蓄电池的极桩与起动导线、起动导线与搭铁、接触盘与主接线柱内侧触头、起动机电刷与换向器片等接触不良，导致起动主电路电阻增大，起动电流下降，使起动机功率下降。另外，起动机的导线不要随意更换，最好使用与车型配套的导线，否则导线过长、过细都会使电阻增大，使起动机输出功率下降。

（2）蓄电池的容量

蓄电池的容量越小，则内阻越大，起动电流下降，使起动机输出功率下降。所以，在使用蓄电池时，要经常保持蓄电池充足电。

（3）温度

温度低时会引起蓄电池的内阻增大，容量下降，导致起动机输出功率下降。

八、减速起动机

1. 概述

与常规起动机不同的是，减速起动机主要是在传动机构和电枢轴之间安装了一套齿轮减速装置，通过减速装置后再把力矩传递给单向离合器。其优点是可以降低电动机的速度，增大输出转矩，减小起动机的体积和重量。

根据齿轮减速装置的不同，减速起动机主要有平行轴式减速起动机和行星齿轮式减速起动机两种形式。

目前，采用减速起动机的汽车越来越多，如丰田车系、北京现代车系、北京切诺基吉普车系、本田车系和奥迪轿车等都采用了减速起动机。

2. 平行轴式减速起动机

平行轴式减速起动机主要由直流串励式电动机、平行轴减速装置、传动机构和减速装置等组成，主要部件有励磁绕组、电枢、电枢轴齿轮、惰轮（中间齿轮）、驱动齿轮、单向离合器、电磁开关等，其结构如图 4-20 所示。

（1）直流串励式电动机

该电动机 4 个励磁绕组相互并联后再与电枢绕组串联，仍为直流串励式电动机。基本部件与常规起动机相似，工作原理不再赘述。

（2）传动机构及减速装置

图 4-21 所示为减速装置中齿轮的啮合关系和传动机构中单向离合器示意图。

减速装置采用平行轴外啮合减速齿轮装置，该装置中设有 3 个齿轮，即电枢轴齿轮、惰轮（中间齿轮）及减速齿轮。从图 4-21 中可以看出，与常规起动机相比该减速装置传动比较大，输出力矩也较大。

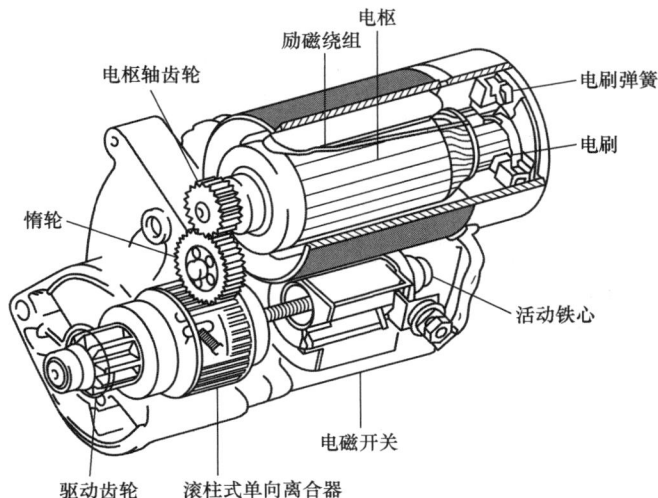

图 4-20　平行轴式减速起动机的结构

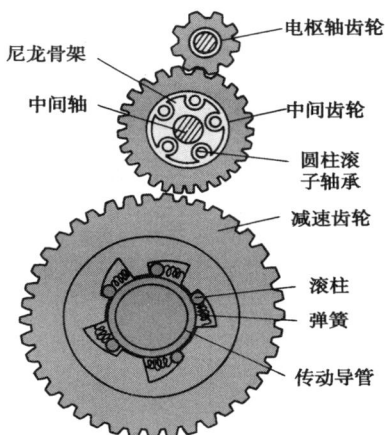

图 4-21　减速齿轮啮合关系和单向离合器

滚柱式单向离合器设置在减速齿轮内毂，其内毂制成楔形空腔，传动导管装入时，将空腔分割成 5 个楔形腔室，腔室内放置滚柱和弹簧。平时在弹簧张力作用下，滚柱滚向楔形腔室窄端，传递动力时，由滚柱将传动导管和减速齿轮卡紧成一体。离合器的工作原理和常规起动机中的滚柱式单向离合器工作原理相同，此处不再赘述。

（3）控制装置及工作过程

下面以丰田花冠轿车中平行轴式减速起动机为例，结合电路图分析控制装置的工作原理。如图 4-22 所示，控制装置的结构与常规式电磁控制装置大致相同，不同之处在于活动铁心 9 的左端固装的挺杆，经钢球推动驱动齿轮轴，引铁右端绝缘地固装着接触片。起动机不工作时，触盘与触点分开，驱动齿轮 19 与飞轮齿圈 1 分离。

其工作过程如下。

① 接通点火开关，吸引线圈和保持线圈通电，此时的电流流向：蓄电池"＋"→点火开关→端子 50 →保持线圈→搭铁，蓄电池"＋"→点火开关→端子 50 →吸引线圈→端子 C 励磁线圈→电枢绕组→搭铁。此时电动机低速运转。

② 吸引线圈和保持线圈的电磁力吸引活动铁心左移，推动驱动齿轮轴，迫使驱动齿轮与飞轮啮合，这种动作过程称为直动齿轮式。驱动齿轮与飞轮齿圈进入啮合后，接触片和触点接触，此时的电流流向：蓄电池"＋"→点火开关→端子 50 →保持线圈→搭铁。这样保持线圈产生的磁场使活动铁心保持在原位。同时电流还流经励磁线圈，

电流流向：蓄电池"＋"→端子 30→接触片→端子 C→励磁线圈→电枢绕组→搭铁。这样电枢电路接通并开始旋转。电枢轴产生的力矩经电枢轴齿轮→惰轮→离合器（减速）齿轮→单向离合器→驱动齿轮轴→驱动齿轮→飞轮齿圈，带动曲轴旋转，使发动机起动。

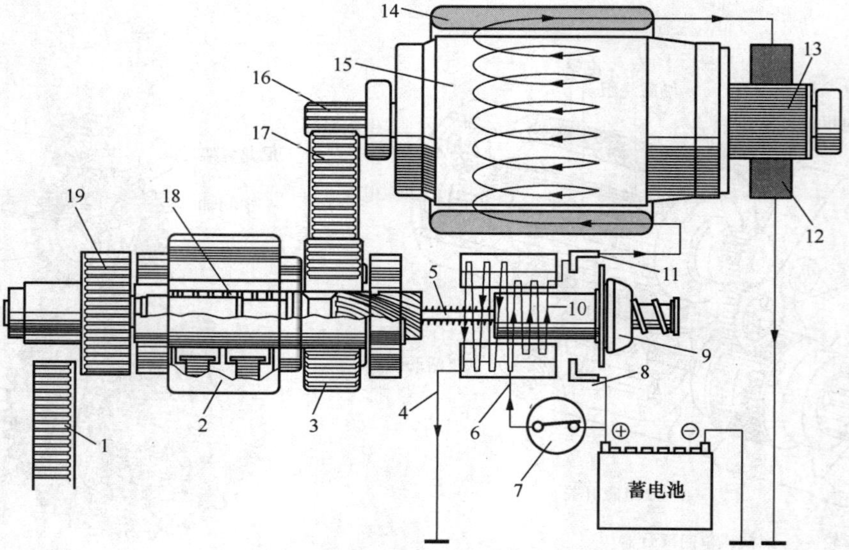

图 4-22　平行轴式减速起动机结构及电路

1—飞轮齿圈　2—单向离合器　3—离合器（减速）齿轮　4—保持线圈　5—活动铁心复位弹簧　6—端子 50
7—点火开关　8—端子 30　9—活动铁心　10—吸引线圈　11—端子 C　12—电刷　13—换向器
14—励磁线圈　15—电枢　16—电枢轴齿轮　17—惰轮　18—驱动齿轮复位弹簧　19—驱动齿轮

③发动机起动后，放松起动开关，点火开关回到"点火"挡。吸引线圈和保持线圈断电，引铁在复位弹簧张力作用下回位，接触片与触点分离，电枢停止转动。同时，驱动齿轮轴在复位弹簧作用下回位，拖动驱动齿轮与飞轮分离，恢复到初始状态。

3. 行星齿轮式减速起动机

行星齿轮式减速起动机的传动中心距离为零，输出轴与电枢轴同心，可使整机尺寸减小。同时该型起动机传动比最大，可达 4.5:1，大大减小了起动机的起动电流。

行星齿轮减速起动机的结构如图 4-23 所示。

（1）电动机

该电动机的结构有两类：一类与常规起动机类似，采用励磁线圈产生磁场，此处不再重复；另一类采用永久磁铁磁场代替励磁绕组，减小了起动机的体积，提高了起动性能。

（2）传动机构及减速齿轮装置

该起动机的传动机构采用滚柱式单向离合器，用拨叉拨动驱动齿轮使之移动。其结构与工作过程和传统式起动机类似。

行星齿轮减速装置中设有 3 个行星齿轮、1 个太阳轮（电枢轴齿轮）及 1 个内齿轮（圈），其结构如图 4-24 所示。太阳轮装在电枢轴上，3 个行星齿轮装在行星齿轮架上，内齿轮（圈）固定不动。

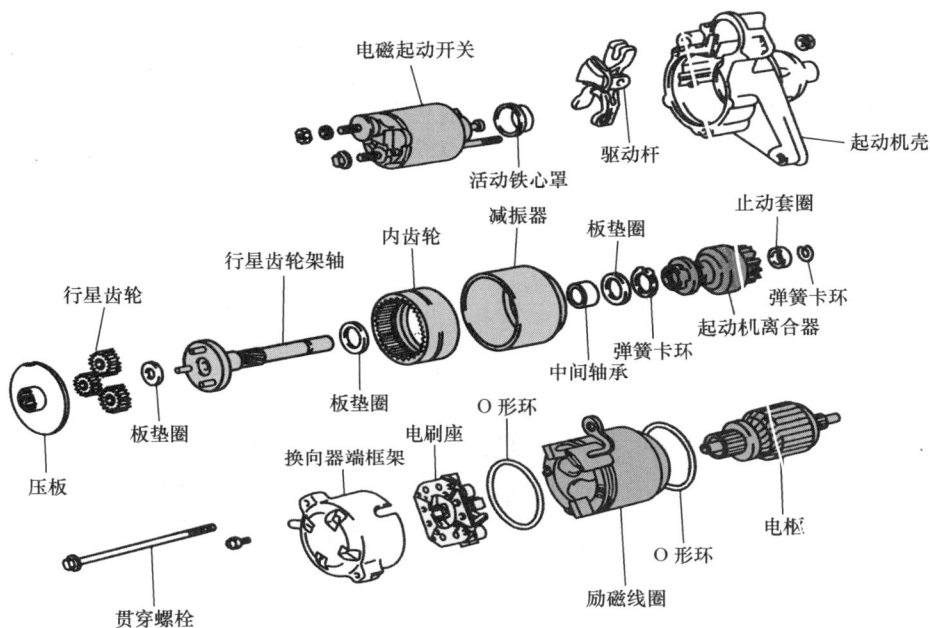

图 4-23　行星齿轮式减速起动机

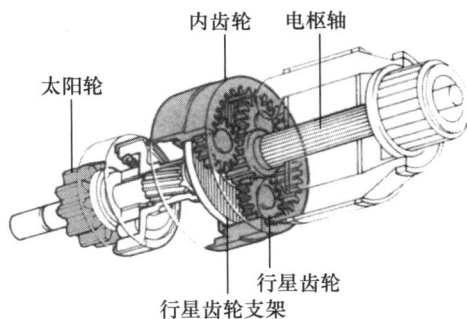

图 4-24　行星齿轮减速装置结构

内齿圈固定不动，行星齿轮支架是一个具有一定厚度的圆盘，圆盘和电枢轴制成一体。3 个行星齿轮连同齿轮轴一起压装在圆盘上，行星齿轮在轴上可以边自转边公转。电枢轴一端制有螺旋键齿，与离合器传动导管内的螺旋键槽配合。

九、永磁式减速起动机

永磁式起动机以永磁材料为磁极，具有质量轻、结构简单等优点。永磁式起动机的机械特性较差，所以永磁式起动机必须配有减速机构，即永磁式起动机一般都是永磁式减速起动机。

> **提示**
>
> 永磁式起动机一般有 2～3 对磁极，没有励磁绕组，起动机电流流经换向器和电刷直接到电枢，在其他方面与有励磁绕组的起动机基本相同。

图 4-25 所示为部分奥迪车用永磁式减速起动机分解图。该起动机采用了行星齿轮式减速机构、滚柱式单向离合器。

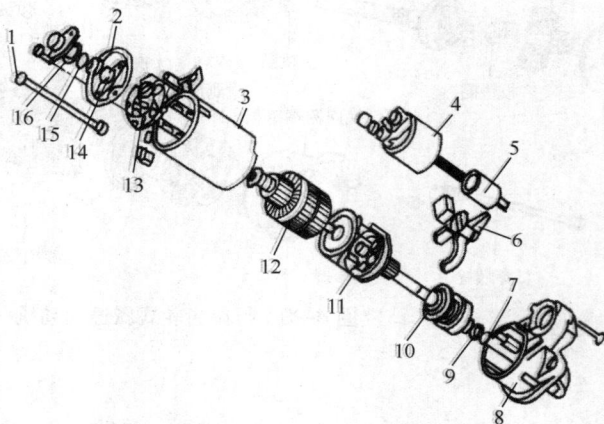

图 4-25　部分奥迪车用永磁式减速起动机分解图

1—穿钉　2—调整垫片　3—外壳　4—电磁开关　5—活动铁心　6—拨叉　7—卡环
8—驱动端盖　9—止推垫圈　10—滚柱式单向离合器　11—行星齿轮式减速机构
12—转子　13—电刷架　14—端盖　15—锁片　16—密封圈

□ 任务实施 □

操作一　起动机的拆卸和分解

步骤一　先将起动机从车上拆下。拆下蓄电池搭铁线，然后再拆下起动机的各连接线。如图 4-26 所示，从变速器壳上旋下螺母 5，取下起动机固定螺栓 3，即可取下起动机总成 1。

步骤二　如图 4-27 所示，用扳手旋下电磁开关接线柱上的螺母，将导线从接线柱上移开。

步骤三　如图 4-28 所示，用扳手旋下电磁开关与起动机壳体上的固定螺母。

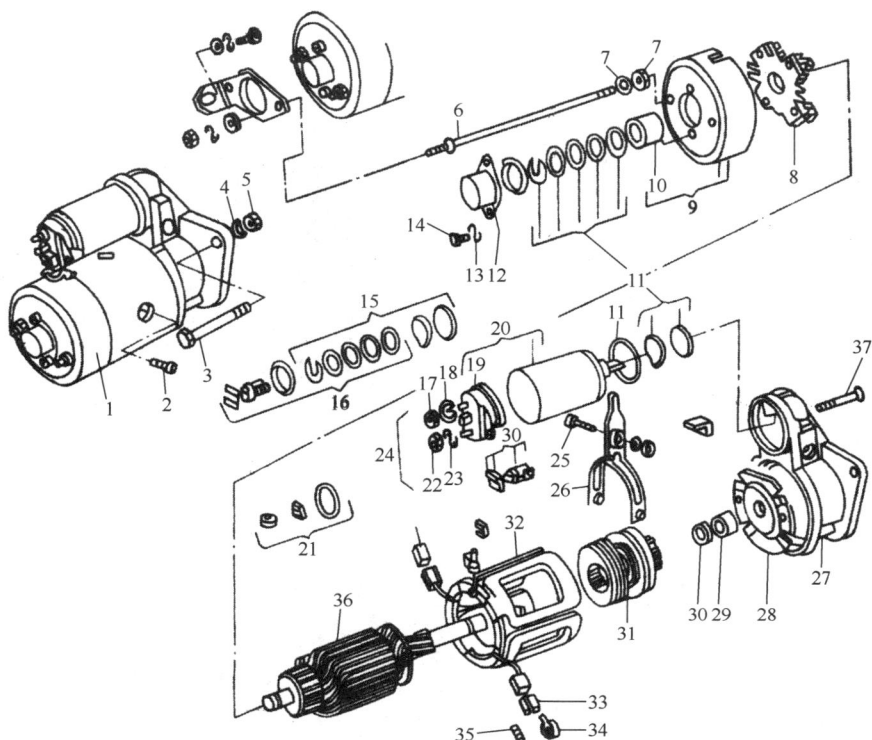

图 4-26　分解起动机

1—起动机总成　2—磁场线圈固定螺栓　3—起动机固定螺栓　4、13、18、23—弹性垫圈　5、17、22—螺母

6—端盖连接螺栓　7—垫圈　8—电刷架　9—电刷端端盖　10—衬套　11、15—垫片组件（配件成组供应）

12—衬套座　14—螺钉　16—活动接柱和垫片组件（这一组件包括"24"）　19—电磁开关端盖　20—电磁

开关总成　21—垫块及密封圈（作配件供应）　24—电磁开关活动接线柱组件（配件仅供组件，不单独

供应）　25—拨叉销　26—拨叉　27—驱动端端盖　28—中间支承盘　29—电枢轴驱动齿轮衬套

30—止推垫圈　31—驱动齿轮与单向离合器　32—磁场线圈　33—电刷　34—电刷弹簧

35—弹簧　36—电枢　37—螺栓

图 4-27　将导线从接线柱上移开

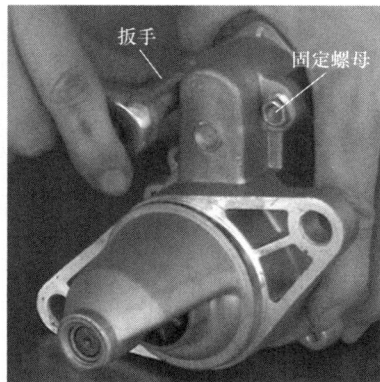

图 4-28　旋下电磁开关上的固定螺母

步骤四　如图 4-29 所示，取下电磁开关。

步骤五　如图 4-30 所示，旋下起动机贯穿螺栓。

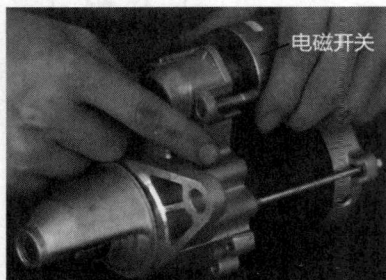

图 4-29　取下电磁开关

图 4-30　旋下起动机贯穿螺栓

步骤六　如图 4-31 所示，取下驱动端的端盖和拨叉。

步骤七　如图 4-32 所示，取下后端盖和绝缘垫片。

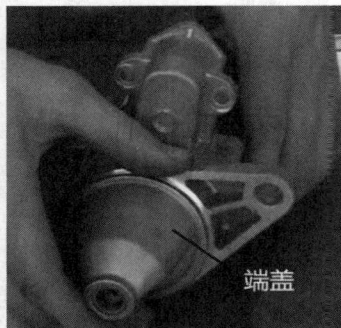

图 4-31　取下端盖

图 4-32　取下后端盖和绝缘垫片

步骤八　取出电刷弹簧。注意，电刷弹簧有一定的弹力，取下时容易弹出。

步骤九　如图 4-33 所示，取出电枢总成。

图 4-33　取出电枢总成

操作二 起动机的检修

1. 起动机电枢轴的检修

步骤一 用千分表检查起动机电枢轴是否弯曲,如图 4-34 所示。若摆差超过 0.1mm,应进行校正。电枢轴上的花键齿槽严重磨损或损坏,应进行修复或更换。

步骤二 检查电枢轴轴颈与衬套的配合间隙不得超过 0.15mm,间隙过大,应更换新套,并进行铰配。

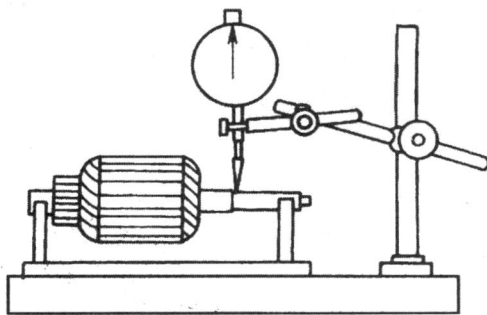

图 4-34 电枢轴弯曲度的检查

视频

起动机零件的检测

2. 起动机换向器的检查

步骤一 检查换向器有无脏污和表面烧蚀,若出现此情况,用 400 号砂纸或在车床上修整。

步骤二 检查换向器的径向圆跳动,如图 4-35 所示。将换向器放在 V 形铁上,用百分表测量圆周上的径向跳动,最大允许径向圆跳动为 0.05mm。若径向圆跳动大于规定值,应在车床上校正。

步骤三 用游标卡尺测量换向器的直径,如图 4-36 所示。其标准值为 30.0mm,最小直径为 29.0mm。若直径小于最小值,应更换电枢。

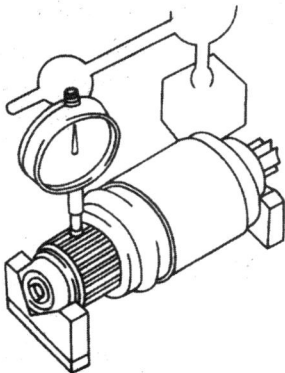

图 4-35 检查换向器径向圆跳动

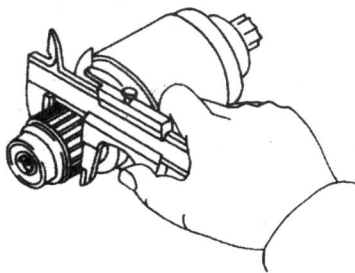

图 4-36 检查换向器直径

步骤四 检查换向器底部凹槽深度(见图 4-37),凹槽内应清洁无异物,边缘光滑。标准凹槽深度为 0.6mm,最小凹槽深度为 0.2mm。若凹槽深度小于最小值,用手锯条修正。

3. 起动机电枢线圈的检修

步骤一　检查换向器是否开路。如图 4-38 所示，用欧姆表检查换向片之间，应导通（电阻近似为 0Ω）。若换向片之间不导通，应更换电枢。

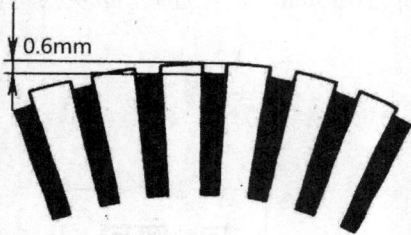

图 4-37　检查换向器底部凹槽深度

图 4-38　检查换向器是否开路

步骤二　检查换向器是否搭铁。如图 4-39 所示，用欧姆表检查换向器与电枢线圈铁心之间，应不导通。若导通，应更换电枢。

4. 起动机磁场线圈的检查

步骤一　检查磁场线圈是否开路。用欧姆表测量两个接磁场线圈电刷之间的阻值（见图 4-40），应近似为 0Ω（导通）；用欧姆表测量两个搭铁电刷之间的阻值，应近似为 0Ω（导通）；否则，更换磁场线圈。如图 4-41 所示，用欧姆表测量接磁场线圈电刷与搭铁电刷之间的阻值，应为无穷大（不导通）。

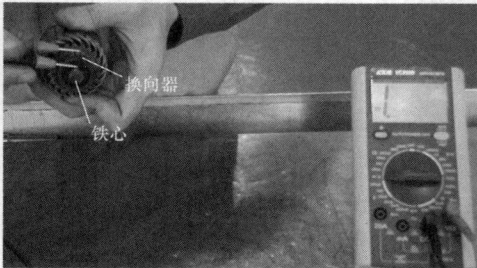

图 4-39　检查换向器是否搭铁

图 4-40　测量两个接磁场线圈电刷之间的阻值

步骤二　检查磁场线圈是否搭铁。用欧姆表测量接磁场线圈电刷与外壳之间的阻值，应为无穷大（不导通），如图 4-42 所示；用欧姆表测量搭铁电刷与外壳之间的阻值，应为 0Ω。若测量结果不符合规定，应修理或更换电刷、磁场线圈。

5. 起动机电刷及电刷弹簧的检查

步骤一　电刷弹簧的检查，可按如图 4-43 所示，读取电刷弹簧从电刷分离瞬间的拉力计读数。标准弹簧安装载荷为 $17 \sim 23N$，最小安装载荷为 $12N$。若安装载荷小于规定值，应更换电刷弹簧。

步骤二　测量电刷的长度。如图 4-44 所示，用游标卡尺测量每个电刷的长度，应符合规定值。

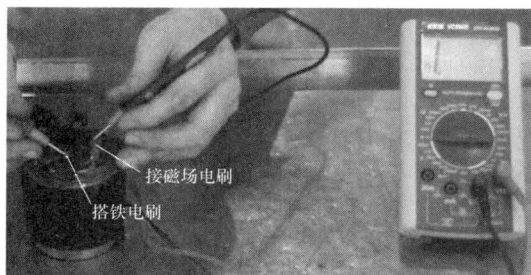

图 4-41　测量接磁场线圈电刷与搭铁电刷之间的阻值

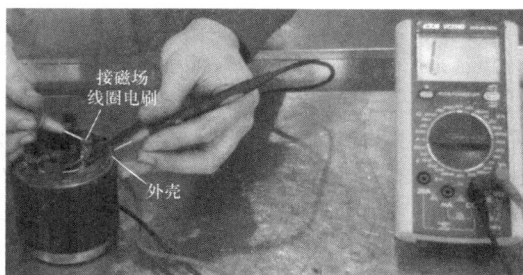

图 4-42　检查磁场线圈是否搭铁

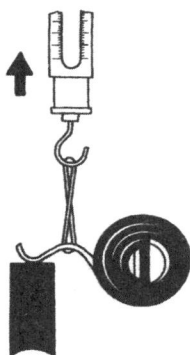

图 4-43　检查电刷弹簧载荷

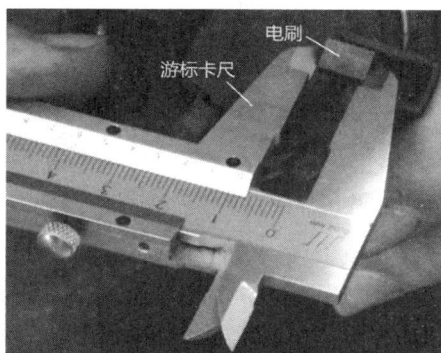

图 4-44　测量电刷的长度

6. 起动机电刷架的检查

用万用表欧姆挡检查电刷，电刷架正极（＋）与负极（－）之间应不导通，如图 4-45 所示。若导通，则修理或更换电刷架。

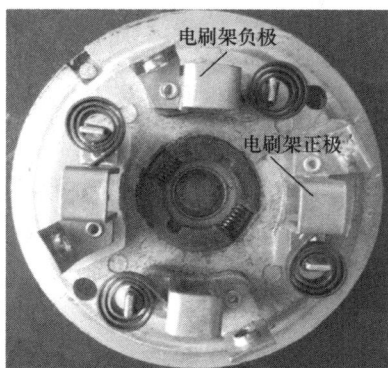

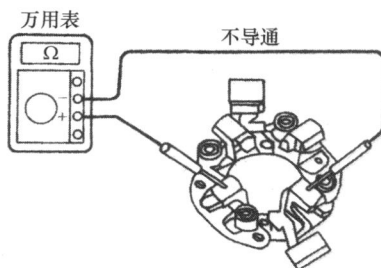

（a）电刷架正、负极　　　　　　　（b）用万用表检查电刷架

图 4-45　检查电刷架绝缘情况

7. 起动机单向离合器和驱动齿轮的检查

步骤一　检查单向离合器驱动齿轮是否严重损伤或磨损。如有损坏，应进行更换。

步骤二　如图 4-46 所示，一只手握住单向离合器，另一只手握住电枢总成，检查单向离合器是否只能单向转动。如能双向转动，应更换单向离合器总成。

步骤三　检查起动机单向离合器是否打滑或卡滞。如图 4-47 所示，将离合器驱动齿轮夹在台虎钳上，在花键套筒中套入花键轴，将扭力扳手套在花键轴上，测得扭紧力矩应大于规定值（24 ～ 26N·m），否则说明单向离合器打滑。反向转动单向离合器应不卡滞，否则修理或更换单向离合器总成。

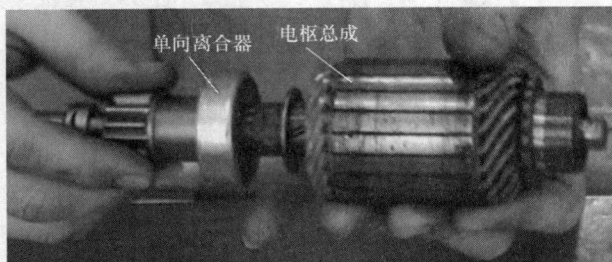

图 4-46　检查单向离合器单向转动

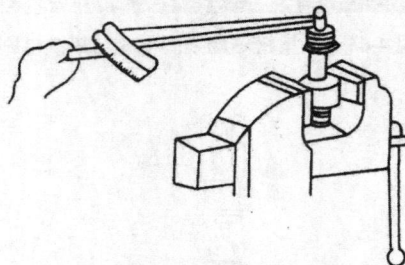

图 4-47　检查单向离合器工作是否正常

8. 起动机电磁开关的检查

步骤一　检查电磁开关内部是否有线圈断路、短路或搭铁故障。如图 4-48 所示，可用万用表测线圈电阻，将测量值与标准值进行比较。

步骤二　按照图 4-49 所示连接好线路，接通开关 K 后应能听到活动铁心动作的声音，同时试灯 L 应被点亮；开关 K 断开后，试灯 L 应立即熄灭。否则应更换电磁开关或更换起动机总成。

视频

起动机的组装

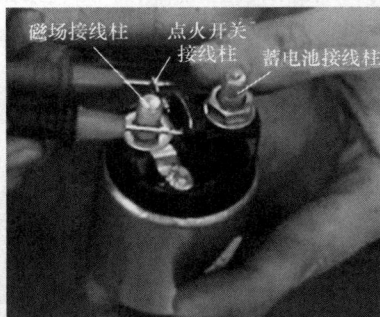

图 4-48　检测电磁开关

操作三　起动机的组装与调整

起动机的组装可按与拆卸相反的顺序进行，但应注意以下事项。

（1）如图 4-26 所示，在衬套 10 和 29 上涂上润滑脂。

（2）部分起动机可调整驱动齿轮的轴向间隙。如图 4-50 所示，用止推垫圈（见图 4-26 中件 30）调整驱动齿轮的轴向间隙 a（推到极限位置时），标准值一般为 0.3 ～ 1.5mm。

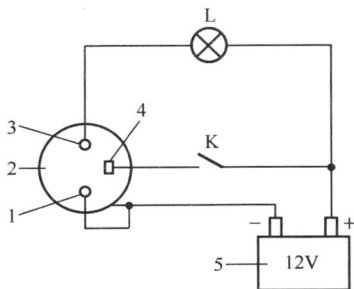

图 4-49　电磁开关的检查

1—磁场（线圈）接线柱　2—起动机开关

3—蓄电池接线柱　4—点火开关接线柱　5—蓄电池

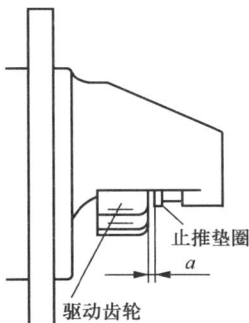

图 4-50　起动机驱动齿轮轴向间隙的调整

a—驱动齿轮轴向间隙

起动机的使用注意事项

（1）起动前应将变速器挂上空挡，自动变速器的汽车应将变速杆置于 P 位或 N 位，起动的同时踩下离合器踏板。

（2）每次接通起动机的时间不得超过 5s，重复起动两次之间应间歇 15s 以上。

（3）当发动机起动后应立刻松开点火开关，切断 ST 挡，使起动机停止工作。

（4）经过 3 次起动，发动机仍没有起动着火，则停止起动，进行简单的检查，如蓄电池的容量、极柱的连接等，否则蓄电池的电量将严重下降，起动发动机变得更加困难。

起动机的维修注意事项

（1）在车上进行起动机检测之前，一定要将变速器挂上空挡，并实施驻车制动。

（2）在拆卸起动机之前，应先拆下蓄电池的搭铁导线。

（3）有些车型，在起动机与法兰盘之间使用了多块薄垫片，在装配时应按原样装回。

任务二　起动系统常见故障诊断

□ 学习目标 □

（1）掌握起动机的整机检测方法。

（2）熟悉起动系统的电路分析方法。

（3）熟悉起动系统常见故障的检修方法。

（4）能够正确分析起动系统故障原因，确定故障诊断流程，对起动系统的常见故障进行正确诊断。

（5）培养学生严谨细致的工作态度。

□ 任务引入 □

一辆帕萨特轿车，行驶里程为 13 万千米。该车将点火开关转到起动挡时，起动机运转无力，在飞轮齿圈上发出"嚓、嚓"的声响，却带不转飞轮，发动机不能起动运转。

汽车起动系统的好坏，将直接影响发动机能否正常起动。该车起动机运转无力，发动机不能起动运转，表明起动系统有故障，可根据起动系统的控制电路对故障进行分析、排除。

························□ 相关知识 □························

一、起动机的控制电路

起动系统的控制电路指除起动机本身电路以外的起动系统电路。起动系统的控制电路因车型的不同而有所不同，大体上可以分为无起动继电器的控制电路、带起动继电器的控制电路和带保护继电器的控制电路。

1. 无起动继电器的控制电路

图 4-51 所示为丰田轿车无起动继电器的控制电路。

（1）起动电路接通阶段

如图 4-51 所示，当点火开关位于起动挡时，电流的流向：蓄电池"＋"→点火开关起动挡开关→端子 50 →保持线圈→搭铁。同时吸引线圈中也通过电流，电流的流向：蓄电池"＋"→点火开关起动挡开关→端子50→吸引线圈→端子 C→励磁线圈→电枢→搭铁。此时，由于吸引线圈和励磁线圈中的电流非常小，电动机低速运转。同时吸引线圈和保持线圈中产生的磁场吸引活动铁心向右运动，克服复位弹簧的作用力，拉动拨叉向左运动，拨叉使离合器的小齿轮向左和飞轮的齿圈啮合。这个过程中，电动机的转速低，可以保证齿轮之间平顺啮合。

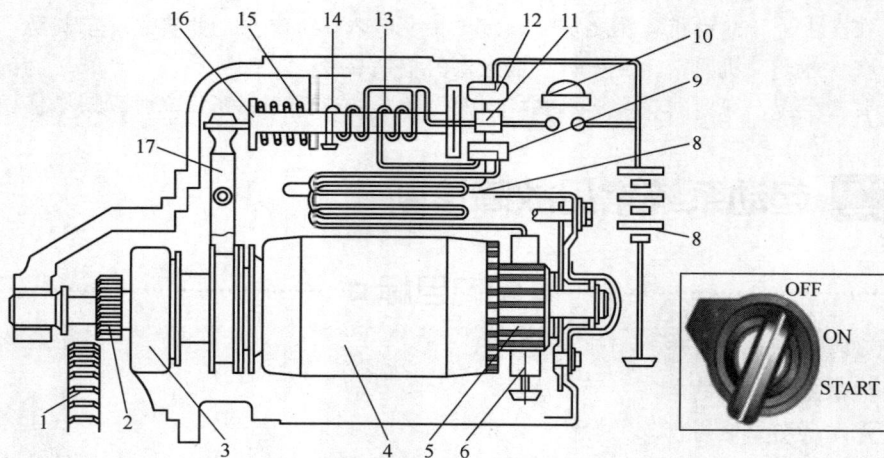

图 4-51　丰田轿车无起动继电器的控制电路

1—飞轮齿圈　2—驱动齿轮　3—单向离合器　4—电枢　5—换向器　6—电刷　7—蓄电池　8—励磁线圈

9—端子 C　10—点火开关　11—端子50　12—端子30　13—吸引线圈　14—保持线圈

15—复位弹簧　16—活动铁心　17—拨叉

（2）驱动齿轮和飞轮齿圈啮合阶段

当小齿轮和飞轮齿圈完全啮合以后，与活动铁心连在一起的接触片向右运动，和端子

30 及端子 C 接触，从而接通了主开关，通过起动机的电流增大，电动机的转速升高。而电枢轴上的螺纹使驱动齿轮和飞轮齿圈更加牢固地啮合。此时吸引线圈两端的电压相等，所以无电流通过。保持线圈产生的磁场力使活动铁心保持在原位不动。此时的电流方向：蓄电池"＋"→点火开关起动挡开关→端子 50 →保持线圈→搭铁；蓄电池"＋"→端子 30 →接触片→端子 C →励磁线圈→电枢绕组→搭铁。

（3）起动完成阶段

发动机起动以后，点火开关会从"START"挡回到"ON"挡，这就切断了端子 50 上的电压。这时，接触片和端子 30 及端子 C 仍保持接触。电路中的电流流向：蓄电池"＋"→端子 30 →接触片→端子 C →吸引线圈→保持线圈→搭铁。同时电流还经过端子 C →励磁线圈→电枢→搭铁。由于此时吸引线圈和保持线圈的电流方向相反，产生的磁场力相互抵消，在复位弹簧的作用下，活动铁心向左运动，使得小齿轮与飞轮齿圈脱离，同时，接触片和两个端子断开，切断电动机中的电流，整个起动过程结束。

2. 带起动继电器的控制电路

安装起动继电器的目的是减小通过点火开关的电流，防止点火开关烧损。起动继电器与起动机的接线原理如图 4-52 所示。

发动机起动时，将点火开关起动挡接通，继电器的电磁线圈通电，使触点闭合，电源的电流经继电器的触点通往起动机电磁开关的起动机接线柱，电磁开关通电后，便控制起动机进入工作状态。从电路中可以看出，起动期间流经点火开关起动挡和继电器线圈的电流较小，大电流经过继电器开关流入起动机，保护了点火开关。起动过程的工作原理如前述，此处不再重复。

3. 带保护继电器的控制电路

为了防止发动机起动以后起动电路再次接通，一些起动电路中还安装了带有保护功能的组合继电器。

（1）组合继电器结构

组合继电器（JD171 型）结构如图 4-53 所示。

它由两部分构成：一部分是起动继电器，其

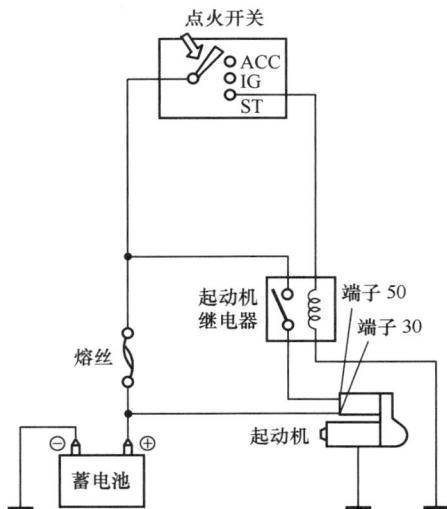

图 4-52　起动继电器与起动机的接线原理

作用与前述起动继电器的作用相同；另一部分是保护继电器，它的作用是与起动继电器配合，使起动电路具有自动保护功能，另外还能控制充电指示灯。

组合继电器中的起动继电器、保护继电器都由铁心、线圈、磁轭、动铁、弹簧和触点组成，其中起动继电器触点 K_1 为常开式，保护继电器触点 K_2 为常闭式。由于起动继电器线圈与保护继电器触点 K_2 串联，因此，当 K_2 打开时，K_1 不可能闭合。组合继电器共有 6 个接线柱，分别为 B、S、SW、L、E、N，分别接电源、起动机电磁开关、点火开关起动挡、充电指示灯、搭铁和发电机中性点。

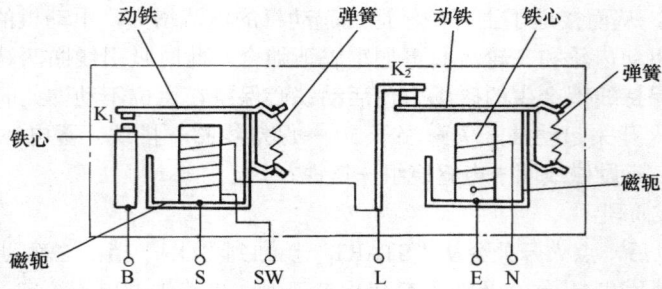

图 4-53　组合继电器（JD171 型）结构

（2）带组合继电器的起动系统工作过程

带组合继电器的起动系统电路如图 4-54 所示，其工作过程如下。

① 当点火开关 3 置于起动挡（Ⅱ挡）时，起动继电器线圈通电，电流回路：蓄电池正极→熔断器→电流表→点火开关起动触点Ⅱ→起动继电器线圈→保护继电器常闭触点→搭铁→蓄电池负极。

起动继电器线圈通电使起动继电器的常开触点闭合，接通了起动机电磁开关电路，使起动机进入起动状态。

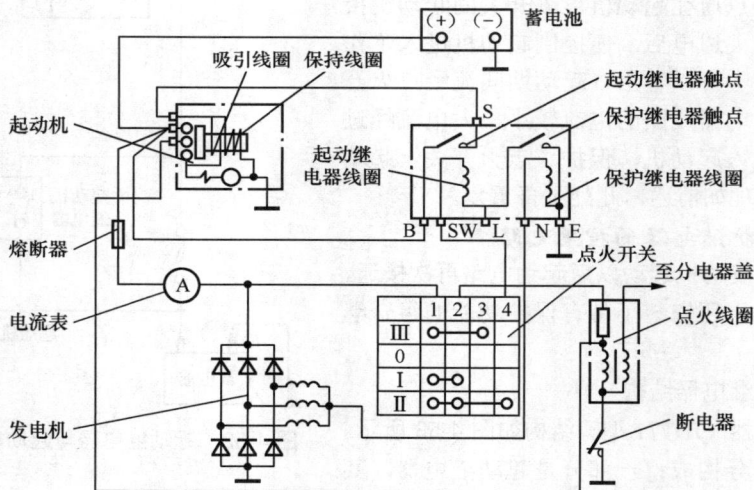

图 4-54　带组合继电器的起动系统电路

② 发动机起动后，松开点火开关，钥匙自动返回点火挡（Ⅰ挡），起动继电器触点打开，切断了起动机电磁开关电路，电磁开关复位，停止起动机工作。

③ 发动机起动后，如果点火开关没能及时返回Ⅰ挡，这时组合继电器中保护继电器线圈由于承受交流发电机中性点的电压，使常闭触点断开，自动切断了起动继电器线圈的电路，触点断开，使起动机电磁开关断电，起动机便自动停止工作。发动机起动后，由于触点断开，也切断了充电指示灯的搭铁电路，充电指示灯也熄灭。

④ 在发动机运行时，如果误将点火开关置于起动挡，由于在此控制电路中，保护继电

器的线圈总加有交流发电机中性点电压，常闭触点处于断开状态，起动继电器线圈不能通电，起动机电磁开关不能动作，避免了发动机在运行中，起动机的驱动齿轮与飞轮齿圈在啮合时产生的冲击，起到了保护作用。

提示

有的汽车起动继电器线圈通过防盗系统搭铁，发动机起动时，只有防盗系统发出起动信号后，继电器线圈才能搭铁，如果防盗系统没有收到起动信号，则继电器线圈中无电流，起动机就不能工作，实现了防盗功能。

二、起动机的测试

1. 起动机空载性能试验

试验时，先将蓄电池充足电，每项试验应在 3 ～ 5s 内完成，以防线圈被烧坏。

（1）如图 4-55 所示，线路将起动机与蓄电池和电流表（量程为 0 ～ 100A 以上的直流电流表）连接。蓄电池正极与电流表正极连接，电流表负极与起动机端子 30 连接，蓄电池的负极与起动机外壳连接。

（2）如图 4-56 所示，用带夹导线将端子 30 与端子 50 连接起来，此时驱动齿轮应向外伸出，起动机应平稳运转。当蓄电池电压大于或等于 11.5V 时，消耗电流应不超过 50A，用转速表测量电枢轴的转速应不低于 5 000r/min。

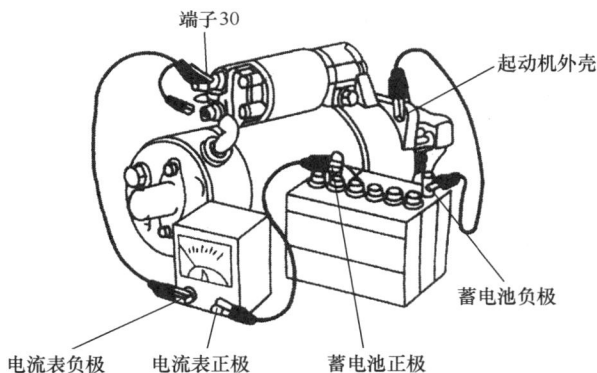

图 4-55　起动机的空载试验　　　　图 4-56　接通端子 50 进行试验

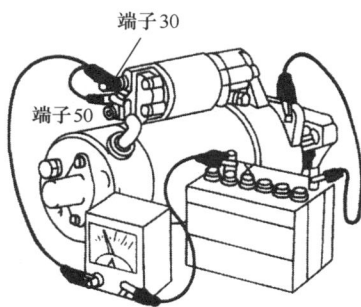

（3）如电流大于 50A 或转速低于 5 000r/min，说明起动机装配过紧或电枢绕组和磁场绕组有短路或搭铁故障。如电流和转速都低于标准值，说明电动机电路接触不良，如电刷与换向器接触不良或电刷弹簧弹力不足等。

2. 电磁开关试验

（1）吸拉动作试验。将起动机固定到台虎钳上，拆下起动机端子 C 上的磁场绕组导线引线端子，用带夹导线将起动机端子 C 和电磁开关壳体与蓄电池负极连接，如图 4-57 所示。用带夹导线将起动机端子 50 与蓄电池正极连接，此时驱动齿轮应向外移动。如驱动齿轮不动，说明电磁开关有故障，应予修理或更换。

（2）保持动作试验。在吸拉动作基础上，当驱动齿轮保持在伸出位置时，拆下电磁开关端子 C 上的导线夹，如图 4-58 所示，此时驱动齿轮应保持在伸出位置不动。如驱动齿轮回位，说明保持线圈断路，应予修理。

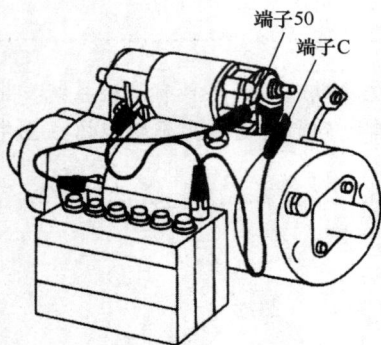

图 4-57　吸拉动作试验线路

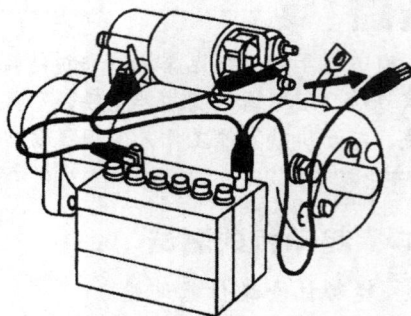

图 4-58　保持动作试验方法

（3）回位动作试验。在保持动作的基础上，再拆下起动机壳体上的导线夹，如图 4-59 所示。此时驱动齿轮应迅速回位。如驱动齿轮不能回位，说明复位弹簧失效，应更换弹簧或电磁开关总成。

3．全制动试验

如图 4-60 所示，将起动机放在测矩台上，用弹簧秤 5 测出其发出的力矩，当制动电流小于 480A 时，输出最大力矩不小于 13N·m。

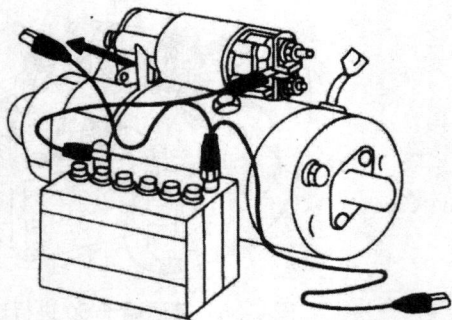

图 4-59　回位动作试验方法

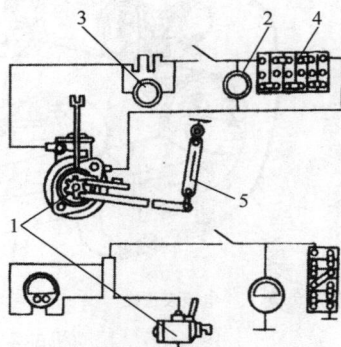

图 4-60　起动机的全制动试验

1—起动机　2—电压表　3—电流表
4—蓄电池　5—弹簧秤

□ 任务实施 □

起动系统常见故障主要包括起动机不转动、起动机转动无力、起动机空转、电磁开关吸合不牢、起动机单向离合器不回位和热车时起动机不转等。

操作一　起动机不转动的诊断与排除

（1）故障现象

接通点火开关至起动挡，起动机不转动。

（2）故障原因

① 蓄电池内部有故障或严重亏电。

② 蓄电池接线柱严重锈蚀或导线连接松动。

③ 点火开关起动挡接触不良。

④ 电磁开关吸拉线圈或保持线圈出现断路、短路故障；接触盘与接触头严重烧蚀。

⑤ 换向器严重油污或烧蚀。

⑥ 电刷磨损严重；电刷弹簧过软、折断或电刷在电刷架内卡住，以致电刷与换向器不能接触。

⑦ 起动机电枢线圈或磁场线圈断路、短路。

⑧ 起动机与蓄电池间连接导线断路。

⑨ 中央线路板内部线路或连接导线断路。

（3）故障诊断与排除

起动机不转动故障的诊断与排除，如图 4-61 所示（以桑塔纳轿车为例）。

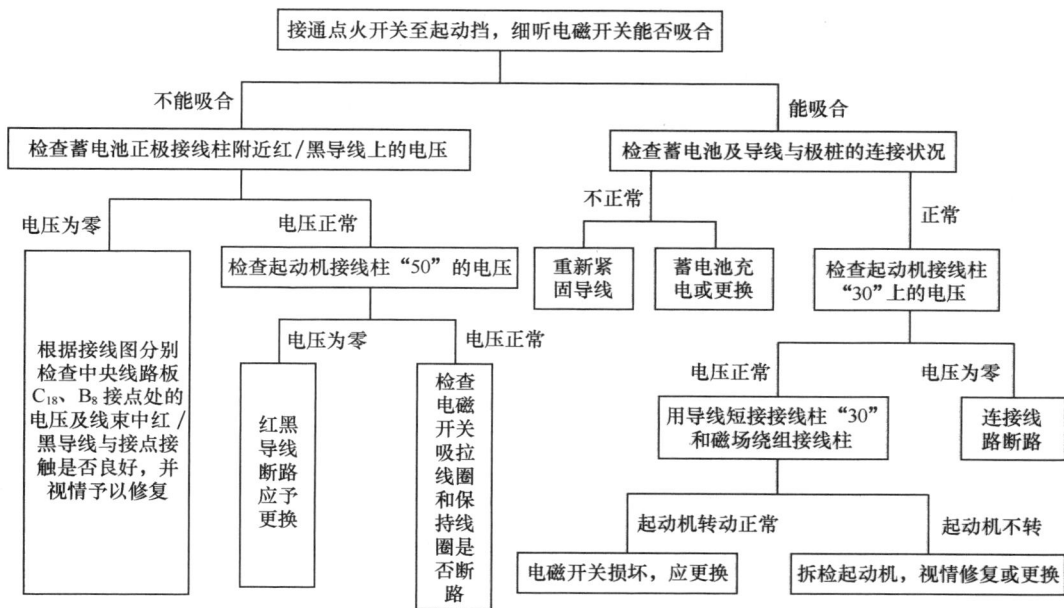

视频

发动机故障分析之——起动机不转，发动机无法起动

图 4-61　起动机不转动故障的诊断与排除流程图

操作二　起动机转动无力的诊断与排除

（1）故障现象

接通点火开关至起动挡位，起动机转动缓慢无力，发动机曲轴转速太低，甚至起动时发出"咔喀"一声响后便不再转动。

（2）故障原因

① 蓄电池内部有故障或亏电。

② 蓄电池接线柱与导线接触不良。

③ 电磁开关接触盘与接触头接触不良。

④ 换向器与电刷接触不良。

⑤ 电枢绕组或磁场绕组匝间短路。

⑥ 前、后支撑衬套磨损严重或转子轴弯曲致使电枢与磁极相碰。

（3）故障诊断与排除

起动机转动无力故障的诊断与排除，如图 4-62 所示。

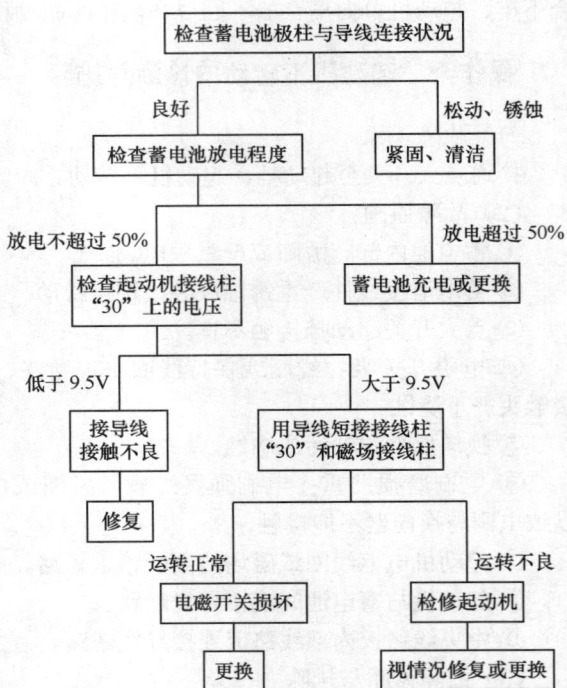

图 4-62　起动机转动无力故障的诊断与排除

操作三　起动机空转的诊断与排除

（1）故障现象

接通点火开关至起动挡，起动机高速空转，但发动机曲轴不转动。

（2）故障原因

① 单向离合器打滑。

② 拨叉与电磁开关或单向离合器与拨叉环脱开。

③ 飞轮齿圈或驱动齿轮损坏。

④ 起动机电枢轴支撑衬套磨损严重。

（3）故障诊断与排除

① 将曲轴转动一定角度后重新起动发动机，若起动正常，说明飞轮齿圈少数轮齿损坏，应更换齿圈。

② 若起动机仍然空转，应拆下起动机检查变速器壳上电枢轴支撑衬套是否磨损严重。

③ 若衬套良好，应检查单向离合器是否打滑，驱动齿轮是否损坏，拨叉与电磁开关是否脱开，拨叉各铰接部件是否磨损松旷等，并视情况予以修复或更换。

操作四　电磁开关吸合不牢的诊断与排除

（1）故障现象

接通点火开关至起动挡，电磁开关吸合不牢，发出"哒、哒"声。

（2）故障原因

① 蓄电池亏电或内部有故障。

② 蓄电池接线柱与连接导线接触不良。

③ 电磁开关的保持线圈存在断路故障。

（3）故障诊断与排除

① 检查蓄电池连接导线处有无松动、锈蚀。若松动，应当紧固；若锈蚀，应拆下连接导线，用"00"号砂纸清洁接线柱和夹子后重新紧固。

② 检查蓄电池的放电程度，若亏电严重，应进行充电或更换。

③ 若蓄电池正常，应检查电磁开关保持线圈是否断路。若有断路故障，应予以更换。

操作五　起动机单向离合器不回位的诊断与排除

（1）故障现象

起动发动机时，发动机不能起动且起动机不停转动或起动后驱动齿轮仍然与飞轮齿圈啮合且高速运转。

（2）故障原因

① 点火开关起动挡不回位。

② 起动机驱动齿轮齿形与飞轮齿圈齿形不相符。

③ 蓄电池亏电或内部有故障。

④ 电磁开关触点烧蚀严重。

⑤ 电磁开关复位弹簧折断、活动铁心卡住。

⑥ 单向离合器在转子轴上卡住。

（3）故障诊断与排除

① 遇此故障时，应迅速切断电源，防止长时间通电烧坏起动机。

② 切断电源后，若单向离合器能自动回位，应检查点火开关起动挡回位是否良好，不符合要求时，应予以更换。

③ 若单向离合器不能回位，再转动曲轴检查单向离合器是否回位，回位时应检查蓄电池的放电程度及电磁开关触点是否严重烧蚀，并视情况予以充电或更换。不回位则应拆检起动机，检查电磁开关复位弹簧是否折断；活动铁心是否卡滞；单向离合器在电枢轴上移动是否灵活，并视情况予以修复或更换。

操作六　热车时起动机不转的诊断与排除

（1）故障现象

热车熄火后，随即起动发动机时，电磁开关无反应，但冷车时起动正常。

（2）故障原因

电磁开关吸拉线圈、保持线圈温度升高后，因绝缘性能下降而产生短路或搭铁。

（3）故障诊断与排除

发动机热状态时起动机不转，待发动机降温后，重新起动，若起动机运转正常，说明电磁开关有故障，应更换电磁开关。

·· □ 维修实例 □ ···

实例一　起动机不能使飞轮转动

（1）故障现象

一汽大众新宝来轿车，行驶里程为 2.7 万千米。驾驶人说，点火开关转至起动挡，起动机运转无力，在飞轮齿圈上发出"嚓、嚓"的声响，却带不转飞轮，车辆不能着火。

（2）故障原因

起动机单向离合器损坏。

（3）故障诊断与排除

按动喇叭，声音响亮；打开大灯，亮度很好；用万用表（或试灯）量取蓄电池端电压，电压值为 14.5V，初步断定蓄电池电量充足。

点火开关置于起动挡，听到电磁开关吸合声，证明电磁开关工作正常，但仍不能起动发动机。将点火开关置于"OFF"挡，检查起动机接线柱，发现其松动和线端铜片已有氧化黑屑。打磨和清洁后，紧固接线柱螺母，此项操作应在取下蓄电池搭铁线的情况下进行，以免扳手使用不慎造成两接线柱短路。

起动发动机，虽能带动飞轮转动，但仍感觉十分费力，起动多次才能使发动机着火。

拆下起动机，对各部件进行检查。用万用表对定子、转子、电刷架、换向器进行检测，均未发现故障。

检查单向离合器，用手顺时针方向能够转动自如；然后将单向器夹在台虎钳上，用扭力扳手逆时针方向转动，单向离合器竟能转动，证明单向离合器内壳磨损，带动飞轮转动时打滑。

更换单向离合器，装合起动机后，点火开关置于起动挡，发动机顺利点火起动，故障排除。

实例二　起动机运转无力，飞轮处有异响

（1）故障现象

一汽大众速腾轿车，行驶里程为 19 万千米。驾驶人说，接通点火开关起动挡，起动机运转无力，转速慢，听见飞轮处有"咔咔"声，发动机不能着火运转。

（2）故障原因

起动机起动接线柱松动，线端头铜片已氧化。

（3）故障诊断与排除

按动喇叭，声音响亮。打开大灯亮度很好，说明蓄电池电量充足。用万用表（或试灯）测量蓄电池端电压，电压值为 12V，进一步说明蓄电池电量充足，性能良好，排除了因蓄电池亏电造成起动机运转无力的可能。

检查起动机。将点火开关置于起动挡，听到电磁开关吸合声，证明电磁开关工作正常，但仍不能起动发动机。

将点火开关置于"OFF"挡（或拔出点火钥匙），检查起动机接线柱上的线接头及起动机上接头和变速器至车身之间搭铁线接头连接情况（检查时应拆开蓄电池搭铁线），发现起动机起动接线柱松动，线端铜片已有氧化黑屑。

清除线端氧化层，紧固接线柱，试车，故障排除。

（4）总结

起动机引入火线接触不良，是由线端氧化和紧固不牢造成的。由于接头电阻大，线路压降过大，工作电流大大减小，起动机工作无力，转动不快，难以起动发动机。

该故障为起动机常见故障。起动机接线柱上两根粗而短的导线要传输 800W 的功率，电阻必须很小，虽不易烧损而造成断路，但却可能因连接不牢和线端氧化而造成电阻过大。

小 结

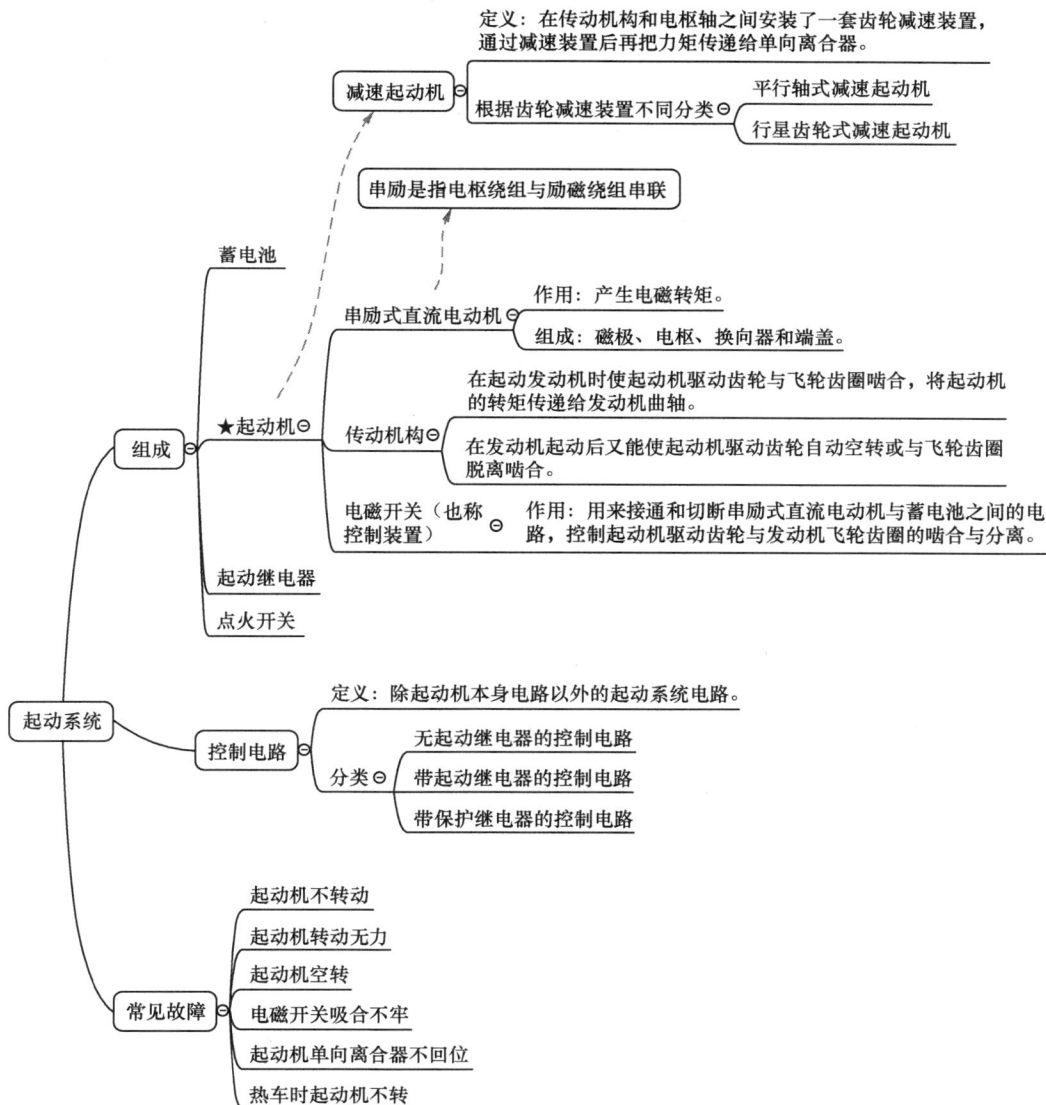

起动系统
- 组成
  - 蓄电池
  - ★起动机
    - 串励式直流电动机
      - 作用：产生电磁转矩。
      - 组成：磁极、电枢、换向器和端盖。
    - 传动机构
      - 在起动发动机时使起动机驱动齿轮与飞轮齿圈啮合，将起动机的转矩传递给发动机曲轴。
      - 在发动机起动后又能使起动机驱动齿轮自动空转或与飞轮齿圈脱离啮合。
    - 电磁开关（也称控制装置）
      - 作用：用来接通和切断串励式直流电动机与蓄电池之间的电路，控制起动机驱动齿轮与发动机飞轮齿圈的啮合与分离。
  - 起动继电器
  - 点火开关
- 控制电路
  - 定义：除起动机本身电路以外的起动系统电路。
  - 分类
    - 无起动继电器的控制电路
    - 带起动继电器的控制电路
    - 带保护继电器的控制电路
- 常见故障
  - 起动机不转动
  - 起动机转动无力
  - 起动机空转
  - 电磁开关吸合不牢
  - 起动机单向离合器不回位
  - 热车时起动机不转

减速起动机
- 定义：在传动机构和电枢轴之间安装了一套齿轮减速装置，通过减速装置后再把力矩传递给单向离合器。
- 根据齿轮减速装置不同分类
  - 平行轴式减速起动机
  - 行星齿轮式减速起动机

串励是指电枢绕组与励磁绕组串联

练习思考题

1. 起动机由哪些部件组成？各组成部件的作用是什么？
2. 起动机是如何分类的？
3. 直流电动机由哪几部分组成？各部分都有什么作用？
4. 起动机的控制装置有何作用？简要说明其工作原理。
5. 简述无起动继电器的起动控制电路的工作原理。
6. 减速起动机是如何分类的？说明各自的特点。
7. 起动系统常见的故障有哪些？试举例说明其中故障的诊断流程。

任务一 点火系统的检修

（1）了解点火系统的作用、类型、组成。
（2）熟悉点火系统的结构、工作原理。
（3）掌握点火系统主要部件的拆装方法和检测方法。
（4）掌握点火系统的电路分析方法。
（5）培养家国情怀和大国工匠精神。

文档

厚植家国情怀

▫ 任务引入 ▫

一辆大众新宝来轿车，行驶里程为 6.8 万千米。该车在将点火开关转至起动挡时，起动机运转正常，发动机不能起动。

点火系统是汽油发动机重要的组成部分，其性能的好坏直接影响发动机能否正常工作，此外点火系统的性能还对发动机的功率、油耗和排气污染等影响很大。熟悉点火系统的组成和工作原理，掌握其故障检修方法，是从事汽车维修工作的技术人员所必需的基本技能。

▫ 相关知识 ▫

一、点火系统概述

1. 点火系统的作用

在汽油发动机中，气缸内的可燃混合气是靠高压电火花点燃的。而产生电火花的功能是由点火系统来完成的。

点火系统的作用是将汽车电源供给的低压电转变为高压电，并按照发动机的做功顺序与点火时刻的要求，适时准确地将高压电送至各缸的火花塞，使火花塞跳火，点燃气缸内的混合气。

2. 发动机对点火系统的要求

在发动机不同工况和使用条件下，点火系统应保证可靠而准确地点燃混合气。为此，点火装置应满足下列 3 个基本要求。

（1）能产生足以击穿火花塞间隙的电压

发动机正常工作时，击穿火花塞间隙的电压一般在 10kV 左右，而在低温起动时，击穿火花塞间隙的电压需要在 19kV 以上。为了保证发动机点火的可靠性，点火系统必须有一定的次级电压储备。但过高的次级电压，将造成线路绝缘困难，使成本提高。一般点火系统的次级电压设计能力为 30kV，或者稍高一些。

（2）电火花应具有足够的能量

要使混合气可靠点燃，火花塞产生的电火花必须具有一定的能量。发动机正常工作时，由于混合气压缩终止的温度已接近其自燃温度，因此，所需的电火花能量很小（1～5mJ）。但发动机在低温起动时，因为混合气雾化不良，所以需较高的电火花能量。为了保证发动机可靠点火，一般应保证火花塞跳火时有 100mJ 以上的电火花能量。

（3）点火时刻应适应发动机的工况

点火系统应按发动机的工作顺序进行点火。一般六缸发动机的点火顺序为 1→5→3→6→2→4，四缸发动机的点火顺序为 1→3→4→2，但也有不同，一般应以制造厂家提供的技术数据为准；其次，必须在最有利的时刻进行点火。

3. 点火系统的分类

目前应用在汽车上的点火装置较多，分类方法如表 5-1 所示。

表 5-1   点火系统的分类方法

分类原则	名称	说明
按点火能量的储存方式分类	电感储能式电子点火系统	电感储能式电子点火系统也称电感放电式电子点火系统。所谓电感储能式，就是点火系统电火花的能量以磁场的形式储存在点火线圈中。该类型应用比较广泛，目前使用的绝大部分点火系统为电感储能式
	电容储能式电子点火系统	电容储能式电子点火系统也称电容放电式电子点火系统。所谓电容储能式，就是点火系统电火花的能量以电场的形式储存在专门的储能电容器中。该类型应用较少，主要应用于赛车上
按点火信号发生器的原理分类	电磁感应式电子点火系统	电磁感应式电子点火系统也称磁脉冲式电子点火系统，一般是由分电器轴驱动的导磁转子转动，改变磁路磁阻，使感应线圈的磁通量发生变化而产生点火电压信号。该类型应用比较广泛，如丰田车系
	霍尔效应式电子点火系统	霍尔效应式电子点火系统一般是由分电器轴驱动的导磁转子转动，通过霍尔元件所通过的磁通量的变化而产生点火信号。该类型应用比较广泛，如大众车系
	光电式电子点火系统	光电式电子点火系统一般是由分电器轴驱动的遮光转子转动，通过遮挡和穿过发光二极管光线的变化使光敏晶体管产生点火信号。该类型应用较少，常见于日产车系
按初级电路的控制方式分类	传统点火系统	传统点火系统也称蓄电池点火系统，是由断电器的触点（俗称"白金"）来控制点火初级电路的接通与切断。传统点火系统结构简单，成本低，但工作可靠性较差，故障率较高，目前已淘汰

续表

分类原则	名称	说明
按初级电路的控制方式分类	电子点火系统	电子点火系统是由晶体管来控制初级电路的接通与切断。与传统点火系统相比，电子点火系统具有工作可靠性高、体积小、点火时间精确等优点。该类型应用于早期生产的捷达、奥迪、桑塔纳等车型
	微机控制点火系统	微机控制点火系统也称计算机（电脑）控制点火系统，是由计算机根据各种传感器的输入信号，经过运算和处理，去控制点火初级电路的接通与切断。微机控制点火系统可根据发动机工况的变化对喷油时刻、点火提前角等进行调整，使发动机获得良好的动力性、经济性和排放性能。微机控制点火系统是目前最先进的点火系统，已广泛应用
按高压电的配电方式分类	机械配电点火系统	机械配电点火系统也可称有分电器点火系统，在传统点火系统和电子点火系统中曾广泛应用
	微机配电点火系统	微机配电点火系统即无分电器点火系统（Direct Ignition System，DIS），也称直接点火系统。在DIS中，各缸的火花塞直接与点火线圈次级绕组相连，在微机控制下，各次级绕组产生的高压电直接加到各缸的火花塞上，依照发动机点火顺序控制各缸火花塞点火。目前生产的车型均广泛应用于微机配电点火系统

二、点火系统的结构与工作原理

1. 传统点火系统

（1）传统点火系统的组成

传统点火系统的组成如图 5-1 所示，主要包括以下部件。

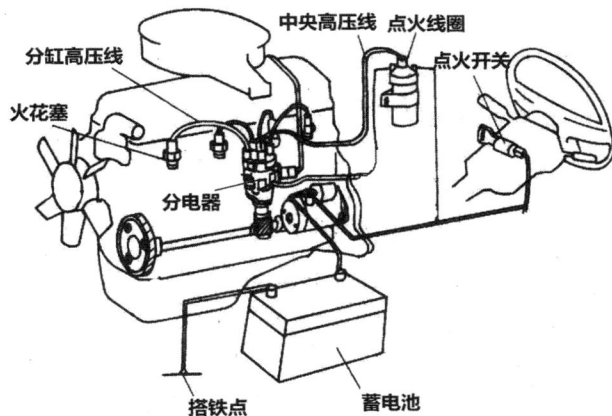

图 5-1 传统点火系统的组成

视频

机械触点式点火系统的组成及工作原理

① 电源。点火系统的电源为蓄电池或发电机，其作用是给点火系统提供低压直流电源，电压一般为 12V。

② 分电器。分电器一般包括断电器、配电器、电容器和点火提前角调节机构等部分。

各部分的作用如下。

　　a. 断电器：接通与切断点火线圈初级电路。

　　b. 配电器：将点火线圈产生的高压电按气缸的工作顺序送至各缸火花塞。

　　c. 电容器：减小断电器触点可能产生的火花，延长触点使用寿命并提高次级电压。

　　d. 点火提前角调节机构：随发动机转速、负荷和汽油辛烷值的变化而改变点火提前角。

　　③ 点火线圈。点火线圈的作用是将 12V 低压电转变成 15 ~ 20kV 的高压电，其结构与自耦变压器相似，所以也称变压器。

　　④ 火花塞。火花塞的作用是将高压电引入气缸燃烧室，产生电火花点燃混合气。

　　⑤ 高压线。高压线是输送高压电的导线。

　　（2）传统点火系统的工作原理

　　传统点火系统的工作原理如图 5-2 所示。在传统点火系统中，蓄电池或发电机供给的 12V 低压电，经点火线圈和断电器转变为高压电，再经配电器分送到各缸火花塞，使其电极间产生电火花，点燃发动机气缸内的混合气。

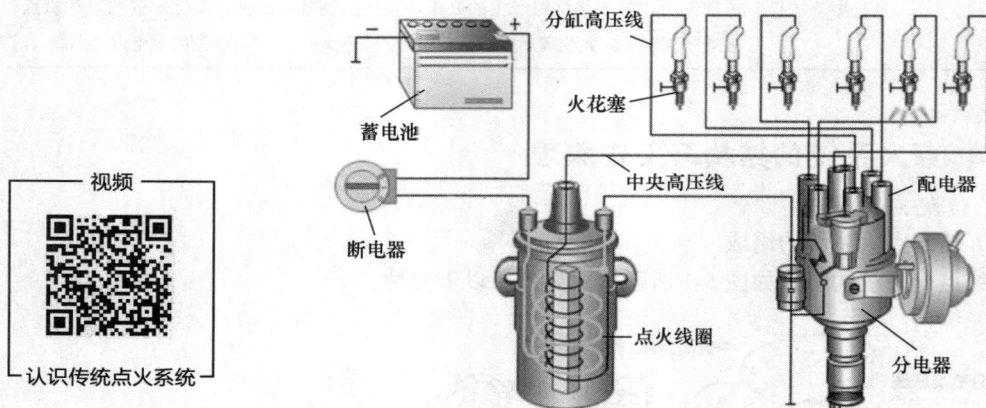

图 5-2　传统点火系统的工作原理

　　① 接通点火开关，发动机开始运转。发动机运转过程中，断电器凸轮不断旋转，使断电器触点不断地开、闭。当断电器触点闭合时，蓄电池的电流从蓄电池正极出发，经点火开关、点火线圈的初级绕组、断电器活动触点臂、触点、分电器壳体搭铁，流回蓄电池的负极。当断电器的触点被凸轮顶开时，初级电路被切断，点火线圈初级绕组中的电流迅速降到零，线圈周围和铁心中的磁场也迅速衰减以至消失，因此在点火线圈的次级绕组中产生感应电压（互感电压），称为次级电压，其中通过的电流称为次级电流，次级电流流过的电路称为次级电路。

　　② 触点断开后，初级电流下降的速率越高，铁心中的磁通变化率越大，次级绕组中产生的感应电压越高，越容易击穿火花塞间隙。

2. 电子点火系统

电子点火系统也称机械无触点式点火系统，取消了断电器的触点，用点火信号发生器产生点火信号，用点火控制器代替触点，控制点火系统工作。它可以避免由触点引起的各种故障，减少了保养和维护工作；还可以增大初级电流，提高次级电压和点火能量；同时可改善混合气的燃烧状况，提高发动机的动力性和经济性，并减少排气污染。

电子点火系统一般由点火信号发生器、点火控制器、点火线圈、火花塞等组成。其中，点火信号发生器常用的有电磁感应式（又称磁脉冲式）、霍尔效应式及光电式。当分电器轴转动时，分电器轴带动转子旋转，使点火信号发生器产生电压信号（分为模拟信号和数字信号两种类型），该电压信号传送给点火控制器，经点火控制器大功率晶体管放大、整形等处理后，控制点火线圈初级绕组的通、断，使点火线圈次级绕组产生高压电。

（1）电子点火系统的工作原理

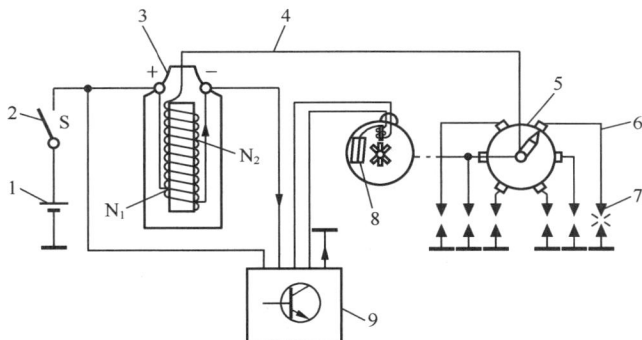

图 5-3 所示为电子点火系统的工作原理。在点火系统中，一般将点火线圈初级绕组 N_1 所在的闭合电路称为初级电路（低压电路）；将点火线圈的次级绕组 N_2 所在的闭合电路称为次级电路（高压电路）。流经初级绕组 N_1 的电流为初级电流，一般初级电流为 7～8A，初级电路的电压为电源电压 12V，次级电路的电压为 1.5～2kV。

图 5-3 电子点火系统的工作原理

1—蓄电池 2—点火开关 3—点火线圈 4—中央高压线 5—配电器 6—分缸高压线

7—火花塞 8—点火信号发生器 9—点火控制器

发动机工作时，分电器中点火信号发生器的转子也随之旋转。转子旋转时，在点火信号发生器的感应线圈中产生正弦脉冲信号。当点火信号发生器传送给点火控制器的信号为正脉冲信号时，点火控制器中起开关作用的晶体管导通，初级电路导通，电流流向：蓄电池正极→点火开关→点火线圈的"+"接线柱→初级绕组 N_1 →点火线圈的"－"接线柱→点火控制器→搭铁，如图 5-3 所示。点火系统的初级电路导通时，初级绕组产生磁场。

当点火信号发生器传送给点火控制器的信号为负脉冲信号时，点火控制器中起开关作用的晶体管截止，初级电路被切断，初级电流及磁场迅速消失。这时，在点火线圈两个绕组中都产生感应电动势。由于次级绕组 N_2 的匝数多，因此，在点火线圈的次级绕组中产生高压电。

此时，随分电器轴一同旋转的分火头正好对准分电器盖上某缸的旁电极，高压电由分缸高压线送给火花塞，使火花塞跳火，点燃混合气。

根据以上分析，点火系统的工作过程可分成 3 个阶段：初级电路导通，点火能量储存；初级电路截止，次级电路产生高压电；火花塞电极产生电火花，点燃混合气。

提示

点火信号发生器向点火控制器每传送一个点火信号时，点火线圈便产生一次高压电，点火信号发生器转子转动一周，即分电器每转动一圈，由配电器按照点火顺序将高压电轮流引至各气缸，使各个气缸火花塞点火一次。

（2）电磁感应式电子点火系统的结构与工作原理

电磁感应式电子点火系统一般由点火信号发生器、点火控制器、点火线圈、分电器和火花塞等组成，如图 5-4 所示。

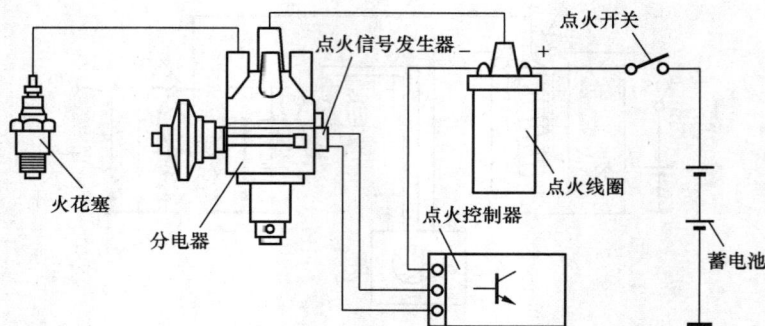

图 5-4　电磁感应式电子点火系统

① 电磁感应式点火信号发生器的作用与组成

a．作用。电磁感应式点火信号发生器的作用是产生信号电压，输出给点火控制器，通过点火控制器来控制点火系统的工作。

b．组成。电磁感应式点火信号发生器一般安装在分电器内，主要由转子、感应线圈和永久磁铁等组成，其结构如图 5-5 所示。

② 电磁感应式电子点火系统的工作原理

点火信号发生器的转子是由分电器轴带动的，转子上的凸齿数与发动机的气缸数相等，其工作原理如图 5-6 所示。

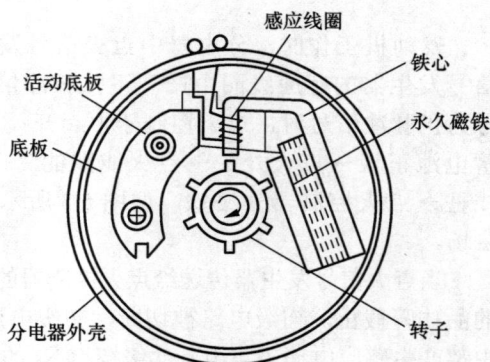

图 5-5　电磁感应式点火信号发生器的结构

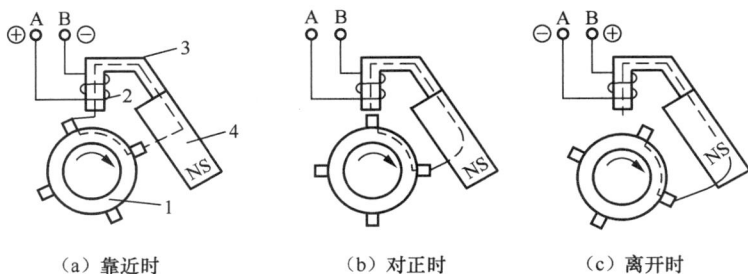

（a）靠近时　　　　　　（b）对正时　　　　　　（c）离开时

图 5-6　丰田汽车电磁感应式电子点火系统点火信号发生器

1—转子　2—感应线圈　3—铁心　4—永久磁铁

a. 永久磁铁的磁路：永久磁铁 N 极→空气气隙→转子→空气气隙→铁心→永久磁铁 S 极。当发动机工作时，分电器轴带动点火信号发生器的转子旋转，使转子与铁心之间的空气气隙发生有规律的变化，因此穿过感应线圈的磁通量也发生变化，从而在感应线圈中产生感应电动势。

b. 如图 5-6（a）所示，当转子中的凸齿逐渐接近铁心时，磁通量逐渐增加，此时感应线圈的磁通量和感应电动势的变化情况如图 5-7（a）中 0°～45°之间的波形。

c. 如图 5-6（b）所示，当转子凸齿与铁心对正时，穿过感应线圈的磁通量最大，此时感应线圈的感应电动势为零，如图 5-7（a）中转子 45°转角所对应的情况。

d. 如图 5-6（c）所示，当转子的凸齿离开铁心时，磁通量逐渐减小，此时感应线圈的磁通量和感应电动势的变化情况如图 5-7（a）中 45°～90°之间的波形。

可见，转子每转过一个凸齿，感应线圈中的感应电动势正好变化一个周期，即转子每转 90°产生一个交变信号，转子每转一周，便产生 4 个交变信号，该信号输出给点火控制器，通过点火控制器来控制点火系统的工作。此点火信号发生器的缺点是发动机转速的高低将影响点火信号发生器输出信号的大小，如图 5-7（b）所示。

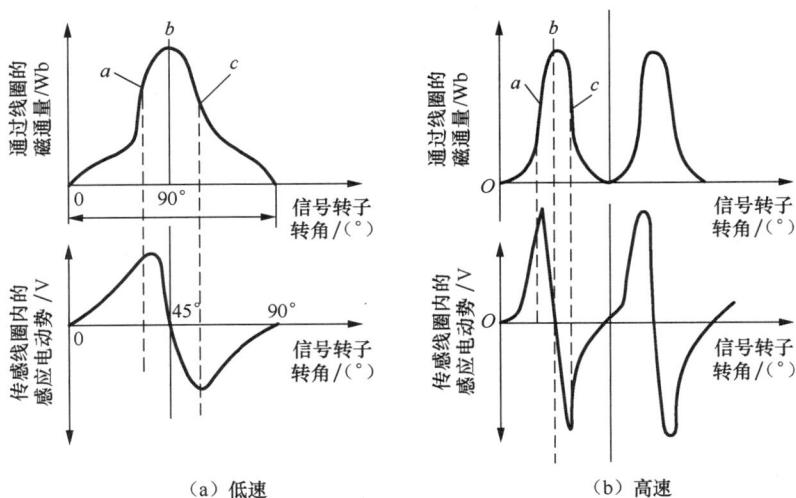

（a）低速　　　　　　　　　　　　　（b）高速

图 5-7　不同转速时感应线圈内磁通量及感应电动势的变化情况

（3）霍尔效应式电子点火系统的结构与工作原理

①霍尔效应式电子点火系统部件的组成

霍尔效应式电子点火系统的点火信号发生器是利用霍尔效应制成的。早期大众车系如桑塔纳、帕萨特、宝来、奥迪等轿车的点火系统均采用这种点火装置。霍尔效应式点火系统主要由点火控制器、霍尔点火信号发生器、点火线圈等组成，如图 5-8 所示。

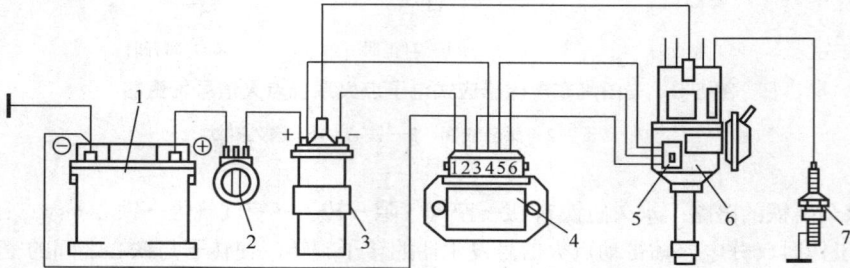

图 5-8　霍尔效应式电子点火系统的组成

1—蓄电池　2—点火开关　3—点火线圈　4—点火控制器
5—霍尔点火信号发生器　6—分电器　7—火花塞

②霍尔点火信号发生器的结构与工作原理

图 5-9 所示为带有霍尔点火信号发生器的分电器。霍尔点火信号发生器位于分电器内，霍尔点火信号发生器主要由触发叶轮、永久磁铁、霍尔元件等组成，如图 5-10 所示。触发叶轮与分火头制成一体，由分电器轴带动，且触发叶轮的叶片数与发动机的气缸数相等。

在霍尔点火信号发生器中应用的霍尔元件实际上是一个霍尔集成电路，其内部集成电路原理如图 5-11 所示。因为在霍尔元件上得到的霍尔电压一般为 20mV 左右，因此必须把 20mV 的霍尔电压进行放大、整形后再输送给点火控制器。

霍尔点火信号发生器的工作原理如图 5-12 所示。当发动机工作时，分电器轴带动触发叶轮转动，每当触发叶轮的叶片进入永久磁铁和霍尔元件之间的空气气隙时，原来垂直进入霍尔元件的磁力线被叶片遮住，霍尔元件的磁路被触发叶轮的叶片旁路，因此霍尔元件不产生霍尔电压，霍尔集成电路输出级的晶体管处于截止状态，其集电极电位为高电位 11 ～ 12V，即此时点火信号发生器的输出信号为 11 ～ 12V；当触发叶轮的叶片离开此气隙时，永久磁铁的磁力线则可

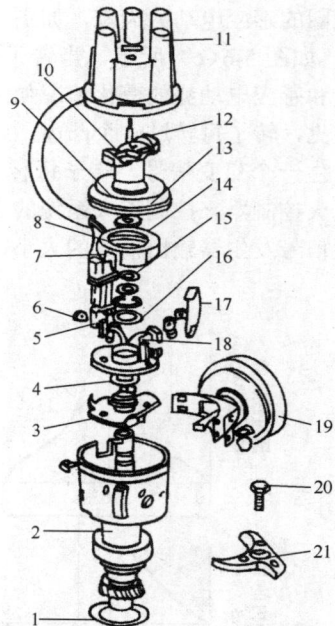

图 5-9　带有霍尔点火信号发生器的分电器

1、4、15、16—垫圈　2—分电器壳　3—底板
5—插座　6、14—定位销　7—插头　8—叶轮
9—防尘罩　10—分火头　11—分电器盖　12—电刷
13—挡圈　17—固定夹　18—霍尔点火信号发生器
19—真空式调节器　20—固定螺栓　21—压板

垂直进入霍尔元件，于是在霍尔元件中便会产生霍尔电压，霍尔集成电路输出极的晶体管处于导通状态，其集电极电位为低电位 0.3 ～ 0.4V，这时霍尔点火信号发生器输出信号为0.3 ～ 0.4V。故触发叶轮每转一周，霍尔点火信号发生器便可产生 4 个脉冲信号，将此信号输送给点火控制器便可实现对点火系统的控制。

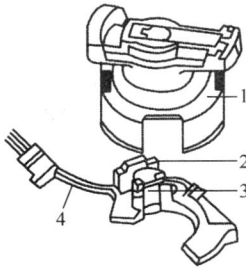

图 5-10　霍尔点火信号发生器的结构

1—分火头及触发叶轮　2—霍尔集成电路

3—永久磁铁　4—专用插座

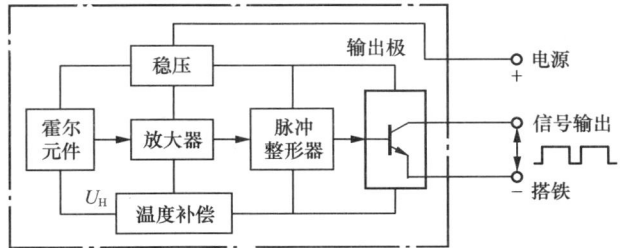

图 5-11　霍尔点火信号发生器的内部集成电路原理

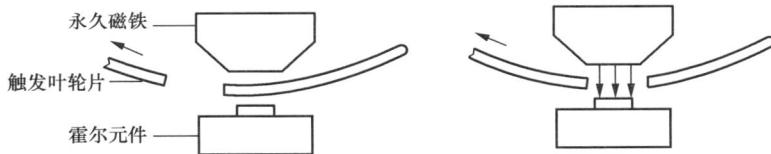

（a）叶轮片在霍尔元件与永久磁铁之间　（b）叶轮片离开霍尔元件与永久磁铁之间的气隙

图 5-12　霍尔点火信号发生器的工作原理

霍尔电压受汽车发动机的转速影响小，可靠性高，霍尔感应式电子点火系统在欧洲应用较为广泛。

③ 霍尔效应式电子点火系统的工作原理

霍尔效应式电子点火系统的工作原理如图 5-13 所示。

a. 发动机工作时，分电器轴带动霍尔点火信号发生器的触发叶轮旋转。当触发叶轮的叶片进入空气气隙时，霍尔点火信号发生器输出高电压信号为 11 ～ 12V，高电压信号使点火控制器集成电路中的末级大功率晶体管 VT 导通，点火系统的初级电路导通：电源"+"→点火线圈 N_1 →点火控制器（VT）→搭铁。

b. 当触发叶轮的叶片离开霍尔元件的气隙时，霍尔点火信号发生器输出 0.3 ～ 0.4V 的低电压信号，低电压信号使点火控制器末级大功率晶体管 VT 截止，初级电路截止，初级电流消失，次级电路产生高压电。

c. 高压电由分电器分配到各缸火花塞，点燃混合气。

（4）光电式电子点火系统的结构与工作原理

① 光电式电子点火系统结构特点

光电式电子点火系统与前两种点火系统相比唯一不同的是分电器中的点火信号发生器为光电式点火信号发生器。点火系由蓄电池、点火开关、点火线圈、点火控制器、光电式点火信号发生器和分电器等组成。日产公司生产的大部分汽车都使用这种点火装置。

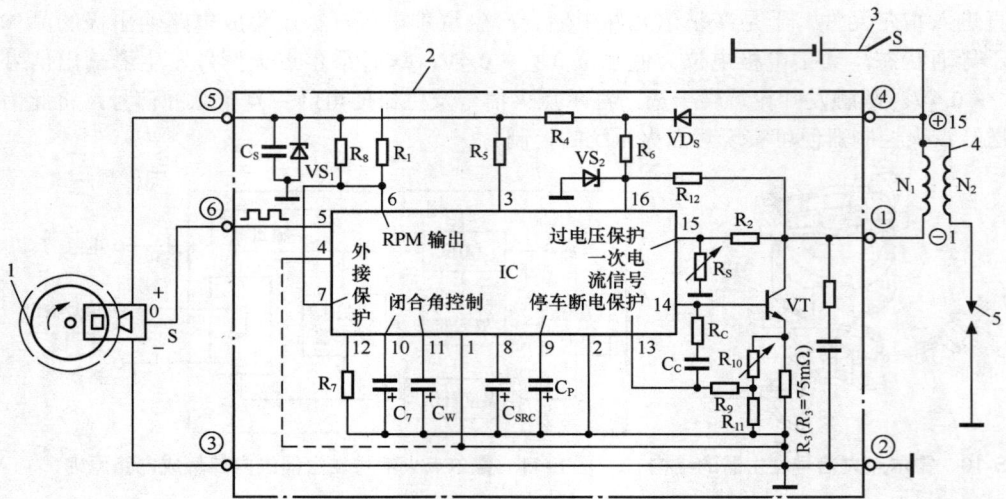

图 5-13　霍尔效应式电子点火系统的工作原理

1—霍尔点火信号发生器　2—点火控制器　3—点火开关　4—点火线圈　5—火花塞

② 光电式点火信号发生器的结构

光电式点火信号发生器主要由发光二极管、光敏晶体管和遮光盘 3 部分组成，如图 5-14 所示。发光二极管作为光源，可发出红外线光束，且发光二极管耐振、使用寿命长；光敏晶体管作为光接收器，当红外线光束照射到晶体管时，晶体管导通；遮光盘安装在分电器上，遮光盘外缘上的缺口与发动机的气缸数相等。

③ 光电式点火信号发生器的工作原理

如图 5-15 所示，遮光盘随分电器轴旋转时，当遮光盘的叶片转至发光二极管与光敏晶体管之间时，便把发光二极管发出的光束阻断，使其不能射入光敏晶体管，此时光敏晶体管截止；当遮光盘上的缺口通过发光二极管与光敏晶体管之间时，发光二极管所发出的光束直接照到光敏晶体管上，使其导通。遮光盘每转一周，点火信号发生器便产生 4 个交变信号，输送给点火控制器，控制点火系统的正常工作。

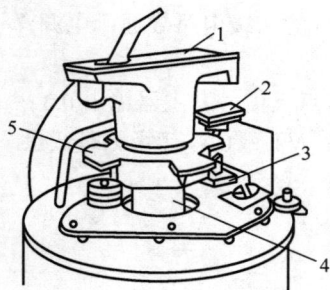

图 5-14　光电式点火信号发生器的结构

1—分火头　2—发光二极管　3—光敏晶体管

4—分电器轴　5—遮光盘

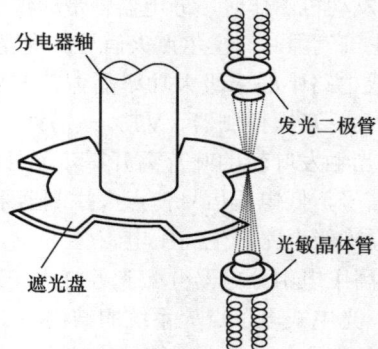

图 5-15　光电式点火信号发生器的工作原理

光电式点火信号发生器输出的信号不受发动机转速的影响，且没有时间上的滞后。

④ 光电式电子点火系统的工作原理

光电式电子点火系统的工作原理如图 5-16 所示。VL 为发光二极管，VT 为光敏晶体管。

a．当发动机工作时，遮光盘随分电器转动，当遮光盘的缺口通过 VL 与 VT 时，则红外线通过缺口照射到 VT，使其导通，则 VT_1 导通，VT_2 导通，VT_3 截止，由于 R_6、R_8 的分压为 VT_4 提供偏置电压，VT_4 导通。于是点火系统的初级电路导通。

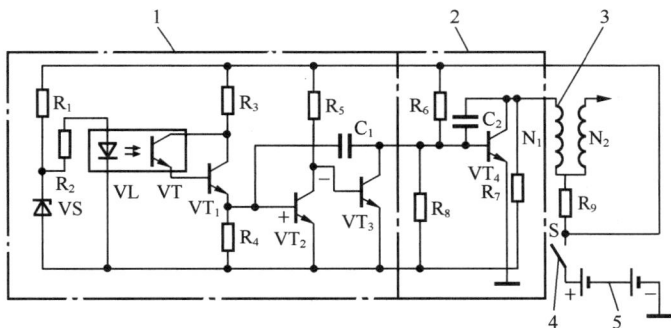

图 5-16　光电式电子点火系统的工作原理

1—光电式点火信号发生器　2—点火控制器　3—点火线圈　4—点火开关　5—蓄电池

b．当遮光盘的叶片部分遮住发光二极管发出的红外线光束时，VT 截止，则 VT_1、VT_2 截止，VT_3 经 R_5 获得偏流而导通，VT_4 截止，使点火系统的初级电路截止，点火线圈的次级绕组产生高压电。

c．高压电通过分电器分配给各缸火花塞，点燃混合气。

电路中其他元件的作用：

- 稳压管 VS 使 VL 的工作电压维持在 3V 左右；
- 电阻 R_7 的作用是当 VT_4 截止时，短路初级电路中的自感电动势，保护 VT_4；
- 电容器 C_1 对 VT_2 正反馈，使 VT_2、VT_3 加速翻转。

3．微机控制点火系统

（1）微机控制点火系统的类型

微机控制点火系统一般有两种形式：一种是带分电器的微机控制点火系统；另一种是不带分电器的直接点火系统（DIS 点火系统）。

（2）微机控制点火系统的控制内容

① 点火提前角（点火时刻）的控制

从开始点火到活塞到达上止点的这段时间，用曲轴转角来表示，这个曲轴转角称为点火提前角。或者说，在活塞到达上止点前，提前点火的时间用曲轴转角来表示，这个曲轴转角称为点火提前角。

点火提前角的大小对发动机功率、油耗、排放、爆燃、行驶特性等都会产生较大的影响，电控单元（ECU）会综合各种传感器输入的信息，从存储器中选出最佳的点火提前角，控制点火线圈低压电流的断续。

视频

认识微机控制
点火系统

文档

点火提前角的控制

最佳点火提前角＝原始点火提前角＋基本点火提前角＋修正点火提前角

ECU 会在两种工作情况下，对点火提前角进行控制：一是起动期间的点火时间控制；二是起动后发动机正常运转期间的点火时间控制。

点火提前角的控制的具体内容可扫描二维码"点火提前角的控制"学习。

② 通电时间（或闭合角）的控制

通电时间是指大功率管的导通时间，即点火线圈初级绕组的通电时间。它直接影响点火线圈产生的二次电压和火花能量。当通电时间短时，初级绕组电流未达到饱和即断开，次级线圈产生的电压和火花能量就达不到额定值；当通电时间过长时，初级绕组电流达到饱和后仍长时间通电，会使点火线圈发热并使电能消耗过大。因此要控制一个最佳的通电时间，需兼顾上述两方面的要求。此外，蓄电池的电压也会影响初级绕组的电流值。为此，需要一个根据发动机转速和蓄电池电压进行通电时间（或闭合角）控制的装置，以保证点火能量不变。当蓄电池电压不变时，大功率管的导通时间也是不变的，在 ECU 内的存储器内储存有大功率管的导通时间；当蓄电池电压变化时，应对通电时间做适当的修正，其修正曲线如图 5-17 所示。ECU 可以从存储器中查出导通时间，对通电时间加以修正。

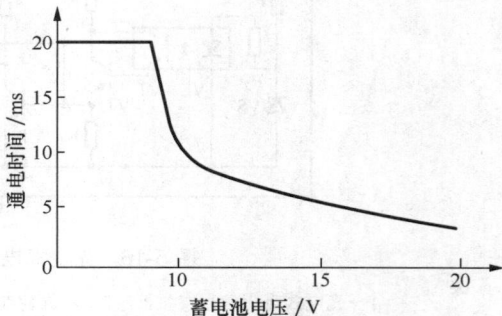

图 5-17　蓄电池电压与通电时间修正曲线

提示

在实际控制中，ECU 是将导通时间转换成曲轴转角进行控制的，因此通电时间控制又常称闭合角控制。

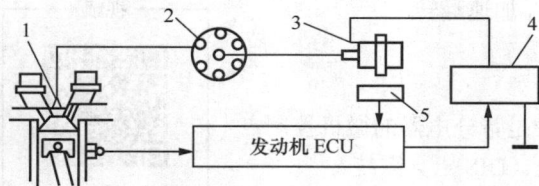

图 5-18　爆燃控制方法

1—火花塞　2—分电器　3—点火线圈
4—点火控制器　5—爆燃传感器

③ 爆燃控制

为了获得最大的动力性和最佳的经济性，需要增大点火提前角。但点火提前角过大，又会引起爆燃。对于上述问题，微机控制点火系统增加了爆燃控制。爆燃控制方法如图 5-18 所示。爆燃传感器安装在气缸体上（见图 5-19），其原理是利用压电晶体的压电效应，把爆燃时传到气缸体上的机械振动转换成电压信号，输入 ECU，

ECU 把爆燃传感器输出的信号进行滤波处理并判断有无爆燃及爆燃的强度。爆燃强，推迟点火的角度大；爆燃弱，推迟点火的角度小。每次调整都以一固定的角度递减，直到爆燃消失为止。而后又以一固定的角度提前，当发动机再次出现爆燃时 ECU 又使点火提前角再次推迟，调整过程如此反复。

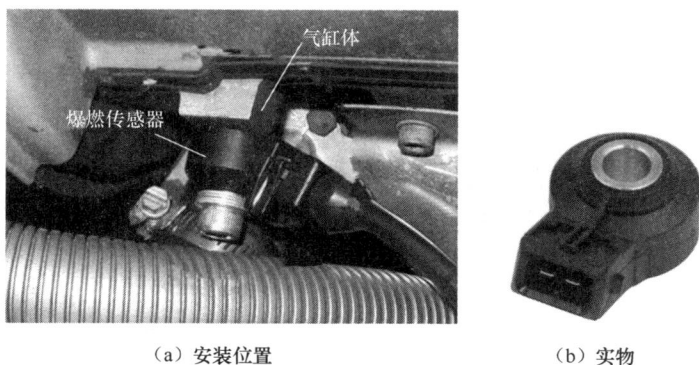

（a）安装位置 （b）实物

图 5-19 爆燃传感器

（3）带分电器的微机控制点火系统的组成与工作原理

图 5-20 所示为微机控制点火系统电路。由图可见，在微机控制的点火系统中，发动机 ECU 通过点火信号 IGT 控制点火控制器的搭铁，进而控制初级电路的导通与截止，控制次级电路高压电的产生，控制点火系统的工作。

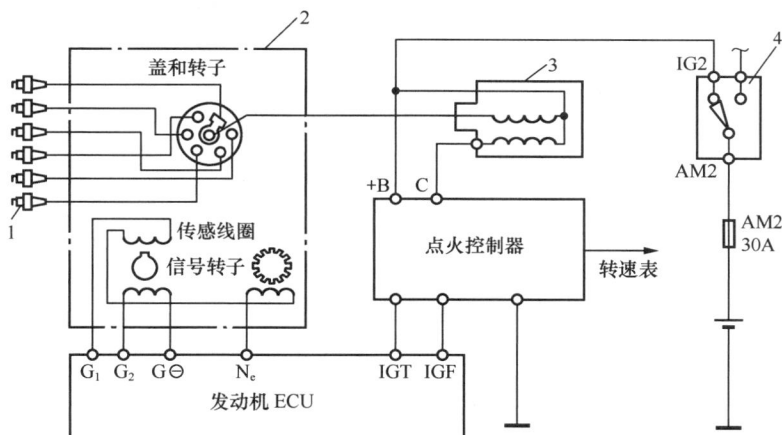

图 5-20 微机控制点火系统电路

1—火花塞 2—分电器 3—点火线圈 4—点火开关

在该点火系统中，曲轴位置传感器安装在分电器中，其结构如图 5-21 所示，该传感器为电磁式。分电器轴转动时，G 转子（采集曲轴位置信号）与 N_e 转子（采集发动机转速信号）同步转动，具有一个齿的 G 转子与 G_1、G_2 线圈间的磁隙不断变化，分电器每转一圈，G_1 和 G_2 线圈各产生一个电压脉冲。这样发动机 ECU 可根据 G_1、G_2 信号判别一、六缸压缩行程上止点位置（六缸发动机）。

具有 24 个齿的 N_e 转子对应 N_e 线圈，分电器轴每转一圈，N_e 线圈将产生 24 个电压脉冲。这样发动机 ECU 可根据 N_e 信号更精确地检测曲轴转角位置和检测发动机转速。

点火系统的工作原理：电流经点火开关向点火控制器和点火线圈初级绕组供电。初级电路：蓄电池正极→点火开关→点火线圈初级绕组→点火控制器→搭铁。当发动机 ECU 向点火控制器提供 IGT 点火信号时，点火控制器立刻切断初级电路，次级绕组产生高压电，火花塞跳火，点燃混合气。

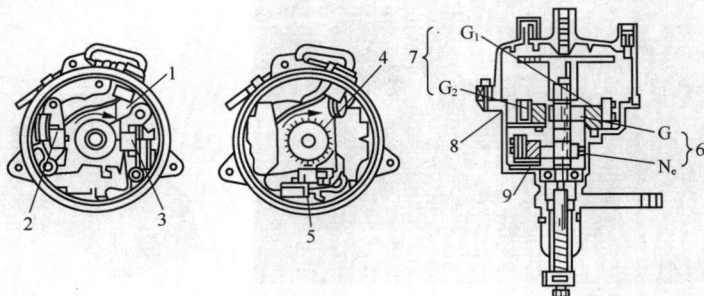

图 5-21　曲轴位置传感器的结构

1—G转子　2—G_1线圈　3—G_2线圈　4—N_e转子　5、9—N_e线圈

6—G、N_e转子　7—G_1、G_2线圈　8—分电器

　　发动机 ECU 根据发动机转速信号（N_e）、曲轴位置信号（G_1、G_2）、进气歧管真空度信号、起动开关信号、进气温度信号、冷却液温度信号等计算点火提前角，通过端子 IGT 向点火控制器输出点火正时信号，即点火正时。同时，点火控制器向 ECU 反馈点火确认信号 IGF，当 ECU 接收不到点火控制器反馈的 IGF 点火确认信号时，ECU 立即切断喷油器的电路，停止燃油喷射，发动机熄火。

　　（4）无分电器微机控制点火系统的工作原理

　　无分电器微机控制点火系统是在微机控制的基础上将点火系统中原分电器总成用电子控制装置取代，又称直接点火系统。这种全电子点火系统没有分电器，无机械磨损，无需调整，点火电压高，是较理想的点火系统。

　　① 无分电器微机控制点火系统的组成

　　无分电器微机控制点火系统主要由传感器、电控单元（ECU）、点火控制器（说明：点火控制器的功能现已集成至 ECU 内）、点火线圈及火花塞等组成，如图 5-22 所示。

视频

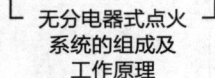

无分电器式点火系统的组成及工作原理

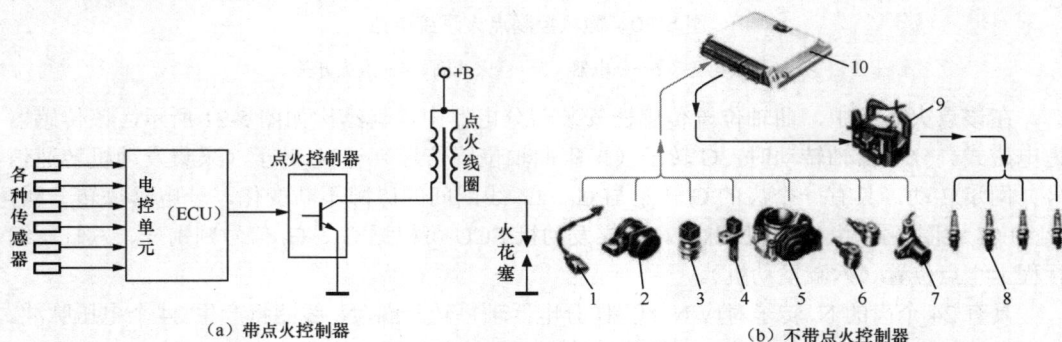

（a）带点火控制器　　　　　　　　　　　　　　　　（b）不带点火控制器

图 5-22　微机控制点火系统的组成

1—凸轮轴位置传感器　2—空气流量计　3—冷却液温度传感器　4—进气温度传感器　5—节气门位置传感器

6—爆燃传感器　7—曲轴位置传感器　8—火花塞　9—点火线圈　10—ECU

② 无分电器微机控制点火系统主要部件的作用与安装位置

无分电器微机控制点火系统主要部件的作用如表 5-2 所示。

表 5-2　　　　　　　　　　无分电器微机控制点火系统主要部件的作用

组成		功能
传感器	空气流量计（L型）	检测进气量（负荷）信号，将信号输入ECU，作为点火系统的主控制信号
	进气歧管绝对压力传感器（D型）	
	曲轴位置传感器（N$_e$信号）	检测曲轴转角（转速）信号，将信号输入ECU，作为点火系统的主控制信号
	凸轮轴位置传感器（G$_1$、G$_2$信号）	检测凸轮轴转角信号，将信号输入ECU，作为点火系统的主控制信号
	节气门位置传感器	检测节气门开度信号，将信号输入ECU，作为点火提前角的修正信号
	冷却液温度传感器	检测发动机冷却液温度信号，将信号输入ECU，作为点火提前角的修正信号
	起动开关	向ECU输入发动机正在起动中的信号，作为点火提前角的修正信号
	空调开关A/C	向ECU输入空调的工作信号，作为点火提前角的修正信号
	进气温度传感器	检测进气温度信号，将信号输入ECU，作为点火提前角的修正信号
	N位开关	检测P位或N位信号，将信号输入ECU，作为点火提前角的修正信号
	爆燃传感器	检测发动机的爆燃信号，将信号输入ECU，作为点火提前角的修正信号
	发电机负荷信号	检测发电机负荷信号，将信号输入ECU，作为点火提前角的修正信号
执行器	点火控制器	根据ECU输出的点火控制信号控制点火线圈初级电路的通断，产生次级高压。同时，向ECU反馈点火确认信号
ECU		根据各传感器输入的信号，计算出最佳点火提前角，并将点火控制信号输送给点火控制器

图 5-23 所示为 2018 款迈腾轿车无分电器微机控制点火系统主要传感器的位置。

③ 无分电器微机控制点火系统的工作原理

图 5-24 为奥迪轿车 6 缸发动机点火系统的工作原理。蓄电池经点火开关向 3 个双点火线圈 N、N128、N158 提供初级电流，3 个点火线圈的初级电路分别经点火控制器 N122（说明：点火控制器的功能现已集成至 ECU 内）搭铁。

发动机 ECU 根据发动机的转速信号、曲轴位置信号、凸轮轴位置信号、进气歧管压力传感器信号、冷却液温度信号等计

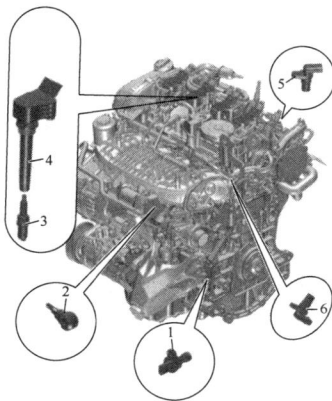

图 5-23　无分电器微机控制点火系统主要传感器的位置

1—发动机转速传感器　2—爆燃传感器　3—火花塞　4—点火线圈
5—凸轮轴位置传感器 1（霍尔式）　6—凸轮轴位置传感器 2（霍尔式）

算最佳点火提前角，并判断缸位，向点火控制器发出点火信号和气缸缸序判别信号（IGD）。点火控制器由此可判断发动机气缸的点火次序，依次使各点火线圈初级电路由导通变为截止，各点火线圈的次级绕组依次产生高压电，使对应的两个火花塞同时跳火，点燃其中处于压缩行程气缸内的混合气。

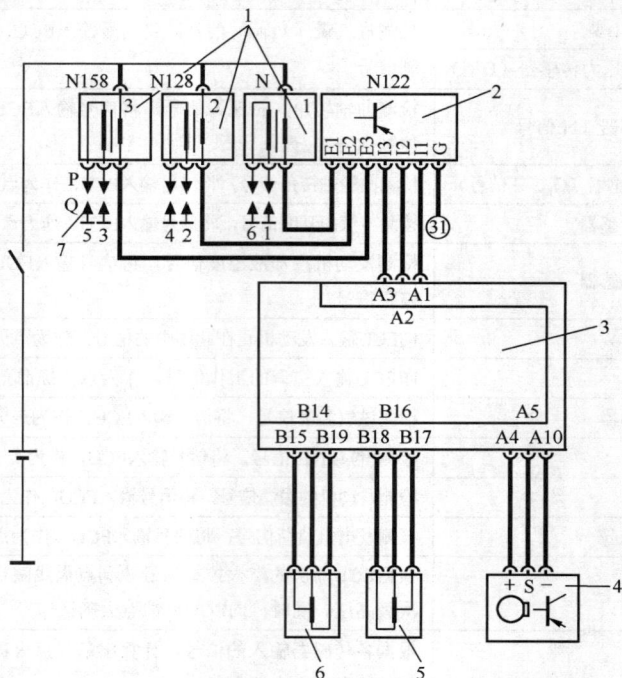

图 5-24　无分电器微机控制点火系统的工作原理

1—双点火线圈N、N128、N158　2—点火控制器N122　3—发动机ECU　4—凸轮轴
位置传感器G40　5—发动机转速传感器G28　6—曲轴位置传感器G4　7—火花塞

　　发动机的 1 缸和 6 缸、2 缸和 4 缸、3 缸和 5 缸同时处于上止点，并且总是一个气缸为压缩行程的上止点，另一个气缸为排气行程的上止点，每两个气缸共用一个双点火线圈，如图 5-25 所示。点火时，由点火控制器交替地控制 3 个点火线圈，每个点火线圈产生高压电时，两个气缸的火花塞同时跳火。其中一个火花塞点燃处于压缩行程气缸内的可燃混合气，另一个火花塞虽然也跳火，但是由于该气缸处于排气行程，因而不起作用。

三、点火系统主要部件

1．点火线圈

　　点火线圈由初级绕组、次级绕组和铁心等组成。按磁路的结构形式不同，可分为开磁路点火线圈和闭磁路点火线圈两种类型。

（1）开磁路点火线圈

　　开磁路点火线圈的结构如图 5-26 所示，点火线圈中心是用硅钢片叠成的条形铁心，由于铁心没有构成闭合回路，所以称为开磁路点火线圈。铁心外部套有绝缘的纸板套管，套管上绕有次级绕组，用直径为 0.06 ～ 0.10mm 的漆包线缠绕，次级绕组一般约为 2 万匝。初级绕组是直径为 0.5 ～ 1.0mm 的高强漆包线，绕在次级绕组的外面，初级绕组一般约为 200 匝，绕组和外壳之间装有导磁钢套。为加强绝缘与防潮，条形铁心底部装有瓷绝缘支座，外壳内充满沥青或变压器油等绝缘物。点火线圈的顶部是胶木盖，并加以密封。

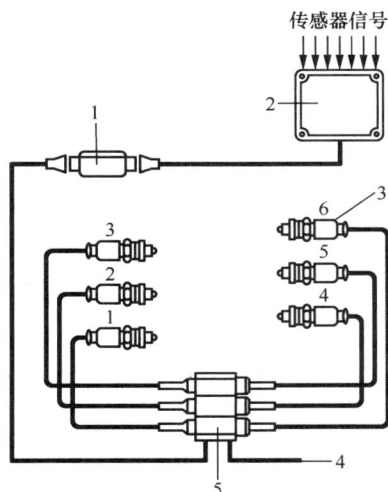

图 5-25 双点火线圈两缸同时跳火

1—点火控制器 2—发动机ECU 3—火花塞
4—电源 5—双点火线圈

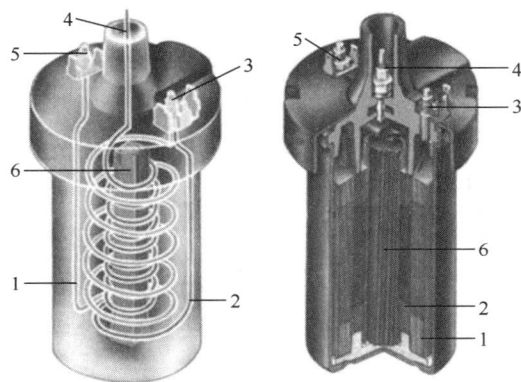

图 5-26 开磁路点火线圈的结构

1—初级绕组 2—次级绕组 3—点火线圈"＋"接线柱 4—中央高压线接线柱 5—点火线圈"－"极接线柱 6—铁心

为改善点火性能，在应用开磁路点火线圈的点火系统初级电路中，一般设有附加电阻（热敏电阻），温度升高，附加电阻阻值增大。这样，当点火线圈温度高时，可减小初级电流，防止点火线圈过热。同时，在起动机起动发动机时，利用起动电路将附加电阻短路，增大初级电流，提高次级电压，有利于发动机起动。附加电阻有两种结构形式：一种设在点火线圈外部，这种形式的点火线圈有 3 个接线柱；还有一种附加电阻为导线形式，用来连接点火开关与点火线圈，这种形式的点火线圈有两个接线柱。

在早期的点火系统中，开磁路点火线圈应用较多。但由于开磁路点火线圈磁路磁阻大，磁通量泄漏多，因此，能量转换效率低，开磁路点火线圈现已很少使用。

（2）闭磁路点火线圈

闭磁路点火线圈也称为高能点火线圈，图 5-27 所示为闭磁路点火线圈实物，其结构如图 5-28 所示。在"口"字形或"日"字形铁心内绕有次级绕组，在次级绕组外面绕有初级绕组，初级绕组产生的磁通量通过铁心构成闭合磁路，其磁路如图 5-29 所示。

图 5-27 闭磁路点火线圈实物

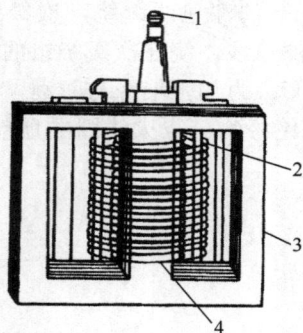

图 5-28　闭磁路点火线圈的结构
1—中央高压线接线柱　2—初级绕组　3—铁心
4—次级绕组

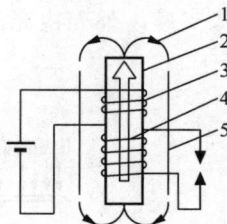

图 5-29　闭磁路点火线圈的磁路
1、5—磁力线　2—铁心　3—初级绕组
4—次级绕组

提示

　　与开磁路点火线圈相比，闭磁路点火线圈具有漏磁少、能量损失小、转换效率高、体积小、重量轻和易散热等优点，因此在点火系统中被广泛应用。

（3）无分电器点火系统的点火线圈

　　无分电器点火系统的点火线圈一般分两种：一种是一个点火线圈控制两个火花塞（桑塔纳车型用），如图 5-30 所示；另一种是独立点火方式的点火线圈（帕萨特 B5 车型用），即一个点火线圈控制一个火花塞，如图 5-31 所示。

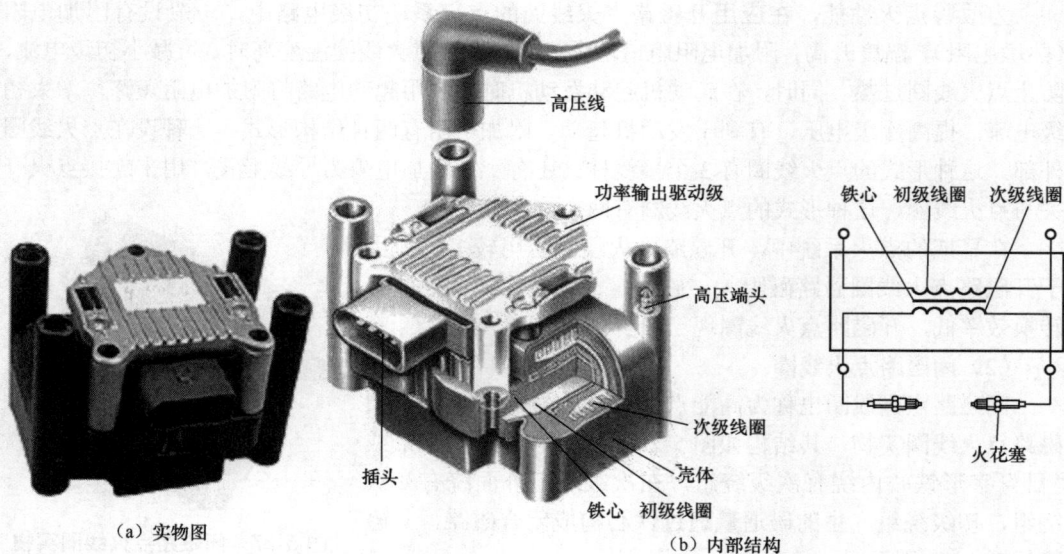

（a）实物图　　　　　　　　　　　　　　　　（b）内部结构

图 5-30　一个点火线圈控制两个火花塞

（a）实物图　　　　　　　　　　（b）安装位置

（c）内部结构

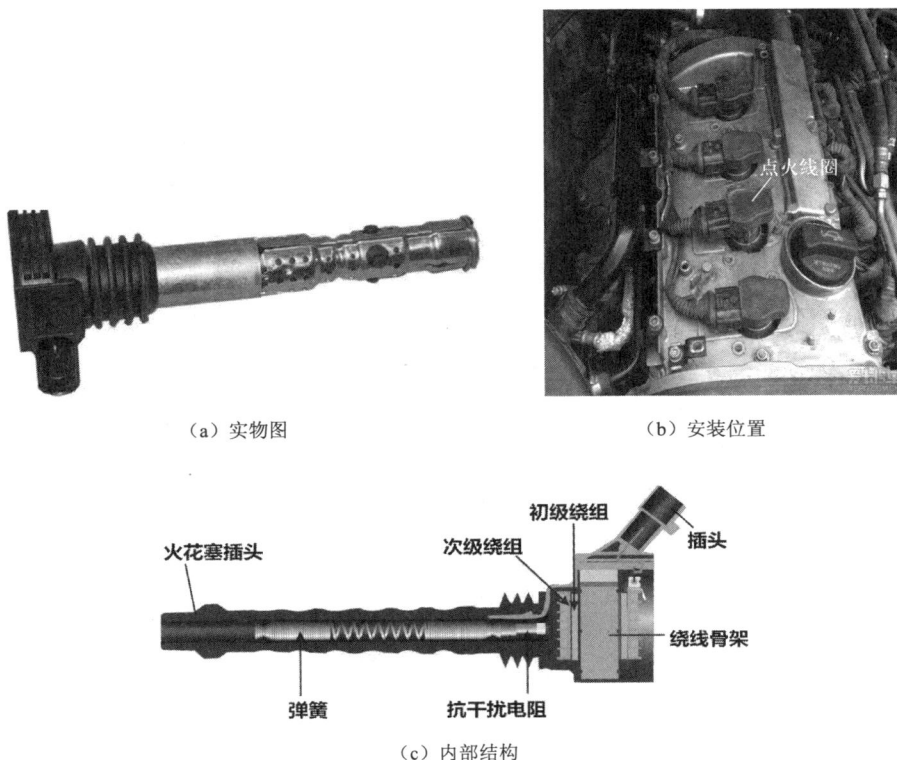

图 5-31　独立点火方式的点火线圈

2．火花塞

（1）火花塞的工作原理

汽油发动机是通过燃料和混合气体的适时燃烧使之产生动力，但是作为燃料的汽油即使处于高温环境下也很难自燃，在火花塞的中心电极和搭铁电极之间施加由点火装置所产生的高电压，由此电极间的绝缘状态被破坏而产生电流，放电生成电火花点燃混合气。

（2）火花塞的构造

火花塞的构造如图 5-32 所示，中心电极用镍铬合金制成，具有良好的耐高温、耐腐蚀性能，中心电极做成两段，中间加有导电玻璃，由于导电玻璃和瓷绝缘体的膨胀系数相近，因此，导电玻璃主要起密封作用。火花塞间隙多为 1.0 ～ 1.2mm。

（3）对火花塞的工作要求

火花塞的工作条件十分恶劣，它承受高压、高温及燃烧产物的强烈腐蚀。因此，火花塞必须具有足够的强度，能承受温度的强烈变化，应有良好的热特性，火花塞的电极应采用难熔、耐腐蚀的材料制成。

（4）火花塞的热特性

火花塞的热特性是指火花塞裙部（下部）的温度特性。实践证明，火花塞裙部温度保持在 500 ～ 600℃时，落在绝缘体上的油滴能立即烧去，通常将这个温度称为火花塞的自净温度。低于这个温度时，火花塞易产生积炭，高于这个温度时，在火花塞表面易产生炽热点，形成早燃。因此，要使火花塞正常工作，就要保证火花塞的裙部温度为自净温度。

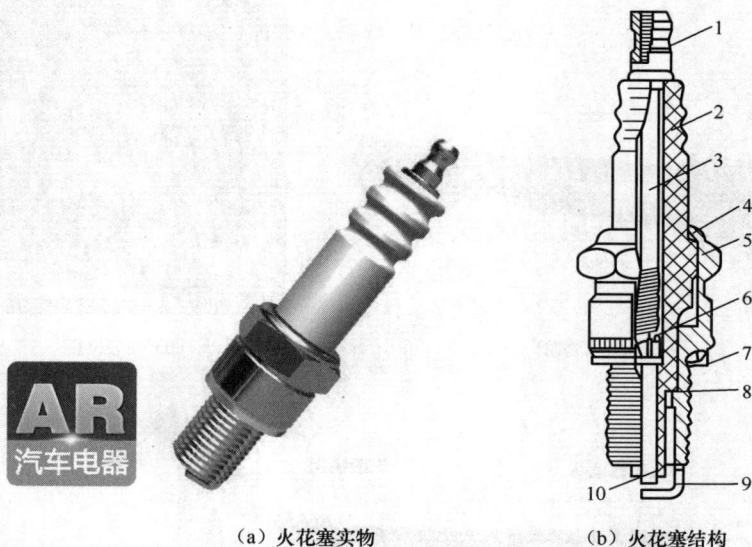

（a）火花塞实物　　　　　　　（b）火花塞结构

图 5-32　火花塞的构造

1—接线螺母　2—瓷绝缘体　3—金属杆　4、8—内密封垫圈　5—壳体　6—导电玻璃

7—密封垫圈　9—侧电极　10—中心电极

　　火花塞的热特性主要决定于绝缘体裙部的长度。绝缘体裙部长的火花塞，其受热面积大，传热距离长，散热困难，裙部温度高，称为热型火花塞；反之，裙部短的火花塞，受热面积小，传热距离短，散热容易，裙部温度低，称为冷型火花塞，如图 5-33 所示。热型火花塞用于低压缩比、低转速、小功率的发动机；冷型火花塞用于高压缩比、高转速、大功率的发动机。

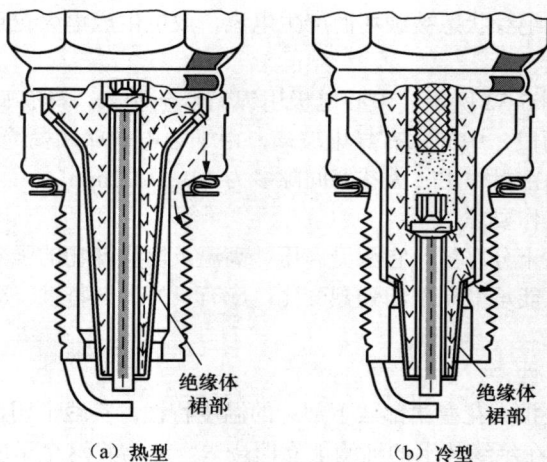

（a）热型　　　　　　　　　　（b）冷型

图 5-33　火花塞的热特性

（5）火花塞的结构类型

常见的火花塞结构类型如表 5-3 所示。

表 5-3   **常见的火花塞结构类型**

类型	特点	图示
标准型	其绝缘体裙部略缩入壳体端面，侧电极在壳体端面以外，是使用最广泛的一种	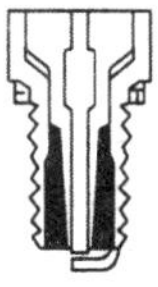
绝缘体突出型	其绝缘体裙部较长，突出于壳体端面以外。它具有吸收热量大、抗污能力好的优点，且能直接受到进气冷却而降低温度，因而也不易引起炽热点火，故热适应范围宽	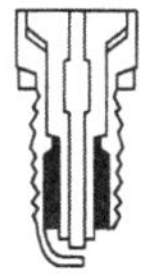
细电极型	其电极很细，火花强烈，点火能力好，在严寒季节也能保证发动机迅速可靠地起动。热适应范围较宽，能满足多种用途	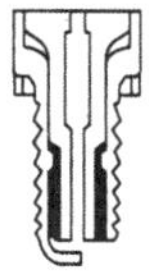
锥座型	其壳体和旋入螺纹制成锥形，因此不用垫圈也可保证良好密封，从而减小了火花塞体积，对发动机的设计更为有利	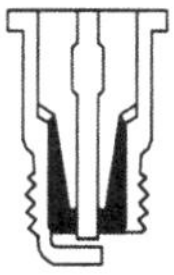
多电极型	侧电极一般为两个或两个以上，优点是点火可靠，间隙不需经常调整，故常应用在电极容易烧蚀和火花间隙不能经常调整的一些汽油机上	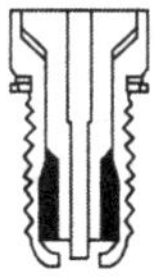
沿面跳火型	即沿面间隙型火花塞，这是一种最冷型火花塞，其中心电极与壳体端面之间的间隙是同心的。它必须与点火能量大、电压上升率快的电容储能式电子点火系统配合使用。其缺点是可燃气体不易接近电极，在稀混合气情况下，不能充分发挥汽油机的功能，中心电极容易烧蚀	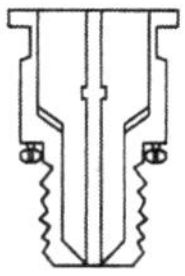
电阻型	电阻型火花塞内装有5～10kΩ电阻，可抑制点火系统的电磁干扰	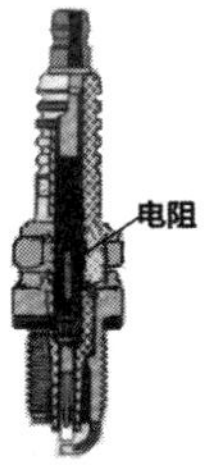 电阻
屏蔽型	屏蔽型火花塞是利用金属壳体把整个火花塞屏蔽密封起来，不仅可抑制电磁干扰，还可用于防水、防爆的场合	

3．点火控制器

点火控制器也称为点火模块，内部集成电路主要由整形电路、放大电路和开关电路组成，其主要起开关作用，用来控制点火系统初级电路的导通与截止。点火控制器内部为集成电路，全密封结构。桑塔纳轿车点火控制器的实物如图 5-34 所示。该点火控制器具有初级电流上升率控制、闭合角控制、停车断电保护和过电压保护等功能。

图 5-34　桑塔纳轿车点火控制器的实物

□ 任务实施 □

操作一　点火系统主要部件的检测

1．点火线圈的检测

步骤一　检查点火线圈的外部，若绝缘盖破裂或外壳破裂，应更换新件。

步骤二　用万用表检查初级绕组的电阻，如图 5-35 所示。初级绕组电阻（20℃时）一般为 $0.5 \sim 0.7\Omega$。

步骤三　用万用表检查次级绕组的电阻，如图 5-36 所示。次级绕组电阻（20℃时）一般为 $7.4 \sim 11.2\mathrm{k}\Omega$。

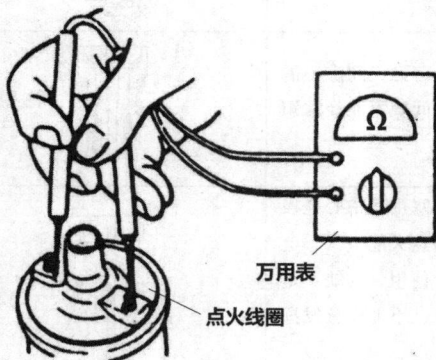

图 5-35　检查初级绕组电阻

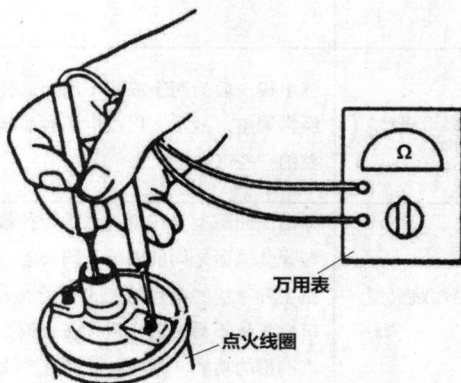

图 5-36　检查次级绕组电阻

步骤四　用万用表检查绝缘电阻，如图 5-37 所示。绝缘电阻（20℃时）一般在 $50\mathrm{M}\Omega$ 以上。

2．点火信号发生器的检测

（1）磁感应点火信号发生器的检测

步骤一　检查点火信号发生器的间隙。用塞尺测量转子与传感线圈铁心之间的间隙，一般为 $0.2 \sim 0.4\mathrm{mm}$，如图 5-38 所示。如果间隙不符合标准值，应旋松定子固定螺钉进行调整。

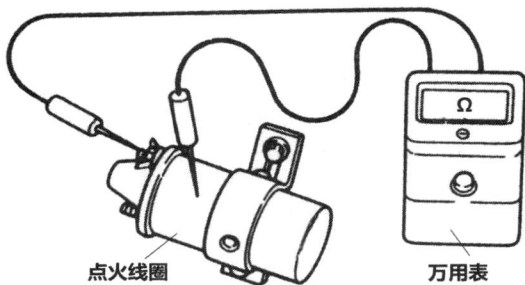

图 5-37　检查绝缘电阻

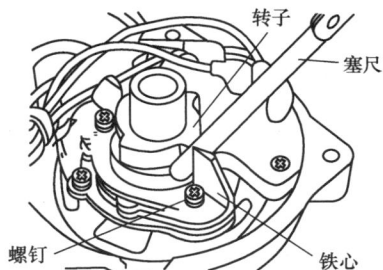

图 5-38　测量点火信号发生器的间隙

步骤二　用万用表测量点火信号发生器感应线圈的电阻，应符合标准值。

（2）霍尔点火信号发生器的检测

霍尔点火信号发生器有 3 根引线，分别为"+""–"和"S"。检测时，分别测"+"与"–"之间的电压和"S"与"–"之间的电压，然后与维修手册中的标准值进行比较，判断是否有故障。霍尔点火信号发生器位于分电器内，引出的 3 根导线：

①霍尔点火信号发生器的"+"极，红／黑色，接点火控制器端子 5；

②霍尔点火信号发生器的输出信号端子 S，绿／白色，接点火控制器端子 6；

③霍尔点火信号发生器的"–"极，棕／白色，接点火控制器端子 3。

用万用表测量霍尔点火信号发生器的"+"与"–"之间的电压应为 11～12V；测量"S"与"–"之间的电压，当转子缺口对正霍尔元件的气隙时，应为 0.3～0.4V，反之应为 11～12V。

3. 点火控制器的检测

（1）电磁感应式电子点火系统中的点火控制器的检测

步骤一　如图 5-39 所示，用一只 1.5V 的干电池代替点火信号发生器，接到点火控制器信号输入端子上。

步骤二　正接时，点火线圈的初级绕组导通，用万用表测量点火线圈的"–"接线柱与搭铁之间的电压，应为 1～2V（见图 5-39（a））。

步骤三　将电池的极性颠倒后，再进行测量（见图 5-39（b）），其值应为 12V。若与上述不符，说明点火控制器有故障，应更换。

（2）霍尔效应式电子点火系统中的点火控制器的检测

检查点火控制器，应掌握点火控制器的接线。以桑塔纳轿车为例，其点火控制器的接线如图 5-40 所示：端子 1 接点火线圈"–"（绿色）；端子 2 接电源负极（棕色）；端子 3 接霍尔点火信号发生器"–"（棕／白色）；端子 4 接点火线圈"+"（黑色）；端子 5 接霍尔点火信号发生器"+"（红／黑色）；端子 6 接霍尔点火信号发生器信号输出"S"（绿／白色）。

步骤一　接通点火开关，用万用表测量端子 1 与端子 4 之间的电阻为 0.52～0.76Ω。

步骤二　测量端子 2 与端子 4 之间的电压应为 12V。

步骤三　测量端子 3 与端子 5 之间的电压应为 11～12V。

步骤四　测量端子 3 与端子 6 之间的电压时，应慢慢转动分电器轴，其电压应在 0.3～0.4V 与 11～12V 之间变化。

（a）

（b）

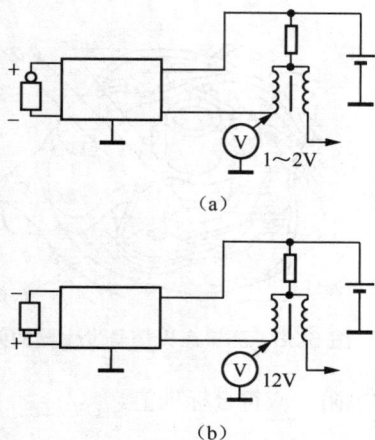

图 5-39　电磁感应式电子点火系统中
的点火控制器的检测

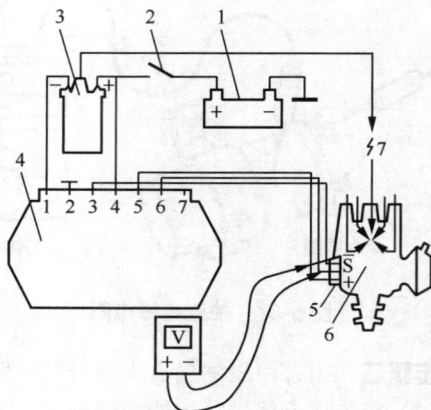

图 5-40　点火控制器的接线

1—蓄电池　2—点火开关　3—点火线圈　4—点火控制器
5—霍尔点火信号发生器插接器　6—分电器　7—高压线

步骤五　用电压表接在点火线圈的"+"与"-"接线柱上，接通点火开关，观察电压表读数应大于 2V，1 ～ 2s 后，压降为 0V。

若上述检测结果不正常，说明点火控制器有故障，应更换。

4. 高压线的检查

步骤一　高压线电阻的检查。高压线电阻的检查如图 5-41 所示，中央高压线电阻标准值一般均不相同，如桑塔纳轿车的中央高压线电阻标准值不大于 2.8kΩ，奥迪轿车中央高压线电阻标准值不大于 2kΩ；分缸高压线电阻标准值也不相同，如桑塔纳轿车分缸高压线电阻标准值不大于 7.4kΩ，奥迪轿车分缸高压线电阻标准值不大于 6kΩ。

图 5-41　高压线电阻的检查

步骤二　火花塞插头电阻的检查。如图 5-42 所示，用万用表测量火花塞插头的电阻值，一般为（1±0.4）kΩ（无屏蔽）和（5±1.0）kΩ（有屏蔽）。

步骤三　防干扰插头电阻的检查。如图 5-43 所示，用万用表测量防干扰插头的电阻值，一般为（1±0.4）kΩ。

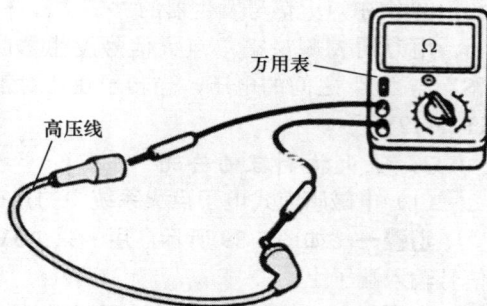

高压线的检查注意事项

（1）由于初级电流较大，必须使用高能点火线圈，不能用普通的点火线圈代替。

（2）清洗发动机时必须在发动机熄火后进行。

（3）若进行点火系统的故障检测，应在发动机熄火后，断开点火系统的线路，连接检测仪表。

（4）当点火系统有故障，由其他车辆拖行时，须将点火控制器的插头拔下。

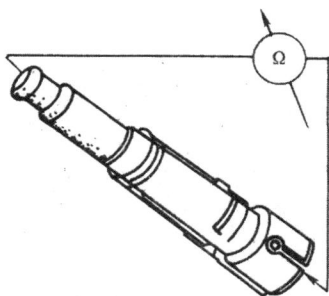

图 5-42 火花塞插头电阻的检查

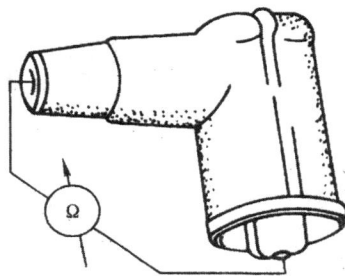

图 5-43 防干扰插头电阻的检查

操作二 火花塞的更换与检测

1. 火花塞的拆卸

步骤一 工具准备。拆卸火花塞需要扳手、长接杆和六角套筒。汽车上的火花塞一般是用 16mm 的六角套筒拆卸的。

步骤二 发动机冷却后方可拆卸。先清理点火线圈及其附近的灰尘和油污，然后拔下点火线圈的线束插头，用套筒拧下点火线圈的固定螺栓，如图 5-44 所示。

图 5-44 拧下点火线圈固定螺栓

视频
更换火花塞的
注意事项

视频
更换火花塞

步骤三 如图 5-45 所示，拔出点火线圈。一些车型的点火线圈和缸体之间用橡胶密封，拔出时需要用点力。

步骤四 取下点火线圈后，如图 5-46 所示，用套筒把火花塞拧松。当旋松所要拆卸的火花塞后，用一根细软管逐一吹净火花塞周围的污物，以防火花塞旋出后污物落入燃烧室内。

步骤五 取出火花塞。如图 5-47 所示，将之前拆下来的点火线圈插入已拧松的火花塞上，将火花塞取出。

也可使用带磁性的套筒，在拆卸火花塞时把旋出的火花塞带出。如果没有带磁性的套筒，可以在套筒内塞一段较厚的双面胶，也能够把旋出的火花塞带出。

2. 火花塞的检查

步骤一 从火花塞外观上检查，如有破损、明显缺陷，应更换新的火花塞，如图 5-48 所示。

视频
火花塞的检查

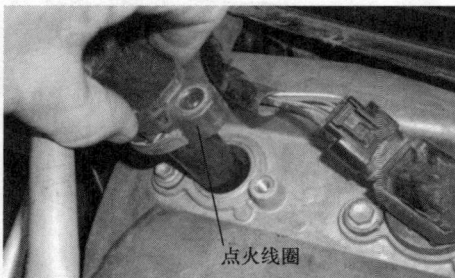

图 5-45　拔出点火线圈

图 5-46　用套筒把火花塞拧松

步骤二　火花塞上如有积炭、黑色油迹等，应进行清理，必要时更换新的火花塞。火花塞的工作情况如图 5-49 所示。

步骤三　如在火花塞上发现熏黑、形成釉层等其他不正常现象，应进行清理，必要时更换新的火花塞。

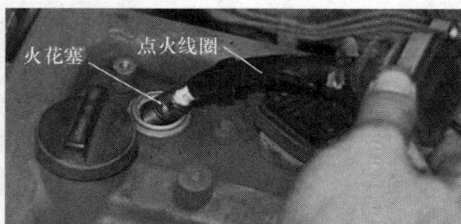

图 5-47　取出火花塞

图 5-48　使用后的火花塞与新火花塞外观对比

步骤四　检查火花塞电极间隙。火花塞电极间隙因车型不同而异，可以从随车手册中查找。火花塞电极间隙过小，火花塞跳火能量变弱，电极容易烧蚀；火花塞电极间隙过大，发动机高速运转时易出现断火。

如图 5-50 所示，火花塞电极间隙可用塞尺进行测量。

步骤五　调整火花塞电极间隙。如果火花塞电极间隙不符合要求，应进行调整。火花塞电极间隙一般可按 0.7 ～ 1.0mm 调整。调整间隙时，只能调整旁电极，不能调整中心电极，以免损坏绝缘体。

火花塞间隙太大时，可用旋具柄轻轻敲打旁电极来调整，但不要用力过大，否则旁电极可能因过度弯曲而损坏；如果间隙过小时，可用一字头的旋具插入电极间，扳动旋具把间隙调整到规定值为止。

3. **火花塞的安装**

步骤一　安装火花塞时，先将火花塞放到套筒里。

步骤二　将火花塞对准缸盖上的火花塞座孔，用手轻轻拧入火花塞。

步骤三　拧到约螺纹全长的二分之一后，再用套筒初步旋紧。

（a）工作正常　　　　　　　　　　　　　　（b）积炭

（c）黑色油迹　　　　　　　　　　　　　　（d）呈白色

电极损坏　　　　绝缘体损坏　　　　　　　　熏黑　　形成釉层

（e）损坏　　　　　　　　　　　　　　　　（f）其他

图 5-49　火花塞的工作情况

步骤四　使用扭力扳手紧固火花塞，一般拧紧力矩为 20N·m。

步骤五　拧紧火花塞时，注意将套筒及扭力扳手对正火花塞，同时注意拧紧力矩不能过大，防止损坏火花塞及缸盖火花塞座孔的螺纹。

步骤六　若拧动时手感不畅，应退出，检查是否对正螺口或螺纹中有无夹带杂质，切不可盲目加力紧固，以免损伤螺孔及缸盖，特别是铝合金缸盖。

步骤七　应按要求力矩拧紧，过松会造成漏气，过紧使密封垫失去弹性，同样会造成漏气。锥座型火花塞由于不用密封垫，一定要按规定力矩拧紧火花塞。

步骤八　在安装点火线圈时，注意不要把顺序弄错，按每个缸原来的位置对应安装。

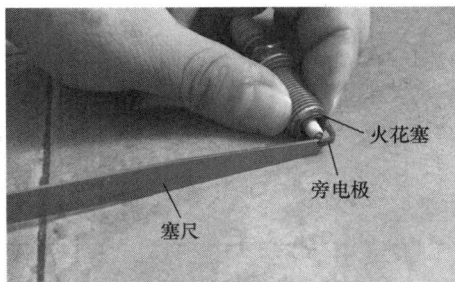

火花塞
旁电极
塞尺

图 5-50　火花塞电极间隙的测量

任务二　点火系统常见故障诊断

--------□ 学习目标 □--------

（1）熟悉点火系统常见故障的分析与诊断方法。

（2）掌握点火系统的故障诊断流程。

（3）能够运用所学的专业知识分析和解决实际问题。

□ 任务引入 □

一辆上海大众帕萨特轿车，行驶里程为 13 万千米。该车在发动机大修后，起动机运转正常，发动机却不能起动。

汽车点火系统故障作为最常见的汽车发动机故障之一，占汽车发动机故障的 45% 以上。由于点火系统故障会严重影响汽车的正常运行和安全行驶，因此必须加强对故障的诊断，以有效排除汽车故障，保障汽车出行安全。

□ 相关知识 □

视频

发动机故障
分析（1）

一、点火系统常见故障

汽车点火系统工作状况的好坏，直接影响发动机的动力性和经济性。在汽车维修过程中，点火系统故障率相对较高。

点火系统常见故障：发动机不能起动，发动机运转不平稳和发动机功率下降，油耗增大，加速不良等。

点火系统故障的诊断与排除如表 5-4 所示。

表 5-4   点火系统故障的诊断与排除

故障现象	故障原因	排除方法
发动机不能起动	高压线故障	更换高压线
	点火线圈故障	更换点火线圈
	点火控制器故障	更换点火控制器
	信号转子与传感器之间的间隙不正确	调整信号转子与传感器之间的间隙
	点火线圈无低压电	检查并排除点火线圈线路故障
发动机运转不平稳	单缸高压线故障	更换单缸高压线
	火花塞故障	更换火花塞
发动机功率下降 油耗增加 加速不良	火花塞故障	更换火花塞
	分电器盖漏电	更换分电器盖
	点火线圈故障	更换点火线圈
	高压线插错	将高压线插入正确位置

二、电子点火系统常见故障

1. 电磁感应式（磁脉冲无触点）电子点火装置的故障诊断

电磁感应式电子点火装置常见故障原因：点火信号发生器损坏；点火控制器损坏；点火线圈损坏或性能不佳；线路接触不良或断路、短路；分电器盖破裂、分火头损坏；火花塞积炭、油污、绝缘体破裂或间隙不当；分电器真空点火提前装置或离心点火提前装置失效；点火正时失准、缸线错乱。

2. 霍尔效应式电子点火装置的故障诊断

霍尔效应式无触点电子点火装置与电磁感应式电子点火装置故障原因基本一致，不同的是点火信号发生器是霍尔传感器，其他原因参见电磁感应式电子点火装置常见故障原因。

三、少数气缸不工作的故障诊断与排除

1. 少数气缸不工作的故障现象

视频

发动机故障
分析（2）

发动机回火、放炮、车身抖动，消声器有节奏地出现"突突"声，发动机怠速转速稍高时更明显。

汽车在行驶过程中，如果发动机在各种转速下，消声器均发出有节奏的"突突"声，并伴有进气管回火、消声器放炮、车身发抖等现象，应停车检查，排除故障。在判断此故障时，应在稍高于怠速的转速下查听，这时，消声器有节奏"突突"声较为明显。另外，还可以用轻踩加速踏板快提速的方法判断。

2. 气缸不工作故障排除的一般程序

（1）外部检查

发动机不熄火，检查高压分线是否脱落、漏电或插错。脱落或插错，要重新插置。如果有漏电现象，要更换分缸高压线。

（2）进行断火试验

断开某缸分缸高压线后，如果发动机转速下降，发动机抖动加剧，为该缸工作良好；如果发动机转速升高，为分电器盖上有两缸旁插孔串电；如果发动机转速没有变化，为该缸不工作，这时，要检查该缸高压线是否有火花。

（3）检查分缸高压线和火花塞

拆下分缸高压线进行跳火试验，如果有火花出现，说明火花塞有故障；如果没有火花出现，说明分缸高压线、点火线圈、分电器等有故障，应对相应部件进行检测。

□ 任务实施 □

操作一　电子点火系统的故障诊断方法

不同电子点火系统故障诊断的区别主要在于点火信号发生器的检测，而其检测原理是相同的。下面以常见的霍尔效应式电子点火系统为例说明电子点火系统的故障诊断与维修。

1. 确定故障是在低压电路还是在高压电路

步骤一　打开分电器盖，转动曲轴，使分电器转子缺口对正霍尔点火信号发生器，如图 5-51 所示。

步骤二　拔出分电器盖上的中央高压线，使其端部离气缸体 5～7mm。

步骤三　接通点火开关，用螺钉旋具在霍尔点火信号发生器的间隙中轻轻地插入和拔出，模拟转子在间隙中的动作，如图 5-52 所示。

步骤四　如果高压线端部跳火，表明低压电路中的霍尔点火信号发生器、点火控制器及点火线圈性能良好，故障在高压电路；如不跳火，在点火线圈及线路良好

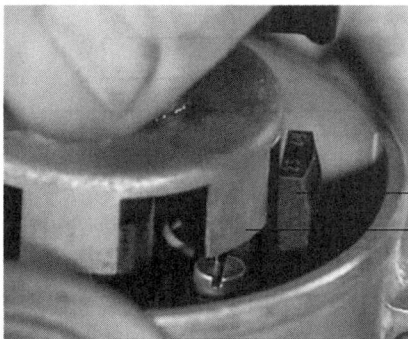

霍尔点火信号
发生器

分电器
转子

图 5-51　分电器转子缺口对正霍尔点火信号发生器

的情况下，可确定故障在霍尔点火信号发生器或点火控制器，应进一步检查。

2. 确定霍尔点火信号发生器和点火控制器的故障诊断

步骤一 如图 5-40 所示，用万用表测量分电器上点火信号发生器的信号端子 S 与搭铁端子"–"之间的电压。

步骤二 转动分电器轴，万用表的测量值若在 0.3 ～ 0.4V 与 11 ～ 12V 之间变化，说明霍尔点火信号发生器良好，点火控制器有故障；若测量值与上述值不一致，说明霍尔点火信号发生器有故障。

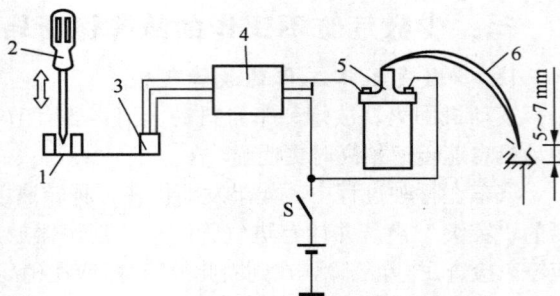

图 5-52 电子点火系统的故障确定

1—分电器内的霍尔点火信号发生器的空气间隙

2—螺钉旋具 3—霍尔传感器插接器

4—点火控制器 5—点火线圈 6—高压线

操作二 微机控制点火系统的故障诊断方法

1. 双缸同时点火系统的检测（以桑塔纳 GSi 轿车为例）

桑塔纳 GSi 轿车无分电器点火系统采用两个点火线圈，1、4 缸共用一个点火线圈，2、3 缸共用一个点火线圈，其电路如图 5-53 所示。

发动机因为点火系统故障而不能起动，检查时，一般按从易到难的次序，沿点火线路进行分段检查。

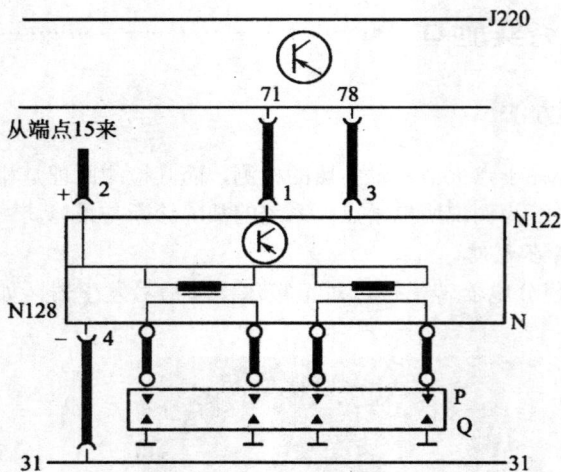

图 5-53 桑塔纳 GSi 轿车点火系统电路

步骤一 检查各部分线路接头有无松动、断路、短路现象。

步骤二 检查点火线圈搭铁电路：拔下点火线圈插头，用数字式万用表测量蓄电池正极和插头端子 4 间的电压，应为蓄电池电压（约 12V），否则应检查插头端子 4 和搭铁点线路的开路。

步骤三 检查点火线圈的供电电压：拔下点火线圈插头，用数字式万用表测量插头端子 2 和发动机搭铁点间的电压，应为蓄电池电压（约 12V），否则应检查点火开关及与端子 2 之间线路的开路。

步骤四 检查点火线圈工作情况：拔下点火线圈的插头和 4 个喷油器的插头，打开点火开关，用数字式万用表分别测量点火线圈插头端子 1 和端子 3 与发动机搭铁点间的电压，起动发动机数秒钟，应有 0.4V 左右电压出现。

步骤五 用数字式万用表测量点火线圈插头和 ECU 线束插座之间的电阻，电阻应小于 1Ω。

步骤六 测量两个线圈的初级线圈和次级线圈阻值，应基本相等。

步骤七 高压火跳火试验能检测有无高压火及点火能量。

步骤八 传感器等点火系统组件的检查：当传感器组件发生故障时，应在蓄电池电压、燃油泵继电器和熔丝都正常的情况下进行检测（用高阻抗数字式万用表，表内阻值不小于10kΩ）。点火系统组件、插头端子的检测及控制步骤如表 5-5 所示。

表 5-5 点火系统组件的检测及结果

检测步骤	测量项目	测量条件（操作过程）	测量部位（各端子号请查阅技术资料）	额定值	测量值
1	节气门位置传感器	断开点火开关，拔下插头，再接通点火开关	插头端子5与端子7	约5V	
2	节气门定位电位计	断开点火开关，拔下插头，再接通点火开关	插头端子4与端子7	约5V	
3	霍尔传感器信号输出电压	拔下插头，再接通点火开关	插头端子1与端子3	约5V	
4	霍尔传感器供电电压	拔下插头，再接通点火开关	插头端子2与端子3	接近蓄电池电压	
5	发动机转速传感器	断开点火开关，拔下发动机转速传感器灰色插头	插头端子2与端子3	480～1 000Ω	
6	爆燃传感器输出信号电压	发动机运转	插头端子1与端子2	0.3～1.4V	
7	空气流量计供电电压	燃油泵继电器和熔丝正常	插头端子4与搭铁	约5V	
8	发动机ECU供电电压	蓄电池电压高于11V，熔丝517正常，接通点火	VA 1598/2测试盒，端子3与端子2，端子1与端子2	接近蓄电池电压	

步骤九 如果检测组件电压不正常，应进行线路检修，其方法是断开点火开关，从ECU 上拔下接线插头和所要测量组件的插头，检测连接线路的电阻。如果被检测线路正常，而被检测组件电压或电阻值不正常，则故障在被检测组件或 ECU。

2. 独立点火系统的检测（以帕萨特 B5 1.8T ANQ 型发动机为例）

帕萨特 B5 1.8T 发动机（ANQ 型）独立点火系统的电路如图 5-54 所示，发动机点火系统主要由点火线圈、火花塞、爆燃传感器、霍尔传感器等组成。发动机控制单元位于前挡风玻璃左下角，采用独立点火方式。

帕萨特 B5 1.8T 发动机（ANQ 型）独立点火系统的检测方法如下。

（1）霍尔传感器的检修。在检测时，应保证蓄电池电压至少为 1.5V。

步骤一 拔下霍尔传感器的三针插头，如图 5-55 所示。

步骤二 用万用表测端子 1 和端子 3，打开点火开关，至少 4.5V。如果不在允许范围内，检查 ECU 到插座之间的导线。如在导线中未发现故障，且在三针插座端子 1 和端子 3 之间有电压，则更换霍尔传感器 G40；若在端子 1 和端子 3 之间无电压，则更换发动机 ECU。

（2）带功率终端极的点火线圈的检修。在检测时应保证蓄电池电压至少为 11.5V，霍尔传感器正常，发动机转速传感器正常。

步骤一 将点火线圈的功率终端极 2 和三针插头拔下，用万用表测量中间的端子和搭铁点，打开点火开关，测量供电电压，至少 11.5V。如果无电压，检查控制单元和三针插座之间的导线、端子 2 和继电器之间是否导通。

步骤二 拔下喷油器插头及点火线圈终端极的三针插座，将二极管灯连接于端子1与搭铁点之间，起动发动机，检查发动机控制单元的点火信号，二极管灯应闪烁，如果不闪烁，检查导线，如果未找到导线的故障，而在端子2和搭铁点间有电压，则更换发动机控制单元。

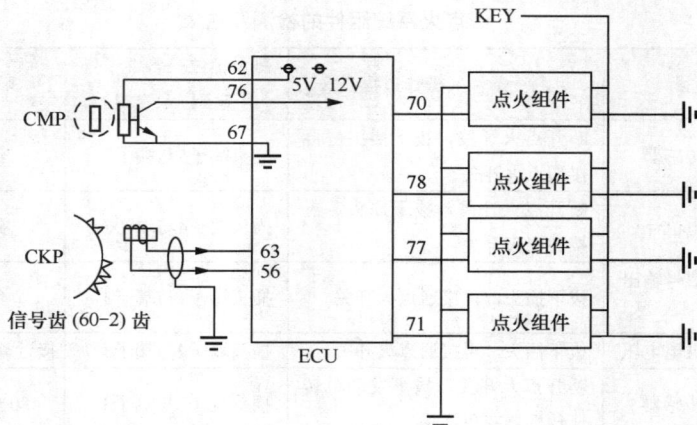

图 5-54　帕萨特 B5 1.8T 的点火系统电路

（3）发动机转速传感器的检查。在检测时应保证蓄电池电压至少为 11.5V。

步骤一 将发动机转速传感器的三针插头拔下，如图 5-56 所示。

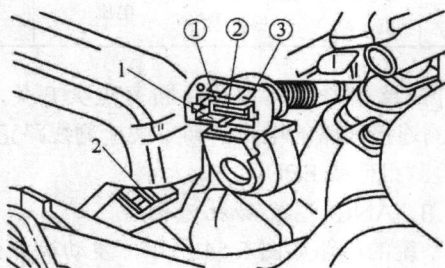

图 5-55　霍尔传感器的三针插头
1—三针插座　2—霍尔传感器

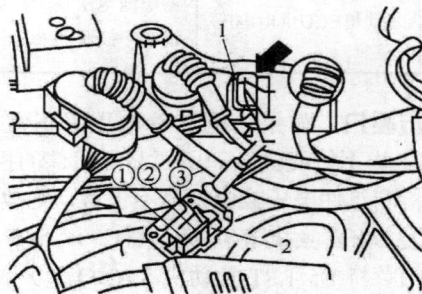

图 5-56　拔下发动机转速传感器的三针插头
1—插座　2—三针插头

步骤二 测量插座端子1和端子2之间，即传感器的电阻值，其允许值应为 480～1 000Ω，否则检查传感器的导线是否有断路或短路，如果在导线中找不到故障，拆下传感器并将传感器轮固定，检查是否有损伤和端面跳动。若传感器损坏，则更换发动机转速传感器（G28）。若传感器无故障，则更换发动机控制单元。如果点火信号正常，则更换带功率终端极的点火线圈。

□ 维修实例 □

实例一　发动机熄火后不能正常起动

（1）故障现象

别克君威 3.0 轿车，在行驶中底盘受到撞击，发动机熄火后不能正常起动。

（2）故障原因

信号发生器损坏。

（3）故障诊断与排除

用 TECH2 检测仪对该车进行检测，无故障码输出。进一步测量发现，发动机有高压电但不喷油，确诊为喷油器回路没有脉冲信号。测试点火正时正确，测量 7X 和 24X 曲轴位置传感器、冷却液温度传感器、凸轮轴位置传感器、压力传感器、空气流量计、节气门位置传感器，均正常。更换新的动力系统控制模块和点火模块，故障现象依旧。检查所有传感器与 ECU 的连线以及 ECU 的供电和搭铁，均正常。

最后，经过仔细分析其工作原理，将重点放在检测 7X 和 24X 曲轴位置传感器上。用示波器检查，发现 7X 曲轴信号严重错误，怀疑信号发生器转子有问题。向用户了解情况，得知此车曾出过交通事故，发动机拆修过。对发动机进行拆检，发现信号发生轮曾经焊修过，有多个信号发生齿已经脱落。更换损坏的信号发生器后，试车，故障排除。

在车辆维修过程中，所有信号发生器的转子掉齿后是不能修补使用的，后焊上去的齿的金属材料与其他齿的金属材料不一样，磁感应强度也不一样，且牢固程度也不理想，会使传感器感应出错误的信号，最终导致发动机出现工作不良等异常症状。

实例二　发动机在起动时有着火征兆，但不能正常运转

（1）故障现象

捷达轿车，装用 AHP 型 20 气门的电控多点燃油喷射发动机，行驶里程为 13 万千米。当起动车辆时，发动机有着火征兆，但却始终不能正常运转。发动机在起动运转过程中，排气管有少量的尾气排出。

（2）故障原因

发动机第 2 缸火花塞损坏。

（3）故障诊断与排除

根据发动机的故障现象分析，该车是由于起动时混合气太稀或点火能量不足引起的。

于是先对发动机燃油系统进行检查，用燃油压力表检测燃油压力，符合标准。接着检查发动机点火系统，检查前先准备一个两端带夹子的导线和一个火花塞。用手拔下第 2 缸分缸高压线，将准备的火花塞插到高压线的插头上。

将带夹子的导线一端接到火花塞壳体上，一端接在车身上搭铁。然后起动发动机，发现火花塞跳出很强的火花，同时发动机竟能运转起来（此时缺少第 2 缸），但因缺缸发动机怠速时严重抖动并且一会儿就熄火了。根据此现象分析故障可能与第 2 缸火花塞有关。将第 2 缸火花塞拆下并检查，发现第 2 缸的火花塞没有火花跳出，有可能是火花塞或分缸高压线损坏，而换上一个备用火花塞后有火花跳出，说明原第 2 缸火花塞已损坏。更换了第 2 缸的火花塞后，发动机能顺利起动并且运转正常。

（4）总结

因为该车点火系统取消了分电器，由发动机控制单元控制两个点火线圈初级绕组电流的通断，在次级绕组感应出高压电。两个次级绕组上各接了两个火花塞，一个点火线圈控制第 1 缸和第 4 缸，另一个点火线圈控制第 2 缸和第 3 缸。当一个火花塞失效不能点火时，另一个气缸也受到影响不能点火。

　　此车的情况就是这样，由于第 2 缸火花塞失效，导致第 3 缸的火花塞也不能点火。于是，在起动发动机时，只有第 1 缸和第 4 缸两个气缸工作，即发动机有着火征兆但不能起动运转。当进行跳火试验时，备用的火花塞良好而能跳火，第 3 缸火花塞也能正常工作了。此时，有 3 个气缸可着火工作，发动机就运转起来了。

　　为什么一个火花塞失效能影响另一个火花塞工作呢？根据无分电器点火系统结构原理分析，当第 3 缸处于压缩行程上止点时，气缸内部压力很大，火花塞电极间压缩气体电阻也很大，而第 2 缸处于排气行程上止点，气缸内压力接近大气压，火花塞电极间电阻较小。

　　因此点火线圈的次级绕组感应出的高压电主要加在第 3 缸火花塞上，使第 3 缸火花塞电极间隙击穿而导通跳火，同时又通过第 2 缸火花塞使其也跳火，这样形成点火回路。如果第 2 缸火花塞断路，则第 2 缸和第 3 缸的点火回路也出现断路，导致两个气缸均不能跳火，于是，发动机也就无法正常起动运转了。

小　结

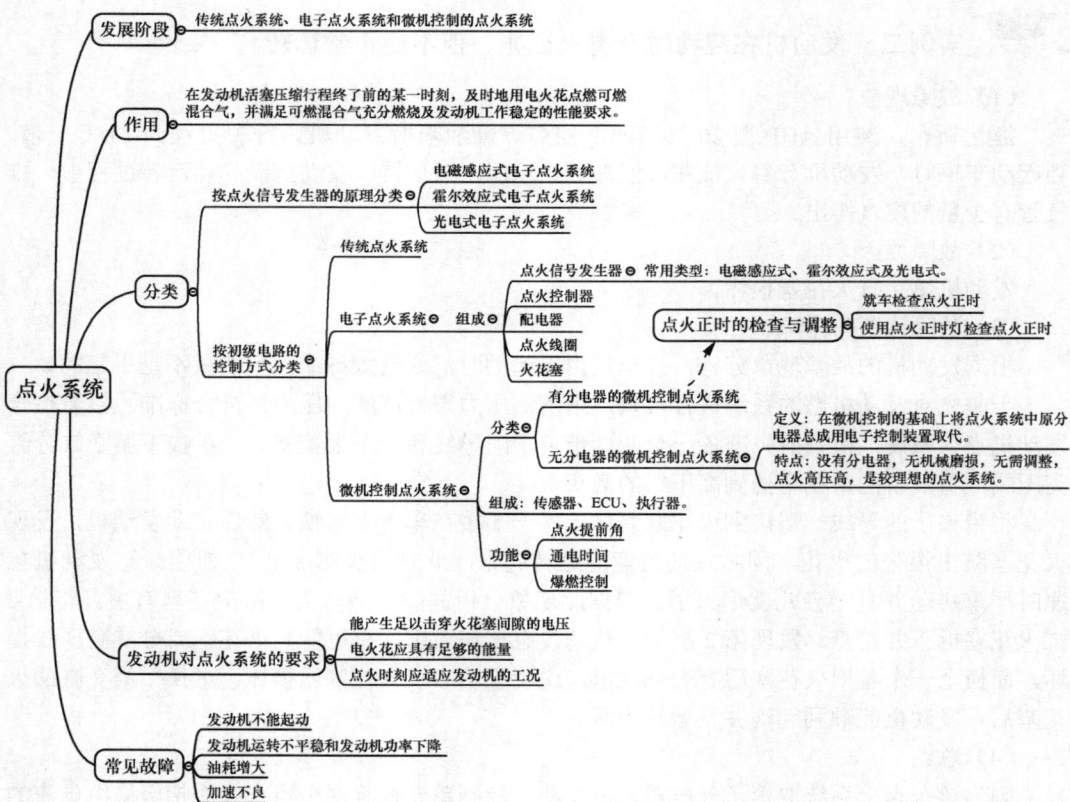

- **点火系统**
  - **发展阶段**——传统点火系统、电子点火系统和微机控制的点火系统
  - **作用**——在发动机活塞压缩行程终了前的某一时刻，及时地用电火花点燃可燃混合气，并满足可燃混合气充分燃烧及发动机工作稳定的性能要求。
  - **分类**
    - 按点火信号发生器的原理分类
      - 电磁感应式电子点火系统
      - 霍尔效应式电子点火系统
      - 光电式电子点火系统
    - 按初级电路的控制方式分类
      - 传统点火系统
      - 电子点火系统
        - 组成
          - 点火信号发生器 ⊖ 常用类型：电磁感应式、霍尔效应式及光电式。
          - 点火控制器
          - 配电器
          - 点火线圈
          - 火花塞
        - 点火正时的检查与调整
          - 就车检查点火正时
          - 使用点火正时灯检查点火正时
      - 微机控制点火系统
        - 分类
          - 有分电器的微机控制点火系统
          - 无分电器的微机控制点火系统 ⊖ 定义：在微机控制的基础上将点火系统中原分电器总成用电子控制装置取代。
            - 特点：没有分电器，无机械磨损，无需调整，点火高压高，是较理想的点火系统。
        - 组成：传感器、ECU、执行器。
        - 功能
          - 点火提前角
          - 通电时间
          - 爆燃控制
  - **发动机对点火系统的要求**
    - 能产生足以击穿火花塞间隙的电压
    - 电火花应具有足够的能量
    - 点火时刻应适应发动机的工况
  - **常见故障**
    - 发动机不能起动
    - 发动机运转不平稳和发动机功率下降
    - 油耗增大
    - 加速不良

练习思考题

1. 点火系统有何作用？
2. 发动机对点火系统的要求有哪些？
3. 点火系统是如何分类的？
4. 电磁式电子点火系统的工作原理如何？举例说明。
5. 霍尔效应式电子点火系统的工作原理如何？举例说明。
6. 无分电器的微机控制点火系统由哪些部件组成？
7. 无分电器的微机控制点火系统的工作原理如何？
8. 说明就车检查点火正时和使用点火正时灯检查点火正时的流程。
9. 点火系统常见的故障有哪些？试举例说明故障的诊断流程。

任务一 照明系统的检修

□ 学习目标 □

（1）了解照明系统的作用、类型。
（2）熟悉照明系统的结构、工作原理。
（3）掌握照明系统主要部件的拆装方法。
（4）掌握照明系统的电路分析方法。
（5）掌握照明系统的检修方法及主要部件的检查调整方法。
（6）能够对照明系统常见故障进行分析，确定故障诊断流程，掌握故障诊断方法。
（7）培养学生严谨细致的工作态度。

□ 任务引入 □

一辆帕萨特轿车，行驶里程为 16 万千米。在打开该车前照灯开关时，前照灯均不亮。

为了保证汽车行驶的安全性，减少道路交通事故和机械事故的发生，汽车上都安装了多种照明设备。熟悉照明系统的结构、工作原理，掌握照明系统的检修方法及主要部件的检查调整方法，是汽车维修技术人员的基本技能。

□ 相关知识 □

一、对前照灯的照明要求

为了保证汽车行驶的安全性，减少道路交通事故和机械事故的发生，汽车上都安装了多种照明设备。不同汽车照明系统是不完全相同的，除了美观、实用外，必须满足两个要求：保证行车安全和符合交通法规规定。为保证行车安全，对前照灯的照明要求如下。

（1）足够的照明距离

前照灯应保证车前有明亮而均匀的照明，使驾驶人能看清车前 100m 内路面上的障碍物。随着汽车行驶速度的提高，对汽车前照灯的照明距离也要求越来越远。

（2）应能防止炫目

前照灯在工作时，应避免驾驶人炫目，以免夜间两车相会时，使对方驾驶人炫目，而造成交通事故。

二、照明系统的组成与作用

视频

认识汽车照明装置

视频

常用汽车灯语

照明系统的组成与作用如表 6-1 所示。

表 6-1　　　　　　　　　　　　　汽车照明系统的组成与作用

名称	安装位置	作用	功率
前照灯（又称大灯、头灯）	安装在汽车前部	其作用是用来照亮车前的道路，有两灯制和四灯制之分。两灯制是指在汽车前端左右各装一个前照灯，四灯制是指在汽车前端左右各装两个前照灯	远光灯：40～60W；近光灯：35～55W
小灯（又称示廓灯、示宽灯、驻车灯，车辆后方的也可称尾灯）	安装在汽车前部和后部	其作用是汽车在夜间或光线昏暗路面上行驶或停车时，标示车辆的轮廓或位置。前小灯为白色，后小灯为红色	5～10W
牌照灯	安装在汽车尾部的牌照上方	其作用是夜间照亮汽车牌照，灯光为白色	5～15W
仪表灯	安装在汽车仪表上	用于夜间照亮仪表，灯光为白色	2～8W
顶灯	安装在驾驶室的顶部	用于驾驶室内部照明，灯光为白色	5～8W
雾灯	安装在汽车前部和后部	其作用是在能见度较低的雨雾天气时进行照明，以提高行车安全。灯光一般采用波长较长的黄色、橙色或红色，因其穿透性较强。安装在后部的后雾灯一般只有一个	35～55W
转向灯	安装在汽车前部、后部、左右侧面（或后视镜上）	其作用是表示汽车的运行方向。左右转向灯同时闪亮时，表示有紧急情况。灯光为黄色	20W以上
制动灯（又称刹车灯）	安装于汽车后部	其作用是在汽车制动停车或制动减速行驶时，向后车发出灯光信号，以警告尾随的车辆，防止追尾。灯光为红色	20W以上
倒车灯	安装在后部	其作用有两个：一个是向其他的车辆和行人发出倒车信号；另一个是夜间倒车照明。灯光为白色	20W以上

名称	安装位置	作用	功率
系统工作指示灯	安装在仪表板上	其作用是指示某一系统是否处于工作状态。灯光为红色（如远近光指示灯、转向指示灯、雾灯工作指示灯、空调工作指示灯、驻车制动指示灯、收放机工作指示灯、自动变速器挡位指示灯等）	2W
报警灯	安装在仪表板上	其作用是监测汽车某一工作系统的技术状况，当出现异常情况时发出报警灯光信号。灯光为红色、绿色或黄色（如发动机故障报警灯、机油报警灯、冷却液温度报警灯等）	2W

注：此外，汽车的照明系统还有工作灯、门灯、踏步灯、行李箱灯、阅读灯等。

三、照明系统的位置

目前，汽车照明系统大都采用组合灯具，即把前照灯、前转向灯、前小灯等组合在一起，构成前组合灯（图 6-1 所示为奥迪 A6 轿车前组合灯的分解图），把倒车灯、制动灯、后转向灯、后小灯、后雾灯等组合在一起，构成后组合灯。

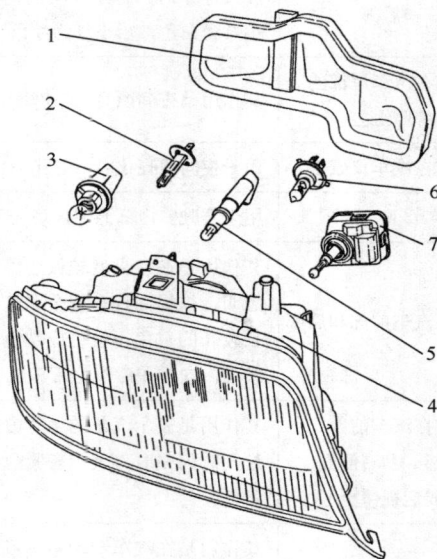

图 6-1　奥迪 A6 轿车前组合灯的分解图

1—罩盖　2—近光灯灯泡　3—转向灯灯泡　4—前照灯壳体　5—驻车灯灯泡
6—远光灯灯泡　7—前照灯照明调节电动机

图 6-2 ～图 6-4 所示为宝马 3 系轿车前部和后部照明系统的名称。

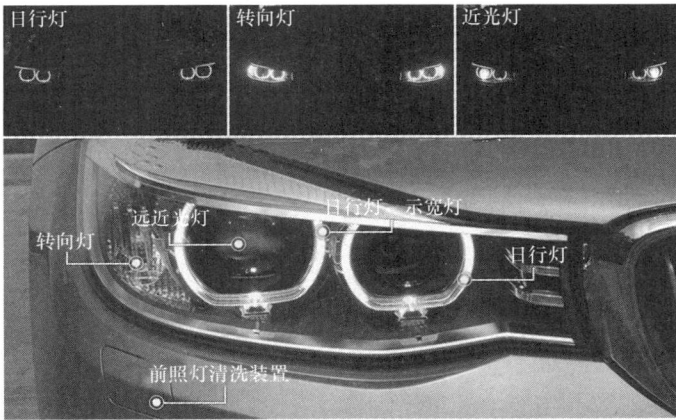

图 6-2　前部照明系统

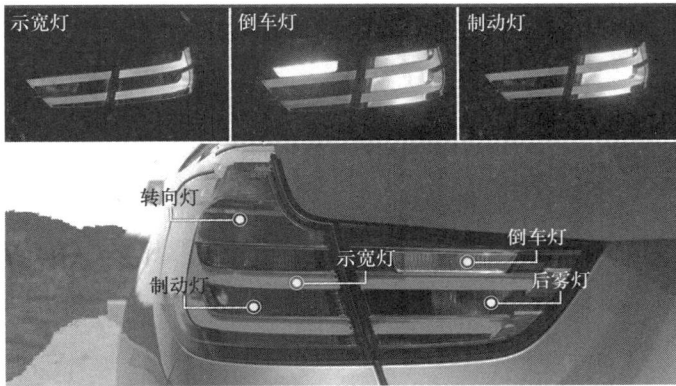

图 6-3　后部照明与信号系统

图 6-4　前雾灯

四、照明系统的结构特点

1. 前照灯光学组件的组成

前照灯的光学组件由灯泡（光源）、反射镜和配光镜 3 部分组成，如图 6-5 所示。

（1）灯泡

前照灯灯泡的结构如图 6-6 所示。

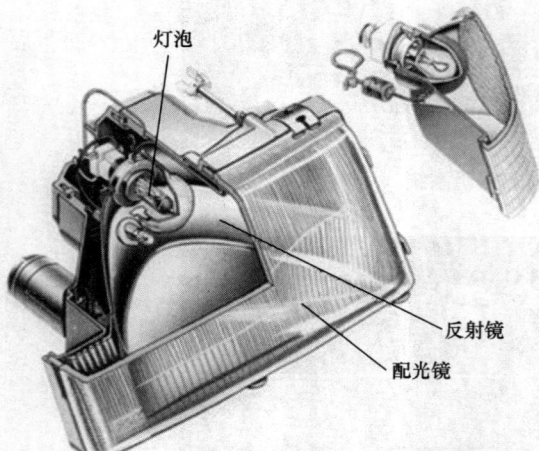

图 6-5　前照灯的光学组件

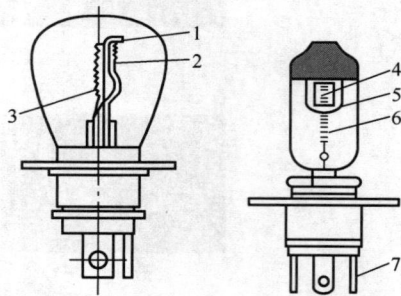

（a）充气灯泡　　（b）卤钨灯泡

图 6-6　前照灯灯泡结构

1、5—遮光罩　2、4—近光灯丝

3、6—远光灯丝　7—插片

① 充气灯泡。充气灯泡采用钨丝作灯丝，灯泡内充满氩和氮的混合惰性气体。在灯泡工作时，由于惰性气体受热后膨胀会产生较大的压力，这样可减少钨的蒸发，故能提高灯丝的温度，增强发光效率，从而延长灯泡的使用寿命。

② 卤钨灯泡。充气灯泡虽已充入惰性气体，但仍然会因钨丝蒸发而使灯泡变黑。为了防止钨丝的蒸发，近年来又发明了卤钨灯泡。

> **提示**
>
> 　　卤钨灯泡使用寿命长，发光效率进一步提高。在相同功率的情况下，卤钨灯的亮度是充气灯泡的 1.5 倍，寿命是充气灯泡的 2～3 倍。

（2）反射镜

反射镜是用薄钢板冲压而成的，其表面镀银、铬、铝等，然后抛光。

反射镜的作用是尽可能多地收集灯泡发出的光线，并将这些光线聚合成很强的光束射向远方。半封闭式前照灯反射镜如图 6-7 所示。

（3）配光镜

配光镜也称散光玻璃，是由透明玻璃压制而成的棱镜和透镜的组合体。配光镜的作用是将反射镜反射出的光束进行折射，以扩大光线的照射范围，使车前 100m 内的路面各处都有良好而均匀的照明。配光镜如图 6-8 所示。

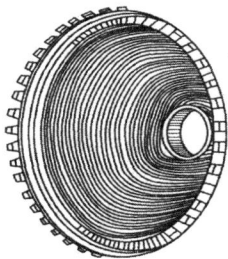

图 6-7　半封闭式前照灯反射镜

图 6-8　配光镜

2．前照灯防炫目的类型

夜间会车时，前照灯发出的强光束会使迎面来的汽车驾驶人炫目，很容易发生交通事故，所以在这方面必须引起足够的重视。前照灯防炫目一般采用表 6-2 所示的类型。

表 6-2　　　　　　　　　　　　　　前照灯防炫目的类型

类型	特点	结构图
采用双丝灯泡	前照灯采用双丝灯泡，远光灯丝位于反射镜的焦点上，功率为40～60W；近光灯丝位于反射镜焦点的上方或前方，功率为35～55W。这样夜间行车，当对面无来车时，使用远光灯，可照亮车前方150m以外的路面；当对面来车时，使用近光灯，由于光线较弱，经反射后的光线大部分射向车前的下方，所以可避免对方驾驶人炫目	 （a）远光灯　　　（b）近光灯
采用带遮光罩的双丝灯泡	双丝灯泡中，近光灯丝射向反射镜下部的光线经反射后，将射向斜上方，仍会使对面的驾驶人炫目。为了克服上述缺陷，在近光灯丝的下方装有遮光罩。当使用近光灯时，遮光罩能将近光灯丝射向反射镜下部的光线遮挡住，无法反射，提高防炫目效果。带遮光罩的双灯泡广泛使用在汽车上	 1—近光灯丝　2—遮光罩　3—远光灯丝

类型	特点	结构图
采用不对称光形	前照灯配光光形标准型如右侧图（a）所示。不对称光形如右侧图（b）所示，这是一种新型的防炫目前照灯。其遮光罩安装时偏转一定角度，使其近光的光形分布不对称，将近光灯右侧光线倾斜升高15°	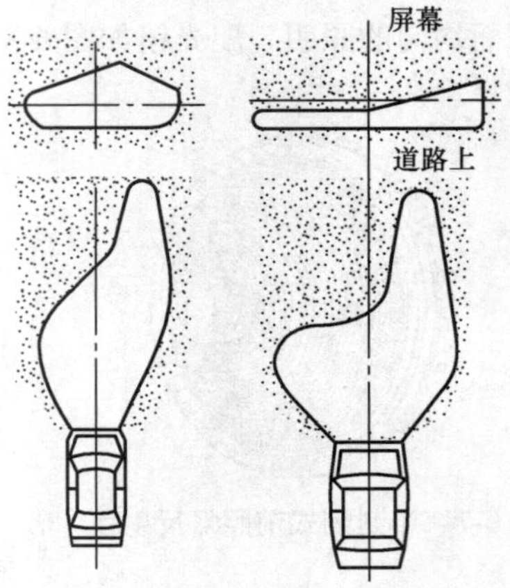 （a）标准型　（b）非对称型
Z型光形	为防止对面来车驾驶人与非机动车人员炫目，Z型光形是目前最先进的光形。它不仅可防止对面驾驶人炫目，也可防止非机动车人员炫目	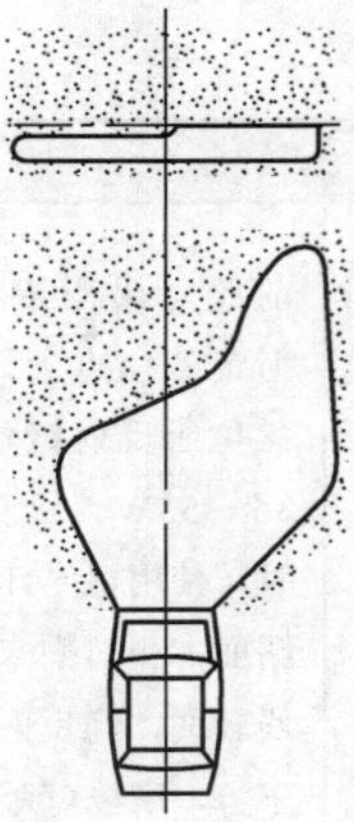

3. 前照灯的分类

（1）可拆式前照灯

这种前照灯的配光镜靠反射镜边缘上的齿簧与反射镜组合在一起，并用箍圈和螺钉将它们固定在灯壳上，可拆式前照灯由于密封性不好，反射镜易受灰尘和湿气的污染而变黑，严重影响照明效果，目前已很少使用。

（2）全封闭式前照灯

全封闭式前照灯又称为真空灯。它的反射镜和配光镜制成一体，里面装有灯丝，并充以惰性气体。灯丝焊在反射镜底座上。反射镜的镜片为真空镀铝，其结构如图6-9所示。这种结构的优点是可以完全避免反射镜受到污染。但是当灯丝烧坏后，需要更换前照灯总成，成本较高。

（3）半封闭式前照灯

半封闭式前照灯结构如图6-10所示。其配光镜由反射镜边缘上的牙齿固定在反射镜上，两者之间有橡胶圈或密封胶密封。灯泡可从反射镜后端进行拆装，维修方便，因此得到普遍使用。

提示

更换灯泡时，切勿用手触摸灯泡玻璃壳部分，以免缩短灯泡寿命。

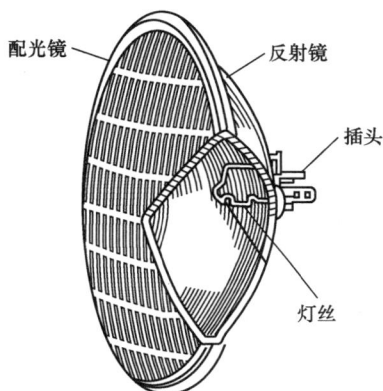

图6-9　全封闭式前照灯结构

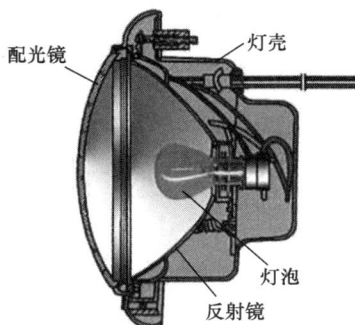

图6-10　半封闭式前照灯结构

（4）投射式前照灯

如图6-11所示，投射式前照灯的反射镜近似于椭圆形状，它具有两个焦点。第一焦点处放置灯泡，第二焦点是由光线形成的。凸形散光镜的焦点与第二焦点是一致的。来自灯泡的光利用反射镜聚成第二焦点，再通过散光镜将聚集的光投射到前方。投射式前照灯采用的灯泡为卤钨灯泡。在第二焦点附近设有遮光板，可遮挡上半部分光，形成明暗分明的配光。由于它的这种配光特性，因此也可用于雾灯。

投射式前照灯的反射镜采用扁长断面，光束横向分布效果好，结构紧凑，经济实用。

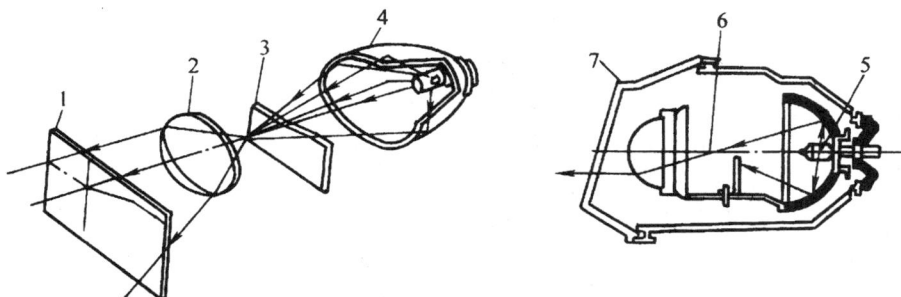

图6-11　投射式前照灯结构

1—屏幕　2—凸形配光镜　3—遮光镜　4—椭圆反射镜　5—第一焦点　6—第二焦点　7—总成

（5）HID 氙气式前照灯

HID（High Intensity Discharge）是高强度气体放电式灯的英文缩写。该型灯放电的气体是氙气，故也称氙气灯。氙气式前照灯的外形如图 6-12 所示，结构如图 6-13 所示。这种灯的灯泡里没有灯丝，取而代之的是装在石英管内的两个电极，管内充有氙气及微量金属（或金属卤化物）。在电极上

图 6-12　氙气式前照灯的外形

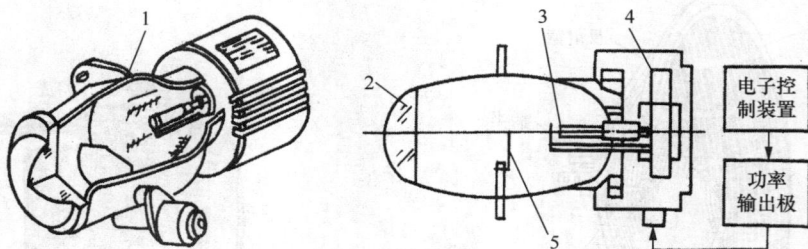

加 5 ～ 12kV 电压后，气体开始电离而导电。由气体原子激发到电极间少量的水银蒸气，最后转入卤化物弧光灯工作。氙气式前照灯由氙气灯组件、电子控制器和升压器三大部分组成。

图 6-13　氙气式前照灯的结构

1—总成　2—透镜　3—弧光灯　4—引燃及稳弧部件　5—遮光灯

提示

氙气式前照灯灯泡的光色和日光灯相似，亮度是卤钨灯泡的 2.5 倍，寿命是卤钨灯泡的 5 倍。灯泡的功率为 35W，可节能 40%。目前，在中高级轿车中氙气式前照灯应用比较广泛。

五、汽车 LED 灯

发光二极管（Light Emitting Diode，LED）是一种能够将电能转化为可见光的半导体，它改变了白炽灯钨丝发光与节能灯三基色粉发光的原理，而采用电场发光。汽车 LED 后组合灯如图 6-14 所示。

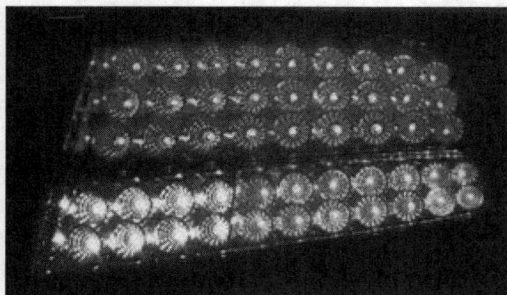

LED 具有与安全相关的优势，特别是在停车灯及方向指示灯方面：LED 与传统灯丝和灯泡相比，反应更快速，在汽车行驶过程中，LED 灯可以使随后的车辆更早得到警示信号。LED 更进一步的优势在于照明区域的均衡性。正因为使用了 LED，功能区才能在第一时间

图 6-14　LED 后组合灯

实现完全照明，而不需中间的有色透镜。

汽车 LED 灯根据应用可分为配光用灯和装饰用灯两种。配光灯适用于仪表指示灯背光显示、前后转向灯、制动指示灯、倒车灯、雾灯、阅读灯等功能性方面；装饰灯主要用于汽车灯光色彩变换，起车内外美化作用。近几年随着部分车用 LED 亮度问题的解决和成本的下降，其应用量大幅增长。国内常见的车型大都采用了 LED 灯。图 6-15 所示为新款大众迈腾轿车 LED 前组合灯。

与传统灯泡比起来，LED 的优点如下。

（1）点亮无延迟，响应时间更快，防止车辆发生不安全事故。

（2）结构简单，内部采用支架结构，四周用透明的环氧树脂密封，有更强的抗振性能。

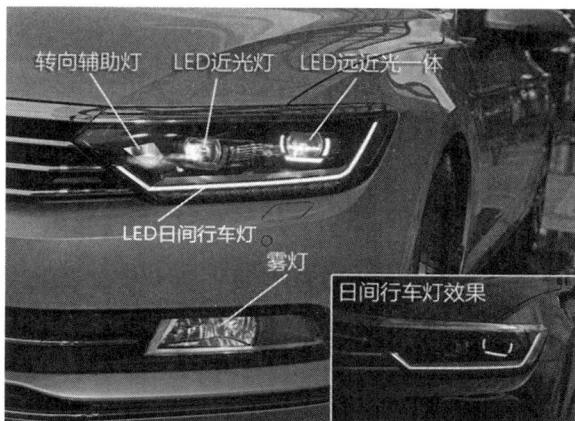

图 6-15　大众迈腾轿车 LED 前组合灯

（3）发光纯度高，无需灯罩滤光，光波长误差在 10nm 以内。

（4）发光热量很小，对灯具材料的耐热性要求不是很高。

（5）光束集中，更易于控制，且不需要用反射器聚光，有利于减小灯具的深度。

（6）节能，耗电量低，达到传统灯泡同等的发光亮度时，耗电量仅为传统灯泡的 6%。

（7）车辆控制电路不易被氧化。

（8）使用寿命长。无灯丝结构不发热，一般可达几万乃至十万小时。

（9）光线质量高，基本上无辐射，属于"绿色"光源。

（10）LED 占用体积小，设计者可以随意变换灯具模式，令汽车造型多样化。

六、前照灯的控制

1. 照明系统控制电路的特点

下面以桑塔纳 2000 轿车为例，介绍照明系统电路的特点。桑塔纳 2000 轿车照明系统电路如图 6-16 所示。

桑塔纳 2000 轿车的前照灯 23 直接由车灯开关 4 控制，车灯开关 4 在 Ⅱ 挡时，通过变光开关 2 进行远光和近光变换控制。此外，远光灯还可由超车灯开关 2 直接控制，在超车时使用。

雾灯继电器 8 由车灯开关 4 的 Ⅰ 挡控制。前、后雾灯开关 19 的电源来自负荷继电器 5 控制的大功率火线。雾灯开关 19 的 Ⅰ 挡接通前雾灯 20 的电路，Ⅱ 挡同时接通前后雾灯的电路。

牌照灯 6 由车灯开关 4 控制，在车灯开关 Ⅰ 挡或 Ⅱ 挡时都接通。

顶灯 10 和行李箱灯 9 由门控开关控制，当行李箱或车门打开时，其门控开关就会接通行李箱灯或顶灯电路。

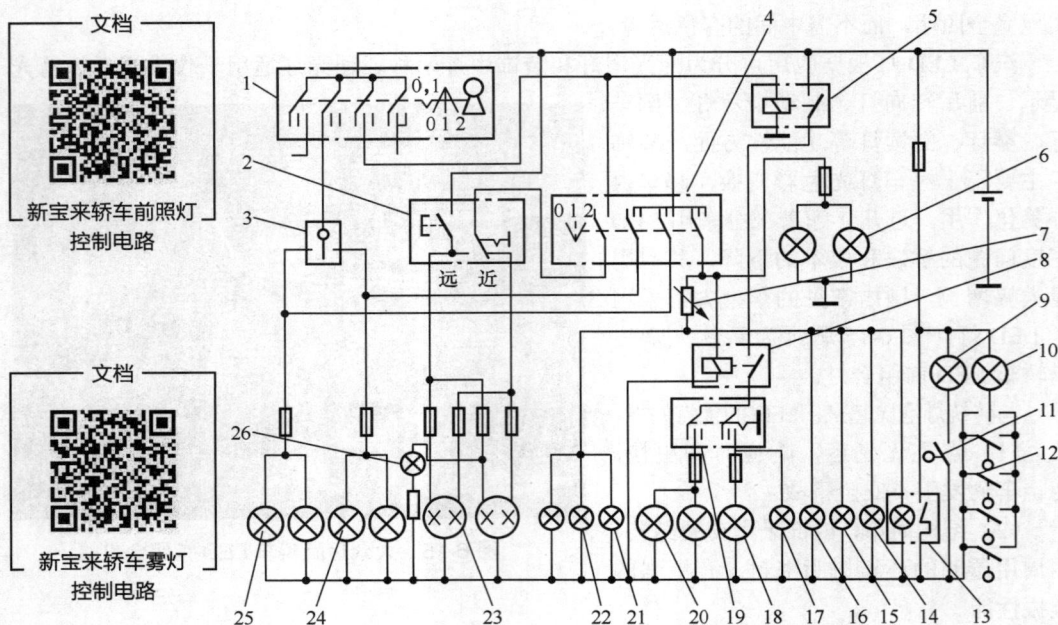

图 6-16　桑塔纳 2000 轿车照明系统电路

1—驻车灯开关　2—变光开关和超车灯开关　3—小灯开关　4—车灯开关　5—负荷继电器　6—牌照灯　7—仪表
灯调节电阻　8—雾灯继电器　9—行李箱灯　10—顶灯　11—行李箱灯门控开关　12—顶灯门控开关　13—点烟器
照明灯　14—雾灯开关照明灯　15—后风窗除霜器开关照明灯　16—空调开关照明灯　17—雾灯指示灯
18—后雾灯　19—前、后雾灯开关　20—前雾灯　21—仪表灯　22—时钟照明灯　23—前照灯
24—右前后小灯　25—左前后小灯　26—远光指示灯

仪表板、时钟、点烟器、后除霜器开关、空调开关、雾灯开关等照明灯也均由车灯开关控制。当车灯开关在Ⅰ挡或Ⅱ挡时，上述照明灯均被接通，其亮度可通过仪表板上的仪表灯调节电阻 7 进行调节。

2. 新型灯光自动控制系统

（1）概述

为了保证车辆行驶时照明的安全与方便，减轻驾驶人的劳动强度，近年来，出现了多种新型灯光自动控制系统，目前已装配在车辆上的控制系统有前照灯自动开闭控制系统、前照灯水平与垂直照射范围调整（光束调整）系统、会车自动变光系统、延时关闭系统、随动转向前照灯系统（AFS）等。新型灯光自动控制系统的框图如图 6-17 所示。

新型灯光自动控制系统的基本功能如下。

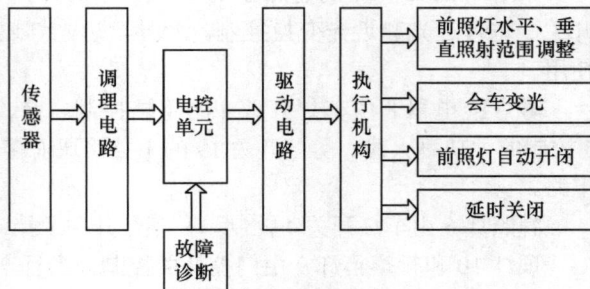

图 6-17　新型灯光自动控制系统框图

① 前照灯自动开闭控制。主要有以下功能：

a. 当外界光线不足时（如夜间、白天过隧道、进入地下停车场等），影响驾驶人的正常操作，开启前照灯；

b. 当外界光线足够时（如黎明、白天、驶出隧道后等），关闭前照灯；

c. 为防止外界环境瞬间变亮而造成前照灯关闭，采取延时技术，即当周围的亮度持续明亮一段时间时，再关闭前照灯。

② 停车后车灯的延时关闭。夜晚停车发动机熄火后，灯光自动控制系统会根据检测到的发动机状态和车门状态，使前照灯自动延时熄灭，为驾驶人及乘员提供方便。

③ 车辆在夜晚行驶转弯时，车辆根据转向角和车速的变化自动调整前照灯的近光照射方向，照亮车辆即将行驶到的前方路面。

④ 当车辆前后载荷发生变化而使车身倾斜时，系统根据安装在前后车轴上的车身高度传感器所测得的信号进行判断处理，补偿车辆载荷的变化，实现照明距离的自动调节。

⑤ 夜晚车辆行驶在高速公路上，如遇到上坡，根据车速、坡度以及汽车到坡的距离等信息自动调整前照灯的照射距离，实现远距离照明，增加前方路面的视野信息。

⑥ 车辆在夜晚行驶会车时，前照灯的远近光自动变光控制，即在会车时，灯光系统自动变为近光状态，会车完毕后又自动恢复到远光状态。

⑦ 车灯故障诊断。车辆行驶前以及行驶过程中，该系统对所有车灯进行实时检测，如果出现故障，则报警提示相应故障。

（2）新型灯光自动控制系统工作原理简介

利用车速传感器和转向盘转角传感器、车身高度传感器、红外测距传感器、光电传感器（环境光照传感器）检测以及对发动机工作状态和车门状态的检测来判断确定车辆的行驶状态、车辆行驶的道路状况和外界环境光线的强弱以及光线实时变化的情况，把检测到的信号转化为电信号，并输入到电控单元（单片机）中进行判断处理，进而发出相应的指令控制车灯做出相应的调整，从而实现车灯的自动控制。同时，灯光自动控制系统在车辆行驶前及行驶过程中，通过用检测各处车灯供电线路的反馈电流信号以及光电传感器检测输入的信号两种方法来共同检测判断各个车灯工作是否正常。

（3）别克君威轿车前照灯的自动控制

别克君威轿车前照灯自动控制电路（自动前照灯模块、环境光照传感器电路图）如图6-18所示。

① 前照灯自动开闭控制。当接通点火开关且关闭前照灯开关时，如果自动前照灯控制模块检测到光线足够暗且松开驻车制动器时，前照灯自动接通。只要符合自动前照灯开启条件，无法手动关闭。如需车辆怠速时临时关闭自动前照灯，可将点火开关从关闭（OFF）转到锁止（LOCK）位置，拉紧驻车制动器，然后起动发动机并怠速运行，自动前照灯将保持关闭，直到松开驻车制动器。自动前照灯工作且前照灯开关位于 OFF 位置时，自动控制模块还将开启驻车灯、侧灯、牌照灯和仪表板背景灯。

② 延时照明功能。关闭发动机后，自动前照灯会延迟约90s，提供外部照明，称为照明回家功能。如果不需要延时照明功能时，可直接转动前照灯开关关闭前照灯。

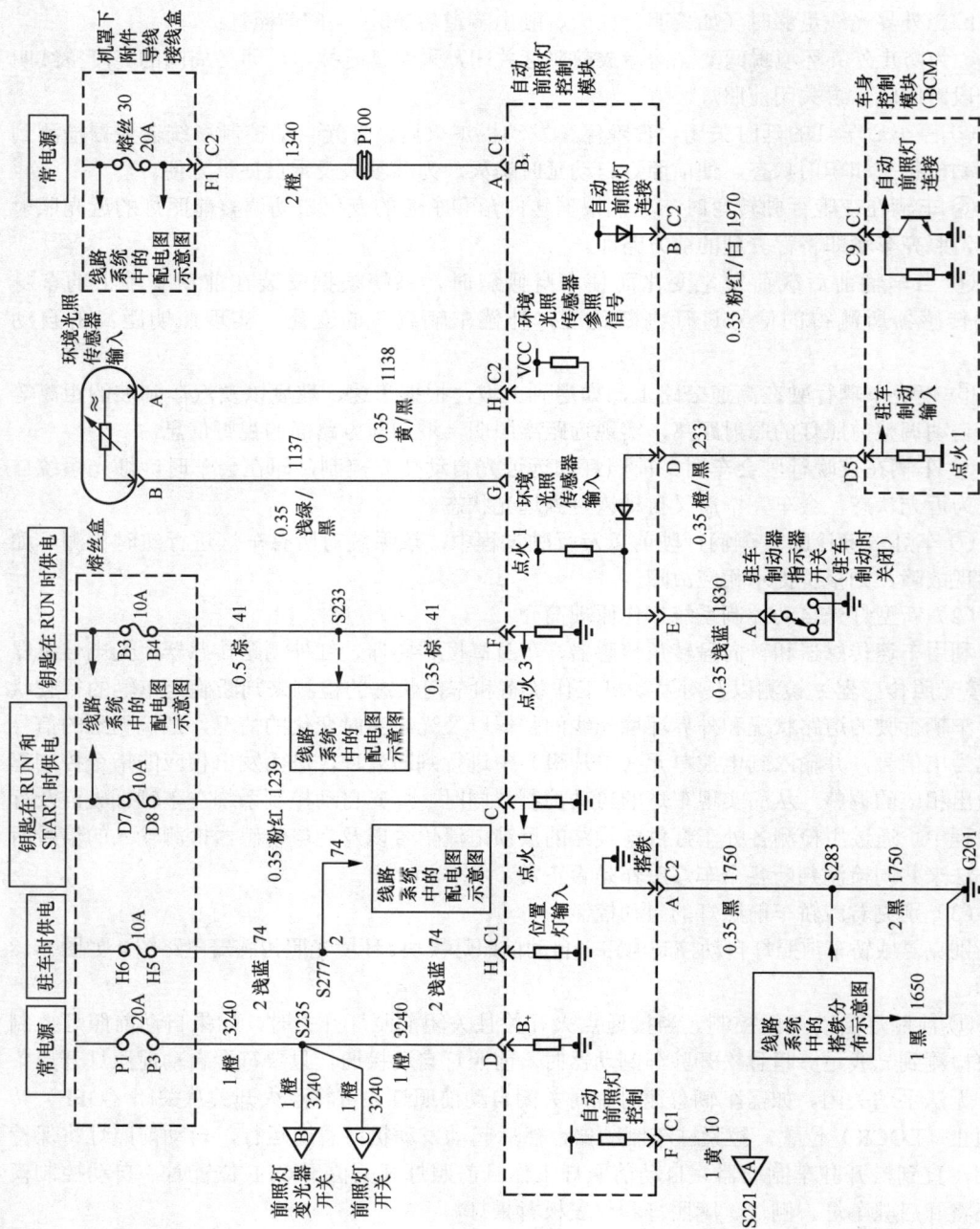

图 6-18 自动前照灯模块、光照传感器电路图

延时照明功能可以自动设置或取消，方法是关闭所有车门，将点火钥匙置于 RUN，进行以下操作。

a. 按下并保持锁定开关，同时接通和断开前照灯开关两次。

b. 松开锁定开关。这些操作必须在 10s 内完成，下一步操作时间间隔不超过 10s。

c. 按下并保持开锁开关，同时接通和断开前照灯开关两次。

d. 松开开锁开关，这些操作必须在 10s 内完成。

如果听到一次钟鸣声，说明前照灯照明延时功能被取消；如果听到两次钟鸣声，说明前照灯照明延时功能已经启用。

提示

在断开车上蓄电池一年时间内，以上设定不会改变。

③ 环境光照传感器。如图 6-19 所示，环境光照传感器是一个光敏电阻，位于仪表板中部前方，靠近风窗玻璃处。当外界光照强度增加时，传感器电阻减小，自动前照灯控制模块通过检测传感器阻值决定是否启亮前照灯。自动前照灯工作时，通过电路 10 接通前照灯。同时，通过电路 74 接通驻车灯、侧灯和牌照灯，如图 6-18 所示。

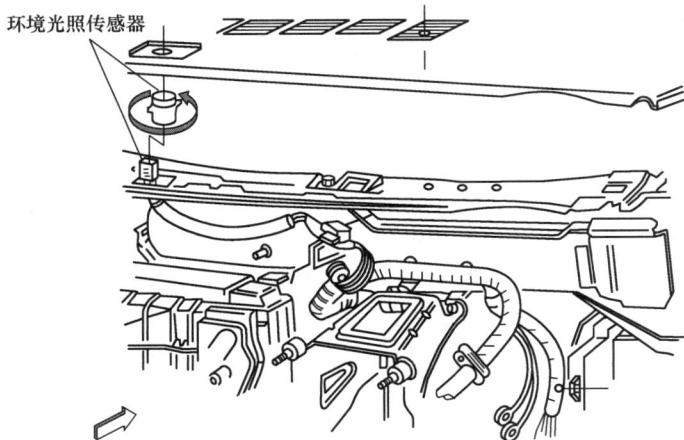

图 6-19　环境光照传感器安装位置

提示

当点火开关接通且自动前照灯控制模块检测到暗光线时，如果踩下驻车制动器，则前照灯不会点亮；松开驻车制动器后，前照灯自动点亮；自动前照灯点亮后，再踩下驻车制动器时前照灯不会熄灭。

（4）随动转向前照灯系统（AFS）

随动转向前照灯系统（Adaptive Front-lighting System，AFS）也称主动转向前照灯，它能够不断地对前照灯进行动态调节，保持与汽车的当前行驶方向一致，以确保对前方道路提供最佳照明并对驾驶人提供最佳可见度，从而显著增强了黑暗中驾驶的安全性。汽车有无随动转向前照灯系统的照明效果对比如图 6-20 所示。

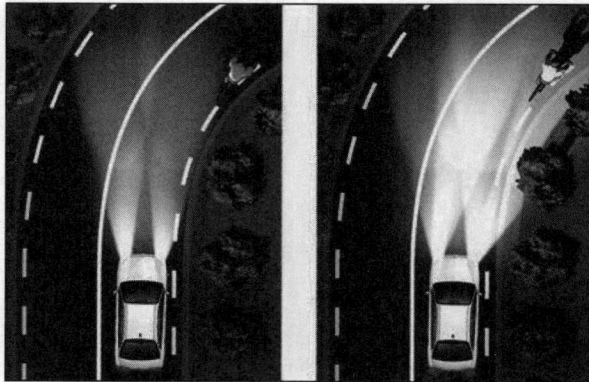

(a) 无AFS   (b) 有AFS

图 6-20　汽车有无随动转向前照灯系统的照明效果对比

通常，汽车上安装的普通前照灯具有固定的照射范围，当夜间汽车在弯道上转弯时，由于无法调节照明角度，常常会在弯道内侧出现"盲区"，极大地威胁了驾驶人夜间的安全驾车。AFS 系统能够根据行车速度、转向角度等自动调节前照灯的偏转，以便能够提前照亮"未到达"的区域，提供全方位的安全照明，以确保驾驶人在任何时刻都拥有最佳的可见度。

随动前照灯转向照明系统，主要是在车头前照灯组内的后方或底座安装了转向电动机，当驾驶人转动转向盘时计算机会收集转向盘的转向角度和车速的信号，然后发送控制指令给前照灯组内的转向电动机，令其随着车辆的实际过弯动态进行左右转动与实时调整，让照明光束集中在行车路线上，让驾驶人可清楚地看到车辆前方即将经过的弯道上的路况。

目前，宝马、通用新君越、丰田凯美瑞等轿车配备的氙气随动转向前照灯装置包括弯道照明模式、高速公路模式、城镇照明模式等，使驾驶人能清楚看到原本处于视野盲区的情况，有效提升了道路交通安全。

···········□ 任务实施 □···········

操作一　前照灯的检修

前照灯是汽车夜间行驶的主要设备，前照灯亮度、光束角度如果不正确，将影响夜间行车安全。因此，前照灯灯泡烧毁、污损、照射角度不正常，都是很危险的现象，必须在维护中及时修复。

1. 全车灯光工作情况的检查

两个人配合检查前照灯、转向灯、示宽灯、制动灯等灯光装置。检查时，打开灯光开关，依次检查全车各部位的灯光；踩下制动踏板查看制动灯情况。发现灯不亮的故障应予以排除。

提示

常见的灯光不亮故障原因有灯泡烧毁或熔丝烧断，更换灯泡或熔丝即可排除故障。

2. 前照灯光束的调整

（1）使用前照灯测试仪调整前照灯

将轮胎气压正常的空车，停放在平坦的场地上，在驾驶室内乘坐一名驾驶人或将 60kg 的重物放在驾驶人位置上，使车前部对准前照灯测试仪，按测试结果进行调整。

（2）手工调整

步骤一　将车辆停放在平坦的场地上，轮胎气压符合规定值，在驾驶室内乘坐一名驾驶人或将 60kg 的重物放在驾驶人位置上，使车前部对幕墙保持一定的距离（正面相对 10m 左右）。

步骤二　接通灯光开关，以一只灯为单位调整，遮蔽其他前照灯。

步骤三　然后拧动上下左右光束调整螺钉，使主光束（光度最高点）处于规定高度；前照灯上下左右调整时，必须拧入调整螺钉进行调整。图 6-21 所示为奥迪 A6 轿车左前照灯的调整。左前照灯高度调整时，转动调整螺钉 1 和 2，转动圈数要相同，侧向调整时只需转动调整螺钉 2。右前照灯调整螺钉与此对称。

步骤四　若需拧松调节时，应先完全拧松后再拧入调整螺钉进行调整。

视频

前照灯的调整方法

图 6-21　左前照灯的调整

1—高度调整螺钉　2—高度 / 侧向调整螺钉

3. 前照灯照明范围的调整

以一汽大众高尔夫 7 轿车为例，介绍前照灯照明范围的调整，具体操作步骤如表 6-3 所示。

表 6-3　前照灯照明范围的调整

步骤	操作方法	图示
一	将车灯开关（旋钮）旋转至车灯开启位置	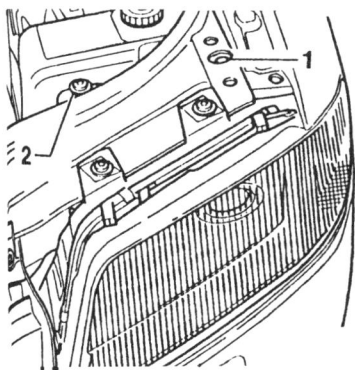 车灯开关

步骤	操作方法	图示
二	前照灯照明范围的调节旋钮在转向盘的左侧，在仅驾驶人座椅有人或前排座椅都有人、行李箱空载的情况下，可将调节旋钮拧至"—"标识的位置	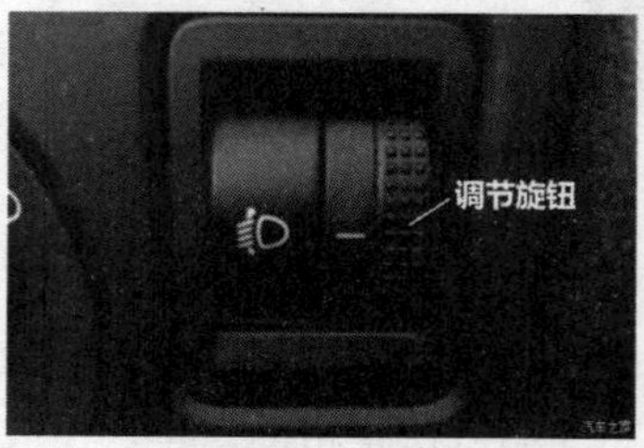
三	在所有座椅有人、行李箱空载时，可将调节旋钮拧至"1"的位置	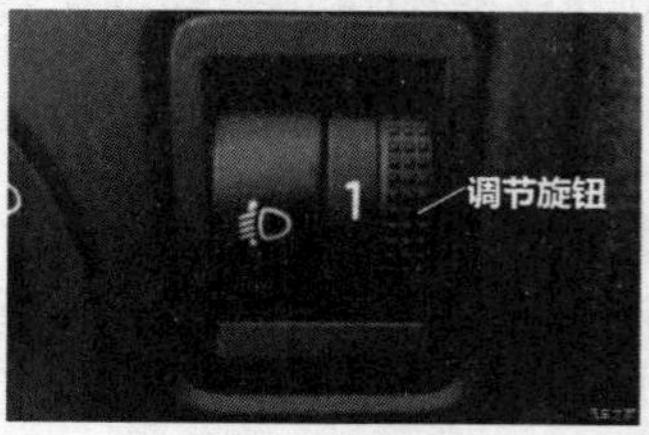
四	在所有座椅都有人、行李箱满载时，可将旋钮拧至"2"的位置	
五	仅驾驶人座椅有人，行李箱满载时，可将旋钮拧至"3"的位置	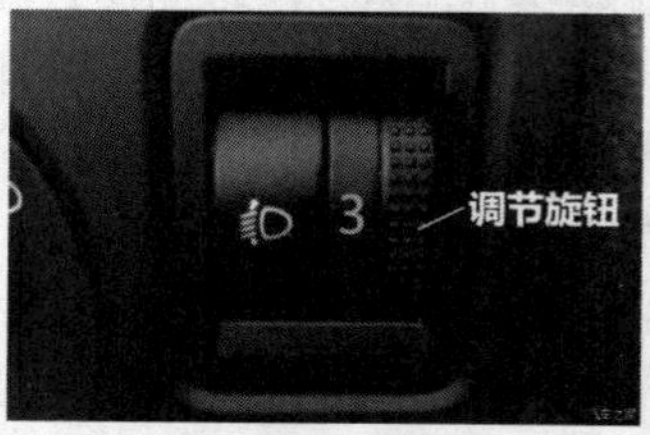

提示

配备动态前照灯照明范围调整装置的车型，无前照灯照明范围调整旋钮，只要打开前照灯，该装置即自动调整前照灯照明范围，使之适应车辆负载。

4. 雾灯的调整（以奥迪 A6 轿车为例）

如图 6-22 所示，按箭头所示方向拆下保险杠下部护板。如图 6-23 所示，转动调整螺栓（箭头）可降低光束，横向不可调。图 6-23 所示为右雾灯，左雾灯调整螺栓与此对称。

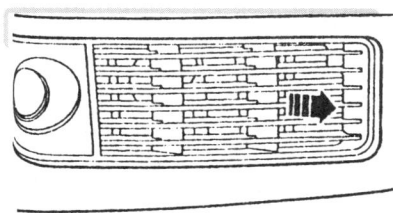

图 6-22 拆卸保险杠下部护板

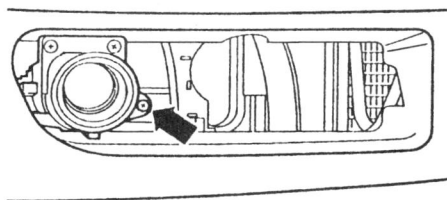

图 6-23 调整雾灯

操作二 前照灯灯泡的更换

提示

> 前照灯不亮时，首先要检查插座和导线连接状况是否良好，然后检查熔丝、灯泡是否正常。如果确定是前照灯灯泡损坏，应及时更换。

1. 更换卤素前照灯灯泡

步骤一 拆卸卤素前照灯灯泡。拆下前照灯壳体盖，如图 6-24 所示，松开弹簧夹，拔下卤素前照灯灯泡插头，从壳体中取出灯泡。

步骤二 安装卤素前照灯灯泡。将新灯泡装入壳体，注意手不要触摸灯泡玻璃，插上灯泡插头，用弹簧夹固定住灯泡，装上前照灯的壳体盖，如图 6-25 所示。

视频

前照灯灯泡的更换

2. 更换氙气式前照灯灯泡

步骤一 拆卸氙气式前照灯灯泡。如图 6-26 所示，逆时针转动后拆下氙气式前照灯的插头和固定圈。

图 6-24 松开弹簧夹

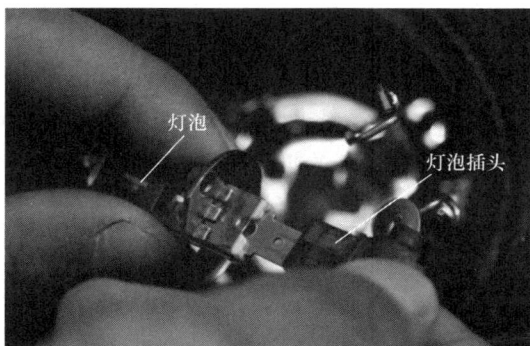

图 6-25 插上灯泡插头

步骤二 安装氙气式前照灯灯泡。如图 6-27 所示，将固定圈装到带两个槽的氙气式灯的定位凸起上，并顺时针转动以固定，注意手不可触摸灯泡玻璃。接好插头并装上壳体盖。

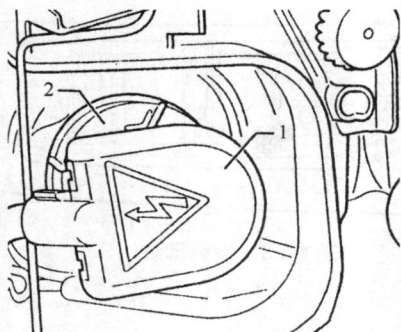

图 6-26　拆卸氙气式前照灯

1—氙气式前照灯插头　2—固定圈

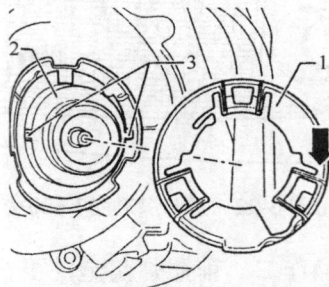

图 6-27　安装氙气式灯泡

1—固定圈　2—氙气式灯泡　3—定位凸起

操作三　前照灯总成的更换

1. 前照灯总成的拆卸

步骤一　打开发动机舱盖，如图 6-28 所示，找到固定前照灯的所有螺栓（一般为 2 ～ 3 个），然后将固定螺栓拆下来。

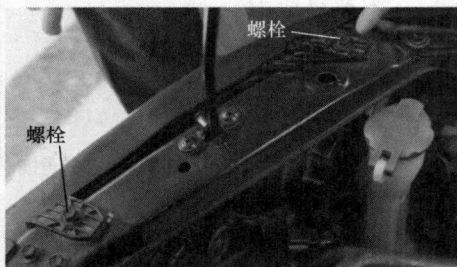

图 6-28　拆下固定前照灯的螺栓

视频

前照灯总成的更换

步骤二　拔下前照灯上连接导线的插头，如图 6-29 所示。

步骤三　如图 6-30 所示，轻轻地向外拉前照灯总成。

步骤四　在将前照灯总成拉出一点后，观察有无其他连接导线插头（比如转向灯插头），如有，应拔下相关连接导线插头，取出前照灯总成。

2. 前照灯总成的安装

前照灯总成的安装按与拆卸相反的顺序进行。

步骤一　检查前照灯总成安装是否到位，然后将固定前照灯总成的螺栓按规定力矩拧紧。

步骤二　打开前照灯开关，检查前照灯工作情况，应工作正常。

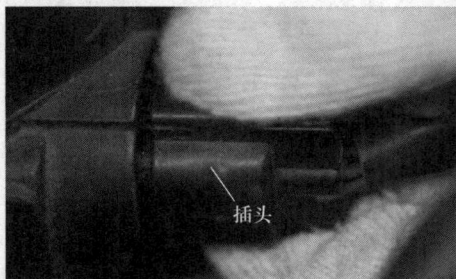

图 6-29　拔下前照灯上连接导线的插头

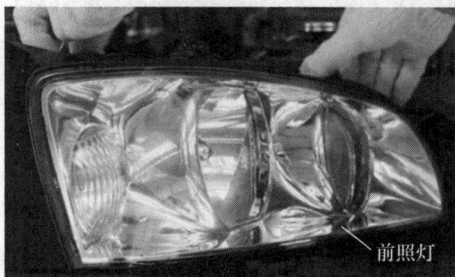

图 6-30　向外拉前照灯总成

操作四　照明系统的故障诊断与排除

照明系统的故障诊断与排除方法基本相同，下面以桑塔纳 2000 轿车为例，介绍其故障诊断与排除方法。

1. 前照灯远、近光均不亮的故障诊断与排除

（1）故障现象

车灯开关处于Ⅲ位时，拨动变光开关，前照灯远、近光均不亮。

（2）故障原因

① 熔断器断路。

② 车灯开关损坏。

③ 变光开关损坏。

④ 前照灯双丝灯泡损坏。

⑤ 连接线路断路。

（3）故障诊断与排除

前照灯远、近光均不亮故障诊断与排除如图 6-31 所示。

视频

照明与信号系统
的故障诊断方法

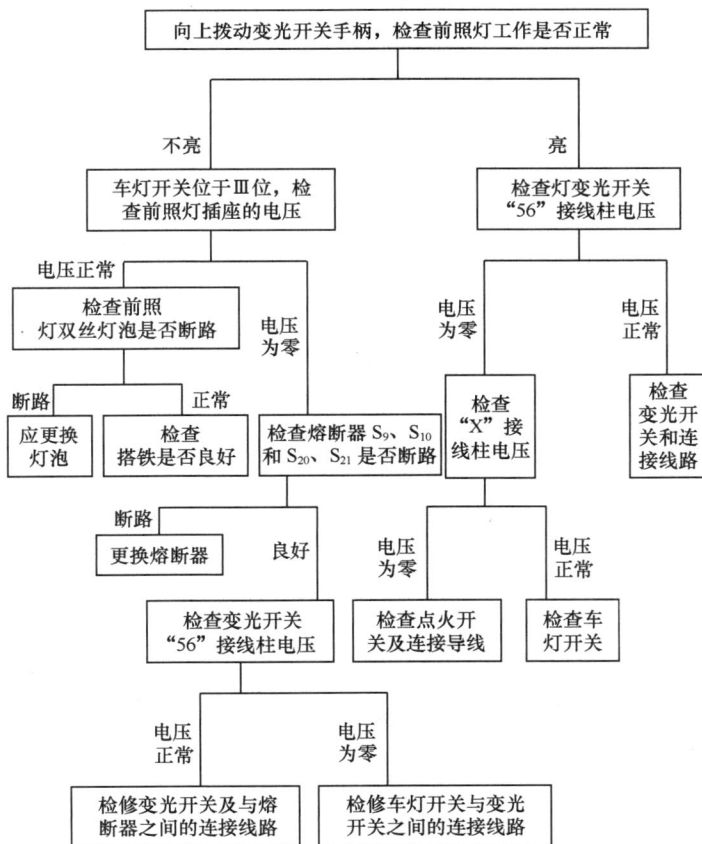

图 6-31　前照灯远、近光均不亮故障诊断与排除

2. 前照灯远光或近光不亮的故障诊断与排除

（1）故障原因

① 变光开关远光或近光挡接触不良。

② 双丝灯泡远光或近光灯丝损坏。

③ 熔断器断路。

④ 远光或近光灯连接线断路。

（2）故障诊断与排除

前照灯远光或近光不亮故障诊断与排除如图 6-32 所示。

3. 前照灯发光强度低的故障诊断与排除

（1）故障原因

① 交流发电机输出电压低。

② 变光开关接触不良。

③ 前照灯插接件接触不良。

④ 前照灯反射镜老化或锈蚀。

⑤ 线路搭铁不良。

（2）故障诊断与排除

前照灯发光强度低故障诊断与排除如图 6-33 所示。

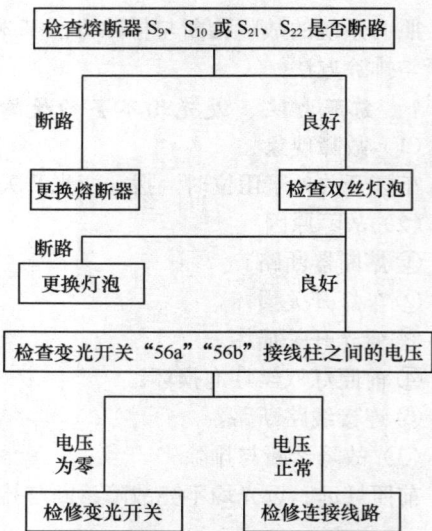

图 6-32　前照灯远光或近光不亮故障诊断与排除

4. 一侧前照灯远光与近光均不亮的故障诊断与排除

（1）故障原因

① 某侧双丝灯泡损坏。

② 熔断器断路。

③ 前照灯插接件松脱或导线断路。

（2）故障诊断与排除

一侧前照灯远光与近光均不亮故障诊断与排除如图 6-34 所示。

5. 小灯、尾灯工作不正常的故障诊断与排除

（1）故障原因

① 车灯开关损坏。

② 灯泡损坏。

③ 熔断器断路。

④ 连接线路断路或插接件接触不良。

（2）故障诊断与排除

小灯、尾灯工作不正常故障诊断与排除如图 6-35 所示。

6. 雾灯工作不正常的故障诊断与排除

（1）故障原因

① 车灯开关损坏。

② 雾灯开关损坏。

③ 熔断器断路。

④ 雾灯继电器损坏。

检查交流发电机输出端电压

电压过低 → 调整、检修电源系统

电压正常 → 检查有关插接件

松动、锈蚀 → 修整

正常 → 检查前照灯反射镜

老化、锈蚀 → 更换前照灯反射镜

良好 → 检查前照灯搭铁是否良好

良好 → 检查变光开关

松动、锈蚀 → 更换前照灯

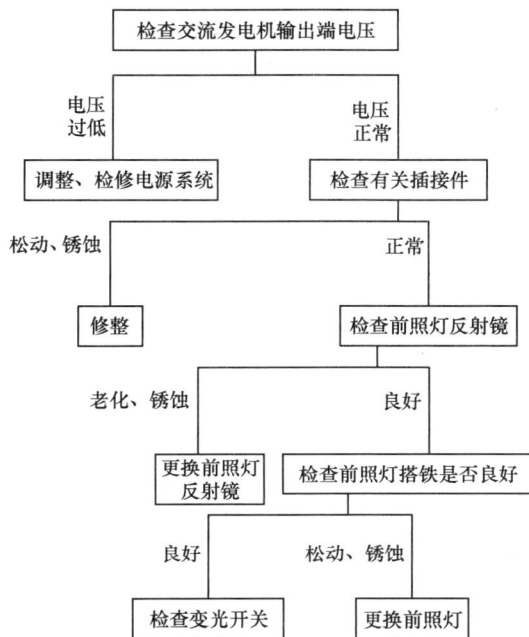

图 6-33 前照灯发光强度低故障诊断与排除

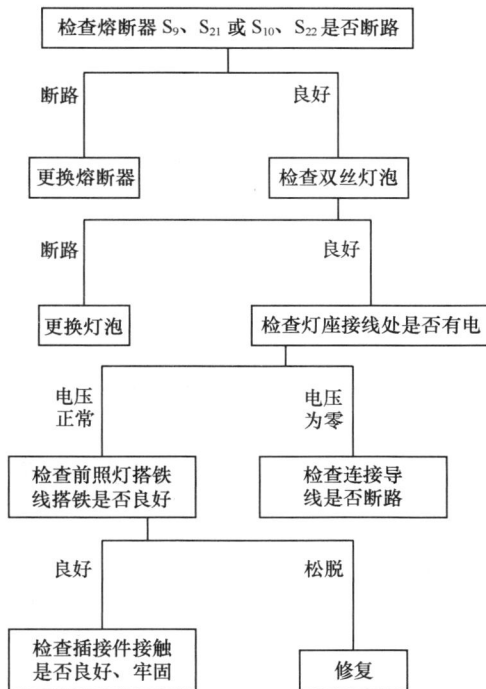

检查熔断器 S_9、S_{21} 或 S_{10}、S_{22} 是否断路

断路 → 更换熔断器

良好 → 检查双丝灯泡

断路 → 更换灯泡

良好 → 检查灯座接线处是否有电

电压正常 → 检查前照灯搭铁线搭铁是否良好

电压为零 → 检查连接导线是否断路

良好 → 检查插接件接触是否良好、牢固

松脱 → 修复

图 6-34 一侧前照灯远光与近光均不亮故障诊断与排除

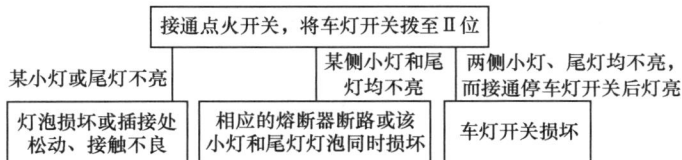

接通点火开关,将车灯开关拨至 II 位

某小灯或尾灯不亮 → 灯泡损坏或插接处松动、接触不良

某侧小灯和尾灯均不亮 → 相应的熔断器断路或该小灯和尾灯灯泡同时损坏

两侧小灯、尾灯均不亮,而接通停车灯开关后灯亮 → 车灯开关损坏

图 6-35 小灯、尾灯工作不正常故障诊断与排除

⑤ 雾灯灯泡损坏。

⑥ 连接线路断路或插接件松脱。

（2）故障诊断与排除

① 当车灯开关处于 II 位或 III 位,雾灯开关处于 II 位或 III 位时,前、后雾灯均不亮的故障诊断与排除方法如图 6-36 所示。

② 当车灯开关处于 II 位或 III 位,雾灯开关处于 II 位或 III 位,前雾灯正常,而后雾灯不亮,则应检查后雾灯灯座处灰 / 白色导线是否有电,后雾灯灯泡是否断路,棕色导线搭铁是否良好,熔断器是否断路,雾灯开关 "83" 接线柱是否有电等。

③ 当灯光总开关处于 II 位或 III 位,雾灯开关处于 II 位或 III 位,两前雾灯均不亮,而后雾灯亮,则应检查前雾灯灯座处黄 / 白色导线是否有电,前雾灯灯泡是否断路,棕色导线搭铁是否良好,熔断器是否断路,雾灯开关 "83" 接线柱是否有电等。

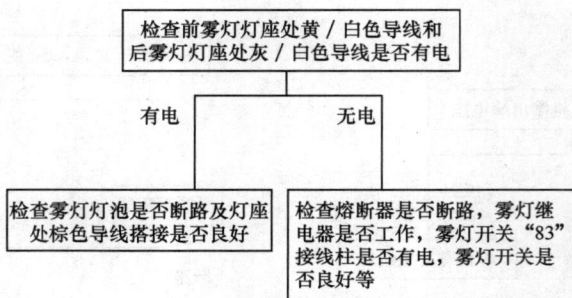

```
            ┌─────────────────────────────┐
            │ 检查前雾灯灯座处黄/白色导线和 │
            │ 后雾灯灯座处灰/白色导线是否有电 │
            └─────────────────────────────┘
                 ┌───────────┴───────────┐
               有电                      无电
                 │                        │
      ┌──────────────────┐   ┌──────────────────────┐
      │ 检查雾灯灯泡是否断 │   │ 检查熔断器是否断路，雾灯继 │
      │ 路及灯座处棕色导线 │   │ 电器是否工作，雾灯开关"83" │
      │ 搭接是否良好       │   │ 接线柱是否有电，雾灯开关是 │
      └──────────────────┘   │ 否良好等               │
                             └──────────────────────┘
```

图 6-36 当车灯开关处于 II 位或 III 位，雾灯开关处于 II 位或 III 位时，前、后雾灯均不亮故障诊断与排除

················· □ 维修实例 □ ·················

实例一 关闭点火开关和前照灯开关，远光灯却自动点亮

（1）故障现象

帕萨特 B5 轿车，行驶里程为 7.3 万千米。驾驶人说，前一天晚上收车后，关闭点火开关和所有灯光，并锁好车门，但第二天早晨发现车辆的远光灯已经自动点亮。打开车门，观察前照灯开关已处在关闭位置。车内有一股塑料焦糊味，并正从转向盘下的变光开关处向外冒小股的黑烟，于是赶紧拆下蓄电池的负极导线。

（2）故障原因

前照灯变光开关和刮水器开关损坏。

（3）故障诊断与排除

先接上蓄电池负极导线，在不打开点火开关和前照灯开关关闭时，远光灯果然自动点亮。用手扳变光开关，却发卡不能扳动。

再拆下蓄电池的负极导线，拆下转向盘，把转向柱上的变光开关和刮水器开关整体拆下，发现二者已经烧结在一起无法分开。

同时更换变光开关和刮水器开关后试车，前照灯亮灭恢复正常。

（4）总结

帕萨特 B5 轿车组合开关有一项功能：在不开前照灯开关时，无论点火开关是否打开，向上抬变光开关，远光灯就会点亮，松开手后远光灯会熄灭，这种操作可作为超车时使用。

由此可知，虽然关闭了点火开关和前照灯开关，但仍有超车灯电源 30 号电接通变光开关。当超车灯开关内部短路时，前照灯远光会常亮不熄，若前照灯远光长时间点亮加之开关内部接触不良就会产生大量的热，最终导致变光开关烧损。

变光开关损坏后会出现的故障现象也多种多样，主要有以下一些故障现象。

① 变光开关扳不动，不能变光。

② 前照灯远光常亮不熄。

③ 行车时从变光开关处冒黑烟。

④ 前后左右 4 个转向灯工作不停。

⑤ 前照灯远光或近光不亮。

⑥ 当打开左转向或右转向开关时，车外转向灯不亮。室内转向指示灯发光暗淡，并且闪光器内有"嘶、嘶"的异响。

⑦ 转向开关不能自动回位。

⑧ 左转向灯或右转向灯不亮。

如果出现上述故障现象，大多与车灯变光开关有关。

实例二　前照灯不亮

（1）故障现象

爱丽舍轿车，行驶里程为 16 万千米。驾驶人说，夜间打开组合开关上前照灯挡，前照灯均不亮，难以正常行驶。

（2）故障原因

灯光开关损坏。

（3）故障诊断与排除

两侧前照灯不亮，不太可能是单个灯泡损坏或线路接触不良造成的，应按下列程序检查判断。

① 首先检查发动机罩下熔丝盒的 1 号熔丝（蓝色，15A），如烧断应更换。更换熔丝应将点火开关置于 OFF 挡，换上同规格熔丝。

② 熔丝如完好，用万用表调至直流电压挡（50V），负极表笔搭铁，正极表笔接灯光开关进线端，如无电压，则输入导线断路，应予以更换（如不便找断路点，可重新引线更简便）。

③ 如有 12V 电压，证明输入导线完好，应继续查找故障。

④ 用万用表正极笔接组合开关前照灯出线端，如无电压，则表明灯光开关损坏；如有电压，则要检查灯具火线接线柱是否有电压。

一般情况下，此类故障无电压，主要是引入线损坏和搭铁造成的。个别情况下有电压，则为两个灯泡全部损坏。

经检查，该车故障原因为灯光开关损坏。

更换灯光开关后试车，故障排除。

任务二　信号系统的检修

▫ 学习目标 ▫

（1）了解信号系统的作用、类型。

（2）熟悉信号系统的结构、工作原理。

（3）掌握信号系统主要部件的拆装方法。

（4）掌握信号系统的电路分析方法。

（5）掌握信号系统的检修方法及主要部件的检查调整方法。

（6）能够对信号系统常见故障进行分析，确定故障诊断流程，掌握故障诊断方法。

（7）培养学生的环保意识。

□ 任务引入 □

上汽大众帕萨特轿车，行驶里程为 9.7 万千米。驾驶人说，车辆行驶时，打开转向开关，转向指示灯突然不闪亮。

汽车的信号系统主要通过声、光等信号向环境发出有关车辆运行状况或状态的信息，保证行车安全。这些信号都是驾驶人根据道路交通情况向其他的车辆和行人发出的，有较强的随机性，一般由自身开关来控制。熟悉信号系统的结构、工作原理，掌握信号系统的检修方法及主要部件的检查调整方法，是汽车维修技术人员的基本技能。

□ 相关知识 □

视频	视频
汽车信号灯的介绍	认识汽车信号装置

汽车的信号系统主要有转向信号装置、制动信号装置、倒车信号装置及喇叭信号装置等。

一、转向信号装置

1. 汽车转向信号灯的作用

汽车转向信号灯主要用来指示车辆行驶方向。其灯光信号采用闪烁的方式，用来指示车辆左转或右转，以引起其他车辆和行人的注意，提高车辆的安全性。另外，汽车在行驶中，如遇危险情况，可使前后左右 4 个转向灯同时闪烁，作为危险警告信号，请求其他车辆避让。因此，转向信号灯电路系统按用途不同有转向和警告之分。

提示

◆ 转向信号灯一般应具有一定的频闪（闪烁），我国规定转向信号灯的频闪为 60 ～ 120 次 /min，而且要求信号效果要好，通电率（亮暗时间比）最佳为 3:2。

◆ 汽车转向灯的闪烁一般都是用同一个闪光器来实现的，用转向灯开关和危险警告开关分别进行控制。

2. 转向信号灯电路组成

转向信号灯电路主要由转向信号灯、闪光器（闪光继电器）、转向灯开关等组成。

转向信号灯的闪烁是由闪光器控制的。常见的闪光器有热丝式、电容式、翼片式和电子式等，闪光器实物如图 6-37 所示。

① 热丝式闪光器结构简单，成本低，但闪光频率不够稳定，寿命短，信号明暗不明显，现已被淘汰。

② 电容式和翼片式闪光器闪光频率较为稳定，翼片式闪光器还具有结构简单、体积小，工作时伴有响声可起监控的作用等特点。

③ 电子式闪光器具有性能稳定和工作可靠的特点，目前已广泛应用。

3. 闪光器的结构与工作原理

（1）电容式闪光器的结构与工作原理

电容式闪光器的结构与工作原理如图 6-38 所示。电容式闪光器主要由一个继电器和一个电容器组成，是利用电容器充、放电延时特性，使继电器的两个线圈产生的电磁吸力时而相加、时而相减，使触点周期性打开或关闭，形成转向信号灯闪烁。

图 6-37　闪光器

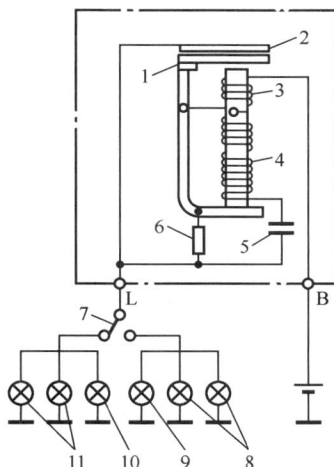

图 6-38　电容式闪光器结构与工作原理

1—弹簧片　2—触点　3—串联线圈　4—并联线圈　5—电容器　6—灭弧电阻

7—转向灯开关　8—右转向信号灯　9—右转向指示灯　10—左转向指示灯

11—左转向信号灯

电容式闪光器的工作原理的具体内容可扫描二维码"电容式闪光器的工作原理"学习。

（2）翼片式闪光器的结构与工作原理

翼片式闪光器是利用电流的热效应，使热胀条通电时热胀、断电时冷缩，通过翼片产生变形动作来控制触点的开闭。根据热胀条受热情况的不同，翼片式闪光器可分为直热式和旁热式两种。

直热翼片式闪光器的结构与工作原理如图 6-39 所示。

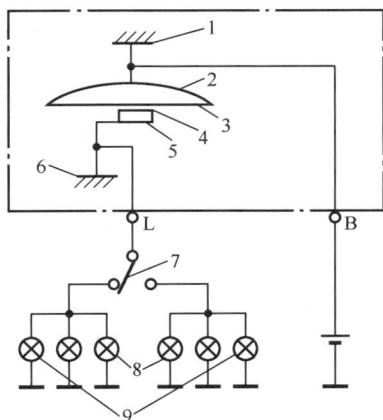

图 6-39　直热翼片式闪光器的结构与工作原理

1、6—支架　2—翼片　3—热胀条　4—动触点　5—静触点

7—转向灯开关　8—转向指示灯　9—转向信号灯

文档

电容式闪光器的
工作原理

　　旁热翼片式闪光器的结构与工作原理如图 6-40 所示。与直热翼片式闪光器不同的是热胀条 1 由绕在其上的电热丝 2 通电后产生的热量加热，故称旁热翼片式。电热丝 2 的一端焊在热胀条 1 上，另一端则与静触点 5 相连。

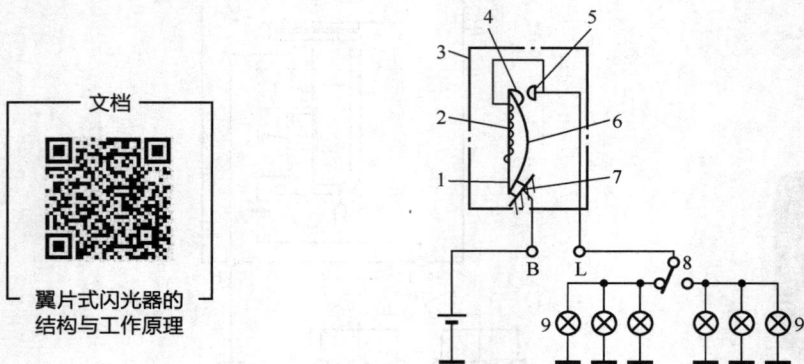

图 6-40　旁热翼片式闪光器的结构与工作原理

1—热胀条　2—电热丝　3—闪光器　4—动触点　5—静触点　6—翼片

7—支架　8—转向灯开关　9—转向信号灯及转向指示灯

　　翼片式闪光器的结构与工作原理的具体内容可扫描二维码"翼片式闪光器的结构与工作原理"学习。

　　（3）晶体管闪光器的结构与工作原理

　　晶体管闪光器分为有触点式与无触点式两种。

　　① 有触点晶体管闪光器。图 6-41 所示为一种较为简单的有触点式晶体管闪光器结构与工作原理示意图。

　　② 无触点晶体管闪光器。图 6-42 所示为简单的无触点式晶体管闪光器结构与工作原理示意图。

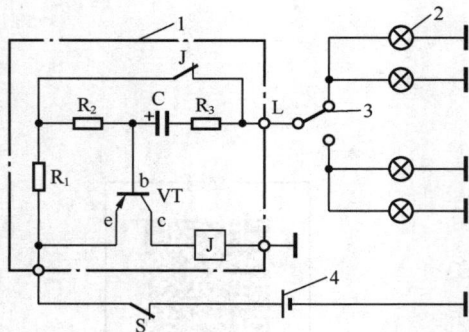

图 6-41　有触点式晶体管闪光器结构与工作原理

1—电子式闪光器　2—转向信号灯

3—转向灯开关　4—蓄电池

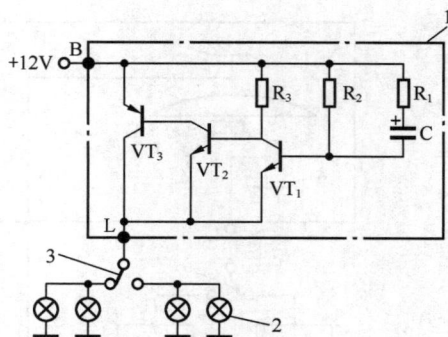

图 6-42　无触点晶体管闪光器结构与工作原理

1—闪光器　2—转向信号灯　3—转向灯开关

　　晶体管闪光器的结构与工作原理的具体内容可扫描二维码"晶体管闪光器的结构与工作原理"学习。

（4）集成电路闪光器

集成电路闪光器与晶体管闪光器的不同之处就是用集成电路 IC 取代了晶体管振荡器，这类闪光器也分有触点式和无触点式两种。图 6-43 所示为 SGF-141 型有触点式集成电路闪光器工作原理，图 6-44 所示为无触点式集成电路闪光器工作原理。

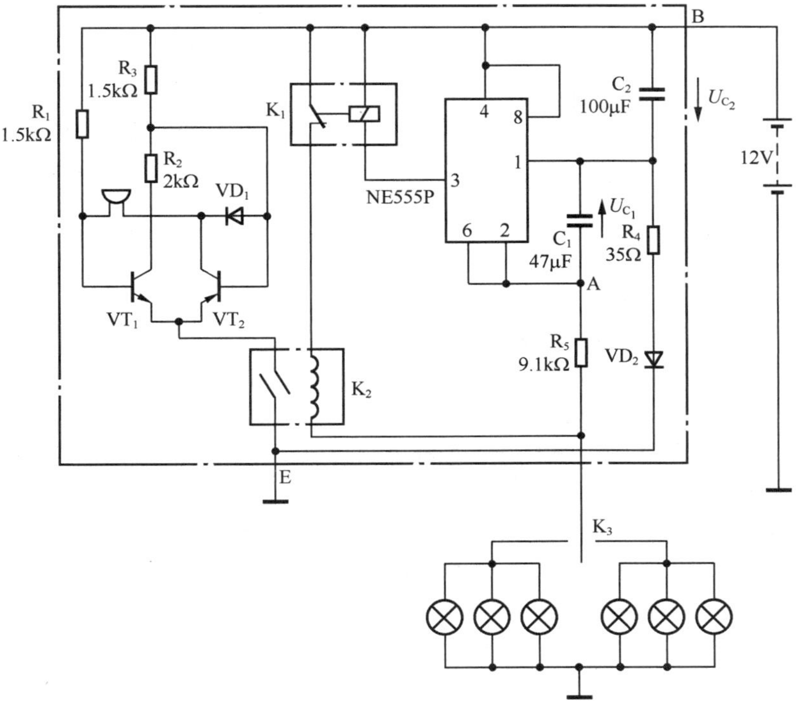

图 6-43　SGF-141 型有触点式集成电路闪光器工作原理

文档

晶体管闪光器的
结构与工作原理

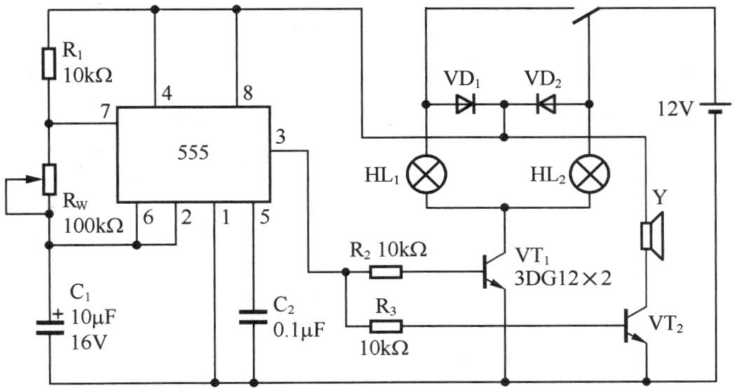

图 6-44　无触点式集成电路闪光器工作原理

4. 危险报警信号电路的组成与工作原理

危险报警电路一般由左转向灯、右转向灯、闪光器、危险报警开关等组成。

当危险报警开关闭合时，左、右转向灯同时闪烁。其电路如图 6-45 所示，当危险报警开关闭合时，危险报警信号电路：蓄电池正极→闪光器 2→危险报警开关 3→转向信号灯及转向指示灯 5→搭铁，转向信号灯及仪表板上的转向指示灯同时闪烁。

图 6-45　危险报警信号电路

1—点火开关　2—闪光器　3—危险报警开关
4—转向灯开关　5—转向信号灯及转向指示灯

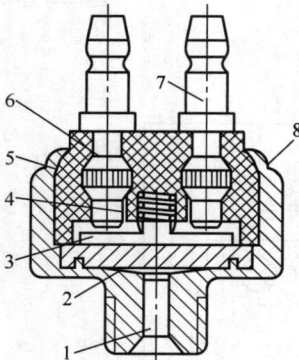

二、制动信号装置

制动灯安装在车辆尾部，当其工作时，通知后面车辆该车正在制动，以避免后面车辆与其相撞。目前，轿车均装有高位制动灯，它安装在后窗中心线、靠近窗底部，当前后两辆车离得很近时，后面车辆驾驶人就能从高位制动灯的亮灭来判断前车的行驶状况。

制动灯电路一般不受点火开关控制，直接由电源、熔丝到制动灯开关，因此制动灯由制动信号开关控制。常见的制动灯开关有以下几种类型。

（1）液压式制动灯开关。图 6-46 所示为液压式制动灯开关，用于采用液压制动系统的汽车上，装在液压制动主缸的前端或制动管路中。当踩下制动踏板时，由于制动系统的压力增大，膜片 2 向上弯曲，接触桥 3 同时接通接线柱 6 和接线柱 7，使制动灯通电发亮。松开制动踏板时，制动系统压力降低，接触桥 3 在复位弹簧 4 的作用下复位，制动灯电路被切断。

（2）气压式制动灯开关。图 6-47 所示为气压式制动灯开关，用于采用气压制动系统的汽车，通常被安装在制动系统的气压管路上。制动时，制动压缩空气推动橡胶膜片向上弯曲，使触点闭合，接通制动灯电路。

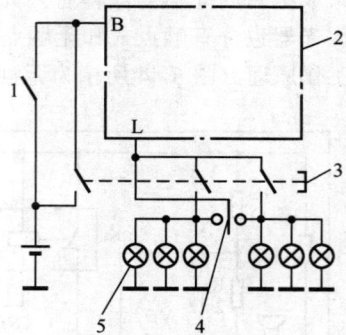

图 6-46　液压式制动灯开关

1—通制动液　2—膜片　3—接触桥　4—复位弹簧
5—胶木底座　6、7—接线柱　8—壳体

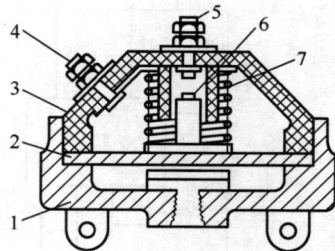

图 6-47　气压式制动灯开关

1—壳体　2—膜片　3—胶木盖　4、5—接线柱
6—触点　7—弹簧

（3）弹簧式制动灯开关。弹簧式制动灯开关是一种轿车较为常用的制动开关，装在制动踏板的后面，如图 6-48 所示。当踏下制动踏板时，开关闭合，将 4、7 两接线柱接通，使制动灯点亮；当松开制动踏板后，复位弹簧使接触片 5 离开 4、7 两接线柱，制动灯电路断开。

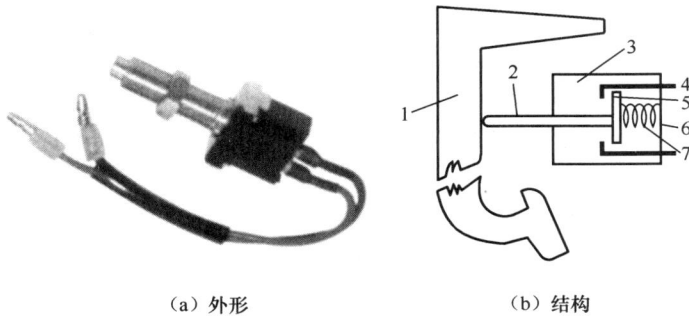

（a）外形　　　　　　　　（b）结构

图 6-48　弹簧式制动灯开关

1—制动踏板　2—推杆　3—制动灯开关　4、7—接线柱　5—接触片　6—复位弹簧

三、倒车信号装置

倒车灯安装于车辆尾部，在夜间给驾驶人提供额外照明，使其能够在夜间倒车时看清车的后部，同时倒车灯也警告后面车辆的驾驶人和行人，该车驾驶人想要倒车或正在倒车。有些汽车上还装有倒车蜂鸣器。倒车灯和倒车蜂鸣器均由倒车灯开关控制。倒车灯开关装在变速器盖上，当点火开关接通，变速器换至倒车挡时，倒车灯点亮，其简化电路如图 6-49 所示。

1. 倒车灯开关结构特点

倒车灯开关的结构如图 6-50 所示。倒车灯开关一般安装在变速器上，钢球 8 平时被倒车挡叉轴顶起，而当变速杆拨至倒车挡时，倒车挡叉轴上的凹槽对准钢球 8，钢球 8 被松开，在弹簧 4 的作用下，触点 5 闭合，将倒车信号电路接通。

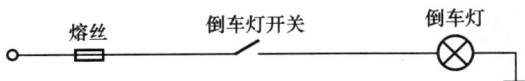

图 6-49　倒车灯电路示意图

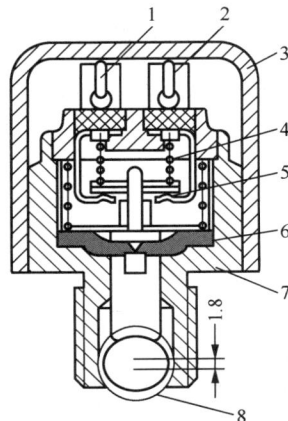

图 6-50　倒车灯开关的结构

1、2—接线柱　3—外壳　4—弹簧　5—触点
6—膜片　7—底座　8—钢球

2. 倒车灯与倒车蜂鸣器电路工作原理

倒车信号灯电路如图 6-51 所示。其工作原理如下。

倒车时，安装在变速器上的倒车灯开关 2 闭合，倒车灯 3 亮；同时，电流经继电器 7 中的触点 4 到蜂鸣器 5，使蜂鸣器 5 发出响声。此时，线圈 L_1 和 L_2 中均有电流通过，流经 L_2 的电流同时向电容器 6 充电，由于流入 L_1 和 L_2 的电流大小相等，方向相反，产生的磁通量互相抵消，故触点 4 继续闭合。随着电容器 6 两端电压逐渐升高，L_2 中的电流逐渐减小，当 L_1 中磁通量大于 L_2 的磁通量一定值时，磁吸力大于弹簧弹力，触点 4 打开，蜂鸣器 5 停止发响。

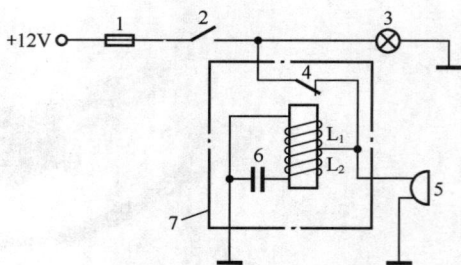

图 6-51　倒车信号灯电路

1—熔断器　2—倒车灯开关　3—倒车灯　4—触点
5—蜂鸣器　6—电容器　7—继电器

触点 4 打开后，电容器 6 经 L_1 和 L_2 放电，使 L_1 和 L_2 中的电流方向相同，电磁力方向相同，触点 4 继续打开；当电容器两端的电压下降到一定值时，磁吸力小于弹簧弹力，触点 4 又重新闭合，蜂鸣器 5 又发响。电容器 6 又开始充电，重复上述过程。如此可知，蜂鸣器 5 是利用电容器 6 的充电和放电，使 L_1 和 L_2 的磁场时而相加、时而相减，使触点 4 时开时闭，从而控制电磁振动式蜂鸣器间歇发声，以警告行人和其他车辆的驾驶人注意。

> **提示**
>
> 在倒车时，倒车灯不受继电器控制，一直发亮，在夜间时，倒车灯还兼有照明作用。

四、喇叭信号装置

1. 汽车喇叭的类型与特点

汽车喇叭主要用于警告行人和其他车辆驾驶我，以引起注意，保证行车安全。

喇叭按发音动力有气喇叭和电喇叭之分；按外形有螺旋（蜗牛）形、筒形、盆形之分（见图 6-52）；按声频有高音和低音之分；按接线方式有单线制和双线制之分。

  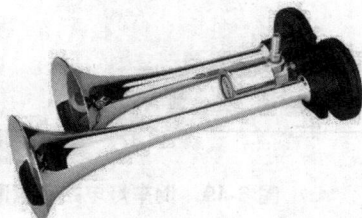

（a）螺旋（蜗牛）形喇叭　　　　（b）盆形喇叭　　　　（c）筒形气喇叭

图 6-52　喇叭类型

气喇叭是利用气流使金属膜片振动产生音响，外形一般为筒形，多用在具有空气制动装置的重型载重汽车上。电喇叭是利用电磁力使金属膜片振动产生音响，其声音悦耳，广泛使用于各种类型的汽车上。

电喇叭按有无触点可分为普通电喇叭和电子电喇叭。普通电喇叭主要是靠触点的闭合和断开，控制电磁线圈激励膜片振动而产生声响的；电子电喇叭中无触点，它是利用晶体管电路激励膜片振动产生声响的。目前汽车上所装用的喇叭多为电喇叭。

提示

在中小型汽车上，由于安装的位置限制，多采用螺旋形电喇叭或盆形电喇叭。盆形电喇叭具有体积小、重量轻、指向好、噪声小等优点。

2. 电喇叭的结构与工作原理

电喇叭的工作原理基本相同，图6-53所示为盆形电喇叭的结构与工作原理。其工作原理如下。

按下电喇叭按钮10，电喇叭内部电路接通：蓄电池正极→线圈2→触点7→电喇叭按钮10→搭铁→蓄电池负极。线圈2通电后产生电磁力，吸动上铁心3及衔铁6下移，使膜片向下弯曲。衔铁6下移将触点7顶开，线圈2电路被切断，其电磁力消失，上铁心3、衔铁6及膜片4又在触点臂和膜片4自身弹力的作用下复位，触点7又闭合。触点7闭合后，线圈2又通电产生电磁力吸引上铁心3和衔铁6下移，再次将触点7顶开。如此循环，使上铁心3与下铁心1不断

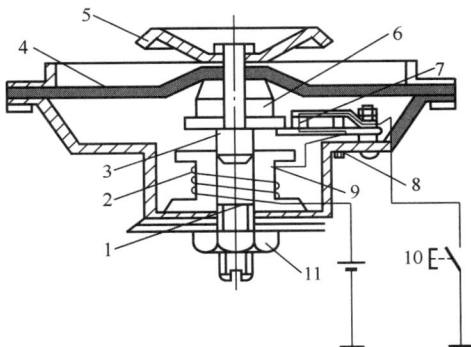

图6-53　盆形电喇叭的结构与工作原理

1—下铁心　2—线圈　3—上铁心　4—膜片　5—共鸣板
6—衔铁　7—触点　8—调整螺钉　9—电磁铁心
10—电喇叭按钮　11—锁紧螺母

碰撞，产生一个较低的基本频率，并激励膜片4与共鸣板5产生共鸣，从而发出比基本频率强且分布比较集中的谐音。

3. 电喇叭的控制电路

为了得到较为和谐悦耳的声音，在汽车上一般装有高、低音两个电喇叭。由于电喇叭工作电流较大，为保护电喇叭按钮，一般在电喇叭电路中设有电喇叭继电器，电喇叭的控制电路如图6-54所示。

当按下电喇叭按钮3时，线圈2通电，产生的电磁力使触点5闭合，接通电喇叭电路而使电喇叭发声。电喇叭电路：蓄电池正极→熔丝→接线柱B→触点臂1→触点5→接线柱H→电喇叭→搭铁→蓄电池负极。电喇叭工作电流不经电喇叭按钮，从而保护了电喇叭按钮。

五、倒车雷达系统

1. 超声波传感器式倒车雷达系统

倒车雷达作为目前的一项主流实用配置，在降低驾驶难度、提升驾驶安全性方面都起到

了很好的作用。

倒车雷达能够在驾驶人视野的死角处，通过声音、数据等形式为驾驶人提供信息和警示，使驾驶人对周围障碍物的情况能够有更清楚的了解，对驾驶人的起步、停车、倒车等环节有很大帮助，提高驾车的安全性。

超声波传感器一般装在后保险杠上（见图 6-55），根据汽车不同的价格和品牌，超声波传感器有二、三、四、六只不等。超声波传感器以 45° 角辐射，上下左右搜寻目标。它最大的好处是能探索到那些低于保险杠而驾驶人从后窗难以看见的障碍物并报警，如花坛、蹲在车后玩耍的小孩等。

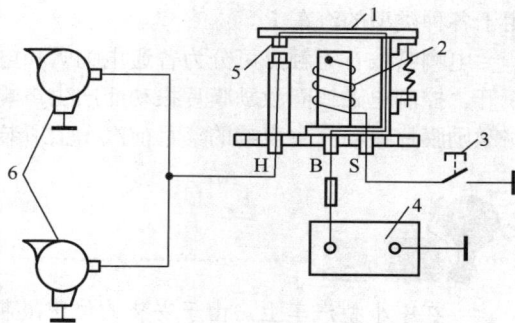

图 6-54　电喇叭的控制电路

1—触点臂　2—线圈　3—电喇叭按钮
4—蓄电池　5—触点　6—电喇叭

通常见到的后方倒车雷达一般都是采用超声波传感器来实现的，这类倒车雷达一般由传感器（也称超声波传感器、探头等）、控制器、反馈器（也称蜂鸣器）3 个部分组成，如图 6-56 所示。

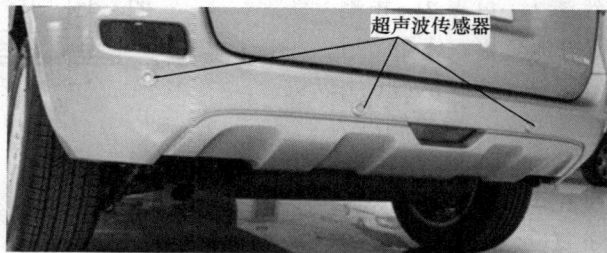

图 6-55　超声波传感器安装位置

有的车型将倒车雷达检测的距离显示在风窗玻璃顶部（见图 6-57）或后视镜上，在汽车处于倒挡状态时，倒车雷达开始工作，由传感器发射超声波信号，一旦车后方出现障碍物，超声波被障碍物反射，传感器会接收到反射波信号，通过控制器对反射波信号进行处理来判断障碍物的所处位置以及和车身的距离，最后由反馈器通过声音（蜂鸣器）、数据（距离显示）等方式将信息反馈给驾驶人。也就是说，当变速器变速杆挂入倒挡时，倒车雷达自动开始工作，它不停地提醒驾驶人车距后面物体还有多少距离，到危险距离时，蜂鸣器就开始鸣叫，让驾驶人停车。倒车雷达测距范围可达 1.5m 左右。

超声波传感器式倒车雷达逐渐成为汽车上的一项标准配置。

2. 可视倒车系统

随着传感器的改进，倒车雷达所监视的

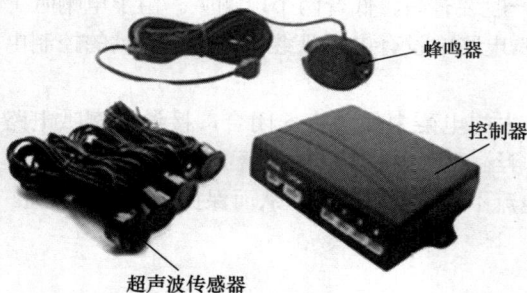

图 6-56　倒车雷达系统的组成

图 6-57 倒车雷达检测的距离显示在风窗玻璃顶部

范围也越来越远，并且在控制器处理数据能力增强的情况下，简单的声音提示已经不能满足倒车雷达的发展，于是带有距离显示甚至模拟车身周围影像的倒车雷达被很多车型采用，更加直观和数据化的倒车雷达所起的作用也更加明显。并且，倒车雷达也不仅仅局限于监视后方，前后方甚至全方位的倒车雷达也被一些车型所配备。

目前，越来越多的车型采用可视倒车系统，摄像头安装在汽车后保险杠上（见图 6-58）或车后的顶部（大型车辆），通过摄像头将车后方的情况以动态影像的形式直接展示在驾驶室内仪表板液晶屏幕上（见图 6-59）。

图 6-58 安装在汽车后保险杠上的摄像头

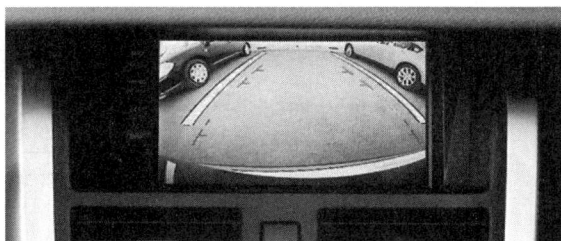

图 6-59 驾驶室内仪表板上的可视倒车系统显示屏幕

□ 任务实施 □

操作一 电喇叭的调整

电喇叭的调整包括音调调整和音量调整两部分，以盆形电喇叭为例，如图 6-60 所示。

步骤一 音调调整。音调的高低取决于膜片的振动频率。盆形电喇叭通过改变上、下铁心之间的间隙就可改变膜片的振动频率。将上、下铁心之间间隙调小，可提高电喇叭的音调。调整方法：松开锁紧螺母，旋转铁心，调至合适的音调时，旋紧锁紧螺母即可。

步骤二 音量调整。电喇叭的音量与通过电喇叭线圈的电流的大小有关，电喇叭的工作电流大，电喇叭发出的音量也就大。电喇叭线圈电流可以通过改变电喇叭触点的接触压力来调整。压力增大，流过电喇叭线圈的电流增大，电喇叭音量增大，反之音量减小。调整时不要

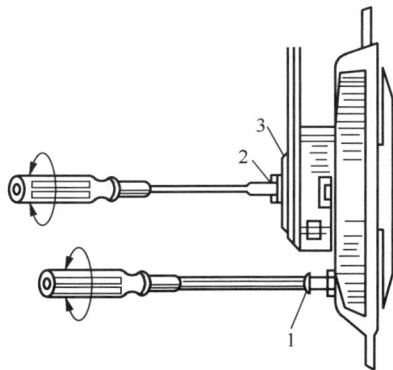

图 6-60 盆形电喇叭的调整

1—音量调整螺钉 2—音调调整螺钉 3—锁紧螺母

过急，每次调整 1/10 圈。

操作二　转向灯和报警灯故障诊断与排除

转向灯和报警灯故障诊断与排除方法基本相同。下面以桑塔纳 2000 轿车为例，介绍其故障诊断与排除方法。

（1）转向灯和报警灯均不工作的故障诊断与排除

① 故障原因。

a. 熔断器断路。

b. 闪光器损坏。

c. 报警灯开关损坏。

d. 转向灯灯泡断路。

e. 连接线路断路。

② 故障诊断与排除。转向灯和报警灯均不工作故障诊断与排除如图 6-61 所示。

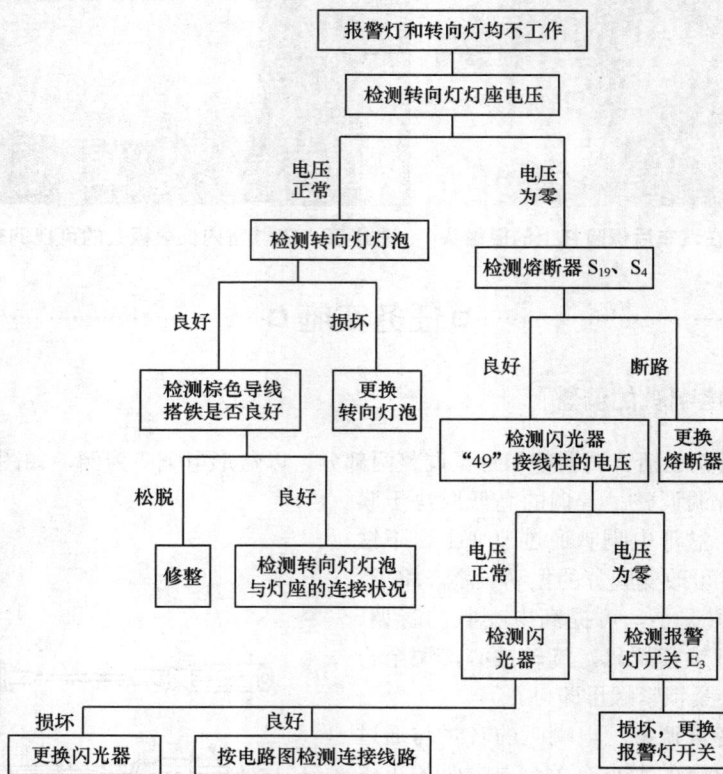

图 6-61　转向灯和报警灯均不工作故障诊断与排除

（2）报警灯工作正常，转向灯不工作的故障诊断与排除

① 故障原因。

a. 熔断器断路。

b. 转向灯开关损坏。

c. 报警灯开关损坏。

d. 连接导线断路或插接件松脱。

② 故障诊断与排除。报警灯工作正常，转向灯不工作故障诊断与排除如图 6-62 所示。

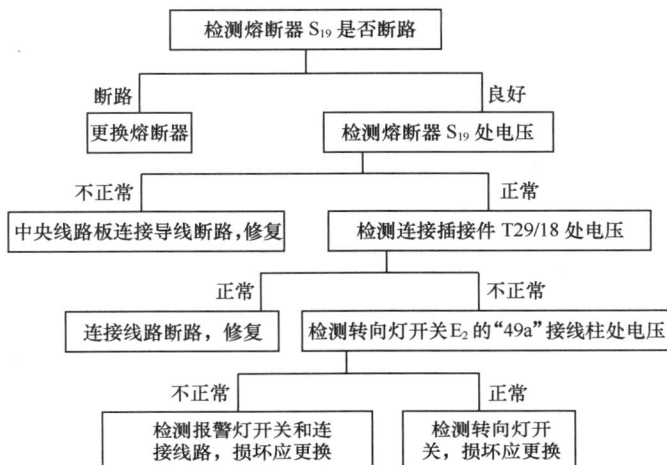

图 6-62　报警灯工作正常，转向灯不工作故障诊断与排除

（3）报警和转向灯工作均正常，但仪表板上绿色指示灯不亮的故障诊断与排除

① 故障原因。

a. 发光二极管损坏。

b. 连接导线断路或插接件松脱。

② 故障诊断与排除。检查仪表板 14 孔白色插接件蓝 / 红导线上的电压，其值应随转向灯闪光频率变化而变化，否则应检查仪表板、接点以及中央线路板；如果电压正常，则应检查发光二极管或仪表板，若有损坏，应更换。

（4）灯光闪烁频率不一致的故障诊断与排除

① 故障原因。

a. 转向灯灯泡功率选用不当。

b. 某转向灯灯泡损坏。

c. 闪光器调整不当。

d. 某侧搭铁线接触不良。

视频

转向灯的调节

② 故障诊断与排除。

a. 检查闪光频率较高的一侧灯泡是否损坏，灯泡型号是否符合规定。

b. 检查搭铁线接触是否良好，插接件连接是否牢固。

若不符合要求，应更换或修理。

（5）转向灯工作正常而报警灯不工作的故障诊断与排除

① 故障原因。

a. 熔断器断路。

b. 报警灯开关损坏。

c. 连接导线断路或插接件损坏。

② 故障诊断与排除。首先检查熔断器是否断路，若良好时，应检查报警灯开关是否正常，相关插接件是否松脱，报警灯开关接线柱接触是否良好，并视情予以更换或修理。

操作三　制动灯工作不正常的故障诊断与排除

（1）故障原因

① 熔断器断路。

② 制动灯开关损坏。

③ 灯泡断路。

④ 连接线路断路或插接件松脱。

（2）故障诊断与排除

① 如果一则制动灯亮而另一侧制动灯不亮，应首先检查不亮侧制动灯灯泡是否断路，灯座处黑 / 红导线上的电压是否正常。若均良好，再检查搭铁线接触是否良好，灯泡与灯座接触是否良好。

② 如果两侧制动灯均不亮，应首先检查熔断器是否断路。若良好再检查制动灯开关处黑 / 红导线电压是否正常。若电压正常，则拆下制动灯开关处的两导线并连接在一起，此时若制动灯亮，说明制动灯开关损坏，应更换；若制动灯仍不亮，则应检查制动灯灯泡是否断路，连接导线是否断路等。

操作四　倒车灯工作不正常的故障诊断与排除

（1）故障原因

① 熔断器断路。

② 倒车灯开关损坏。

③ 倒车灯灯泡断路。

④ 连接导线断路或插接件松脱。

（2）故障诊断与排除

① 如果两侧倒车灯均不亮，首先检查熔断器是否断路。

② 若熔断器良好，应挂入倒挡，检测灯座处黑色导线上的电压是否正常。

③ 如果电压正常，应检测倒车灯灯泡是否损坏，搭铁线接触是否良好。如果电压为零，则应检测倒车灯开关处黑色导线电压是否正常。

④ 若正常，将其与黑底色导线连在一起，此时，若倒车灯点亮，说明倒车灯开关损坏，应更换；若倒车灯仍不亮，说明连妾线路有断路处，应修复。

操作五　电喇叭的故障诊断与排除

（1）电喇叭音量小的故障诊断与排除

① 故障原因：电喇叭触点烧蚀；电喇叭搭铁不良。

② 故障诊断与排除。

a. 电喇叭触点烧蚀，更换电喇叭。

b. 搭铁不良，视情处理。

c. 对于螺旋形（蜗牛）电喇叭，使用中不要进水，安装时注意方向，开口朝下。

（2）电喇叭不响的故障诊断与排除

① 故障原因：熔丝熔断，继电器或电喇叭开关有故障。

② 故障诊断与排除：先检查熔丝熔断、电喇叭搭铁情况及线路连接（见图6-54）是否正常。若正常，进行下列检查。

a. 将继电器"S"接线柱直接搭铁，若电喇叭响，说明电喇叭按钮有故障，可能是电喇叭搭铁不良，需处理；处理后电喇叭若仍不响，进行下一步操作。

b. 将继电器上的"B"与"H"接线柱短接，若电喇叭响，说明继电器有故障，更换继电器；若仍不响，可能是继电器到电喇叭之间的线路有故障。

·· □ 维修实例 □ ··

实例一　打开转向开关时，转向指示灯突然不闪亮

（1）故障现象

上汽大众波罗轿车，行驶里程为9.7万千米。驾驶人说，车辆夜间行驶时，打开转向开关，转向指示灯突然不闪亮。

（2）故障原因

闪光器损坏。

（3）故障诊断与排除

检查转向开关及通往转向灯的线路，没有短路和断路故障，但转向开关打开后，未听见闪光器的"嗒、嗒"声，表明闪光器电路板可能存在故障。

将万用表置于直流电压挡，正极表笔触及电路板上的端子3，负极表笔搭铁，万用表的表针晃动，证明电路板上电阻、电容及线路良好。再用万用表电阻挡测量闪光器线圈，电阻值为∞，表明继电器有断路故障。拔下闪光器观察，发现闪光器一端子已断开，这便是故障所在。

重新焊接闪光器断开的端子，并插接好连接导线，打开左、右转向灯开关，左、右转向灯均闪亮，故障排除。

实例二　转向灯右侧快闪而左侧慢闪

（1）故障现象

一汽大众新宝来轿车，行驶里程为7.6万千米。驾驶人说，该车在一次电气设备故障排除之后，出现左、右转向信号灯闪烁频率不均匀现象，即右侧快闪左侧慢闪。

（2）故障原因

右侧转向信号灯开关触点烧蚀。

（3）故障诊断与排除

这种故障在各种汽车上都比较常见，其主要原因可能是：

① 导线接触不良；

② 灯泡功率选配不当；

③ 闪光器有故障等。

根据该车的报警与转向灯线路图，对转向信号灯开关、闪光器接线端等的接线进行检查，未发现松动和接触不良的地方；检查转向信号灯灯泡的功率均符合要求，即两侧的功率相等；闪光器是不可调的电容式闪光器。

看来故障另有原因，采取更换闪光器的方法来判断故障所在处，换上一支闪光正常的同型号的转向信号闪光器，故障依旧。那么可能性最大的故障部位是转向信号灯开关。

解体转向信号灯开关，然后用万用表电阻挡对左、右转向信号灯输出线导通情况进行检查：分别打开转向信号灯开关至左和右，测量其右侧的电阻值远远大于左侧的电阻值，说明右侧转向信号灯开关接触不良；继续拆检，发现右侧转向信号灯开关触点已烧蚀十分严重，而且弹簧片也失去原有的弹力，使接触处电阻增大，致使右侧转向信号灯系统总电阻值增大，功率变小。

根据功率公式 $P=U^2/R$ 可以看出，功率大的一侧闪光频率变慢，功率小的一侧闪光频率变快。因开关烧蚀十分严重，无法修复，只好更换一个新的组合开关。

更换新的组合开关并组装好后，进行通电试验，两侧转向信号灯闪光频率相等，故障排除。

实例三 喇叭不响

（1）故障现象

北京现代伊兰特轿车，行驶里程为 12.8 万千米。驾驶人说，喇叭不响。

（2）故障原因

喇叭损坏。

（3）故障诊断与排除

检查电喇叭引线及插头有无断路及松脱现象。经检查该车线路正常。检查熔丝盒中喇叭熔丝（15A）是否熔断，如果熔断，故障即在此，应更换相同规格熔丝（点火开关须置于"OFF"挡）。经检查该车熔丝未熔断。

短接喇叭按钮开关，如果喇叭响，则是喇叭按钮损坏。因该车喇叭仍不响，所以故障不在此。

关闭点火开关，拆下喇叭上的正极导线，用万用表电阻挡测量喇叭线圈电阻及喇叭线圈与外壳间的绝缘电阻，若线圈电阻为无穷大，则是喇叭线圈烧坏；如果绝缘电阻为零，则是喇叭搭铁。

经检查，该车绝缘电阻为零。更换喇叭，试车，故障排除。

喇叭不响是严重故障，应按先易后难的原则逐步排查故障。

实例四 喇叭熔丝经常烧断

（1）故障现象

福美来轿车，行驶里程为 16.7 万千米。驾驶人说，该车喇叭不响，经检查是喇叭熔丝烧断，更换新熔丝后，当时喇叭恢复正常。几天后，喇叭熔丝又烧断，连续几次均是这样。

（2）故障原因

喇叭正极导线与车身搭铁。

（3）故障诊断与排除

福美来轿车喇叭电流流向：蓄电池（＋）→点火开关→ 15A 熔丝→喇叭→喇叭开关→搭铁。

从电流流向分析，故障出在 15A 熔丝至喇叭之间。

喇叭熔丝经常烧断的原因如下：

① 高、低喇叭中有一个或两个内部搭铁；

② 集线盒内搭铁；

③ 线路中有短路处。

询问驾驶人得知，喇叭熔丝烧断的过程：在熔丝烧断前，喇叭一直工作正常，不管按不按喇叭，熔丝均能烧断。由此可分析故障与高、低音喇叭无关，可能是车辆运动过程中线路有搭铁处。

检查集线盒内的线路：拔下喇叭熔丝，找一测试灯，将测试灯一端接在蓄电池正极上，另一端接在喇叭熔丝座的输出端上，用手来回轻轻活动集线盒内的线束，若测试灯亮，则说明集线盒内有搭铁处。经检查，测试灯一直不亮，说明集线盒内的线路正常。

再检查集线盒与喇叭间的线路。从喇叭的安装位置处的散热器支架开始顺着线路检查，发现从喇叭线路上又接上了一根导线，顺着导线在发动机室右后部又发现一个大喇叭。按下车辆喇叭开关，这个大喇叭不响，检查该喇叭的电源线，导线的质量不好，部分胶皮已脱落，有裸露的导线，稍一活动，裸露的导线就能与车身相连，故障原来在这里。

询问驾驶人得知，该喇叭是以前加装的，目的是为了使行车时喇叭声音更响亮，后来喇叭损坏了，就一直搁置，没想到连在上面的导线仍带电，导线胶皮脱落后，里面的铜线在车辆运动时与车身搭铁，将喇叭熔丝烧断。

小 结

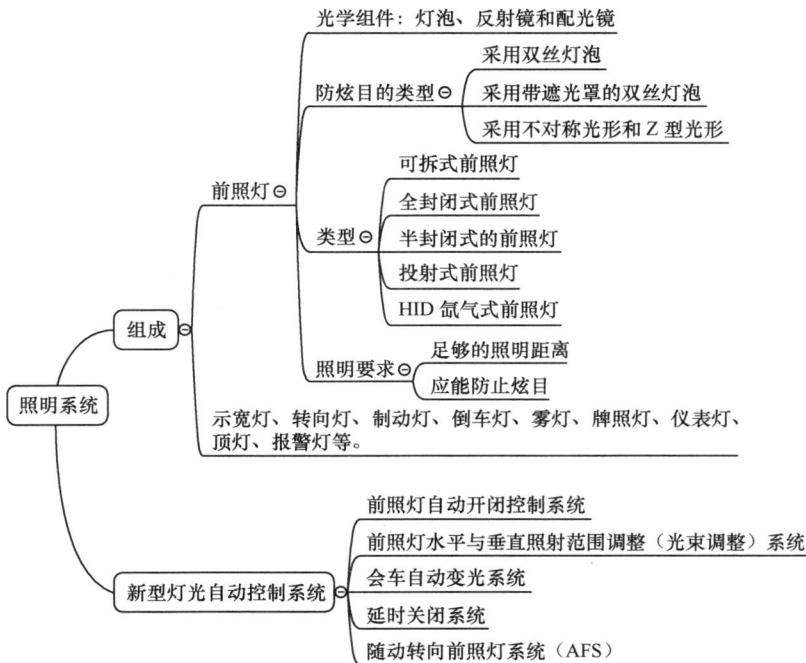

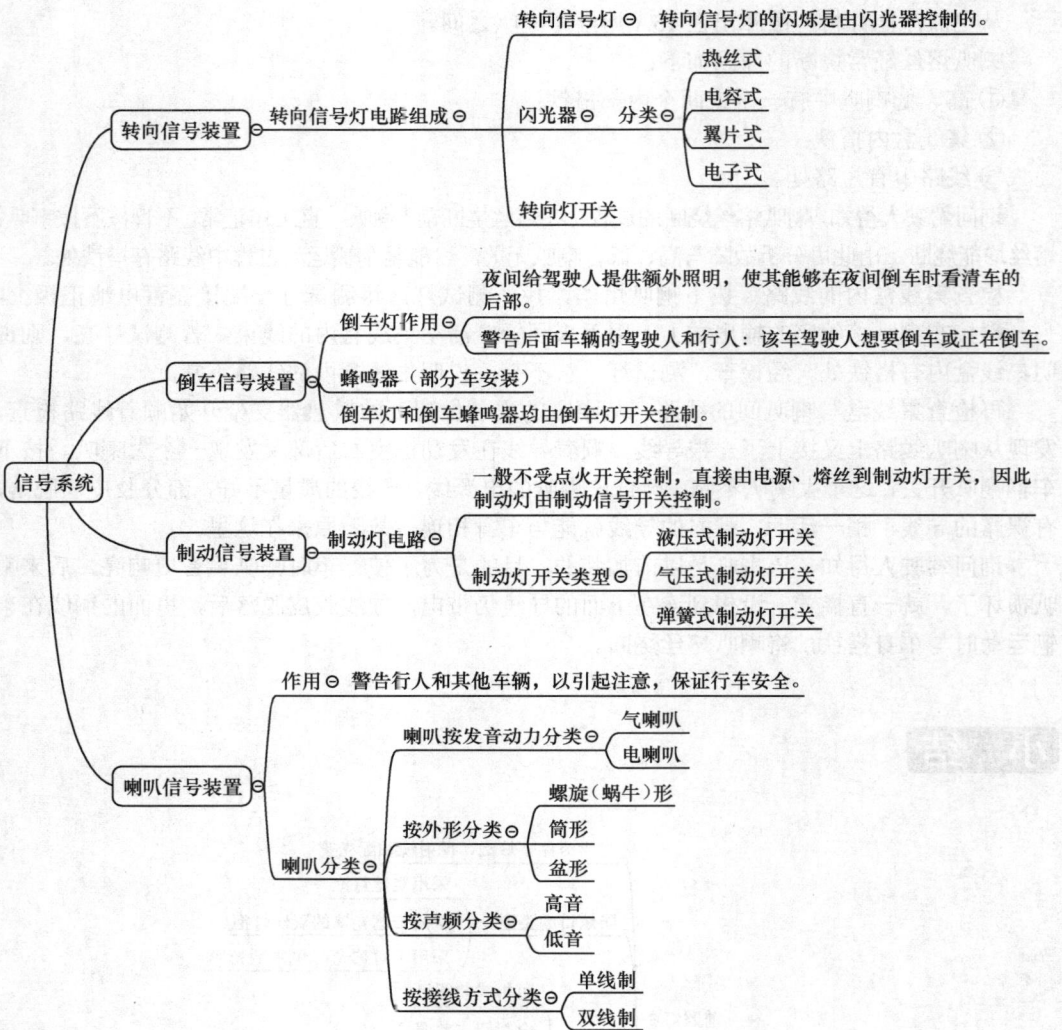

转向信号灯 ⊖ 转向信号灯的闪烁是由闪光器控制的。

热丝式

电容式

转向信号灯电路组成 ⊖ —— 闪光器 —— 分类 ⊖

翼片式

电子式

转向信号装置 ⊖

转向灯开关

夜间给驾驶人提供额外照明，使其能够在夜间倒车时看清车的后部。

倒车灯作用 ⊖

警告后面车辆的驾驶人和行人：该车驾驶人想要倒车或正在倒车。

倒车信号装置 ⊖ —— 蜂鸣器（部分车安装）

倒车灯和倒车蜂鸣器均由倒车灯开关控制。

信号系统

一般不受点火开关控制，直接由电源、熔丝到制动灯开关，因此制动灯由制动信号开关控制。

制动灯电路 ⊖

液压式制动灯开关

制动信号装置 ⊖ —— 制动灯开关类型 ⊖ —— 气压式制动灯开关

弹簧式制动灯开关

作用 ⊖ 警告行人和其他车辆，以引起注意，保证行车安全。

气喇叭

喇叭按发音动力分类 ⊖

电喇叭

螺旋（蜗牛）形

喇叭信号装置 ⊖

按外形分类 ⊖ —— 筒形

盆形

喇叭分类 ⊖

高音

按声频分类 ⊖

低音

单线制

按接线方式分类 ⊖

双线制

练习思考题

1．照明系统主要由哪几部分组成？各有何作用？

2．照明系统常见故障及原因有哪些？试举例说明照明系统一种常见故障的诊断与排除流程。

3．如何检查与调整前照灯？

4．简述新型灯光自动控制系统的种类及作用。

5．转向信号灯的闪光器有几种类型？简述其工作原理。

6．信号系统有哪些常见故障？试举例说明信号系统一种常见故障的诊断与排除流程。

任务一 仪表系统的检修

-------------------◻ 学习目标 ◻-------------------

（1）了解仪表系统的作用、类型和组成。
（2）熟悉仪表系统的结构、工作原理。
（3）掌握仪表系统主要部件的拆装方法。
（4）掌握仪表系统的电路分析方法。
（5）掌握仪表系统的检修方法及主要部件的检查调整方法。
（6）能够对仪表系统常见故障进行分析，确定故障诊断流程，掌握故障诊断方法。
（7）培养精益求精的工匠精神。

-------------------◻ 任务引入 ◻-------------------

桑塔纳 2000 型轿车，行驶里程为 12.2 万千米。该车发动机转速表不稳定，有时明明指示在某一转速，却突然降下来，然后又返回到原转速。有时表针来回抖动，不稳定。

汽车仪表系统用来显示发动机和汽车行驶中相关装置的状况，帮助驾驶人随时掌握汽车主要部分的工作情况，及时发现和排除可能出现的故障和不安全因素，以保证良好的行驶状态。根据故障现象，初步判定转速传感器损坏，也有可能转速表损坏，需要对仪表系统进行检修。

-------------------◻ 相关知识 ◻-------------------

一、概述

1. 汽车仪表的作用

汽车仪表一般安装在驾驶人的前方，它是汽车运行状况的动态反映，是汽车与驾驶人进行信息交流的界面，为驾驶人提供必要的汽车运行信息，同时也是维修人员发现和排除故障的重要依据。

2. 汽车仪表的分类

按照工作原理划分，汽车仪表可分为机械式仪表、电气式仪表、模拟电路电子式仪表和数字式仪表等。

视频

认识汽车仪表与
报警装置

（1）机械式仪表

机械式仪表是基于机械作用力而工作的仪表。

（2）电气式仪表

电气式仪表是基于电测原理，通过各类传感器将被测的非电量变换成电信号（模拟量）加以测量的仪表。

（3）模拟电路电子式仪表

模拟电路电子式仪表的工作原理与电气式仪表基本相同，只是用电子器件（分立元件和集成电路）取代原来的电气器件，现在均采用各种专用集成电路。

（4）数字式仪表

由 ECU 采集传感器的信号，将模拟量转换为数字量，经分析处理后控制显示装置的仪表。

3. 汽车仪表的组成

为了使驾驶人随时掌握车辆的各种状况，并能及时发现和排除潜在的故障，在驾驶室的仪表板上装有各种检测仪表和信息显示装置。现代汽车大多采用组合仪表系统。组合仪表一般由面罩、边框、表芯、印制电路板、插接器、报警灯及指示灯等部件组成。有些仪表还带有稳压器和报警蜂鸣器。

不同汽车的组合仪表中的仪表个数不同，一般仪表板上的主要仪表有燃油表、冷却液温度表、发动机转速表和车速里程表等。仪表板上还有许多指示灯、报警灯等。组合仪表中的仪表可单独更换，各种指示灯和报警灯从仪表板外面就可更换灯泡。图 7-1 所示为典型轿车组合仪表板。

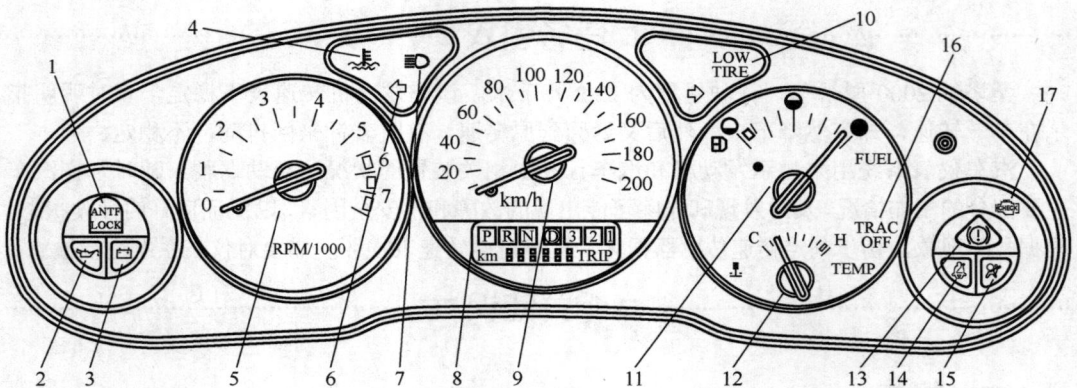

图 7-1　典型轿车组合仪表板

1—防抱死制动系统报警灯　2—机油压力报警灯　3—充电指示灯　4—冷却液温度报警灯　5—发动机转速表
6—转向指示灯　7—前照灯指示灯　8—变速器挡位指示（AT车辆）和里程/单程显示　9—车速表
10—轮胎压力报警灯　11—燃油表　12—冷却液温度表　13—驻车制动器报警灯　14—安全带指示灯
15—安全气囊报警灯　16—牵引力关闭指示灯　17—发动机故障报警指示灯

现代汽车新技术发展日新月异，传统的汽车仪表为驾驶人提供的信息已经远远不能满足需求。随着电子技术的飞速发展，电子数字显示及图像显示的仪表以多功能、高灵敏度、高精度、读数直观、显示模式的自由化等优点不断应用在新型汽车上。图 7-2 所示为大众迈腾轿车多功能电子仪表板。

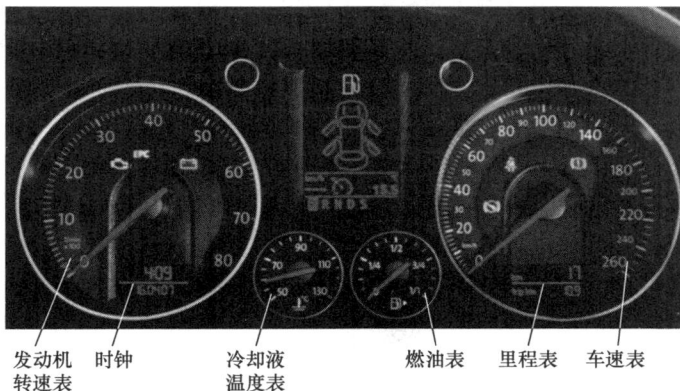

发动机转速表　时钟　冷却液温度表　燃油表　里程表　车速表

图 7-2　大众迈腾轿车多功能电子仪表板

二、冷却液温度表

1. 冷却液温度表的作用与分类

（1）作用。冷却液温度表用来指示发动机冷却液工作温度。

（2）工作电路组成。冷却液温度表的工作电路由冷却液温度表和冷却液温度传感器两部分组成，冷却液温度表安装在组合仪表内，冷却液温度传感器安装在发动机气缸盖的冷却水套上，其外形如图 7-3 所示。

（3）分类。目前在多数汽车上，冷却液温度表与冷却液温度报警灯同时使用。冷却液温度表的结构形式有电热式和电磁式两种。

2. 电热式冷却液温度表

电热式冷却液温度表又称双金属片式冷却液温度表，电热式冷却液温度表可与电热式冷却液温度传感器或热敏电阻式冷却液温度传感器配套使用。

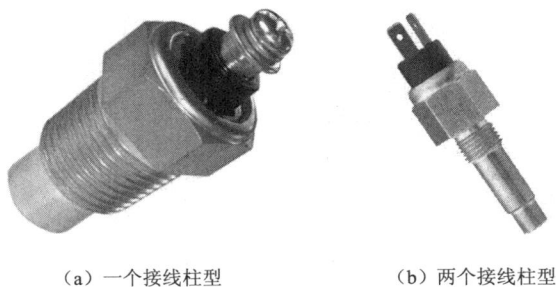

视频

电热式冷却液温度表工作原理

（a）一个接线柱型　　　（b）两个接线柱型

图 7-3　冷却液温度传感器

（1）电热式冷却液温度表配电热式冷却液温度传感器

电热式冷却液温度表配电热式冷却液温度传感器的工作原理如图 7-4 所示。温度表与双金属片式机油压力表的构造相同，仅表盘刻度值不同。

冷却液温度传感器的密封套筒内装有双金属片 2，上面绕有加热线圈，线圈的一端通过连接片 3 与接线柱 4 相连，另一端经固定触点 1 搭铁。

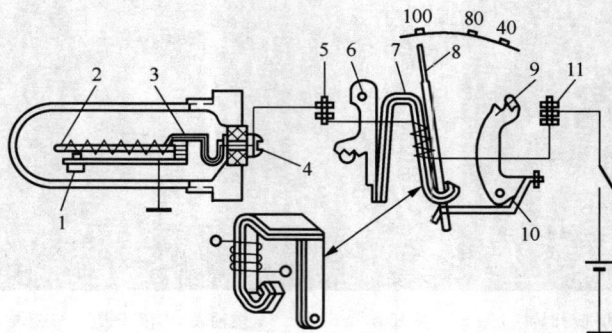

图 7-4   电热式冷却液温度表配电热式冷却液温度传感器的工作原理

1—固定触点   2、7—双金属片   3—连接片   4—冷却液温度传感器接线柱

5、11—冷却液温度表接线柱   6、9—调节齿扇   8—指针   10—弹簧片

当电路接通，冷却液温度不高时，双金属片 2 主要依靠加热线圈产生变形，故双金属片 2 需经较长时间的加热，才能使触点分开。触点打开后，由于四周温度低散热快，双金属片迅速冷却又使触点闭合。所以冷却液温度低时，触点在闭合时间长而断开时间短的状态下工作，使流过冷却液温度表加热线圈中的电流平均值增大，双金属片 7 变形大，带动指针向右偏转，指示低温。当冷却液温度高时，传感器外壳与双金属片周围温度高，触点的闭合时间短而断开时间长，流过冷却液温度表加热线圈的电流平均值小，双金属片 7 变形小，指针向右偏转角小而指示高温。

（2）电热式冷却液温度表配热敏电阻式冷却液温度传感器

电热式冷却液温度表配热敏电阻式冷却液温度传感器的工作电路如图 7-5 所示。

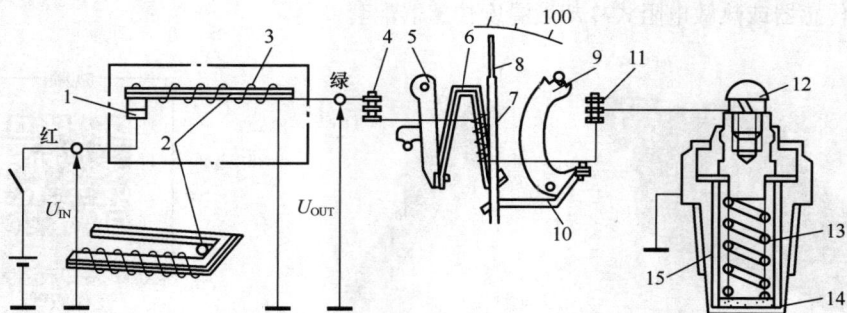

图 7-5   电热式冷却液温度表配热敏电阻式冷却液温度传感器的工作电路

1—触点   2、6—双金属片   3—线圈   4、11、12—接线柱   5、9—调节齿扇

7—加热线圈   8—指针   10、13—弹簧   14—热敏电阻   15—冷却液温度传感器外壳

电热式冷却液温度表配热敏电阻式传感器的工作原理可扫描二维码"电热式冷却液温度

表配热敏电阻式传感器的工作原理"学习。

3. 电磁式冷却液温度表

图 7-6 所示为电磁式冷却液温度表的结构原理。电磁式冷却液温度表内互成一定角度的两个铁心上分别绕有电磁线圈，其中电磁线圈 L_2 与传感器串联，电磁线圈 L_1 与传感器并联。两个铁心的下端有带指针的偏转衔铁。

电磁式冷却液温度表一般配用热敏电阻式冷却液温度传感器，而且不需要电源稳压器。其工作原理：当冷却液温度低时，由于热敏电阻传感器的阻值大，因此线圈 L_2 中的电流小，而线圈 L_1 中的电流大，磁场强，吸引衔铁使指针指向低温；当冷却液温度高时，由于热敏电阻传感器的阻值减小，流经线圈 L_2 的电流增大，磁场增强，吸引衔铁逐渐向高温方向偏转，使指针指向高温。

4. 有两个接线柱的冷却液温度传感器控制电路的特点

以上介绍的热敏电阻式传感器，其接线柱只有一个，与冷却液温度表连线。而在有些车型中，热敏电阻式冷却液温度传感器有两个接线柱，同时控制冷却液温度表与冷却液温度报警灯电路，如图 7-7 所示。

文档

电热式冷却液温度表配热敏电阻式传感器的工作原理

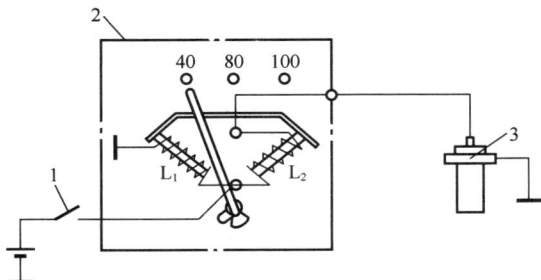

图 7-6 电磁式冷却液温度表的结构原理

1—点火开关 2—冷却液温度表 3—冷却液温度传感器

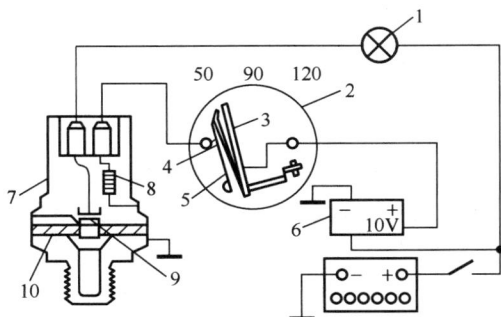

图 7-7 有两个接线柱的冷却液温度传感器控制电路

1—冷却液温度报警灯 2—冷却液温度表 3—指针 4—加热线圈 5、10—双金属片
6—电源稳压器 7—冷却液温度传感器 8—热敏电阻 9—触点

三、燃油表

1. 燃油表的作用与分类

（1）燃油表的作用是指示汽车油箱中的存油量，由装在油箱中的传感器（见图 7-8）和组合仪表中的燃油表两部分组成。

（2）燃油表有电磁式和电热式两种。传感器均可使用可变电阻式传感器。

2. 电磁式燃油表的结构与工作原理

图 7-9 所示为电磁式燃油表的工作电路。

其中，燃油表与电磁式冷却液温度表相同。其传感器由可变电阻 5、滑片 6 和浮子 7 等组成。当油箱内油位高低变化时，浮子带动滑片移动，从而改变电阻大小。线圈 1 与可变电阻串联，线圈 2 与可变电阻并联。电磁式燃油表的等效电路如图 7-10 所示。其工作原理：当油箱无油时，浮

图 7-8　燃油表传感器

子 7 下沉，可变电阻 5 被滑片 6 短路，线圈 2 同时被短路，无电流通过。此时，线圈 1 中的电流达到最大，产生的电磁吸力最强，吸引转子 3 使指针指向"0"的位置。

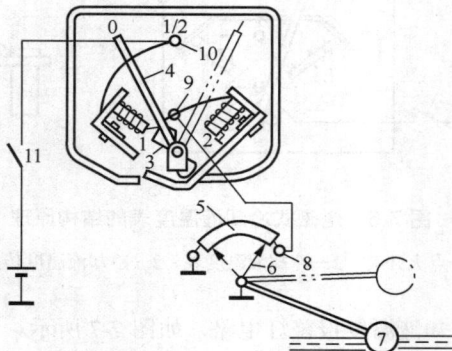

图 7-9　电磁式燃油表的工作电路

1、2—线圈　3—转子　4—指针　5—可变电阻　6—滑片　7—浮子
8—传感器接线柱　9、10—燃油表接线柱　11—点火开关

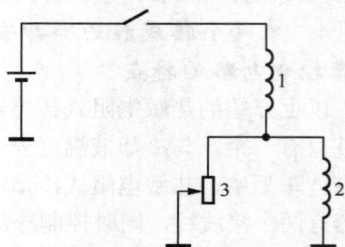

图 7-10　电磁式燃油表的等效电路

1—稳压器　2—加热线圈　3—可变电阻

当油箱中的燃油增加时，浮子 7 上浮，带动滑片 6 滑动，可变电阻 5 的阻值变大，使线圈 2 中的电流增加，而线圈 1 中的电流减小，在线圈 1 和线圈 2 的合成磁场作用下，转子带动指针向右偏转，指针指向高刻度位置。

当油箱装满油时，线圈 2 的电磁力最大，指针指向"1"的位置，当油箱中油为半箱时，指针指向"1/2"的位置。

传感器接线柱 8 的末端搭铁，可减小滑片 6 与可变电阻 5 接触时产生的火花。

3. 电热式燃油表的结构与工作原理

电热式燃油表又称为双金属片燃油表，它的传感器与电磁式燃油表相同，结构如图 7-11 所示。

当油箱无油时，传感器浮子 7 在最低位置，将可变电阻 5 全部接入电路，加热线圈中的电流最小，所以双金属片 3 没有变形，指针指示"0"

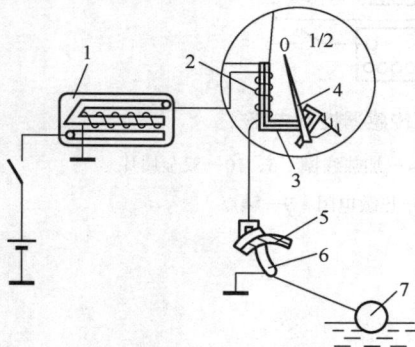

图 7-11　电热式燃油表

1—稳压器　2—加热线圈　3—双金属片　4—指针
5—可变电阻　6—滑片　7—传感器浮子

的位置；当油箱中的油量增加时，传感器浮子上浮，带动滑片6移动，可变电阻的阻值减小，加热线圈中的电流增大，双金属片3受热变形，带动指针4向右转动。

视频

电热式燃油表
工作原理

由于经加热线圈2中的电流除与可变电阻的阻值有关外，还与电源电压有关，因此该电路中需配有稳压器。

桑塔纳2000系列轿车采用电热式燃油表，燃油表传感器为滑动电阻式，如图7-12所示。燃油表与冷却液温度表及其指示灯共用一个稳压电源，仪表工作电压为9.5～10.5V。

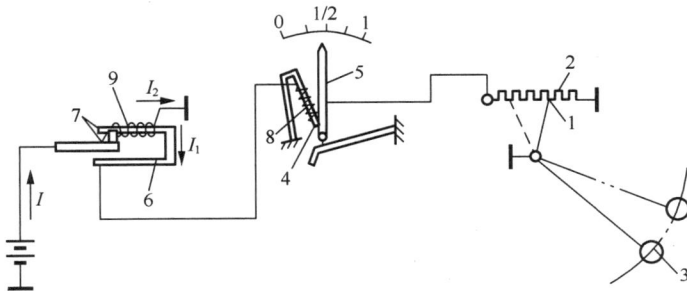

图7-12　桑塔纳2000系列轿车电热式燃油表

1—滑动接触片　2—可变电阻　3—浮子　4—双金属片　5—燃油表指针　6—稳压器双金属片

7—触点　8—燃油表电阻丝　9—稳压器电阻丝

电流自蓄电池经稳压器的双金属片6、燃油表电阻丝8、燃油表传感器的可变电阻2和滑动接触片1，最后回到蓄电池。当燃油箱中的油面高度和浮子3处于最低位置时，滑动接触片1位于可变电阻2的右端，此时电阻最大（560Ω）而电流最小，电阻丝8散发的热量也最少，使得双金属片4产生较小的变形，指针5处于"0"位；反之，当燃油箱中的油加满时，电阻最小（50Ω）而电流最大，指针移至燃油表最右端的"1"位。

燃油表传感器上有一根棕色导线搭铁，变阻信号经紫/黑色导线进入中央线路板固定接点（E5），通过中央线路板内部结构与固定接点（B3）相导通，经紫/黑色导线经过仪表板白色插座（14孔）进入仪表板印制电路板与燃油表连接，燃油表电源由稳压器输出端供给。

四、车速里程表

1. 车速里程表的作用与分类

（1）作用。车速里程表是用来指示汽车行驶速度和累计行驶里程数的仪表。它由车速表和里程表两部分组成。

（2）分类。车速里程表有磁感应式和电子式两种。

2. 磁感应式车速里程表的结构与工作原理

（1）磁感应式车速里程表的结构

磁感应式车速里程表也称永磁式车速里程表，其结构如图7-13所示。磁感应式仪表没有电路连接，属于机械传动，由变速器输出轴上的一套蜗轮蜗杆以及挠性软轴来驱动。

视频

车速里程表工作
原理

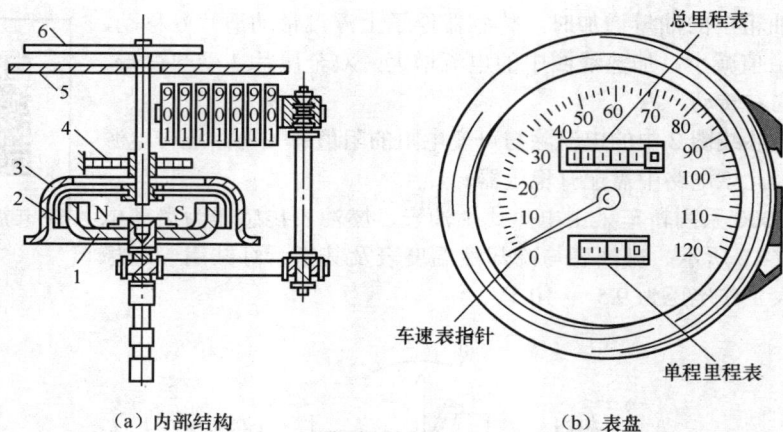

（a）内部结构　　　　　　　　　　（b）表盘

图 7-13　磁感应式车速里程表

1—永久磁铁　2—铝碗　3—罩壳　4—盘形弹簧　5—刻度盘　6—指针

车速表由永久磁铁 1、带有轴及指针 6 的铝碗 2、罩壳 3 和紧固在车速里程表外壳上的刻度盘 5 等组成。

罩壳 3 是固定的。铝碗 2 是杯形的，与永久磁铁及罩壳间具有一定的间隙，只有磁场联系，没有机械联系。铝碗 2 是与指针 6 一起转动的。在静态时，由于盘形弹簧（游丝）4 的作用使指针指在刻度盘的零位上。

（2）磁感应式车速里程表的工作原理

当汽车直线行驶时，变速器输出轴上的蜗轮、蜗杆以及软轴等带动永久磁铁转动，同时在铝碗上感应出涡流。涡流又与永久磁铁相互作用，产生转矩，使铝碗反抗游丝向前运动，带动指针同转一个角度，因为涡流的强弱与车速成正比（车速越高，磁场切割速度越高），所以指针指示的速度也必与汽车的行驶速度成正比。

里程表是由蜗轮蜗杆和计数轮组成的。蜗轮蜗杆和汽车的传动轴之间具有一定的传动比。在汽车行驶时，软轴驱动车速里程表的小轴，经 3 对蜗轮蜗杆带动里程表的第一计数轮转动。第一计数轮上的数字为 1/10km。每两个相邻的计数轮之间，又通过本身的内齿和进位计数轮的传动齿轮，形成 1:10 的传动比。这样汽车行驶时，就可以将其行驶里程不断累计起来。

3. 电子式车速里程表的组成与工作原理

（1）电子式车速里程表的组成

电子式车速里程表被广泛地应用于现代汽车上，它主要由车速传感器、电子电路、步进电动机、车速表和累计里程表等组成，如图 7-14 所示。

电子式车速里程表的结构如图 7-15 所示，它主要由动圈式车速测量机构 8、行星齿轮减速传动机构带动的十进制记录里程的数字轮 4、处理与速度有关的脉冲信号用的电路板组合 5、接收与速度有关的脉冲信号的霍尔型转速传感器（图中未画出）以及步进电动机 6 等组成。

（2）电子式车速里程表的工作原理

电子式车速里程表是以动圈式测量机构指示车速、步进电动机通过行星齿轮系减速数字轮记录里程的，安装在变速器后部的车速传感器将车速转化为脉冲信号，经由电子元器件组成的电路处理后，输出电流驱动动圈式测量机构，带动指针偏转一定的角度。由于车速传感器产生的脉冲频率经电路处理后，与输出的电流相对应，因此指针指示相应的车速，而里程记录是将输入的脉冲频率，由电路分频处理后，驱动步进电动机，经行星齿轮减速分别累计里程及日程。

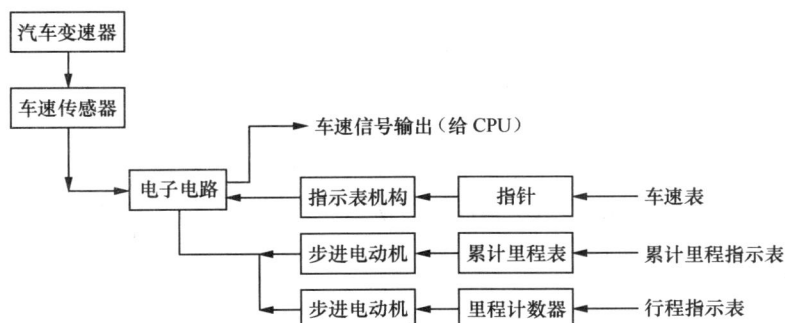

图 7-14 电子式车速里程表的组成

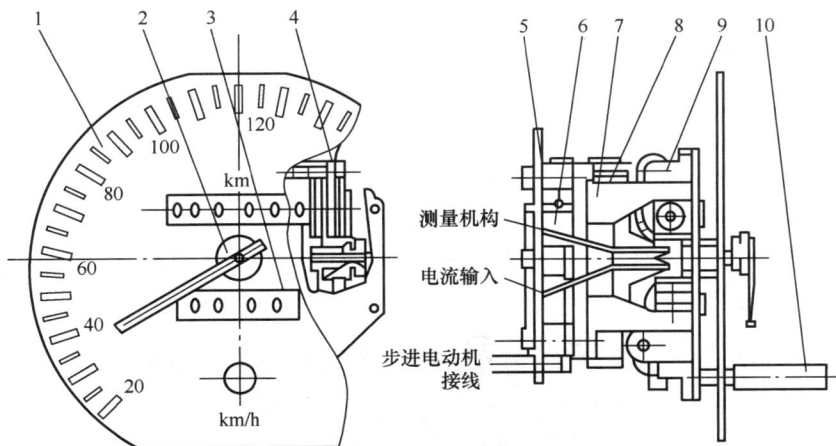

图 7-15 电子式车速里程表的结构

1—刻度盘 2—指针组合 3—里程计数器 4—数字轮 5—电路板组合 6—步进电动机 7—座架
8—动圈式车速测量机构 9—计数器组合 10—里程复位机构

五、发动机转速表

1. 发动机转速表的作用与分类

（1）发动机转速表用于指示发动机的运转速度。

（2）发动机转速表有机械式和电子式两种。电子式转速表由于结构简单、指示精确、安装方便，因此被广泛应用。

2. 电子式转速表工作原理

电子式转速表获取转速信号的方式有 3 种：从点火系统获取脉冲电压信号、从发动机的转速传感器获得转速信号、从发电机获取转速信号。汽油发动机电子式转速表都是用点火系统的初级电路为触发信号，如图 7-16 所示。

电子式发动机转速表工作原理如下。

当点火控制器使初级电路导通时，晶体管 VT 处于截止状态，电容 C_2 被充电。其充电电路：蓄电池正极 → R_3 → C_2 → VD_2 → 蓄电池负极，构成回路。

图 7-16　发动机电子式转速表电路原理

当点火控制器使初级电路截止时，晶体管 VT 的基极得正电位而导通，此时 C_2 便通过导通的 VT、电流表 A 和 VD_1 构成放电回路，从而驱动电流表。

当发动机工作时，初级电路不断地导通、截止，其导通、截止的次数与发动机转速成正比。所以当初级电路不断地导通、截止时，对电容 C_2 不断地进行充、放电，其放电电流平均值与发动机转速成正比，于是将电流平均值标定成发动机转速。

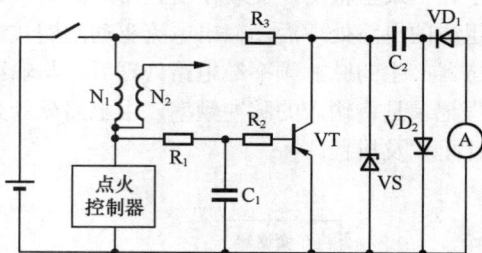

六、数字式仪表

1. 数字式仪表的特点

随着汽车数字式仪表的使用比例正在逐年增加，汽车仪表的功能不再局限于传统的显示车速、发动机转速、里程等内容上，正向综合信息系统的方向发展。能够利用各种传感器传来的信号并根据这些信号进行计算，车辆的信息数据以数字或条形图形式显示出来，许多仪表被集网络诊断和数字显示功能于一体的触摸式液晶屏幕所取代，并具有带 ECU 智能化车载动态信息系统的故障自诊断、车辆定位动态显示、电子地图显示、导航等功能。

由于数字式仪表可以提供大量的更加复杂的车辆状态信息，且具有可靠和精度高的特点，故其必将取代传统式汽车仪表。图 7-17 所示为数字式仪表板。

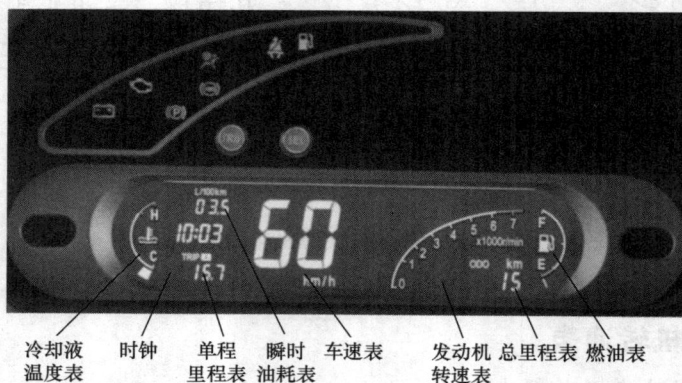

冷却液温度表　时钟　单程里程表　瞬时油耗表　车速表　发动机转速表　总里程表　燃油表

图 7-17　数字式仪表板（奇瑞 QQ3 轿车）

2. 数字式仪表的类型

从目前应用于各种轿车上的数字式仪表来看，它大致可以分为 3 种类型。

（1）LCD（液晶显示器）与指针混合数字显示式仪表

这类数字式仪表是目前各大汽车生产厂家应用量较多的一种仪表，它的典型外形如图 7-18 所示。

（2）全数字指针显示式仪表

这类仪表主要是采用数字式电路控制步进电动机，再由步进电动机驱动指针进行显示。

（3）LCD 全数字显示式仪表

这类仪表主要是采用数字液晶仪表与宽温度范围的模拟指针式仪表组合而成。

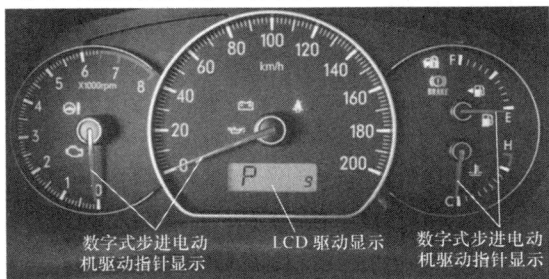

图 7-18　LCD 与指针混合数字显示式仪表

提示

◆广州丰田凯美瑞系列轿车中，高端车型数字式仪表一般采用点阵 LCD 与步进电动机组合类型，低端车型一般采用 LCD 与步进电动机组合类型。

◆上汽大众帕萨特轿车采用 LCD 与步进电动机组合类型。

◆长安福特蒙迪欧轿车采用彩屏与步进电动机组合类型。

3. 数字式仪表的组成

数字式仪表系统由各种传感器、电控单元（ECU）和显示器 3 部分组成，数字式仪表系统组成框图如图 7-19 所示。传感器对各种信号进行检测，然后 ECU 对各种信号进行转换、处理，最后由显示器显示出各种信息。

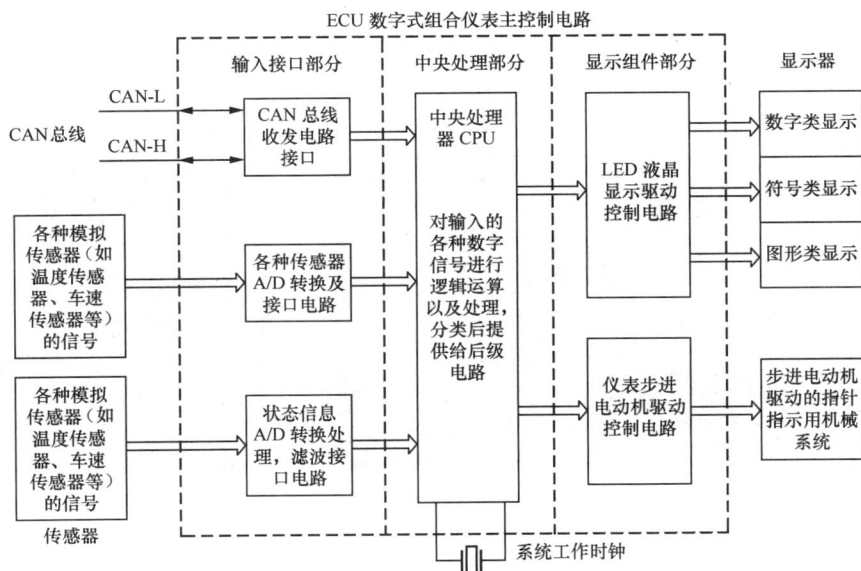

图 7-19　数字式仪表系统组成框图

文档

汽车电子仪表中
的显示器件结构

汽车电子仪表中的显示器件由发光二极管、液晶显示器和真空荧光管等组成。汽车电子仪表中的显示器件主要由发光二极管、液晶显示器（LCD）、真空荧光管（VFD）等组成，具体结构可扫描二维码"汽车电子仪表中的显示器件结构"学习。

4. 典型汽车数字式仪表功能介绍

图 7-20 所示为新型汽车数字式仪表板，除了发动机转速表还保留着圆形指针式，其他的仪表信息都采用高科技的数字量化显示，该车仪表板可以简单地分为车速表、发动机转速表和车辆状态三大区域。

图 7-20　汽车数字式仪表板

（1）车速表区

如图 7-21 所示，车速表上的数字表示的是汽车每小时行驶的千米数，屏幕上以数字显示车辆正在行驶的时速状态。在车速表下方的指示灯有充电指示灯、气囊指示灯、雾灯指示灯以及转向灯指示灯等。而位于车速表右侧的弧形刻度是用来表示发动机冷却液温度的冷却液温度指示灯。

（2）发动机转速表区

如图 7-22 所示，位于中央的发动机转速表区，采用脉冲感应设计，使仪表板更具运动感，并能快速灵活地反映发动机转速数据。发动机转速表上还包括用来表示车辆驻车制动器状态的驻车制动器报警灯、发动机故障报警灯、轮胎压力报警灯等车辆报警信息。

图 7-21　车速表区

图 7-22　发动机转速表区

（3）车辆状态区

图 7-23 所示为车辆状态区。车辆状态区显示车辆所处的各种状态，包括建议保养千米数、

当前阶段行驶里程、续驶里程、行驶总里程、变速器当前挡位、瞬时油耗等丰富的行车状态信息。

位于时速表左侧的弧形刻度是油箱燃油量指示灯，该指示灯用来显示车辆内储油量的多少，当钥匙门打开，车辆进行自检时，该油量指示灯会短时间点亮，随后熄灭。如起动后该指示灯点亮，则说明燃油量已不足。

另外，仪表板右侧的液晶屏为多媒体信息显示区，通过液晶屏下面的旋钮进行控制、操作，可以显示时间、导航、温度、蓝牙、音响、DVD 视频、USB、系统配置等多方面媒体信息，如图 7-24 所示。

图 7-23　车辆状态区

图 7-24　仪表板右侧的液晶屏为多媒体信息显示区

一体式的仪表板整合了全部的行车数据，使整个仪表板既能够取得良好的阅读效果，又能够有出色的视觉感受，给车辆的使用与行车安全提供了更好的条件。

5. 车载平视显示器（HUD）系统

平视显示器（Head Up Display，HUD）最早出现在军用飞机上，是目前普遍运用在航空器上的飞行辅助仪器。平视的意思是指飞行员不需要低头就能够看到他需要的重要资讯。为了提高车辆的驾驶安全，一些汽车也采用了 HUD 系统，如图 7-25 所示。

如图 7-26 所示，HUD 系统可以将发动机转速、车速、里程等有关车辆的重要信息投影在驾驶人前方挡风玻璃的平视范围上，所显示的信息种类可以选择，且显示位置、显示亮度可调，这样可以避免驾驶人低头看仪表的行为，缩短眼球对前方视觉盲区观看的时间，减少了因低头走神引起的交通事故，提高了行车安全。

图 7-25　汽车 HUD 系统的图像显示
（雷克萨斯 RX350 汽车）

图 7-26　HUD 系统的显示信息（宝马轿车）

HUD 系统的特点：

（1）行车时，HUD 系统会将行车速度显示在挡风玻璃上；

（2）车速达到 100km/h 时，发出"嘀"声提示，车速达到 120km/h 时，发出"嘀嘀"两声提示；

（3）停车时，平视显示器（HUD）会进行 10min 计时，以帮助掌握红灯切换时间、停车等人时间等；

（4）在高速行驶时，平视显示器（HUD）还会根据速度等行驶状态推算出安全警示程度；

（5）投射器的亮度会自动跟随环境亮度的变化而变化。

HUD 系统相当于一部投影装置，需要使用一个光源来投射 HUD 信息，一般都是利用 LED 灯组作为光源，然后通过投影显示屏产生如车辆速度、导航提醒等信息图像内容，投影显示屏相当于一个滤波器，允许光线通过或阻止光线通过。再由一个图像光学元件确定 HUD 系统显示图像的开关和尺寸。图像被投射到风挡玻璃上后，再将其反射给驾驶员，由于驾驶人看到的是 HUD 显示屏的虚像，看起来图像信息就好像自由漂浮在道路上一样，如图 7-27 所示。

图 7-27　汽车 HUD 系统图像信息
（雪铁龙 C6 轿车）

宝马轿车 HUD 系统由玻璃盖板、反射镜、LED 电源件、LED 灯组、投影显示屏（TFT）、主印制电路板、壳体、风挡玻璃、控制开关等组成，如图 7-28 所示。

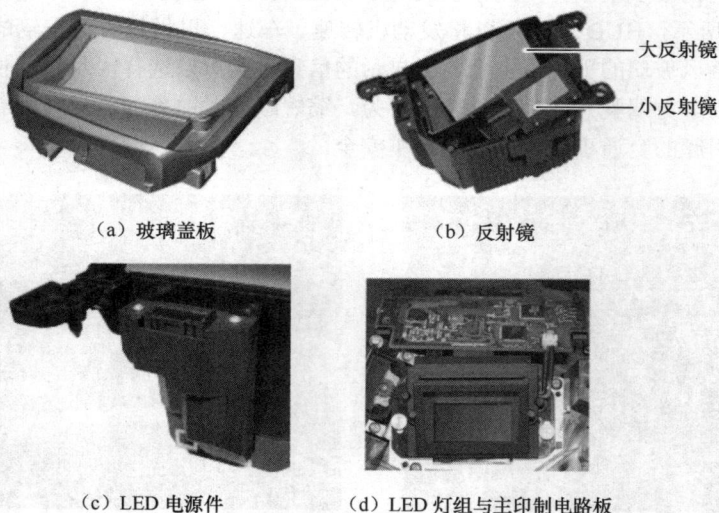

（a）玻璃盖板　　　　　　　　（b）反射镜

（c）LED 电源件　　　　（d）LED 灯组与主印制电路板

图 7-28　宝马轿车 HUD 系统的组成部件

□ 任务实施 □

仪表系统检修注意事项

（1）拆装注意事项。

① 拆装仪表系统时，应先拆下蓄电池负极电缆，以免手触摸仪表板后面时造成线路短路。

② 拆装饰面板时，由于固定螺钉一般是隐蔽的，因此要仔细查找固定螺钉，否则强行拆卸将会损坏装饰面板。

③ 拆装仪表系统时，应注意仪表板后面的线束插接器及车速里程表软轴接头，一般都带有锁止机构，切忌强拆，安装时要确保到位。

④ 从电路板上拆下仪表表芯、电源稳压器、照明及指示灯时，小心不要损坏印制电路。

（2）单独更换表芯或仪表传感器时，注意仪表与传感器必须配套使用。

（3）拆装仪表及传感器时，注意动作要轻，不要敲打。

（4）电热式机油压力传感器安装时有方向要求。

（5）仪表与传感器的接线、传感器的搭铁必须可靠。

（6）电磁式仪表的接线柱有极性之分，不得接错。

> 视频
>
> 仪表与报警系统
> 的故障诊断方法

操作一 燃油表、冷却液温度表和机油压力表常见故障诊断与排除

在所有汽车仪表电路中，大部分都配有电源稳压器，而且不论是电磁式仪表还是电热式仪表，又都配有传感器。因此，在仪表故障中，若两个或两个以上仪表同时不工作时，应先检查仪表熔丝和电源稳压器是否有故障；若单个仪表不工作时，应首先确定故障是在传感器还是在仪表。

（1）单个仪表不工作

步骤一 首先检查传感器的接线是否完好，如正常，可将传感器的接线断开，用万用表检测传感器的接线是否有电。如没有电，应检查传感器到仪表及蓄电池的电路；如有电，以燃油表为例，检测方法如图7-29所示。

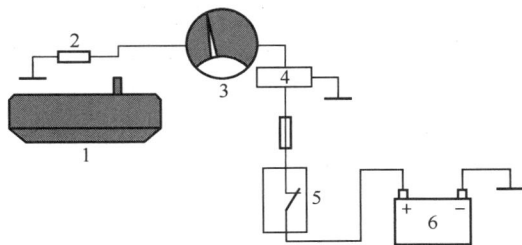

图7-29 仪表的故障检查

1—油箱 2—10Ω 电阻 3—燃油表
4—电源稳压器 5—点火开关 6—蓄电池

步骤二 用 10Ω 的电阻代替传感器，一端接到传感器的接线上，另一端直接搭铁。点火开关打到 ON，观察仪表。如果指针摆动，说明传感器有故障（不要将传感器的接线直接搭铁，否则易烧坏仪表），需要更换传感器。

步骤三 仪表准确的工作情况，可参照维修手册。如以奥迪车燃油表为例，用变阻器代替传感器，当阻值为 40Ω 时，指针指示为 1；当阻值为 78Ω 时，指针指示为 1/2；当阻值为 283Ω 时，指针指示为 0。如果检测结果与上述相符，传感器有故障，应更换；否则，仪表有故障，应更换。

（2）两个或两个以上仪表同时不工作

步骤一 检查仪表熔丝。

步骤二 若仪表熔丝正常，应检查电源稳压器，如图 7-30 所示。以奥迪车为例，如图 7-31 所示，测量输出端子 3 与搭铁端子 2 之间的电压，电压表读数应在 9.75 ～ 10.25V，否则更换稳压器；测量输入端子 1 与搭铁端子 2 之间的电压，电压表的读数应为电源电压，否则检修电路。

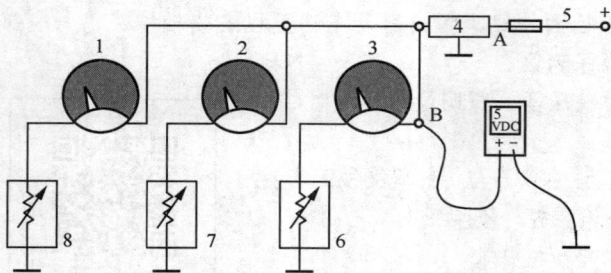

图 7-30 电源稳压器的电路

1～3—仪表 4—电源稳压器 5—蓄电池+ 6～8—传感器

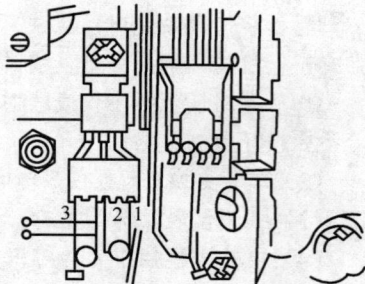

图 7-31 检查稳压器

1～3—端子

操作二 车速里程表常见故障诊断与排除

在检测车速表里程表时，可将车辆举起，起动发动机，将变速器挂上挡，使驱动轮运转，观察转速表的工作情况。

（1）机械式车速里程表故障诊断与排除

机械式车速里程表常见故障有噪声、指针抖动或不工作。

① 噪声故障。

步骤一 一般是软轴（里程表线）缺油，须将软轴拆下，进行清洗，加润滑油。但最好是更换软轴。

步骤二 若表头中的表轴磨损，使铝杯与磁铁相碰，发出噪声，需更换表头。

② 车速里程表不工作、读数不准或抖动故障。

步骤一 首先检查软轴与其他线束是否有交错挤压的现象，如果有上述情况，先将软轴正确归位。

步骤二 检查变速器输出轴驱动小齿轮的磨损情况，软轴与驱动小齿轮的啮合间隙，如果不符，应更换。

步骤三 检查表头内蜗轮与蜗杆的间隙，过大可调整。

（2）电子式车速里程表故障诊断与排除

电子式车速里程表的常见故障是不工作，原因是传感器损坏或线束、仪表等有故障。

步骤一 断开仪表系统线束插接器，插接器有 26 个端子，如图 7-32 所示。

步骤二 将汽车举起，断开传感器的线束插接器，变速器置于空挡，用手转动左前轮。

步骤三 用万用表测量端子 4 和端子 10 之间的电阻，电阻值应在 $0 \sim \infty$ 之间变化。否则，检修线路或更换车速传感器。

操作三 发动机转速表常见故障诊断与排除

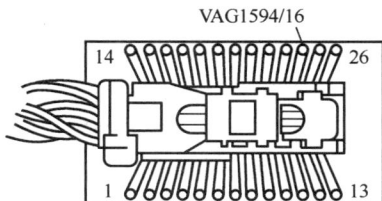

图 7-32 仪表系统线束插接器

1~26—端子

以桑塔纳轿车为例，发动机转速表不工作的原因是线路或仪表本身有故障，检查方法如下所述。

步骤一 检查点火线圈"–"接线柱是否接触良好。

步骤二 检查转速表后面的黑色三孔插座是否接触良好。

步骤三 用万用表检查三孔插座的工作状况，如图 7-33 所示。若 a 插孔搭铁不良，检查仪表线束插接器白色 14 孔插座中的棕色导线是否搭铁；若 b 插孔在点火开关打到 ON 时无电压，应检查仪表线束插接器黑色 14 孔插座中的黑色导线是否有电源电压；若 c 插孔在点火开关打到 ON 时无电压，检查仪表线束插接器白色 14 孔插座中的红/黑导线是否与点火线圈"–"接线柱接触良好。

步骤四 如果转速表后面的黑色三孔插座线束经检查全部正常，则故障在转速表本身，应更换转速表。

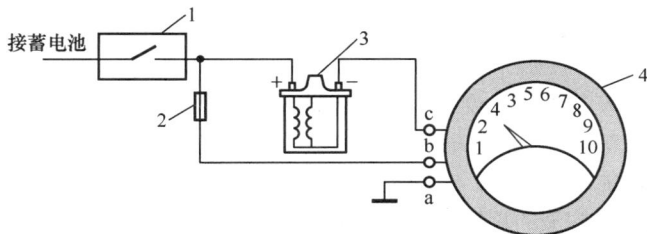

图 7-33 转速表的检测

1—点火开关 2—熔丝 3—点火线圈 4—发动机转速表

□ **维修实例** □

实例一 发动机转速表指示不稳定

（1）故障现象

桑塔纳 2000 型轿车，行驶里程为 12.2 万千米。驾驶人反映该车发动机转速表不稳定，有时明明指示在某一转速，突然一下能降下来，然后又返回到原转速。有时表针来回抖动，不稳定。

（2）故障原因

发动机转速表有故障。

（3）故障诊断与排除

起动发动机，观察发动机转速表指针变化时，发动机工作稳定，并无抖动、断火现象，说明故障与发动机无关，是由发动机转速表系统故障造成的。

该车发动机转速表是从点火线圈 "–" 端取的信号。检查点火线圈上的插接头，连接完好，这样就需要拆下仪表板，检查转速表系统了。分析转速表指示不稳定的原因：

① 转速表背面的黑色三孔插座接触不良；

② 仪表板上的印制电路故障；

③ 转速表系统控制线路故障；

④ 转速表故障。

拆下仪表板检查，转速表背面的黑色三孔插座接触良好，印制电路也良好。对转速表系统控制线路进行检查：转速表背面的黑色三孔插座内的 3 个插孔分别与电源负极、点火开关控制线、点火线圈 "–" 端相通。打开点火开关，断开点火线圈 "–" 端的插头，用万用表测量一个插孔内有 12V 电压，说明转速表系统控制线路也无故障。这样利用排除法可确定故障在转速表本身。

更换发动机转速表后，故障现象消失，故障排除。

实例二　冷却液温度表指示与冷却液实际温度不符

（1）故障现象

桑塔纳 2000 型轿车，行驶里程为 6.8 万千米。驾驶人说，在一次长途旅行中，突然出现冷却液温度表指示与冷却液实际温度（70 ～ 80℃）不符的情况，时而指示为最高温度，时而又恢复正常指示温度。

（2）故障原因

该车冷却液温度表是电热式仪表，并且与燃油表共用一只稳压器，冷却液温度表的工作电压在 9.5 ～ 10.5V 范围内。这种电热式温度表与热敏电阻式的传感器相匹配，其故障的主要原因有以下几种可能：

① 温度传感器与冷却液的接触面有严重水垢，造成热敏电阻的传感值与实际情况有偏差；

② 稳压器输出电压不正常、造成冷却液温度表工作不稳定；

③ 连接导线有搭铁处；

④ 冷却液温度表本身有故障；

⑤ 冷却液不足指示器开关损坏；

⑥ 冷却液不足指示器的控制器损坏等。

（3）故障诊断与排除

分析故障原因，做如下检查：

① 首先检查冷却液温度传感器，将其拆卸下来，从外观上观察水垢并不多，随后用万用表电阻挡对其电阻值进行测量，阻值符合要求，故障不在此处；

② 对稳压器输出电压进行测量，其输出电压在 10V 左右（标准电压值为 9.5 ～ 10.5V），也符合规定标准；

③ 检查冷却液温度表至冷却液温度传感器的连接导线，发现这根导线被压在冷却液管下面，已有磨破点，时而有搭铁现象。

在汽车运行时，当出现搭铁时，冷却液温度表指示最高温度（即危险位置）；当不搭铁时，指示温度又恢复正常状态。

经过对该导线做绝缘处理后，将该导线从冷却液管（铸铁件）下面抽出来放到安全的位置上，然后打开点火开关，观察冷却液温度表指示温度正常，故障排除。

任务二 报警系统的检修

·········· ▫学习目标▫ ··········

（1）了解报警系统的作用、类型、组成。
（2）熟悉报警系统的结构、工作原理。
（3）掌握报警系统主要部件的拆装方法。
（4）掌握报警系统的电路分析方法。
（5）掌握报警系统的检修方法及主要部件的检查调整方法。
（6）能够对报警系统常见故障进行分析，确定故障诊断流程，掌握故障诊断方法。
（7）培养安全生产意识。

·········· ▫任务引入▫ ··········

捷达轿车，行驶里程为 1.58 万千米。驾驶人反映，开车的过程中，偶然发现仪表板上的机油压力报警灯常亮。

根据故障现象，初步判定机油压力传感器损坏，或者是相关控制线路有故障，需要对报警系统进行检修。

·········· ▫相关知识▫ ··········

汽车报警系统是预防车辆事故、保证行车安全的重要装置，是汽车与驾驶人进行信息交流的界面，为驾驶人提供必要的汽车运行信息，同时也是维修人员发现和排除故障的重要依据。

一、报警系统报警灯的类型、作用及图形符号

1. 类型

现代汽车为了保证行车安全、提高车辆的可靠性，在汽车仪表板上安装了许多报警装置。例如，机油压力报警灯、冷却液温度报警灯、燃油不足报警灯、制动液不足报警灯、充电系统故障报警灯，增加了 EPC（发动机电子动力控制系统）故障报警灯，轮胎压力报警灯以及 TCS（牵引力控制系统）、ASR（驱动防滑系统）、VSC（车辆稳定控制）或 ESP（车身电子稳定系统）等报警灯。

视频

认识仪表指示灯

2. 作用

报警灯由报警开关控制，当被监测的系统或总成工作不正常时，对应的报警开关闭合，使该系统的报警灯亮，以提醒驾驶人注意，采取相应的措施，确保行车安全。

3. 图形符号

现代汽车多数采用发光二极管作为报警灯光源，其优点是结构简单、寿命长、耗电少、

易于识别等。报警灯通常安装在仪表板上，灯泡功率一般为 1 ～ 4W，在灯泡前设有滤光片，使报警灯发出红光或黄光，滤光片上通常有标准图形符号。常见的报警灯图形符号如表 7-1 所示。

表 7-1　　　　　　　　　　　　　　　常见报警灯图形符号及含义

序号	图形符号	名称	含义
1	CHECK	发动机故障报警灯	发动机电控系统异常时，该灯点亮或闪烁
2	EPC	发动机电子动力控制系统故障报警灯	发动机电子动力控制系统异常时，该灯点亮或闪烁。电子动力控制系统（Electronic Power Control，EPC）故障报警灯常见于德国大众车系
3		发动机电子防盗指示灯	发动机防盗系统异常时，灯亮
4		冷却液温度报警灯	冷却液温度过高时，灯亮
5		机油压力报警灯	机油压力过低时，灯亮
6		制动器摩擦片使用极限报警灯	制动器摩擦片磨损超限时，灯亮
7		车门未关指示灯	任一车门未关或未关严时，灯亮
8		风窗清洗液液位指示灯	风窗清洗液液位不足时，灯亮
9		燃油不足报警灯	燃油量过少时，灯亮或闪烁
10		安全带指示灯	安全带未扣紧或安全带锁扣未插到位时，灯亮
11	ABS	ABS指示灯	ABS系统异常时，灯亮或闪烁
12	OFF	TCS、ASR或ESP报警灯	TCS、ASR或ESP异常时，灯亮或闪烁
13	(!)	驻车制动器报警灯（制动液不足报警灯）	拉起驻车制动器时，灯亮；在一些车型（如德国大众车系）中，该灯兼作制动液液位过低报警灯
	P	驻车制动指示灯	打开点火开关，该灯才起作用。拉上驻车制动，该灯将保持点亮

续表

序号	图形符号	名称	含义
14		定速巡航指示灯	有两种状态，当处于巡航待命状态时，指示灯闪烁；当处于巡航状态时，指示灯保持常亮
15		电动助力转向指示灯	电动助力转向系统异常时，灯亮或闪烁
16		安全气囊报警灯	安全气囊异常时，灯亮
17		维护保养指示灯	当里程表公里数累计达到预设置的里程（5000km）时，该指示灯亮起，提醒用户进行整车保养维护
18		轮胎压力报警灯	轮胎压力异常时，灯亮
19		O/D报警灯	当驾驶人按下自动变速器超速挡锁止开关时，该灯点亮；若电控自动变速器异常时，该灯点亮或闪烁
20		VSC报警灯	VSC系统异常时，灯亮或闪烁。VSC报警灯常见于日本丰田车系和德国大众车系

二、组合仪表报警灯的结构与工作原理

1. 机油压力报警灯的结构与工作原理

在一些汽车上，除了装有机油压力表外，还装有机油压力报警灯。每当润滑系统机油压力低于允许值时，报警灯亮，以引起驾驶人注意。而且机油压力报警灯越来越普及，在许多车型上，已将机油压力表取消，只用机油压力报警灯监测润滑系统的工作情况。

（1）弹簧管式机油压力报警开关

如图7-34所示，机油压力报警开关控制电路是由安装在发动机主油道的弹簧管式报警开关和安装在仪表板上的红色报警灯组成的。其报警灯开关内有一管形弹簧，管形弹簧的一端与主油道相通，另一端有一对触点，固定触点经连接片与接线柱相接，活动触点经外壳搭铁。

当机油压力低于允许值时，管形弹簧向内弯曲，触点闭合，报警灯亮，以示警告；当机油压力正常时，管形弹簧产生的弹性变形量增大，带动触点分开，报警灯熄灭，以示机油压力正常。

（2）膜片式机油压力报警开关

图7-35所示为膜片式机油压力报警开关控制电路图。当机油压力正常时，机油压力推动膜片向上拱曲，推杆将触点打开，报警灯熄灭；当机油压力低于允许值时，膜片在弹簧压力作用下向下移动，从而使触点闭合，报警灯亮，以示警告。

2. 冷却液温度报警灯的结构与工作原理

汽车上除了装有冷却液温度表外，还装有冷却液温度报警灯，每当冷却液温度超过允许值时，红色报警灯亮，以示警告。

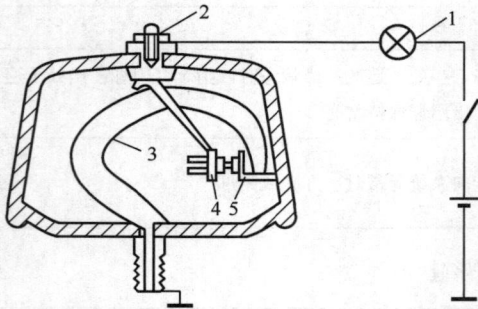

图 7-34　弹簧管式机油压力报警开关控制电路

1—报警灯　2—报警开关接线柱　3—管形弹簧

4—固定触点　5—活动触点

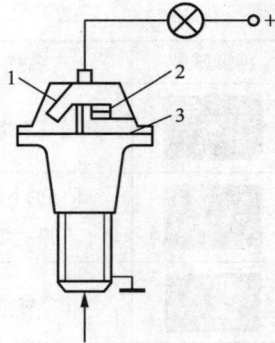

图 7-35　膜片式机油压力报警开关控制电路

1—弹簧片　2—触点　3—膜片

图 7-36 所示为冷却液温度报警灯控制电路，其报警开关为双金属片式温度开关。

当冷却液温度正常时，双金属片几乎不变形，触点分开，报警灯不亮；当冷却液温度超过允许值时，双金属片由于温度升高而弯曲变形，触点闭合，报警灯亮，以示警告。

3. 燃油不足报警灯的结构与工作原理

在汽车上除了装有燃油表外，还装有燃油不足报警灯，每当燃油少于规定值时，红色报警灯亮，以提醒驾驶人注意加油，尤其是燃油箱中有电子燃油泵的车辆，如果燃油箱中的燃油过少，燃油泵得不到冷却，容易造成燃油泵损坏。

图 7-37 所示为热敏电阻式报警灯控制电路。其报警开关为热敏电阻式，装在燃油箱内。当燃油箱内燃油量多时，负温度系数的热敏电阻浸在油中，散热快，温度降低，电阻值大，因此电路中几乎没有电流，报警灯不亮；当燃油减少到规定值以下时，热敏电阻元件露出油面，散热慢，温度升高，电阻值减小，电路中电流增大，报警灯亮，提醒驾驶人注意加油。

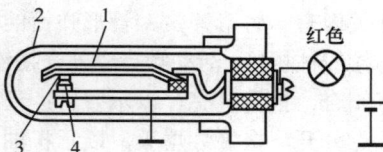

图 7-36　冷却液温度报警灯控制电路

1—双金属片　2—壳体　3—动触点　4—静触点

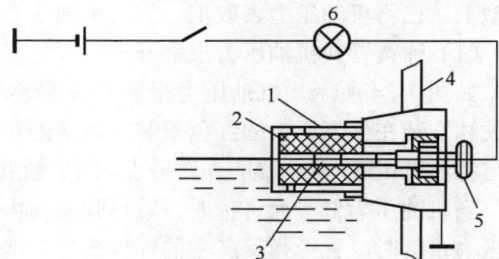

图 7-37　热敏电阻式报警灯控制电路

1—外壳　2—防爆金属网　3—热敏电阻

4—燃油箱外壳　5—接线柱　6—报警灯

4. 制动液不足报警灯的结构与工作原理

制动液不足报警灯的作用是当制动液液面过低时，发出报警信号，以提醒驾驶人注意。制动液不足报警装置是由报警开关和报警灯组成。报警开关安装在制动总泵液罐内，此报警开关适用于冷却液、挡风玻璃清洗液等液面过低报警灯的控制电路，区别仅在于报警开关安装位置不同。

图 7-38 所示为制动液不足报警灯控制电路。当制动液充足时，浮子的位置较高，此时永久磁铁高于舌簧开关的位置，舌簧开关处于断开状态，报警灯不亮；当浮子随着制动液液面下降到规定值以下时，永久磁铁便接近舌簧开关，使舌簧开关触点闭合，报警灯电路导通，报警灯亮。

5. 制动器摩擦片使用极限报警灯的结构与工作原理

制动器摩擦片使用极限报警灯的作用是当制动器摩擦片磨损到使用极限厚度时，发出报警信号，表示制动器摩擦片需要更换。

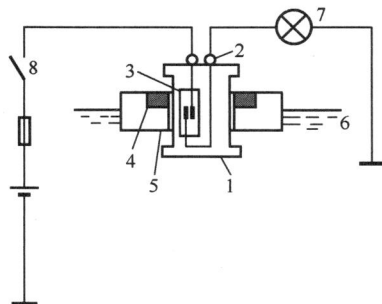

图 7-38　制动液不足报警灯控制电路

1—舌簧开关外壳　2—接线柱　3—舌簧开关　4—永久磁铁
5—浮子　6—制动液面　7—报警灯　8—点火开关

图 7-39 所示为制动器摩擦片使用极限报警灯控制电路。将一段导线埋在摩擦片内部，该导线与组合仪表中的电子控制器相连，当摩擦片没有到使用极限时，电子控制器中的晶体管基极电位为低电位，晶体管截止，报警灯不亮；当摩擦片到使用极限时，摩擦片中埋设的导线被磨断，电子控制器中的晶体管基极电位为高电位，晶体管导通，报警灯亮。

提示

一般情况下，制动器摩擦片使用极限报警灯与制动液不足报警灯共用一个报警灯。

6. 制动信号灯线路故障报警灯的结构与工作原理

制动灯对于行车安全极为重要，而驾驶人在开车过程中，又很难发现制动灯有故障，所以在一些车辆中，设置了制动灯线路故障报警灯。

图 7-40 所示为美国 GM 公司采用的制动灯线路故障报警灯控制电路。在正常情况下，踩下制动踏板，制动信号灯开关接通，电流经左右两电磁线圈到制动信号灯。此时两线圈所产生的磁场相互抵消，舌簧开关的触点继续处于常开状态，报警灯不亮；当左右两个制动信号灯有一个灯泡坏了，或者线路有断路的情况，则有故障一侧的电磁线圈将不产生磁场，而另一侧的电磁线圈产生磁场，舌簧开关中的触点将闭合，报警灯亮，提醒驾驶人制动灯线路有故障。

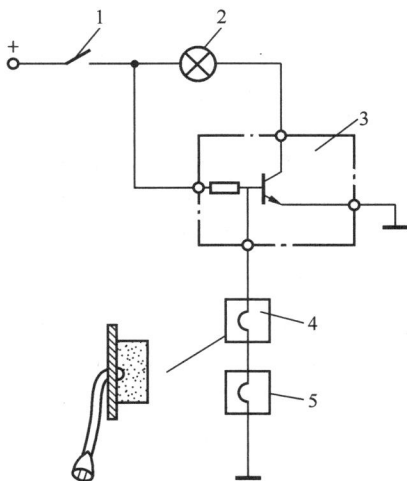

**图 7-39　制动器摩擦片使用极限
报警灯控制电路**

1—点火开关　2—报警灯
3—电子控制器　4、5—前制动器摩擦片

7. 制动系统故障报警灯的结构与工作原理

图 7-41 所示为制动系统故障报警灯控制电路。其原理是在双管路制动总泵的油管路之间并联一个差动阀。当两管路制动正常时，差动阀柱塞处于中间位置，报警开关的触发杆处于柱塞凹槽内，报警灯不亮。当制动系统任何一侧管路压力降低时，差动阀柱塞将受另一侧压力作用而移动。差动阀移动时，报警开关的触发杆被顶起，报警开关触点闭合，报警灯亮。

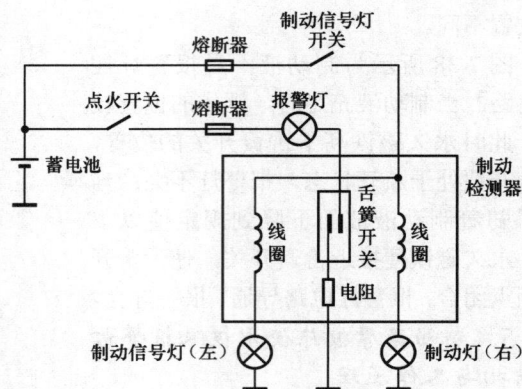

图 7-40　美国 GM 公司采用的制动灯线路故障报警灯控制电路

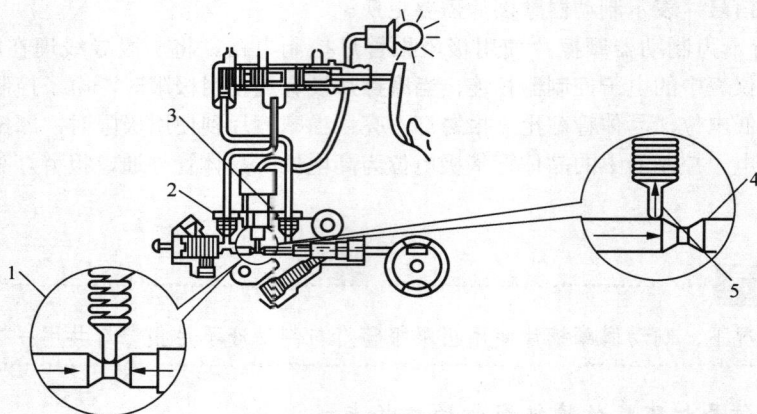

图 7-41　制动系统故障报警灯控制电路

1—差动阀　2—前制动管路　3—后制动管路　4—柱塞　5—触发杆

8. 白炽灯泡型报警灯电路控制工作原理

一般汽车普遍采用白炽灯泡作为报警灯光源，该型报警灯控制电路如图 7-42 所示。接通点火开关 ON 挡时，充电指示灯、机油压力报警灯亮。当发动机起动后，充电指示灯和机油压力报警灯熄灭。驻车制动器指示灯在驻车制动器拉杆拉紧时发亮，在拉杆放松时熄灭。制动气压过低时，气压过低报警灯亮，此时若松开驻车制动器拉杆，报警蜂鸣器发出鸣叫声，提醒驾驶人气压过低时起步有危险。

9. 发光二极管型报警灯电路控制工作原理

桑塔纳、捷达等轿车采用发光二极管作为报警灯光源。电路较白炽灯泡型报警灯复杂。一般增设保护电阻、电子控制器等元件。图 7-43 所示为桑塔纳普通型轿车报警灯控制电路。

机油压力报警灯由气缸盖上的低压油压开关、机油滤清器支架上的高压油压开关及仪表板内的电子控制器控制。接通点火开关 ON 挡，充电指示灯亮，机油压力报警灯亮但蜂鸣器不响。发动机起动后，充电指示灯和机油压力报警灯熄灭。若怠速时油压小于 0.03MPa，机油压力报警灯亮，表示油压过低；若转速到 2000r/min 油压小于 0.18MPa，机油压力报警灯亮且蜂鸣器鸣叫，表示高速时油压过低。

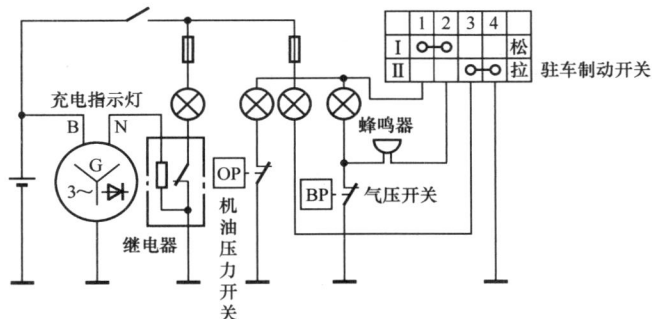

图 7-42　白炽灯泡型报警灯控制电路

冷却液温度报警灯由冷却液温度传感器和冷却液液面过低报警开关控制。接通点火开关 ON 挡，冷却液温度报警灯应闪烁 5s 后自动熄灭。当膨胀水箱冷却液液面过低或冷却液温度高于 115℃，冷却液温度报警灯闪烁。

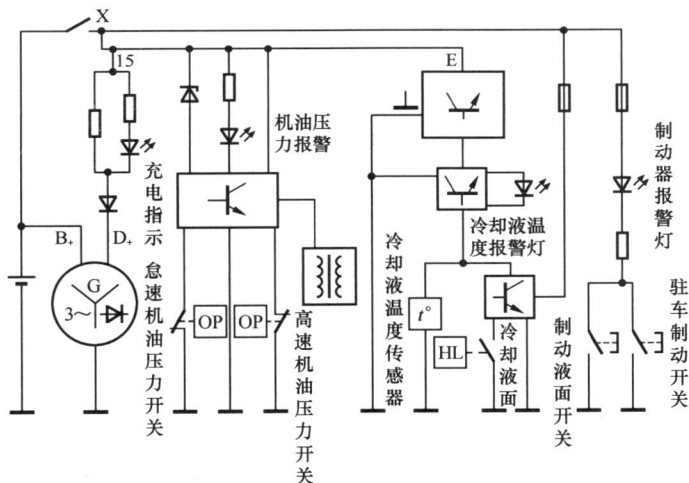

图 7-43　桑塔纳轿车报警灯控制电路

驻车制动器报警灯由驻车制动开关和制动液液面开关控制，拉起驻车制动拉杆，报警灯亮；制动液液面过低报警灯亮。

◻ 任务实施 ◻

操作一　机油压力报警灯闪亮的故障诊断与排除

机油压力报警灯电路有故障时，仪表板上的机油压力报警灯会闪亮。机油压力报警灯闪亮，表示发动机润滑系统油道内油压过低，应使发动机停止运转并进行检查。检查流程如下：

步骤一　抽出机油尺，检查曲轴箱内机油量，应保证机油量在规定的刻度范围内；

步骤二　检查发动机外表、底部有无机机油渗漏处；

步骤三 如果是在行驶中报警灯突然闪亮，应仔细查看油底壳是否被路面障碍物碰瘪，以致损坏机油泵；

步骤四 检查机油压力传感器（在发动机缸体左侧）电线、插头有无脱落现象；

步骤五 拆卸机油压力传感器，用专用的机油压力表测量发动机的机油压力；

步骤六 如果机油压力正常，表明发动机润滑系统工作正常，而故障在机油压力传感器。

操作二　驻车制动器报警灯闪亮的故障诊断与排除

当驻车制动器报警灯电路有故障时，仪表板上的红色制动报警灯闪亮。

驻车制动器报警灯闪亮有两种状况：一是制动主缸储油罐内制动液不足，已对制动系统构成影响；二是驻车制动未松开，后轮制动摩擦片抱住制动鼓。驻车制动器报警灯电路故障诊断与排除流程如下：

步骤一 打开发动机罩，检查制动主缸储油罐液面传感器的电线、插头是否良好；

步骤二 打开储油罐盖，检查制动液是否不足；

步骤三 举起汽车，检查制动油管有无渗漏处，如发现轮辋和轮胎内侧有制动液，说明该轮缸已经漏油。

□ 维修实例 □

实例一　加注燃油后，燃油表指针无反应

（1）故障现象

捷达轿车，行驶里程为 1.58 万千米。驾驶人说，这两天发现仪表板上的燃油表指针总是指示在最左边，开始以为是燃油箱内缺少燃油，在加注了 30L 汽油后，燃油表仍无反应。

（2）故障原因

燃油表损坏。

（3）故障诊断与排除

燃油表是汽车燃油监测系统的重要组成部分，如果燃油表不工作或指示不准确，驾驶人将无法判断燃油箱内有多少燃油，也就无法判断何时加注燃油及加注多少燃油。

捷达轿车燃油监测系统的工作电路主要由以下零件构成：稳压器、燃油表、燃油表传感器和有关线路。

根据燃油监测系统的电路图查找该车故障原因。首先拔下燃油表传感器电源插头，将点火开关转到"ON"位置，测量紫/黑色线的供电电压值，测量结果为 0V，表明燃油表传感器没有工作电流。在点火开关转到"ON"位置时，测量中央继电器盒 M 线束中紫/黑线与搭铁的电压值，测量结果为 0V；测量 U 线束中蓝色线与搭铁的电压值，测量结果为 0V；测量仪表板上端子 28 插头中端子 7 的蓝色导线至 U 线束蓝色导线间的电阻值，测量结果为 0.3Ω，说明该导线没有断路处。

检查稳压器的工作情况。因冷却液温度表与燃油表共用一个稳压器，所以检查冷却液温度表，工作正常，表明稳压器没有故障。于是判断燃油表可能存在故障。

从组合仪表板中取出燃油表，测量加热电阻丝，发现该电阻丝已熔断。

重新更换燃油表，试车，燃油表工作正常，故障排除。

实例二　冷却液液位报警灯突然闪亮

（1）故障现象

桑塔纳 2000 型轿车，行驶里程为 16.1 万千米。驾驶人说，行车中，冷却液液位报警灯突然闪亮，而储液罐内液面正常。

（2）故障原因

液位控制继电器损坏。

（3）故障诊断与排除

由电路原理可知，故障多半出在液位传感器和液位控制继电器上。拆下液位传感器检查，未发现异常。

换装一只正常的液位传感器再试，故障依旧。

拔下原液位控制继电器，装上一只正常的液位控制继电器再试，故障排除。

小　结

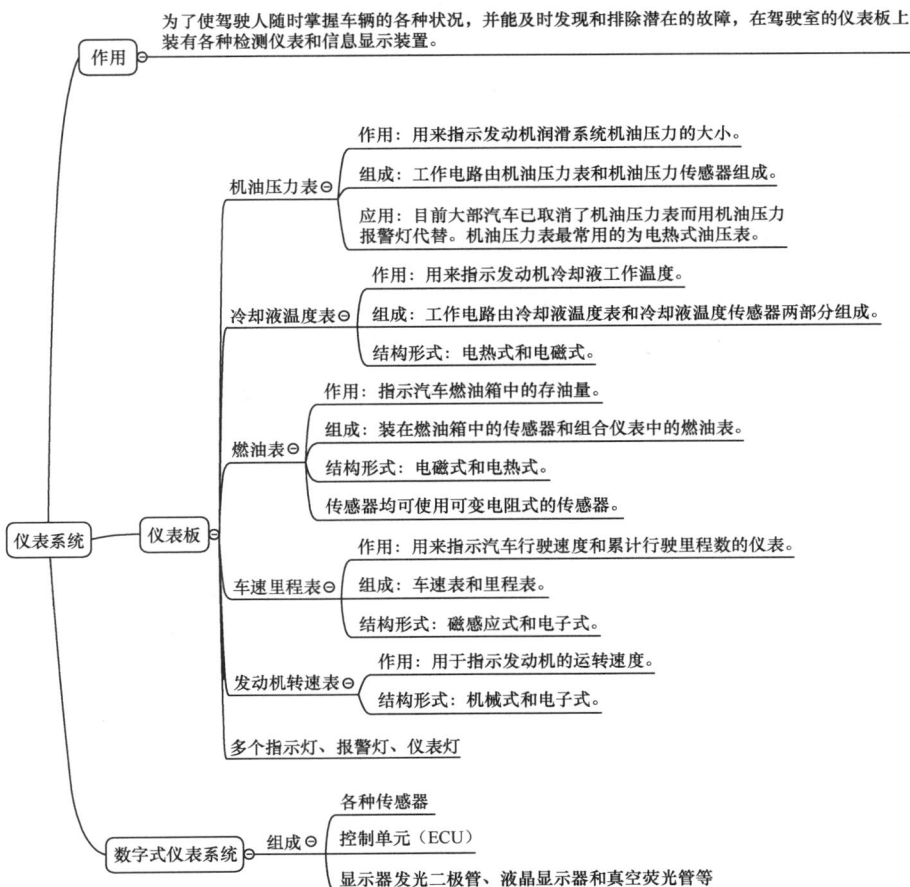

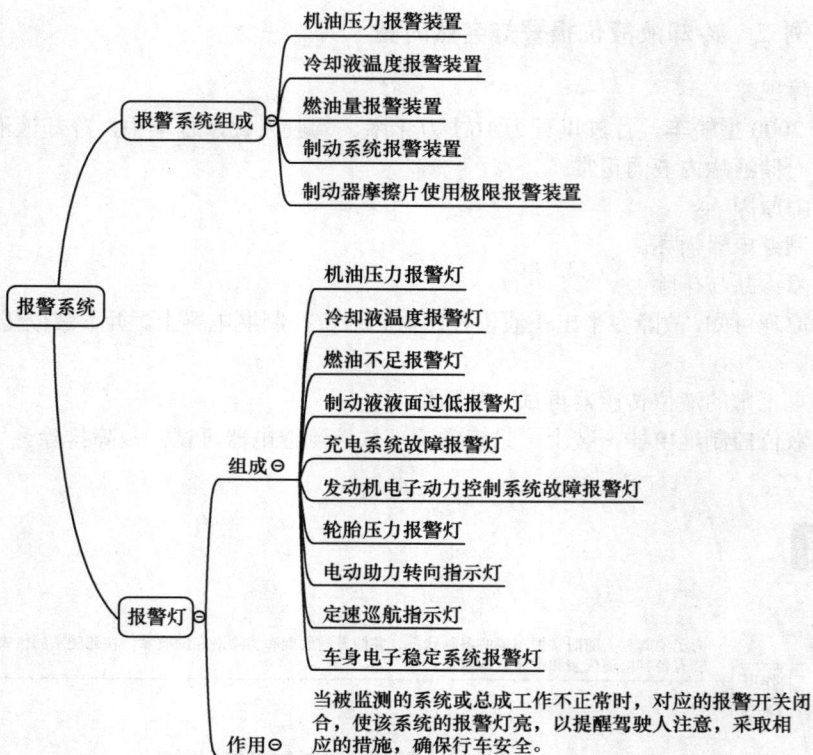

```
                                           ┌─ 机油压力报警装置
                                           ├─ 冷却液温度报警装置
                            报警系统组成 ⊖─┤─ 燃油量报警装置
                                           ├─ 制动系统报警装置
                                           └─ 制动器摩擦片使用极限报警装置
         报警系统 ⊖
                                           ┌─ 机油压力报警灯
                                           ├─ 冷却液温度报警灯
                                           ├─ 燃油不足报警灯
                                           ├─ 制动液液面过低报警灯
                                           ├─ 充电系统故障报警灯
                            组成 ⊖─────────┤─ 发动机电子动力控制系统故障报警灯
                                           ├─ 轮胎压力报警灯
                                           ├─ 电动助力转向指示灯
                            报警灯 ⊖        ├─ 定速巡航指示灯
                                           └─ 车身电子稳定系统报警灯

                            作用 ⊖  当被监测的系统或总成工作不正常时，对应的报警开关闭
                                    合，使该系统的报警灯亮，以提醒驾驶人注意，采取相
                                    应的措施，确保行车安全。
```

练习思考题

1. 汽车常用仪表有哪些？各有何作用？

2. 数字式仪表有哪些优点？试举例说明。

3. 汽车仪表常见故障有哪些？试举例说明常见故障诊断流程。

4. 汽车报警系统有哪些？简述汽车报警系统的作用和类型。

5. 汽车报警系统常见故障及原因有哪些？试举例说明报警系统一种常见故障的诊断与排除流程。

任务一 风窗清洁装置的检修

☐ 学习目标 ☐

（1）了解风窗清洁装置的作用、组成、结构和工作原理。
（2）掌握风窗清洁装置主要部件的拆装方法。
（3）掌握风窗清洁装置的电路分析方法。
（4）能够对风窗清洁装置常见故障进行分析，确定故障诊断流程，掌握故障诊断方法。
（5）培养严谨细致在工作态度。

☐ 任务引入 ☐

一汽大众宝来轿车，行驶里程为 13 万千米。在车辆行驶过程中，打开风窗刮水器开关，该车风窗刮水器不工作。

根据该车的故障现象，分析可能是刮水器电动机或控制开关有故障，需根据风窗清洁装置的工作原理和控制电路对故障进行诊断排除。

☐ 相关知识 ☐

风窗清洁装置包括风窗刮水器、风窗洗涤器和除霜装置等。

一、风窗刮水器

1. 风窗刮水器的作用

风窗刮水器的作用是清除风窗玻璃上的雨水、雪或尘土，以保证驾驶人拥有良好、清晰的能见度。

2. 风窗刮水器的分类

（1）按风窗刮水器的位置分类，风窗刮水器一般分为前风窗刮水器和后风窗刮水器两种。

（2）按风窗刮水器的驱动机构分类，风窗刮水器一般分为真空式、气动式和电动式 3 种。

目前汽车上广泛采用电动刮水器。电动刮水器普遍具有高速、低速及间歇 3 个工作挡位，而且除了变速之外，还有自动回位的功能。

3. 风窗刮水器的组成

（1）刮水器的组成

电动刮水器主要由刮水片、刮水器臂、刮水器电动机、传动机构等组成，如图 8-1 所示。

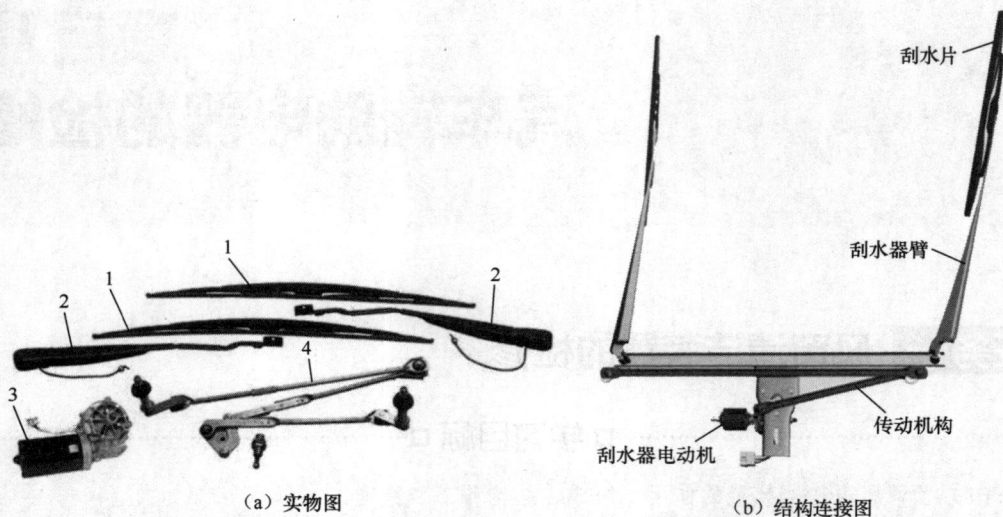

（a）实物图　　　　　　　　　　　　（b）结构连接图

图 8-1　刮水器的组成

1—刮水片　2—刮水器臂　3—刮水器电动机　4—传动机构

（2）刮水器的工作过程

电动刮水器的电动机和蜗杆箱结合成一体组成永磁式刮水器电动机总成。永磁式电动机通电后旋转，带动内部的蜗杆、蜗轮，使与蜗轮相连的传动机构上的拉杆和摆杆带着左、右两刮水器臂往复摆动，使摆臂上的刮水片实现刮水动作，刮水片便可刷去风窗玻璃上的雨水、雪、灰尘等。

4．刮水器电动机的结构

（1）刮水器电动机的结构

刮水器直流电动机是电动刮水器的动力源，实物如图 8-2 所示。

一般刮水器电动机有永磁式和绕线式两种。绕线式刮水器电动机的磁极绕有励磁绕组，通电流时产生磁场，而永磁式刮水器电动机的磁极用永久磁铁制成，应用比较广泛，本节只介绍永磁式刮水器电动机。

图 8-2　刮水器直流电动机

> **提示**
>
> 永磁式刮水器电动机体积小，重量轻，结构简单，使用广泛。

刮水器直流电动机的结构如图 8-3 所示，电动机主要由外壳及永久磁铁、电枢、电刷及复位器（铜环、触点臂）、由蜗轮及蜗杆组成的减速器、输出轴等组成。当电动机通电时电枢转动，经蜗轮、蜗杆和输出轴后，把动力传给传动机构。

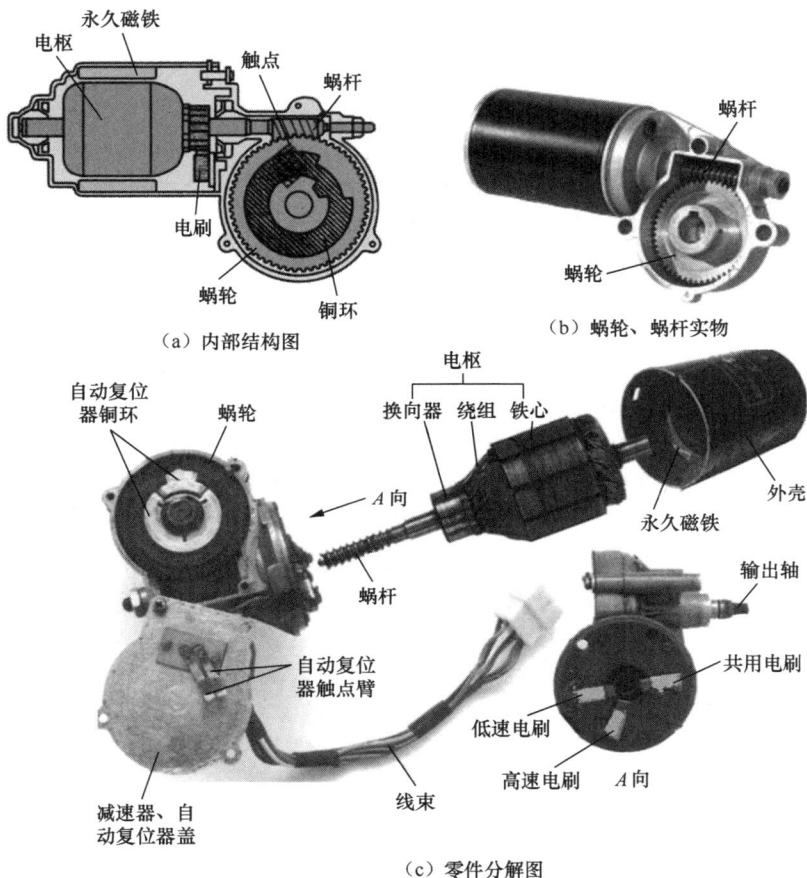

（a）内部结构图　　　　　　（b）蜗轮、蜗杆实物

（c）零件分解图

图 8-3　刮水器直流电动机的结构

（2）刮水器电动机的工作原理

如图 8-4 所示，刮水器电动机是利用 3 个电刷来改变正、负电刷之间串联线圈的个数以实现高低速变速运转的。其工作原理：刮水器电动机工作时，在电枢内同时产生反电动势，其方向与电枢电流的方向相反。如要使电枢旋转，外加电压必须克服反电动势的作用。当电动机转速升高时，反电动势增高，只有当外加电压等于反电动势时，电枢的转速才能稳定。

① 当刮水器电动机工作时，电枢绕组产生的反电动势的方向如图 8-4（a）中箭头所示。当将刮水器开关 K 拨向 L（低速）时，电源电压 U 加在电刷 B_1 和 B_3 之间。在电刷 B_1 和 B_3 之间的两条并联支路中，每条支路各有 4 个串联绕组，反电动势的大小与支路中反电动势的大小相等。由于外加电压需要平衡 4 个绕组产生的反电动势，故电动机转速较低。

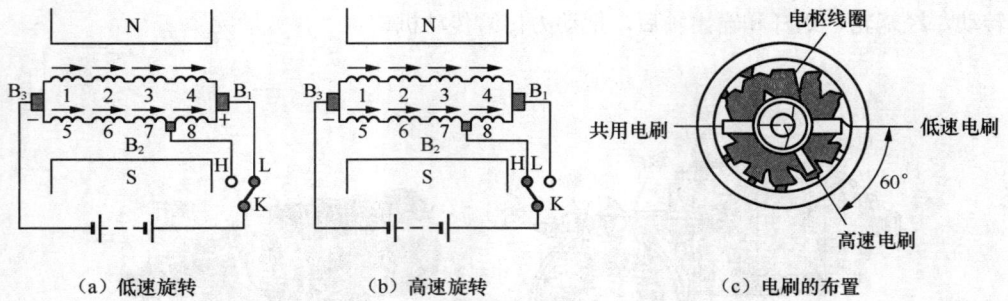

（a）低速旋转　　　　　（b）高速旋转　　　　　（c）电刷的布置

图 8-4　刮水器电动机的工作原理

② 当将刮水器开关 K 拨向 H（高速）时，如图 8-4（b）所示，电源电压 U 加在电刷 B_2 和 B_3 之间。绕组 1～4、绕组 8 同在一条支路中，其中绕组 8 与绕组 1～4 的反电动势方向相反，相互抵消后，使每条支路变为 3 个绕组，由于电动机内部的磁场方向和电枢的旋转方向没有变化，所以各绕组内反电动势的方向与低速时相同。但是外加电压只需平衡 3 个绕组所产生的反电动势，因此，电动机的转速增高。

5．刮水器电动机的控制电路及自动复位工作原理

（1）刮水器电动机自动复位作用

当刮水器停止工作时，为了避免刮水片停在风窗玻璃中间，影响驾驶员视线，汽车上电动刮水器都设有自动复位装置，它由蜗轮上的回位盘和开关共同完成，其功能是在关闭刮水器开关时，刮水片能自动停在驾驶员视野以外的位置。

（2）刮水器电动机自动复位工作原理

刮水器电动机的控制电路及自动复位工作原理如图 8-5 所示。

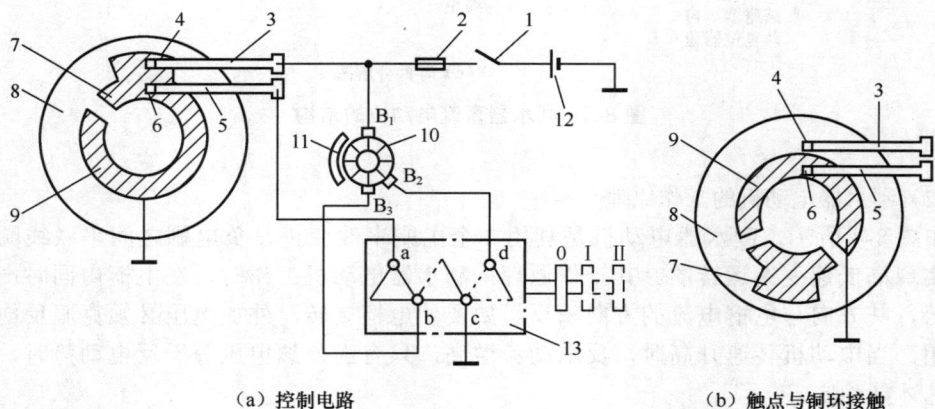

（a）控制电路　　　　　　　（b）触点与铜环接触

图 8-5　刮水器电动机的控制电路及自动复位工作原理

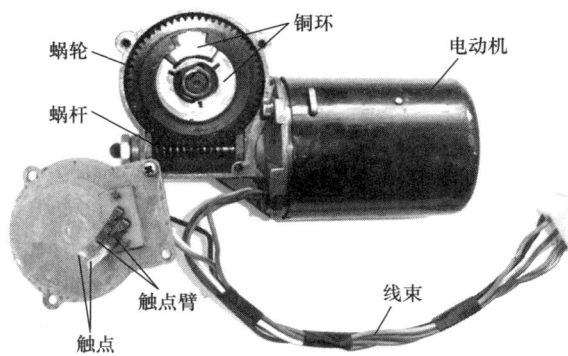

（c）自动复位器结构

图 8-5　刮水器电动机的控制电路及自动复位工作原理（续）

1—电源开关　2—熔丝　3、5—触点臂　4、6—触点　7、9—铜环　8—蜗轮　10—电枢　11—永久磁铁

12—蓄电池　13—刮水器开关　$B_1 \sim B_3$—电刷　a～d—刮水器开关接线柱

① 当电源开关 1 接通，将刮水器开关转到Ⅰ挡（低速挡）时，电流从蓄电池 12 正极→电源开关 1 →熔丝 2 →电刷 B_1 →电枢绕组→电刷 B_3 →刮水器开关 13 接线柱 b →刮水器开关 13 接触片→刮水器开关 13 接线柱 c →搭铁→蓄电池 12 负极。

② 把刮水器开关拉到Ⅱ挡（高速挡）时，电流从蓄电池 12 正极→电源开关 1 →熔丝 2 →电刷 B_1 →电枢绕组→电刷 B_2 →刮水器开关 13 接线柱 d →刮水器开关 13 接触片→刮水器开关 13 接线柱 c →搭铁→蓄电池 12 负极。

③ 当开关推到"0"挡停止时，如果刮水器刮水片没有停到规定位置，由于触点 6 与铜环 9 接触（见图 8-5（b）），则电流继续流入电枢，其电路为蓄电池 12 正极→电源开关 1 →熔丝 2 →电刷 B_1 →电枢绕组→电刷 B_3 →刮水器开关 13 接线柱 b →刮水器开关 13 接触片→刮水器开关 13 接线柱 a →触点臂 5 →铜环 9 →搭铁→蓄电池 12 负极。电动机以低速运转直至蜗轮旋转到图 8-5（a）所示的位置时，触点 6 通过铜环 7 与触点 4 连通，将电动机电枢绕组短路。

由于电枢的旋转惯性，电动机不能立即停止转动，电动机以发电机方式运行，此时电枢绕组通过触点臂 3、触点臂 5，与铜环 7 接通而短路，电枢绕组产生很大的反电动势，产生制动力矩，电动机迅速停止转动，使刮水片复位到风窗玻璃的下部。

6. 刮水器的间歇控制

提示

现代汽车刮水器上都采用了电子间歇控制系统，使刮水器能按照一定的周期停止和刮水，这样在小雨或雾天中行驶时，不至于令玻璃上形成发黏的表面，使驾驶人获得更好的视线。

汽车刮水器的间歇控制电路有多种形式，按照间歇时间是否可调有可调节型（由刮水器开关控制）和不可调节型（由雨量传感器控制）。由刮水器开关控制的可调节型刮水器装置的组成如图 8-6 所示。

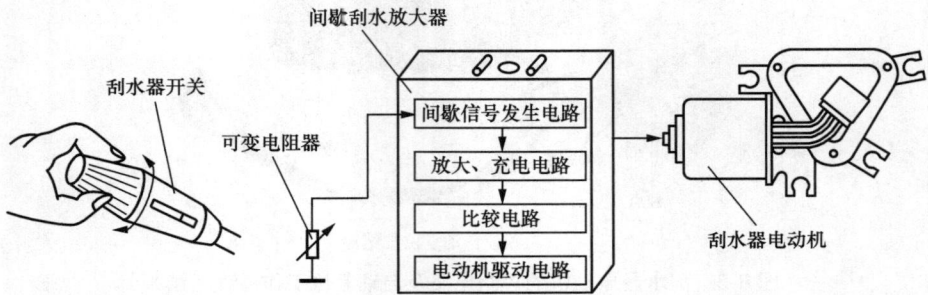

图 8-6　可调节型刮水器装置

下面以同步振荡电路控制（不可调节间歇控制电路）的刮水器为例介绍刮水器的间歇控制工作过程。刮水器的间歇控制一般是利用自动复位装置和电子振荡电路或集成电路实现的。图 8-7 所示为电子间歇刮水器内部控制电路。

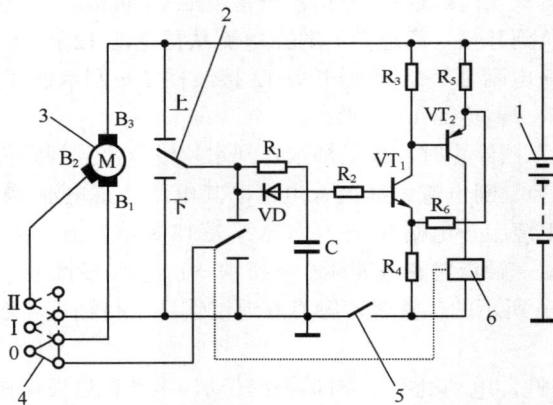

图 8-7　电子间歇刮水器内部控制电路

1—蓄电池　2—自动复位开关　3—刮水器电动机　4—刮水器开关　5—间歇开关　6—继电器

（1）当刮水器开关置于"0"位，且间歇开关闭合时，电源将通过自动复位开关向电容 C 充电，其电路：蓄电池正极→自动复位开关上触点（常闭）→电阻 R_1→电容 C→搭铁→蓄电池负极，构成充电电路。随着充电时间的增长，电容 C 两端的电压逐渐升高。

（2）当电容 C 两端的电压升高到一定值时，晶体管 VT_1 和 VT_2 先后由截止转为导通，从而接通继电器 6 的电路，其电路：蓄电池正极→电阻 R_5→晶体管 VT_2→继电器 6→间歇开关→搭铁→蓄电池负极。在电磁吸力的作用下，继电器 6 常闭触点打开，常开触点闭合，从而接通了刮水器电动机的电路，其电路：蓄电池正极→电刷 B_3→电刷 B_1→继电器 6 常开触点→搭铁→蓄电池负极。此时电动机将低速旋转。

（3）当复位装置将自动复位开关的触点"下"（常开）接通时，电容C通过二极管VD、自动复位开关触点"下"迅速放电，此时刮水器电动机的通电电路不变，电动机继续转动。随着放电时间的增长，晶体管VT_1基极的电位逐渐降低。当晶体管VT_1基极的电位降低到一定值时，VT_1和VT_2由导通转为截止，从而切断了通过继电器6的电路，继电器6复位，常开触点打开，常闭触点闭合。此时由于自动复位开关的触点"下"处于闭合状态，电动机仍将继续转动，其电路：蓄电池正极→电刷B_3→电刷B_1→继电器6常闭触点→自动复位开关"下"触点→搭铁→蓄电池负极。只有当刮水片回到原位（即不影响驾驶人视线的位置），自动复位开关的触点"下"打开，触点"上"闭合时，电动机方能停止转动。继而电源将再次向电容C充电，重复以上过程。如此反复，实现刮水片的间歇动作，其间歇时间的长短取决于电阻R_1、电容C电路充电时间常数的大小。

7．雨量感知智能刮水装置

（1）作用

雨量感知智能刮水装置指刮水器的控制电路根据雨量大小自动开闭，自动调节刮水器刮水频率，并自动调节间歇时间。

（2）组成

如图8-8所示，雨量感知智能刮水装置主要由雨滴传感器、间歇刮水器放大器和刮水器电动机组成。其中，雨滴传感器取代了无级调整式间歇刮水系统内用于设定刮雨间歇时间的可变电阻器。

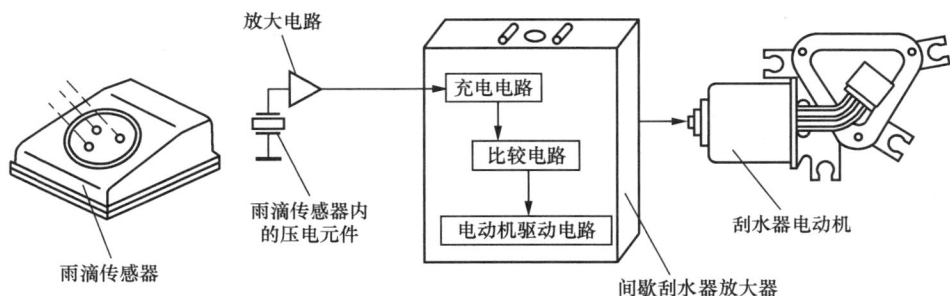

图8-8　雨量感知智能刮水装置的组成

提示

雨滴传感器是汽车雨量感知智能刮水装置的重要组成部分，雨滴传感器一般安装在风窗玻璃上或发动机盖上。

安装在风窗玻璃上的雨滴传感器如图8-9所示。雨滴传感器的结构如图8-10所示。

（3）雨量感知智能刮水装置工作原理

雨量感知智能刮水装置工作时，由于雨滴下落撞击到传感器的振动片上，振动片将振动能量传给压电元件（见图8-11）。压电元件受压而产生电压信号，该电压值与雨滴的撞击能量成正比。电压信号经过放大后送入间歇刮水放大电路，对放大器的充电电路（电容）进行定时充电（20s），电容电压上升。该电压输入比较电路，比较电路将其与基准电压比较。当电容电压达到基准电压时，比较电路向刮水器电动机发出信号，使其工作一次。

图 8-9　雨滴传感器安装位置

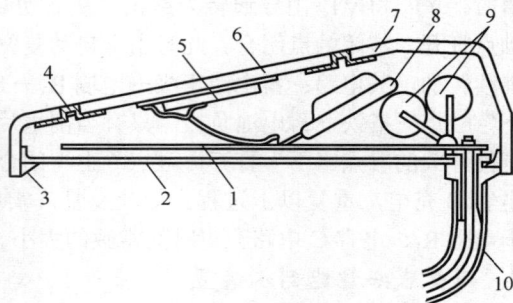

图 8-10　雨滴传感器的结构

1—电路基板　2—下盒　3—密封件　4—阻力橡胶　5—压电元件
6—振动片　7—上盒　8—集成电路　9—电容器　10—线束

当雨量大时，压电元件产生的电信号强，充电电路电压达到基准电压值所需时间短，刮水器的工作间歇时间短；反之，雨量小时压电元件产生的电压小，充电电路电压达到基准电压所需时间长，刮水器的工作间歇时间就长；当雨量很小，雨滴传感器没有电压信号输出时，只有定流电路对充电电路进行充电，20s 后充电电路的输出电压达到基准电压，刮水器动作一次。

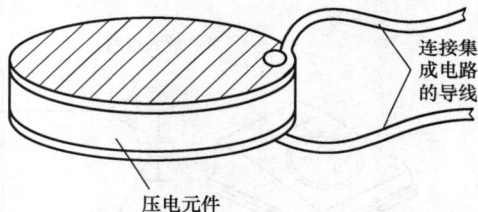

图 8-11　压电元件

这样，雨量感知智能刮水装置就把刮水器的间歇时间控制在 0 ～ 20s 范围内，以适应不同雨量的刮除需要。

提示

雨滴传感器必须使用特殊胶合剂粘贴在风窗玻璃上，在更换前风窗玻璃时不可使用双面胶粘贴，否则雨滴传感器无法感应雨滴量。

8. 齿条传动式刮水器

新型柔性齿条传动式刮水器由电动机、曲柄销、连杆、滑块、齿轮箱、柔性齿条、护管等组成，如图 8-12 所示。这种刮水器与一般拉杆传动式刮水器相比，具有体积小、噪声低等优点，而且可将刮水器电动机总成安装在空间较大的地方，便于维修。

电动机驱动的蜗轮轴上有一个曲柄销，它驱动连杆机构，而连杆和一个装在硬管里的柔性齿条连接，因此，在连杆运转时，齿条会做往复运动，齿条的往复运动带动齿轮箱中的小齿轮往复运动，从而驱动刮水片往复摆动，刮除挡风玻璃上的雨水等。

二、风窗洗涤器

为了及时消除风窗玻璃上的尘土和污物，使驾驶人有良好的视线，在汽车上还装有风窗洗涤器。图 8-13 所示为汽车风窗洗涤器的组成示意图，它由储液罐、洗涤泵（直流电动机与泵）、输液管与喷孔等组成。储液罐由塑料制成，其内装有洗涤液。洗涤液一般由水或水与适量的添加剂组成。添加剂有助于清洁或降低冰点，如在水中加入 5% 的氯化钠（食盐）可提高洗涤液的润湿与清洁能力；在寒冷地区为了防止洗涤液冻结，在水中加入 50% 的甲醇或异丙基酒精。

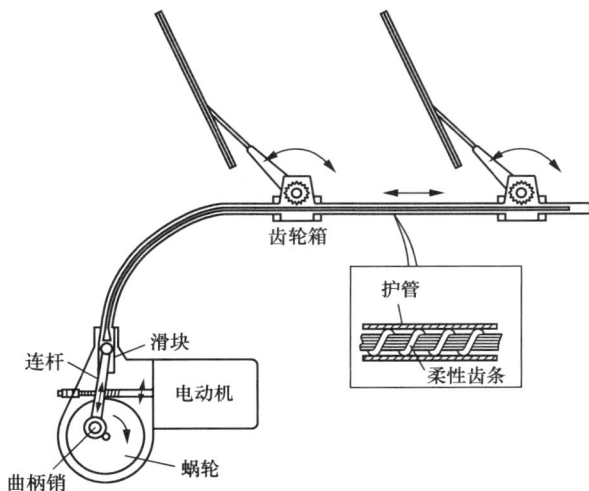

图 8-12　柔性齿条刮水器的组成

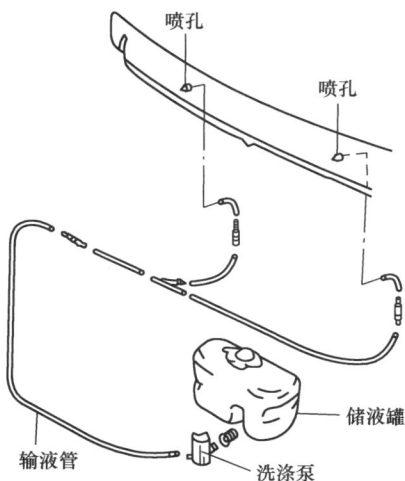

图 8-13　风窗洗涤器的组成

洗涤泵由微型永磁直流电动机和离心泵组成，其外形如图 8-14 所示。该电动机是封闭式、短时定额工作的高速电动机。当风窗玻璃上有灰尘或污物时，先开动洗涤泵，将洗涤液以一定压力经喷孔喷到刮水片的上部，湿润玻璃。然后再开动刮水器，将风窗玻璃上的灰尘或污物刮掉。

图 8-14　洗涤泵

视频

喷孔的调整

喷孔喷水的位置可以调整，使之符合规定位置；喷孔堵塞也可以进行疏通。

提示

使用风窗洗涤器时，应注意洗涤泵连续工作的时间不得大于 5s，使用间歇时间不得少于 10s。无洗涤液时，不要开动洗涤泵。

三、刮水器与洗涤器电路工作原理分析

图 8-15 所示为桑塔纳 2000 轿车刮水器、洗涤器电路，从图中可以看出，刮水器开关有 5 个挡位，分别为复位停止挡、间歇挡、低速挡、高速挡和点动挡。刮水器与洗涤器电路的工作原理如下。

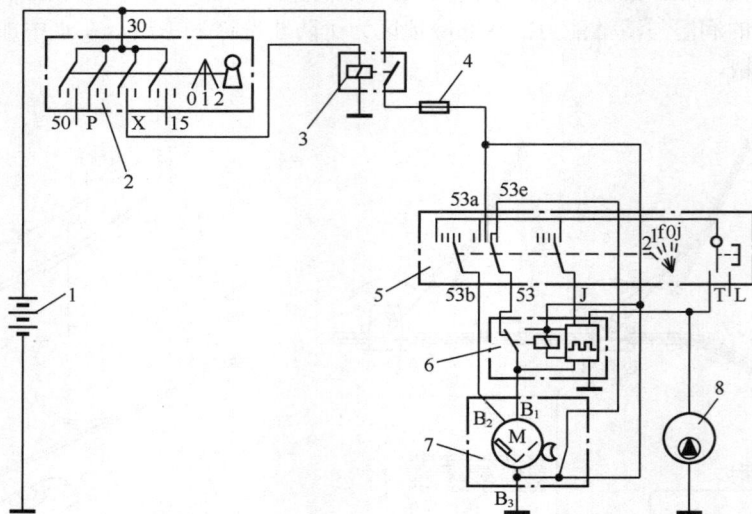

图 8-15　桑塔纳 2000 轿车风窗刮水器控制电路

1—蓄电池　2—点火开关　3—中间继电器（J_{59}）　4—熔丝（S_{11}）　5—刮水器开关
6—刮水器间歇继电器　7—刮水器电动机　8—洗涤泵（V_6）

（1）中间继电器工作

转动点火开关置于"ON"位置，于是就接通了蓄电池与中间继电器的电路，其电流路径：蓄电池正极→点火开关"30"接线柱→点火开关"X"接线柱→中间继电器→搭铁→蓄电池负极。在电磁吸力的作用下，中间继电器触点闭合，为刮水器电动机的工作做好准备。

（2）点动挡

将刮水器开关拨到"f"挡（即点动挡）时，蓄电池将通过刮水器开关、刮水器间歇继电器常闭触点向刮水器电动机供电，其电流路径：蓄电池正极→中间继电器触点→熔丝→刮水器开关"53a"接线柱→刮水器开关"53"接线柱→刮水器间歇继电器常闭触点→电刷 B_1 →电刷 B_3 →搭铁→蓄电池负极，此时电动机以低速运转。当手离开刮水器开关时，开关将自动回到"0"位，如果此时刮水片处在影响驾驶人视线的位置上，自动复位装置的常闭触点打开，常开触点闭合，刮水器电动机电枢内继续有电流通过，供电电路：蓄电池正极→中间继电器触点→熔丝→复位装置的常开触点→刮水器开关"53e"接线柱→刮水器开关"53"接线柱→刮水器间歇继电器常闭触点→电刷 B_1 →电刷 B_3 →搭铁→蓄电池负极，故电动机仍以低速运转，只有当自动复位装置处在图示位置时，刮水器电动机方可停止运转。

（3）低速挡

当将刮水器开关拨到"1"挡（低速挡）时，供电电路与点动挡时相同，电动机以

42 ～ 52r/min 的转速低速运转。

（4）高速挡

当将刮水器开关拨到"2"挡（高速挡）时，蓄电池向电动机供电的电路：蓄电池正极 →中间继电器触点→熔丝→刮水器开关"53a"接线柱→刮水器开关"53b"接线柱→电刷 B_2 →电刷 B_3 →搭铁→蓄电池负极，此时电动机以 62 ～ 80r/min 的转速高速运转。

当自动复位装置切断电动机电路，由于旋转惯性使电动机不能立即停下来时，电动机将 以发电机运行而发电。由楞次定律可知，电枢绕组中所产生的感应电动势的方向与外加电压 的方向相反，通过刮水器开关、自动复位装置常闭触点构成回路：电刷 B_1 →刮水器间歇继 电器常闭触点→刮水器开关"53"接线柱→刮水器开关"53e"接线柱→自动复位装置的常 闭触点→电刷 B_3 ，电枢绕组中即会产生反电磁力矩（制动力矩），电动机迅速停止运转，使 刮水片复位到风窗玻璃的下部。

（5）间歇挡

当将刮水器开关拨到"j"（间歇）位置时，刮水器间歇继电器投入工作，使其触点不断 地开闭。当刮水器间歇继电器的常闭触点打开，常开触点闭合时，蓄电池向刮水器电动机供 电的电路：蓄电池正极→中间继电器触点→熔丝→刮水器间歇继电器的常开触点→电刷 B_1 →电刷 B_3 →搭铁→蓄电池负极，电动机低速运转。当刮水器间歇继电器断电，其触点复位（常 闭触点闭合，常开触点打开）时，电动机将停止运转。在此过程中，自动复位装置的工作和 制动力矩的产生与上述相同。在刮水器间歇继电器的作用下，刮水器电动机每 6s 使曲柄旋 转一周。

（6）洗涤泵工作

当将洗涤开关接通时（将刮水器开关向上扳动），洗涤泵控制电路接通，其电流路径： 蓄电池正极→中间继电器触点→熔丝→洗涤开关→洗涤泵→搭铁→蓄电池负极。位于发动 机盖上的两个喷孔同时向风窗玻璃喷射洗涤液。与此同时，也接通了刮水器间歇继电器的 控制电路，其电流路径：蓄电池正极→中间继电器触点→熔丝→洗涤开关→刮水器间歇继 电器→搭铁→蓄电池负极，于是刮水器电动机工作，驱动刮水片刮掉已经湿润的尘土和 污物。

提示

当驾驶人松开控制手柄时，洗涤泵开关将自动复位，切断洗涤泵的控制电路，喷孔 停止喷射清洗液，刮水器电动机在自动复位开关起作用后，将刮水片停靠在风窗玻璃的 下方。

四、除霜（雾）装置

在冬季下雪的时候或是气温较低的情况下，风窗玻璃上由于内外温差较大，易结冰霜， 从而影响驾驶人的视线，用刮水器无法清除。为了防止水蒸气在风窗玻璃上凝结，汽车上都 设置有风窗除霜（雾）装置。

1. 风窗玻璃和车门玻璃上霜层和雾气的清除

如果汽车风窗玻璃和车门玻璃上出现霜层和雾气时，通常是利用空调系统或暖风装置产生的暖风加以清除。

2. 后窗玻璃霜（雾）的清除

对后窗玻璃的除霜（雾），常常是利用电热丝加热来实现的。

后窗玻璃除霜（雾）装置由除霜器、除霜器开关及指示灯、熔丝、点火开关等组成，如图 8-16 所示。

在后窗玻璃内表面均匀地镀有数条很窄的导电膜，形成电热丝，在需要时接通电路，即可对后窗玻璃进行加热。这种后窗除霜（雾）装置的耗电量一般为 50 ~ 100W，应用比较广泛。

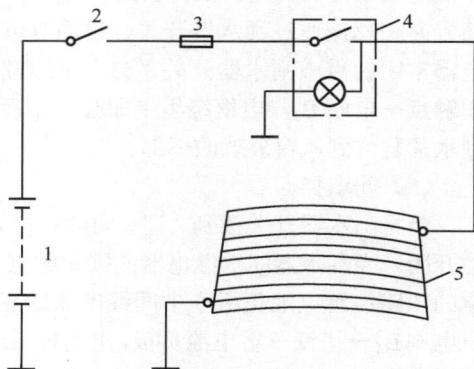

图 8-16 后窗玻璃除霜（雾）装置

1—蓄电池　2—点火开关　3—熔丝　4—除霜器开关及指示灯　5—除霜器（电热丝）

五、前照灯清洗装置

汽车在夜晚或光线较暗的行驶过程中，雨水和灰尘会将前照灯的照明度减少 90%，驾驶人的视线受到严重影响，行驶安全存在较大的隐患。前照灯清洗装置就是在前照灯的下方设有一出水口，随时可以清洗前照灯上的灰尘及污垢。越来越多的车型安装了此装置。

提示

前照灯清洗液与风窗玻璃清洗系统共用一个储液罐。前照灯清洗和玻璃清洗基本上是一样的，但是必须在前照灯打开的情况下，前照灯清洗装置才工作。

如图 8-17 所示，前照灯清洗装置可安装在汽车保险杠上，也可使用可伸缩的延伸喷孔支架，使其隐藏在保险杠内，在不用时隐藏起来，在使用时再打开。其工作过程：当前照灯打开、风窗喷水清洗启用时，前照灯清洗器开始工作。前照灯清洗器从保险杠中伸出来（打开出水孔），水在压力作用下喷向前照灯。完成清洗去污后，清洗器自动回缩。

（a）前照灯清洗装置安装位置　　　　　（b）清洗状态

图 8-17 前照灯清洗装置

•••••••••••••••••••••••••••• □ 任务实施 □ ••••••••••••••••••••••••••••

操作一　刮水器与洗涤器的检修

1. 刮水器的检修

步骤一　刮水器电动机低速运转的检查

如图 8-18 所示，将蓄电池正极接线柱与刮水器电动机端子 A 相连，将蓄电池负极接线柱与托架相连，若刮水器电动机以 44 ～ 52r/min 的转速运转，则表明刮水器电动机正常。

步骤二　刮水器电动机高速运转的检查

进行高速检查时，应将蓄电池正极接线柱与刮水器电动机端子 B 相连，蓄电池负极接线柱与托架相连，若此时刮水器电动机以 64 ～ 78r/min 的转速运转，则表明刮水器电动机正常，否则说明刮水器电动机损坏，应更换。

2. 刮水器电动机自动回位试验

步骤一　如图 8-18 所示，将蓄电池正极接线柱与刮水器电动机端子 A 相连，蓄电池负极接线柱与托架相连，让刮水器电动机运转。

步骤二　从蓄电池上拆下与刮水器电动机端子 A 相连的线，让刮水器电动机停止运转。

步骤三　用跨接线连接刮水器电动机端子 A 和端子 D，并将刮水器电动机端子 C 与蓄电池正极接线柱相连，再次观察刮水器电动机运转情况，刮水器电动机应在规定位置停机。

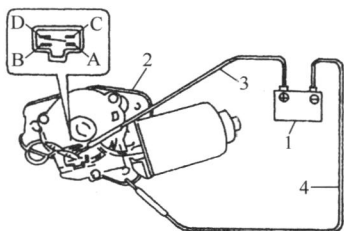

图 8-18　刮水器电动机检查

1—蓄电池　2—刮水器电动机　3—红色导线
4—黑色导线　A ～ D—电动机端子

步骤四　重复检查，观察刮水器电动机是否每次都停在规定位置。

步骤五　若刮水器电动机不能每次都停在规定位置，则说明刮水器电动机损坏，应更换。

3. 洗涤泵的检修

如图 8-19 所示，将蓄电池正极接线柱和负极接线柱分别与洗涤泵正极和负极端子相连，检查洗涤泵的排量，一般车型的洗涤泵排量应大于 1.0L/min，否则说明洗涤泵有故障，应更换。

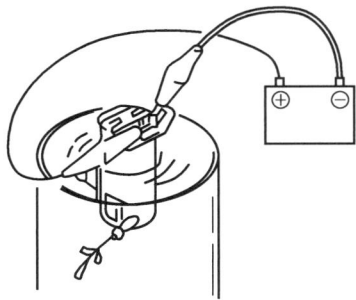

图 8-19　洗涤泵的检修

操作二　刮水器和洗涤器的故障诊断

1. 刮水器常见故障诊断

刮水器常见故障：刮水器各挡位都不工作，个别挡位不工作及不能自动停到原位等。

在对刮水器的故障进行诊断前，先要确定是电路故障还是机械故障。其检查方法是从电动机上拆下连接刮水片的机械臂，接通刮水器，观察电动机是否工作。如果电动机工作正常，则是机械故障。

（1）刮水器各挡位都不工作故障诊断

① 故障现象。接通点火开关后，刮水器开关置于各挡位，刮水器均不工作。

② 故障原因。

a. 熔丝断路。

b. 刮水器电动机或开关有故障。

c. 机械传动部分锈蚀或与电动机脱开。

d. 连接电路断路或插接件松脱。

③ 故障诊断与排除。

a. 检查熔丝，熔丝应无断路，电路应无松脱。

b. 检查刮水器电动机及开关的电源线和搭铁线，应接触良好，没有断路。

c. 检查开关各个接线柱，在相应挡位应能正常接通。

d. 检查电动机和机械连接情况，工作是否正常。

（2）刮水器在个别挡位不工作

① 故障现象。接通点火开关后，刮水器在个别挡位（如低速、高速或间歇挡）不工作。

② 故障原因。

a. 刮水电动机或开关有故障。

b. 间歇继电器有故障。

c. 连接导线断路或插接件松脱。

③ 诊断与排除。

a. 如果刮水器高速挡或低速挡时不工作，可参照下列步骤进行诊断检查并视情况维修：首先检查对应故障挡位的电路是否正常；检查开关接线柱在相应挡位能否正常接通；最后检查电动机电刷是否接触不良。

b. 如果刮水器在间歇挡不工作，应顺序检查间歇开关（或刮水器开关的间歇挡）、电路和间歇继电器。

（3）刮水片不能自动停到原位

① 故障现象。刮水器开关断开或在间歇挡工作时，刮水器不能自动停止在设定的位置。

② 故障原因。

a. 刮水器电动机自动停位机构损坏。

b. 刮水器开关损坏。

c. 刮水器臂调整不当。

d. 导线连接错误。

③ 诊断与排除。

a. 检查刮水器臂的安装及刮水器开关导线连接是否正确。

b. 检查刮水器开关在相应挡位的接线柱能否正常接通。

c. 检查电动机自动停位机构触点能否正常闭合和接触良好。

2. 洗涤器常见故障诊断

许多洗涤器的故障都是因输液系统而引起的。因此，应首先拆下泵体上的水管然后使洗涤泵工作，如果洗涤泵能够喷出清洗液，则故障在输液系统。否则，按照下列步骤查找故障。

（1）检查储液罐内清洗液的存储量，应满足要求。

（2）检查熔丝和线路连接是否良好。

（3）打开洗涤器开关，同时检查喷孔。如果洗涤泵工作但喷孔不喷液，检查泵内有无堵塞，清除泵体内的异物；如果没有堵塞，须更换洗涤泵。

（4）如果洗涤泵不运转，用电压表或试灯检查开关闭合时洗涤泵电动机上有无电压。若有电压，用欧姆表检查搭铁回路，若搭铁回路良好，须更换洗涤泵。

（5）在第（4）步中，如果电动机上没有电压，须沿线路向开关查找，检测开关工作是否正常。如果开关有电压输入，但没有输出，说明洗涤器开关有故障，须更换开关。

3. 除霜（雾）装置常见故障诊断与排除

（1）故障现象。除霜（雾）装置无法工作。

（2）故障原因。

① 熔断器或控制电路断路。

② 加热丝或开关损坏。

（3）故障诊断步骤。

① 检查熔断器是否正常。

② 将开关接通后检查电热丝电源侧电压是否正常。

③ 如果电压为零或低于电源电压，应检查开关和电源电路；否则检查电热丝是否断路。

④ 若电热丝断路，可用润滑脂清理加热丝端部，并用蜡和硅脱膜剂清理电热丝断头，再用专用修理剂进行修补，将断点处连接起来，保持适当时间后即可使用。

刮水器和刮水片使用注意事项

1. 刮水器使用注意事项

刮水器在使用中稍有不当，可能会造成刮水器部件损坏，从而影响雨天驾驶的视野。为此，在使用刮水器时应从以下几个方面加以注意。

（1）刮水器电动机大多做成封闭式，不可随意拆卸。若必须拆卸，装配时要保持内部的清洁，不可将铁屑之类的污物落在其中，装配时还要注意向含油轴承的毛毡上加注少许润滑油，并更换或补充减速器内的润滑脂。

（2）刮水器电动机一般不要拆下，若因故障必须拆下时，要防止电动机跌落损坏，因为刮水器电动机大多利用永磁直流电动机，其磁极多采用陶瓷材料。

（3）在试验刮水器工作情况时，风窗玻璃应该先用水润湿，否则会刮伤玻璃，同时由于刮水片摩擦阻力大，还有可能损伤刮水片或烧坏电动机。在试验时应注意电动机有无异常噪声，尤其应引起注意的是当刮水器电动机"嗡嗡"响而不转动时，说明刮水器机械传动部分有锈死或卡住的地方，这时应立即关闭刮水器开关，以防烧毁电动机。

（4）当断开刮水器开关时，刮水片应能自动回到风窗玻璃的下侧之后停止。若位置不当，应进行检修。

（5）在冬季使用刮水器时，若发现刮水片被冻结或被雪团卡住时，应立即关闭开关，清除冰块、雪团后方可继续使用，否则会因刮水片阻力过大而烧坏刮水器电动机。

视频

电动刮水器的使用

视频

刮水器的更换

2．刮水片使用注意事项

（1）要定期检查刮水片，当发现其严重磨损或有脏物时应更换或清洗，否则将降低刮水器的工作效能，影响驾驶人视线。清洗刮水片时，可用蘸有酒精清洗剂的棉丝擦去刮水片上的污物。刮水片不可用汽油清洗和浸泡，否则会引起变形，影响其工作效能。

视频

刮水器刮水不净
的处理方法

（2）风窗玻璃刮水器仅可在湿润和清洁的车窗上使用，否则将损坏玻璃和橡胶刮水片。

（3）刮水片至少每年更换一次。

（4）更换刮水片时，先将旧橡胶条拉出来，然后把新橡胶条插进去。注意不要把安装方向弄错了，同时一定要把固定卡夹安装牢靠，否则橡胶条很容易脱落。

操作三　刮水片的更换

如图 8-20 所示，刮水片可分为有骨刮水片和无骨刮水片。

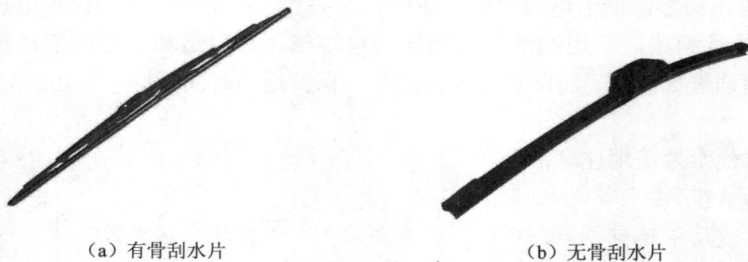

（a）有骨刮水片　　　　　　　　　　（b）无骨刮水片

图 8-20　刮水片

一般的车型，刮水片通常固定在 U 钩型刮水器臂上，只要将刮水片上的卡子压下来即可卸下刮水片。

步骤一　如图 8-21 所示，在拆下刮水片之前，要把刮水片立起来。

步骤二　如图 8-22 所示，按住刮水片下面中间的卡子。

图 8-21　立起刮水片

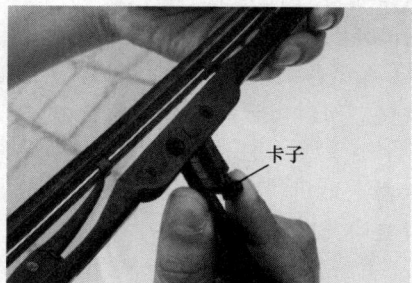

卡子

图 8-22　按住卡子

步骤三　如图 8-23 所示，从一侧取下旧的刮水片。

提示

注意防止刮水器臂弹回来把前风窗玻璃砸坏，也可在风窗玻璃上垫一块毛巾，然后将刮水器臂轻轻地放下。

步骤四 如图 8-24 所示，安装新的刮水片时，先将中间的卡子前端翘起来一些。

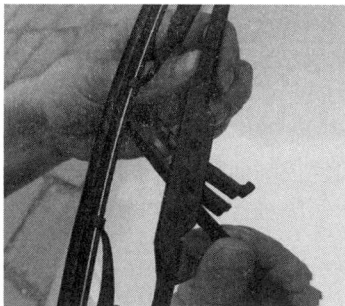

图 8-23 取下旧的刮水片

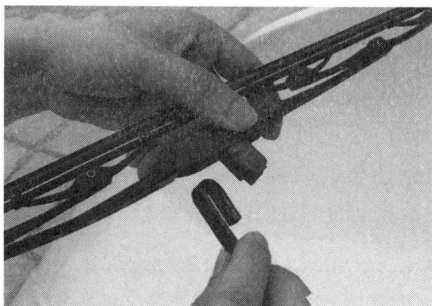

图 8-24 将中间的卡子前端翘起来

步骤五 如图 8-25 所示，将刮水片插入刮水器臂中间的卡子上，拉紧，当听到"咔嗒"一声就安装入位了。

提示

有些车型驾驶席和副驾驶席的刮水片尺寸不同，一般都是驾驶席的长，副驾驶席的短，不能装反。

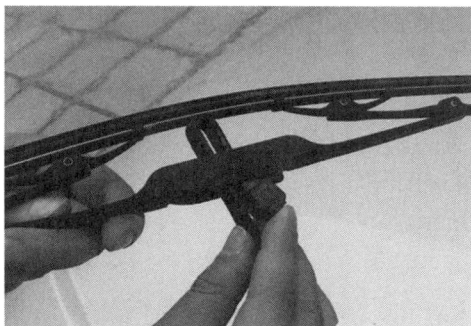

图 8-25 将刮水片插入刮水器臂中间的卡子上

更换刮水片后可将风窗玻璃弄湿，将刮水器开关置于各种速度位置处，检查不同速度下刮水片是否保持一定速度。检查刮水状态，以及刮水支杆是否存在摆动不均匀或漏刮的现象。

任务二 中央门锁控制系统的检修

□ 学习目标 □

（1）了解中央门锁控制系统的功能和组成。
（2）掌握中央门锁控制系统的电路分析方法。
（3）掌握门锁电动机的检测方法。
（4）培养创新意识。

□ 任务引入 □

一汽大众捷达轿车，行驶里程为 8 万千米。驾驶人反映，该车用中央门锁锁门时，门锁均不工作，车门锁不住。

根据该车的故障现象，分析可能是门锁控制开关、门锁控制器和门锁执行机构等部件有故障，需根据中央门锁控制系统的工作原理和控制电路对故障进行诊断排除。

□ 相关知识 □

一、中央门锁控制系统的功能

中央门锁控制系统一般都具有以下几种功能。

（1）内外开启与内外锁止功能

在车内开启和锁止车门时，由门锁控制开关来完成；在车外开启和锁止车门时，由钥匙转动控制开关来完成。

（2）中央控制锁止功能

操纵门锁总开关，即可使所有门锁或行李箱锁同时锁止。在配装车速感应式门锁控制器和车身电控单元控制式中央门锁控制系统的轿车上，当车速传感器信号表示车速达到 10 ～ 20km/h 时，所有门锁与行李箱锁将自动锁止，防止发生意外和行李箱内物品丢失。

（3）后车门安全锁止功能

中央门锁控制系统设置后车门安全锁止功能的目的是防止车内儿童擅自打开车门，后车门安全锁止装置位置如图 8-26 所示。

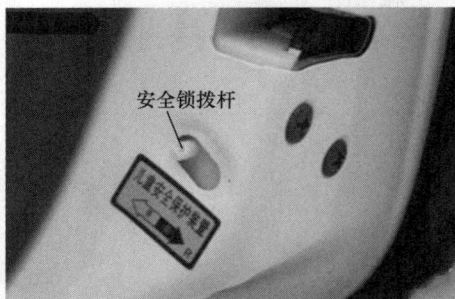

图 8-26　后车门安全锁止装置位置

提示

有的轿车上，当后车门安全锁拨杆拨到锁止位置时，在车内用内扣手不能开门，而在车外用外扣手才能打开车门。

（4）防驾驶人侧车门误锁功能

在配装中央门锁控制系统的汽车上，当驾驶人侧车门关上后，内部锁止开关处于锁止位置并不能将该车门锁止，目的是防止车钥匙忘在车内而不能打开车门。

提示

有的汽车为了防止钥匙锁在车内，设置了钥匙开锁警报开关，安装在点火开关旁边，用其监测点火钥匙是否插进钥匙孔内。当钥匙插在钥匙孔内时，钥匙开锁警报开关电路接通发出警报信号；当钥匙离开钥匙孔时则取消警报。

二、中央门锁控制系统的组成

中央门锁控制系统主要由控制开关、门锁控制器和门锁执行机构等组成。中央门锁控制系统控制元件的安装位置如图 8-27 所示。

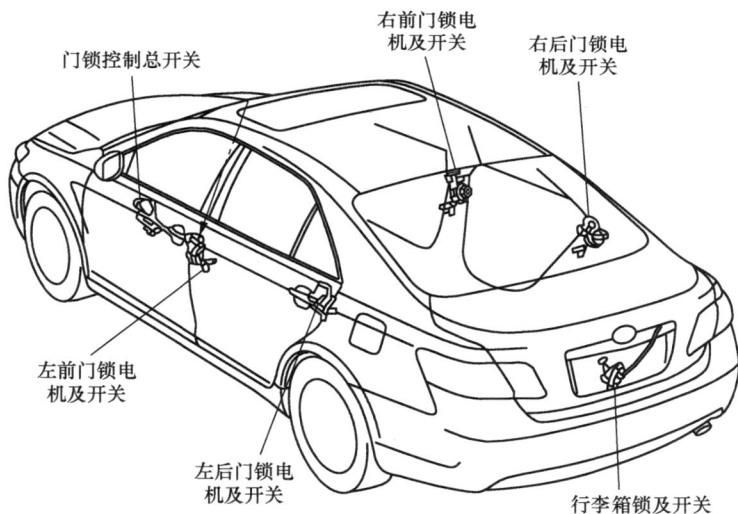

图 8-27 中央门锁控制系统控制元件的安装位置

1. 控制开关

（1）门锁控制开关

安装在左前门扶手上的门锁控制总开关和左门锁控制开关，为杠杆型开关，如图 8-28 所示。向后按门锁控制总开关是开门（所有车门都开锁），向前按门锁控制总开关是锁门（所有车门都上锁）；将左门锁控制开关推向前是锁门，而推向后是开门。

（2）钥匙控制开关

钥匙控制开关安装在每个前门的钥匙门上，如图 8-29 所示。当从外面用钥匙开门和锁门时，钥匙控制开关便发出开门或锁门的信号给门锁控制单元。

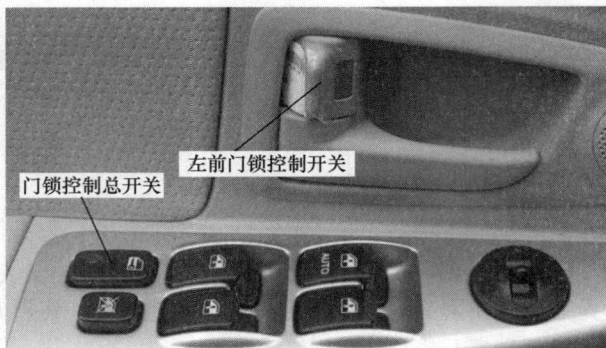

图 8-28　门锁控制开关

（3）行李箱门开启器开关

　　行李箱门开启器开关位于仪表板下面，拉动此开关便能打开行李箱门，如图 8-30 所示。钥匙门靠近行李箱门开启器，推压钥匙门，断开行李箱内主开关，此时再拉开启器开关也不能打开行李箱门。将钥匙插进钥匙门内顺时针旋转打开钥匙门，主开关再次接通，便可用行李箱门开启器打开行李箱。

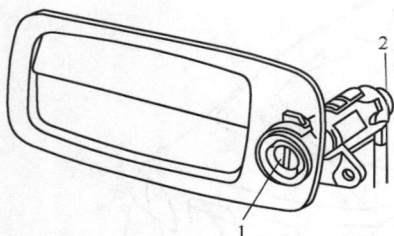

图 8-29　钥匙控制开关

1—车门钥匙门　2—钥匙控制开关

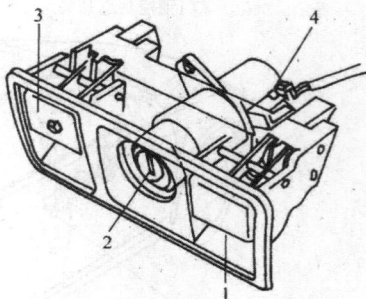

图 8-30　行李箱门开启器开关

1—行李箱门开启器开关　2—钥匙门　3—燃油箱盖开启器开关　4—行李箱门开启器主开关

（4）门控开关

　　门控开关用于检测车门的开闭情况，为车载控制电路提供状态信号。车门打开时，门控开关接通；车门关闭时，门控开关断开。

2. 门锁控制器

　　门锁控制器为门锁执行机构提供锁、开脉冲电流，有晶体管式门锁控制器、电容式门锁控制器和车速感应式门锁控制器。

（1）晶体管式门锁控制器

　　如图 8-31 所示，门锁控制器内部设有闭锁和开锁两个继电器，由晶体管开关电路控制，利用电容器的充、放电过程，控制一定的脉冲电流持续时间，使门锁执行机构完成闭锁和开锁动作。

（2）电容式门锁控制器

如图 8-32 所示，该系统利用充足电的电容器，在工作时继电器（5 或 6）串联接入电容器的放电回路，使其触点短时间闭合。当转动（正向或反向）车门钥匙时，相应的电路开关（闭锁或开锁）接通，电容器放电电流通过继电器（5 或 6）线圈搭铁，线圈产生电磁吸力，触点闭合，接通执行机构（9 或 10）电磁线圈的电路，完成闭锁或开锁的动作。当电容器放电完毕后，继电器触点打开，中央门锁控制系统停止工作。此时另一只电容器被充电，为下一次操作做好准备。

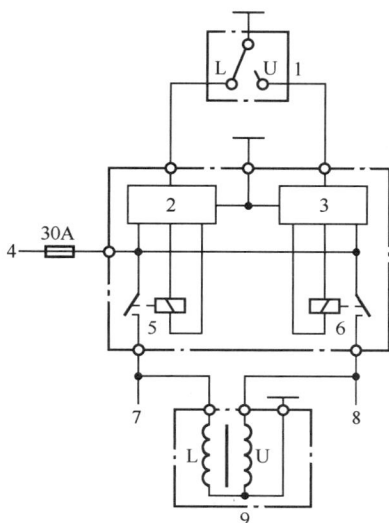

图 8-31　晶体管式中央门锁控制器电路

1—门锁开关　2—锁门控制电路　3—开门控制
电路　4—接电源　5—闭锁继电器　6—开锁继
电器　7、8—接其他门锁　9—门锁执行机构
　（电磁式）　L—闭锁　U—开锁

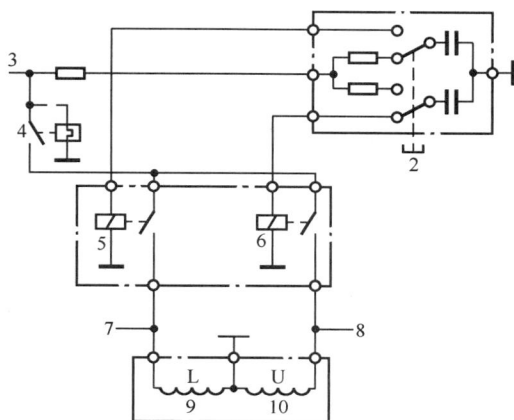

图 8-32　电容式中央门锁控制器电路

1—电容器　2—门锁开关　3—接电源　4—热敏断路器
5—闭锁继电器　6—开锁继电器　7、8—接其他门锁
9、10—电磁式门锁执行机构

（3）车速感应式门锁控制器

在中央门锁控制系统中加装一车速（10km/h）感应开关。当汽车行驶速度达 10km/h 以上时，若车门未闭锁，不需要驾驶人操纵，门锁控制器将自动闭锁。每个车门可单独进行闭锁和开锁。车速感应式中央门锁控制器电路如图 8-33 所示。

接通点火开关，电流流经 3 个车门报警灯开关搭铁（此时若门锁未锁，则开关打开），报警灯点亮。若按下闭锁开关，则定时器使晶体管 VT_2 导通。在 VT_2 导通期间，闭锁继电器线圈 L_1 通电，闭锁继电器常开触点闭合，门锁执行机构通过正向电流，车门闭锁。当按下开锁开关，则开锁继电器线圈 L_2 通电，开锁继电器常开触点闭合，门锁执行机构通过反向电流，车门开锁。若车门未闭锁，且行车速度低于 10km/h 时，置于车速表内的 10km/h 开关闭合，此时稳态电路不向 VT_1 提供基极电流；当车速高于 10km/h 时，10km/h 开关断开，

此时稳态电路给 VT_1 提供基极电流，VT_1 导通，定时器触发端经 VT_1 和车门报警灯开关搭铁，就像按下闭锁开关一样，使车门闭锁，从而保证行车安全。

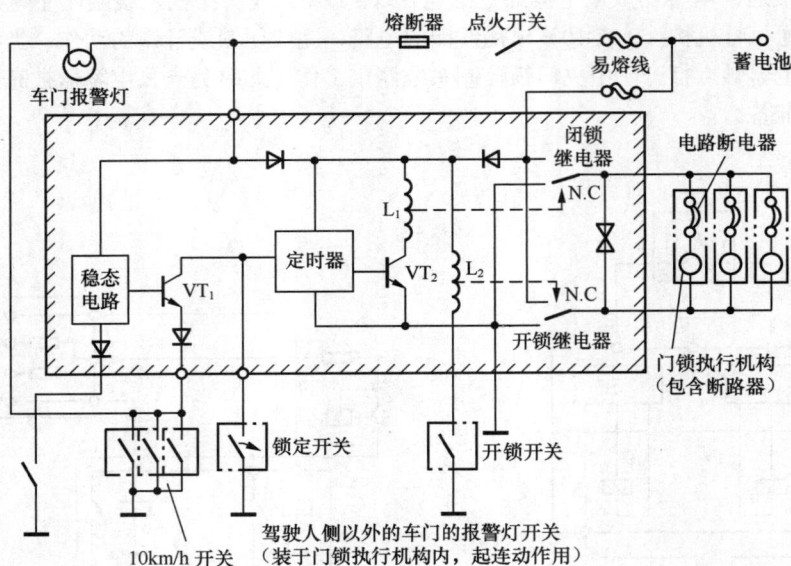

图 8-33　车速感应式中央门锁控制器电路

3．门锁执行机构

电动门锁执行机构主要有电磁铁式、电动机式、真空式和电子式 4 种，一般车辆上常采用电磁铁式或电动机式门锁执行机构。

（1）电磁铁式门锁执行机构

电磁铁式门锁执行机构工作原理如图 8-34 所示，其内部有两个电磁线圈，分别用于开启和关闭门锁。当给锁门线圈通电时，衔铁带动连杆左移，即锁门；当给开锁线圈通电时，衔铁带动连杆右移，即开锁。

（2）电动机式门锁执行机构

电动机式门锁执行机构一般采用可逆式电动机，结构如图 8-35 所示，

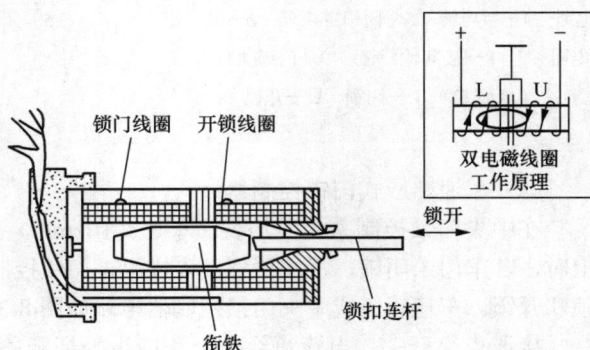

图 8-34　电磁铁式门锁执行机构工作原理

工作原理如图 8-36 所示。当电动机转动时，蜗杆带动蜗轮转动，蜗轮推动锁杆，车门被锁上或打开，然后蜗轮在复位弹簧的作用下返回原位置，防止操纵锁钮时电动机工作。位置开关在锁杆推向锁门位置时断开，推向开门位置时接通。

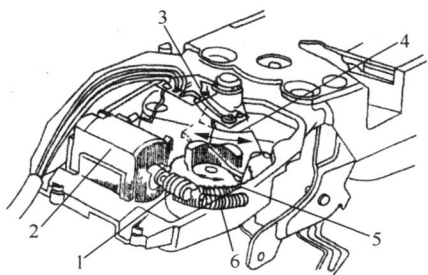

图 8-35 电动机式门锁执行机构的结构

1—蜗杆 2—电动机 3—位置开关 4—锁杆

5—蜗轮 6—弹簧

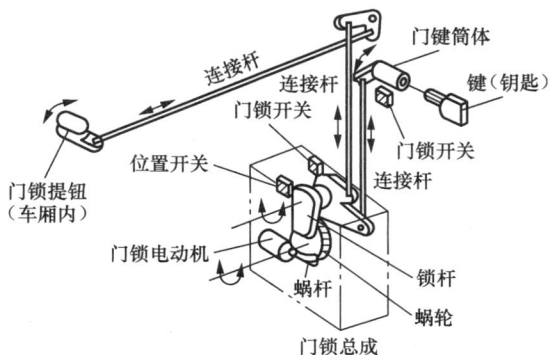

图 8-36 电动机式门锁执行机构工作原理

□ 任务实施 □

操作一 车门锁电动机的检测

（1）驾驶人侧车门锁电动机的检测

步骤一 卸下驾驶人侧车门面板。

步骤二 断开电动机处的 2 芯插接器插头，如图 8-37 所示。

步骤三 将电动机端子接上蓄电池电源，检查其工作情况。正常情况：端子 1 接蓄电池"+"极，端子 2 搭铁时，车门锁锁定；端子 2 接蓄电池"+"极，端子 1 搭铁时，车门锁开锁。

步骤四 如果电动机工作不符合规定要求，则应更换驾驶人侧车门锁电动机。

提示

蓄电池电压应以碰触的方式施加于两端子之间（接通时间很短），以免烧坏电动机。

（2）乘员侧车门锁电动机的检测

乘员侧车门锁电动机的检测与驾驶人侧车门锁电动机的检测方法基本相同。

操作二 门锁把手开关的检测

（1）驾驶人侧车门锁把手开关的检测

步骤一 卸下驾驶人侧车门面板。

步骤二 如图 8-38 所示，断开电动机处的 3 芯插接器的连接。

步骤三 检查端子之间的导通性。在门锁把手开关处于 LOCK（锁止）位置时，端子 2 与端子 3 之间应当导通，端子 1 与端子 3 不导通。在开关处于 UNLOCK（开锁）位置时端子 1 与端子 3 之间应导通，端子 2 与端子 3 不导通。

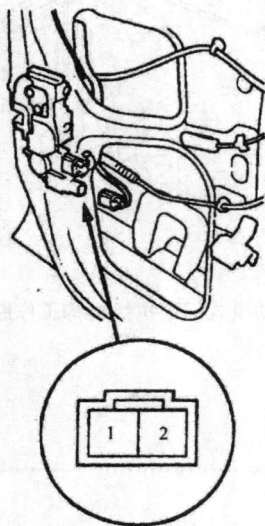

图 8-37　断开驾驶人侧车门锁
电动机处的 2 芯插接器

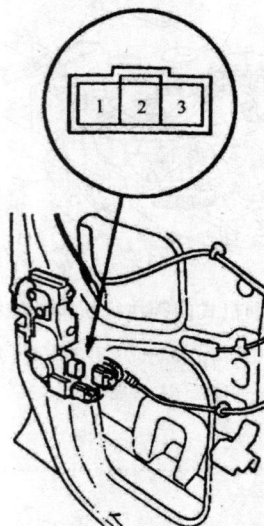

图 8-38　断开驾驶人侧车门锁电动机处的
3 芯插接器

步骤四　如果导通性不符合规定要求，应更换门锁电动机。

（2）前乘员侧车门锁把手开关的检测

步骤一　卸下前乘员侧车门面板。

步骤二　断开电动机 3 芯插接器的连接（见图 8-39）。

步骤三　检查端子之间的导通性。在门锁把手开关处于 UNLOCK 位置时，端子 1 和端子 3 之间应当导通，开关处于 LOCK 位置时不导通。

步骤四　如果导通性不符合规定要求，则更换门锁电动机。

（3）后车门锁把手开关的检测

步骤一　卸下左、右侧后车门面板。

步骤二　如图 8-39 所示，断开电动机 3 芯插接器的连接。

步骤三　检查端子之间的导通性。在门锁把手开关处于 UNLOCK 位置时，端子 1 和端子 3 之间应当导通，在开关处于 LOCK 位置时不导通。

步骤四　如果导通性不符合规定要求，则更换车门锁电动机。

操作三　车门锁芯开关的测试

步骤一　卸下驾驶人侧车门面板。

步骤二　如图 8-40 所示，断开锁芯开关的 3 芯插接器连接。

步骤三　检查端子之间的导通性。在锁芯开关处于 LOCK 位置时，端子 2 和端子 3 之间应当导通。在锁芯开关处于 UNLOCK 位置时，端子 2 和端子 3 之间应当不导通。在锁芯开关处于 UNLOCK 位置时，端子 1 与端子 2 之间应当导通。在锁芯开关处于中间或 LOCK

位置时，端子 1 与端子 2 之间应当不导通。

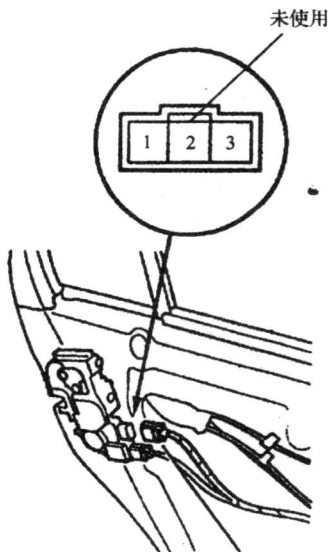

未使用

图 8-39 断开后车门锁电动机 3 芯插接器

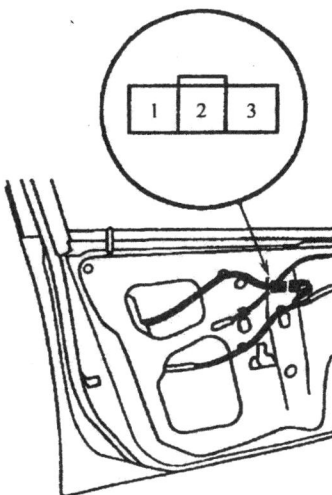

图 8-40 断开车门锁芯开关插接器

步骤四 如果导通性不符合规定要求，则应更换车门锁芯总成。

任务三 电动后视镜、电动座椅、电动车窗与电动天窗的检修

□ 学习目标 □

（1）熟悉电动后视镜、电动座椅、电动车窗与电动天窗的结构、组成和工作原理。

（2）掌握电动后视镜、电动座椅、电动车窗与电动天窗的电路分析方法。

（3）掌握电动后视镜、电动座椅、电动车窗与电动天窗的检修方法及主要部件的检查调整方法。

（4）能够对电动后视镜、电动座椅、电动车窗与电动天窗常见故障进行分析，确定故障诊断流程，掌握故障诊断方法。

（5）培养环保意识。

□ 任务引入 □

一汽大众新宝来轿车，行驶里程为 7 万千米。按住该车电动后视镜的控制开关，电动后视镜不工作。

根据该车的故障现象，分析可能是电动后视镜或控制开关有故障，需根据电动后视镜的工作原理和控制电路对故障进行诊断排除。

□ 相关知识 □

一、电动后视镜

1. 电动后视镜的结构

图 8-41 所示为电动后视镜与控制开关的实物。电动后视镜主要由镜面玻璃、双电动机、连接件、传递机构及其壳体等组成。控制开关由方向调节开关、选择开关和线束等组成，安装在左前门内饰板上。

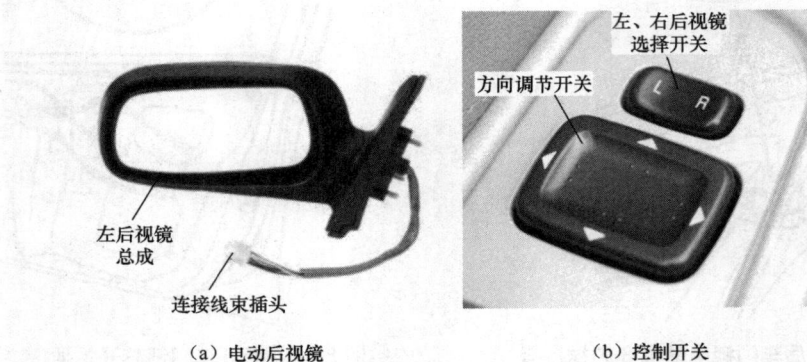

（a）电动后视镜　　　　　　　　　　　（b）控制开关

图 8-41　电动后视镜与控制开关的实物

2. 电动后视镜的工作原理

电动后视镜电路如图 8-42 所示。

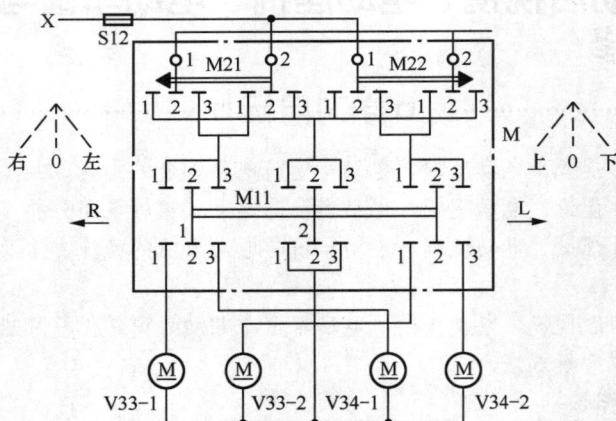

图 8-42　电动后视镜电路

S12—熔丝　M—电动后视镜开关　M11、M21、M22—电动后视镜分开关　V33-1、V33-2—右镜方向调节
电动机　V34-1、V34-2—左镜方向调节电动机

左、右外侧电动后视镜由设置在左前门内把手上端的调整开关控制。当点火开关处于"ON"位置，将此开关旋转，可选择需调整的后视镜（L 为左侧，R 为右侧，中间为停止操作）。

摇动开关可调整后视镜反射面的空间角度。

两侧电动后视镜各有两个永磁电动机,通过控制两个电动机的开关可获得二顺二反4种电流,即可进行4种运动,使镜面产生4种不同方位的位置调整。

二、电动座椅

1. 电动座椅的组成及作用

电动座椅是指以电动机为动力,通过传动装置和执行机构来调节座椅的各种位置。通过座椅调节,还可以改变坐姿,减少乘员长时间乘车的疲劳。

座椅的调节正向多功能化发展,使座椅的安全性、舒适性、操作性日益提高。其种类很多,还可以有不同的组合方式。如具有8种调节功能的电动座椅,其动作方式有座椅的前后调节、上下调节,座位前部的上下调节,靠背的倾斜调节,侧背支撑调节、腰椎支撑调节以及靠枕上下、前后调节。

提示

电动座椅的所有电动功能都必须通过电动机带动传动机构来实现。

电动座椅一般由双向电动机、传感器和座椅调节开关等组成,如图8-43所示。电动机的数量取决于电动座椅的类型,通常两向移动座椅装有2个电动机,四向移动的座椅装有4个电动机,最多可达6个电动机。大多数电动座椅使用永磁式电动机,通过开关来操纵电动机按不同方向旋转。

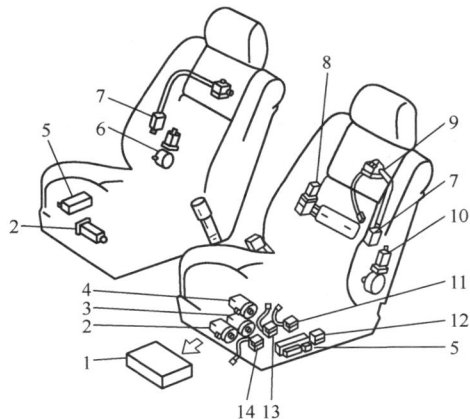

（a）电动座椅的构造　　　　　　　　　　　　（b）电动座椅的电动机

图8-43　电动座椅的构造

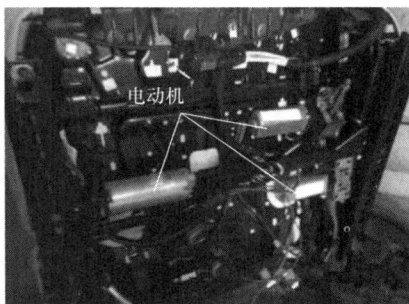

1—电动座椅ECU　2—滑动电动机　3—前垂直电动机　4—后垂直电动机　5—电动座椅开关
6—倾斜电动机　7—头枕电动机　8—腰垫电动机　9—头枕位置传感器　10—倾斜电动机和位置传感器
11—后垂直位置传感器　12—腰垫开关　13—前垂直位置传感器　14—滑动位置传感器

可两向（前、后）移动的电动座椅装有一个双向电动机，可四向（前、后和上、下）移动的电动座椅装有 2 个双向电动机，可六向（前、后，上、下，座椅前端上、下或座椅后端上、下）移动的电动座椅装有 3 个双向电动机。遥控电动座椅有的装有 4 个以上的双向电动机，除能保证八向移动的功能外，还能调整头枕高度、倾斜度、座椅长度及扶手位置等。

2. 传动机构的类型

要求座椅传动机构运行时有良好的平稳性，噪声小。现代轿车的电动座椅的传动机构一般有蜗轮蜗杆传动、驱动钢丝传动等类型。

（1）蜗轮蜗杆传动方式

蜗轮蜗杆传动方式电动座椅的传动部件有蜗杆轴、蜗轮、齿轴和齿条等。调整时，蜗杆轴在电动机的驱动下，带动蜗轮转动，从而将齿轴旋入或旋出，即座椅下降或上升。如果蜗轮又与齿条啮合，蜗轮转动带动齿条移动，即令座椅前移或后移。六向可调式电动座椅采用3 个可以倒转的电动机来操作座椅。座椅的前部和后部由不同的电动机控制，它还可以被独立地升高和降低。第三个电动机控制座椅的前、后移动。

（2）驱动钢丝传动方式

驱动钢丝传动方式电动座椅的机械部分由变速器、万向节、螺旋千斤顶及齿轮传动机构组成。开关接通后，电动机动力经齿轮、万向节、变速器、软轴等传至座椅调节器。当调节器到达行程终点时软轴停止运动，此时若电动机仍在运转，其动力将被橡胶万向节吸收，以防电动机过载损坏。

座椅调节按钮设置在驾驶人操纵方便的地方，一般在驾驶人座椅的左侧面，如图 8-44 所示。

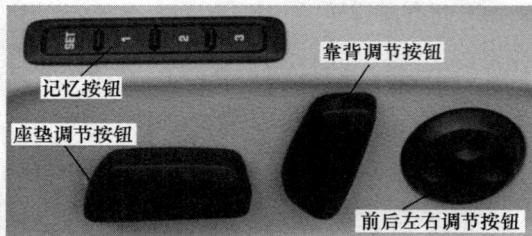

图 8-44　座椅调节按钮（八方向调节）位置

3. 电动座椅的工作原理

电动座椅的电动机采用永磁式结构，利用调整开关可控制电流流经电动机的方向。

六方向电动座椅的控制电路如图 8-45 所示。流过电动机的电流方向决定了电动机的旋转方向，而电流的流向则由调整开关的电刷决定。如果驾驶人将调整开关中的四位置开关扳到

"下"位置，整个座椅将下移。此时，调整开关的电刷 3 和 4 均处在左位，蓄电池电压经过电刷 4、6 和 8 分别送至座椅前部和后部的高度调节电动机。搭铁回路经电刷 5 和 7 汇合到电刷 3 搭铁。

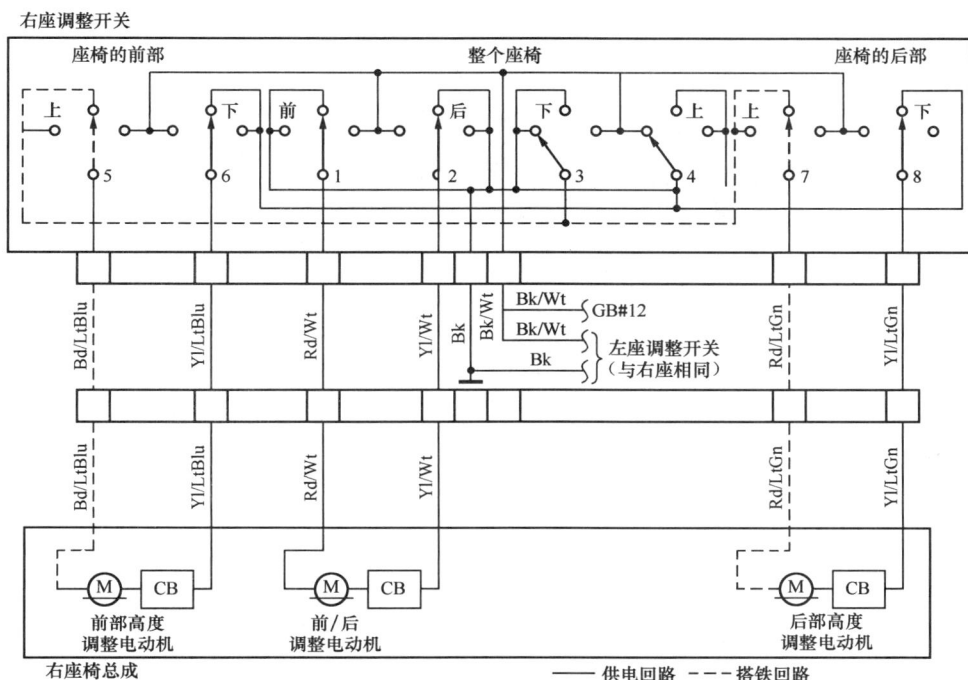

图 8-45　六方向电动座椅的控制电路

三、电动车窗

1. 作用

电动车窗是指以动力使车窗玻璃自动升降的车窗。驾驶人或乘员操纵开关接通车窗升降电动机的电路，电动机产生动力通过一系列的机械传动，使车窗玻璃按需求升降。电动车窗由于其操作简便、可靠，在现代汽车上得到了广泛的应用。

2. 组成与分类

电动车窗控制系统主要由车窗、车窗玻璃升降器、电动机、开关（主控开关、分控开关）等组成，主要零部件在车上的位置如图 8-46 所示。

（1）车窗玻璃升降器

车窗玻璃升降器常见的有交叉传动臂式和钢丝滚筒式两种，如图 8-47 和图 8-48 所示。

（2）电动机

每个车窗安装有一个电动机。电动车窗控制系统采用双向转动的直流电动机，分为双向永磁式或双绕组串励式两种，电动机实物如图 8-49 所示。

（3）控制开关

控制开关的作用是控制电动机中的电流方向。控制开关一般有两套：一套为主控开关（总开关），装在驾驶人侧车门的内侧（见图 8-50）或变速杆附近，用于驾驶人操纵每个车窗玻璃的升降；另一套为分控开关，分别安装在每个车门的中部或车门把手上，用于乘员操纵车窗玻璃。

图 8-46 电动车窗部件在车上的位置

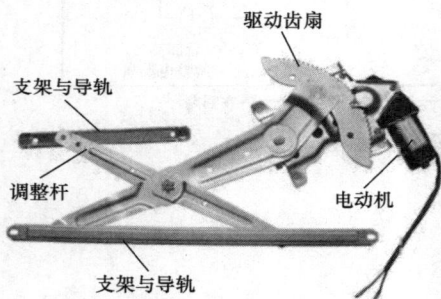

图 8-47 交叉传动臂式车窗玻璃升降器

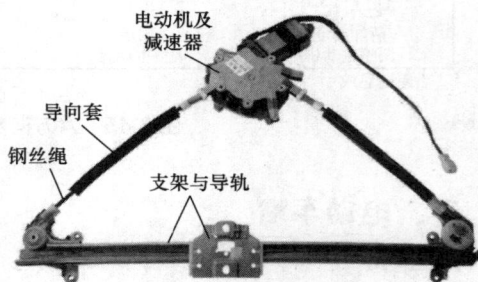

图 8-48 钢丝滚筒式车窗玻璃升降器

图 8-49 电动机实物

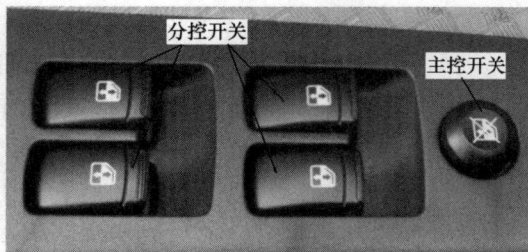

图 8-50 电动车窗控制系统的主控开关

3. 电动车窗的控制电路及工作原理

（1）永磁式直流电动机电动车窗的控制电路及工作原理

永磁式直流电动机电动车窗通过改变电动机电枢的电流方向来改变电动机的旋转方向，

使车窗玻璃上升或下降。图 8-51 所示为永磁式直流电动机电动车窗控制电路。当点火开关转至点火挡时，电动车窗主继电器工作，触点闭合，给电动车窗提供了电源。如将主开关（主控开关）上的车窗锁开关闭合，则所有车窗都可随时进入工作状态；若主开关上的车窗锁开关断开，则只有驾驶人侧车窗可进行工作。

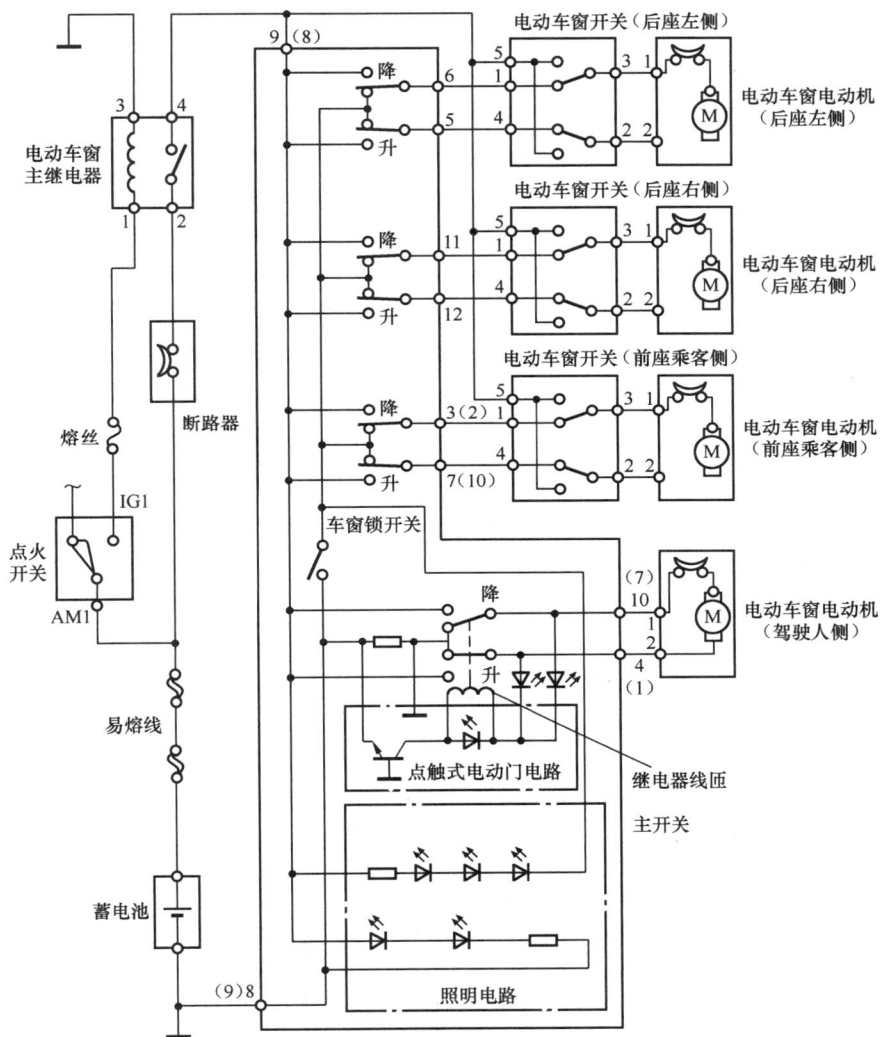

图 8-51　永磁式直流电动机电动车窗的控制电路

① 前座乘员侧车窗升降。

a. 驾驶人操纵。当驾驶人按下主开关上相应的前座乘员侧车窗上升开关时，其电流路径：蓄电池正极→易熔线→断路器→电动车窗主继电器→主开关→前座乘员侧车窗开关左触点→电动车窗电动机→断路器→前座乘员侧车窗开关的右触点→车窗锁开关→搭铁→蓄电池的负极，构成闭合回路。该电路中的电动车窗电动机通电而工作，使车窗上升。当需要车窗下降时，驾驶人按下主开关上的下降开关时，因电动车窗电动机是永磁双向电动机，其电动机的电流反向，电动车窗电动机通电而反转使车窗下降。

b.乘员操纵。乘员接通前座乘员侧门窗上升开关时，其电流路径：蓄电池正极→易熔线→断路器→前座乘员侧开关左触点→电动车窗电动机→断路器→前座乘员侧开关的右触点→车窗锁开关→搭铁→蓄电池的负极，构成了闭合电路。该电路中的电动机通电而工作，使车窗上升。当需要车窗下降时，乘员按下前座乘员侧开关上的下降开关，电动车窗电动机的电流反向，电动车窗电动机通电而反转使车窗下降。

② 驾驶人侧的车窗升降。若主开关上的车窗锁开关断开，则只有驾驶人侧车窗具备工作条件。另外，驾驶人侧的车窗开关由点触式电动门电路控制。车窗在下降过程中，如果要使其停止在某一位置，只要再点触一下开关即可。当驾驶人侧的车窗需要下降时，可按下主开关上的下降按钮，其工作电路电流路径：蓄电池的正极→断路器→电动车窗电动机→驾驶人侧开关的另一触点→车窗锁开关→蓄电池的负极，构成闭合电路。与此同时，点触式开关的电路也同时接通，下降指示灯点亮，继电器线圈也通电而产生吸力，保持点触式开关处于下降工作状态直至车窗下降到极限位置。在下降过程中，如果要使车窗停在某一位置，驾驶人可再按一下点触式开关，则继电器线圈断路，车窗下降停止。

（2）双绕组串励式直流电动机电动车窗的控制电路及工作原理

双绕组串励式直流电动机电动车窗控制电路如图 8-52 所示。双绕组串励式直流电动机有两个绕向相反的磁场绕组，一个称为"上升"绕组，一个称为"下降"绕组，在给不同绕组通电时，会产生相反方向的磁场，电动机的旋转方向也就不同，从而实现车窗玻璃的上升或下降。

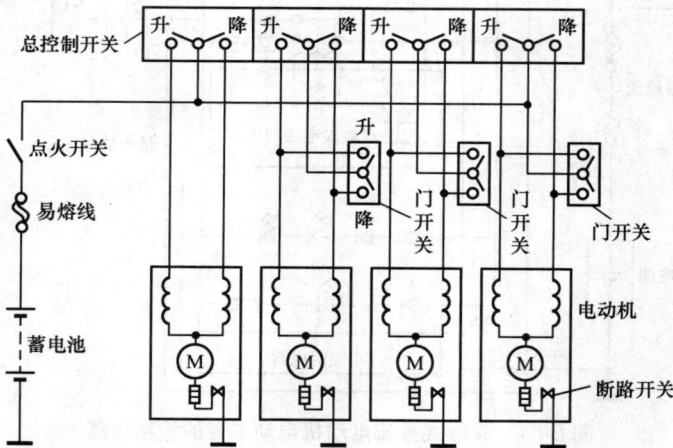

图 8-52 双绕组串励式直流电动机电动车窗控制电路

电动车窗的断路保护开关是双金属片触点臂结构，当电动机超载，电路中电流过大时，双金属片因温度上升而变形，触点打开，切断电路。电流消失后，双金属片冷却，恢复变形，触点再次闭合。如此周期动作，使电动机电流的平均值不超过规定值，避免电动机因过热而烧坏。

四、电动天窗

1. 电动天窗的作用

汽车电动天窗换气是利用负压原理，依靠汽车在行驶过程中气流在车窗顶部的快速流动，而形成车内的负压，进行通风换气，整个气流极其柔和，可使车内空气新鲜，尤其驾驶舱上层的清新空气可使驾驶人头脑保持清醒，保持安全驾驶。

2. 电动天窗类型

（1）按操作方式可分为手动旋转式、手动上推式和电子按键式。

（2）按开启状态可分为上掀外滑式和上掀内滑式。

3. 电动天窗部件位置

电动天窗主要部件位置如图8-53所示。

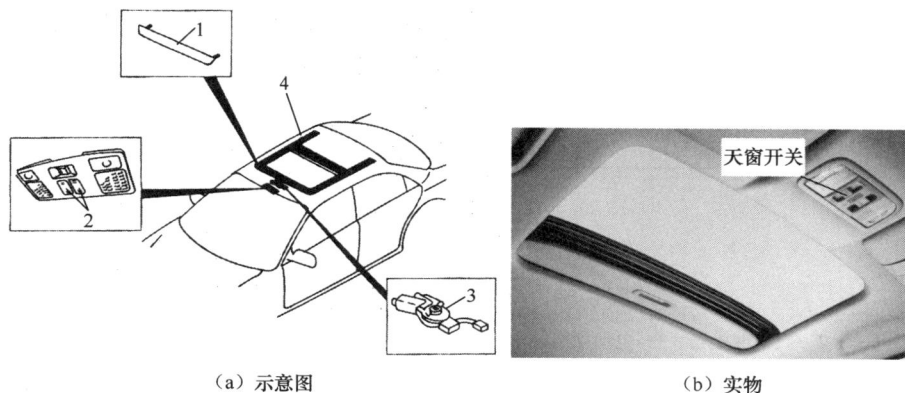

（a）示意图　　　　　　　　　　（b）实物

图8-53　电动天窗主要部件位置

1—偏转板　2—天窗开关　3—天窗电动机　4—天窗单元

4. 电动天窗控制电路与工作原理

电动天窗控制电路如图8-54所示。

（1）天窗打开

接通点火开关且将天窗开关按至"OPEN"位置时，信号从天窗开关送到天窗继电器，此时天窗限位开关2接通，继电器工作，电动机转动，打开天窗。

（2）天窗关闭

接通点火开关，天窗完全打开但限位开关1和限位开关2均接通时，当天窗开关被按至"CLOSE"位置时，信号从天窗开关送到天窗继电器，继电器工作，电动机转动关闭天窗。

天窗限位开关1断开，限位开关2接通，且天窗在全闭位置前100mm位置时，信号从限位开关1输送给天窗继电器，该信号使继电器工作，控制天窗停在该位置。

为了彻底关闭天窗，重新把天窗开关按在"CLOSE"位置，使继电器工作，长按天窗开关，天窗则完全关闭。

（3）向上倾斜

接通点火开关，天窗完全关闭（限位开关2断开）时，当天窗开关按在向上倾斜位置时，信号从天窗开关至天窗继电器，继电器工作，电动机转动。只要天窗开关被按在向上位置，天窗则一直向上倾斜。

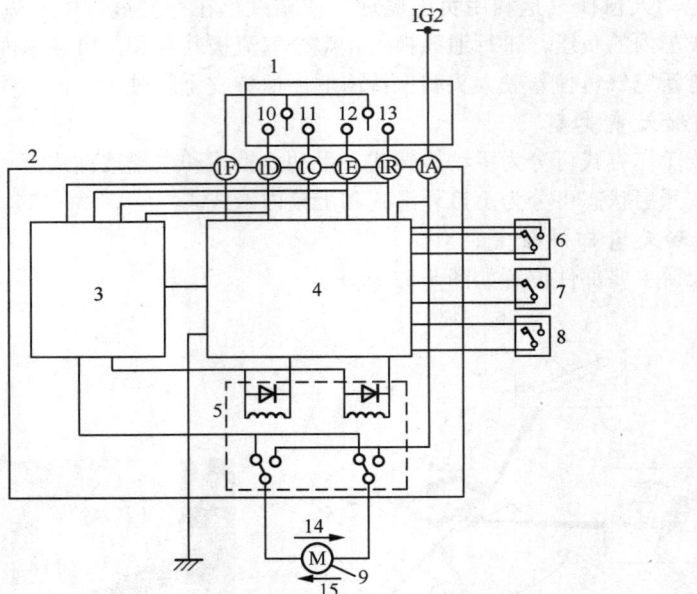

图 8-54　电动天窗控制系统电路

1—天窗开关　2—天窗继电器　3—电动机控制电路　4—电动机锁电流探测电路　5—继电器　6—限位开关1
7—限位开关2　8—限位开关3　9—天窗电动机　10—滑动开启　11—滑动闭合　12—向下倾斜
13—向上倾斜　14—滑动开启/向下倾斜　15—滑动闭合/向上倾斜

（4）向下倾斜

点火开关接通，限位开关 1 和限位开关 2 均断开时，当天窗开关按在向下倾斜位置时，信号从天窗控制开关输送给天窗继电器，继电器工作，电动机转动，天窗向下倾斜。

（5）倾斜提示系统

在天窗仍向上倾斜的情况下，将点火开关从 ON 挡转至 ACC 挡或 OFF 挡，则电流不再流向天窗继电器，继电器收到点火开关转向 OFF 挡的信号，此时限位开关 1 和限位开关 2 均断开，因此天窗处于倾斜工作位置的信号输送给天窗继电器，继电器内的定时器工作。因此，到天窗继电器的电流通过天窗继电器的蜂鸣器和搭铁。蜂鸣器响 8 次以提醒驾驶人，天窗处于倾斜状态。

🗆 任务实施 🗆

操作一　电动后视镜故障诊断与排除

电动后视镜如有故障，直接表现是后视镜不能被操纵，此时可以进行如下检查。

步骤一　首先检查熔丝和断电器（过载保护）是否完好，若是，则用万用表测试开关总成。

步骤二　如果开关完好，应用 12V 电源的跨接线检查电动机的工作情况，接线换向时，电动机也应反向转动。图 8-55 所示为电动后视镜电动机的检查示意图。

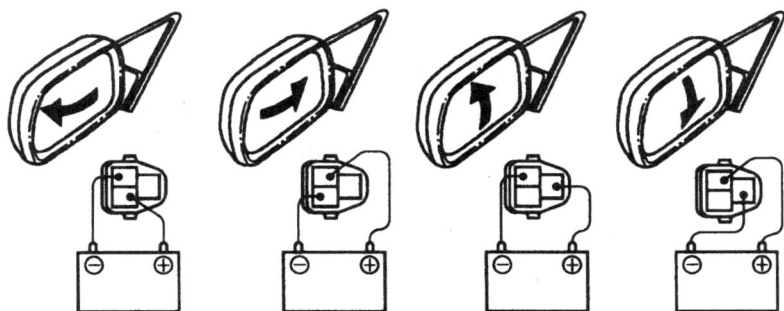

图 8-55 电动后视镜电动机的检查示意图

步骤三 如果电动机工作正常，而后视镜仍不动，应检查连接后视镜控制开关和车门或仪表板金属件的搭铁情况。

电动后视镜故障诊断如表 8-1 所示。

表 8-1 电动后视镜故障诊断表

故障现象	故障原因	故障排除方法
电动后视镜均不能动	熔丝熔断	检查确认熔断后更换
	搭铁不良	修理
	后视镜开关损坏	更换
	后视镜电动机损坏	更换
一侧电动后视镜不能动	后视镜开关损坏	更换
	电动机损坏	更换
	搭铁不良	修理
一侧电动后视镜上下方向不能动	上下方向调整电动机损坏	更换
	搭铁不良	修理
一侧电动后视镜左右方向不能动	左右方向调整电动机损坏	更换
	搭铁不良	修理

操作二 电动座椅故障的检修

步骤一 若电动机运转而座椅不动，首先观察是否已达到极限位置，然后检查电动机与变速器之间的相关元件是否磨损过大或损坏，必要时应更换。

步骤二 若电动机不工作，应检查电源线及电动机线路是否断路，开关接触是否良好，搭铁是否牢固等。

操作三　电动车窗常见故障诊断与排除

电动车窗常见故障与排除方法如表 8-2 所示。

表 8-2　　　　　　　　　　　　电动车窗常见故障与排除方法

故障现象	原因	排除方法
电动车窗不工作	（1）电动车窗开关损坏	（1）修理或更换开关
	（2）熔丝熔断	（2）更换熔丝
	（3）连接导线断路	（3）修理或更换导线
	（4）电动机损坏	（4）更换电动机
电动车窗工作时有异常响声	（1）电动车窗安装时没调整好	（1）重新调整摇窗机安装螺钉
	（2）卷丝筒内钢丝绳跳槽	（2）重新调整卷丝筒内的钢丝绳位置
	（3）滑动支架内的传动钢丝夹转动	（3）检查安装支架位置是否正确
	（4）电动机盖板或固定架与玻璃碰擦	（4）重新调整盖板或固定架
电动机工作正常，摇窗机不工作	（1）钢丝绳折断	（1）更换钢丝绳
	（2）滑动支架折断或传动钢丝夹转动	（2）重新铆接钢丝夹
电动车窗工作时发卡，阻力大	（1）导轨凹部有异物	（1）清除异物
	（2）导轨损坏或变形	（2）修理或更换导轨
	（3）电动机损坏	（3）更换电动机
	（4）钢丝绳腐蚀、磨损	（4）修理或更换钢丝绳

操作四　电动天窗不工作的检修

步骤一　检查熔丝是否熔断。必要时，更换熔丝。

步骤二　检查天窗开关端子与连接线路间电路是否有故障。断开天窗开关线束；点火开关转至接通；用一端接搭铁良好的测试灯，另一端接天窗开关相应端子（线束侧）。若测试灯不能正常启亮，应维修该电路。

步骤三　检查天窗开关是否有故障。必要时，更换天窗开关。

步骤四　检查天窗开关端子与天窗模块端子间电路是否有故障。连接天窗开关线束；断开天窗模块线束；用一端接搭铁良好的测试灯，另一端接天窗模块相应端子（线束侧）；点火开关转至接通；切换天窗开关。若测试灯不能正常启亮，应维修该电路。

步骤五　检查天窗模块搭铁端子与搭铁间电路是否有故障。断开天窗模块线束；用一端接蓄电池正极的测试灯，另一端接天窗模块相应搭铁端子（线束侧）。若测试灯不能正常启亮，应维修该电路。

步骤六　检查天窗模块端子与连接线路间电路是否有故障。断开天窗模块线束；点火开关转至接通；用一端接搭铁良好的测试灯，另一端接天窗相应端子（线束侧）。若测试灯不能正常启亮，应维修该电路。

步骤七　检查天窗模块是否有故障。必要时，更换天窗模块。

步骤八　检查天窗电动机是否有故障。必要时，更换天窗电动机。

步骤九　若天窗电动机正常，应检查相关电路是否存在接触不良故障。

小　结

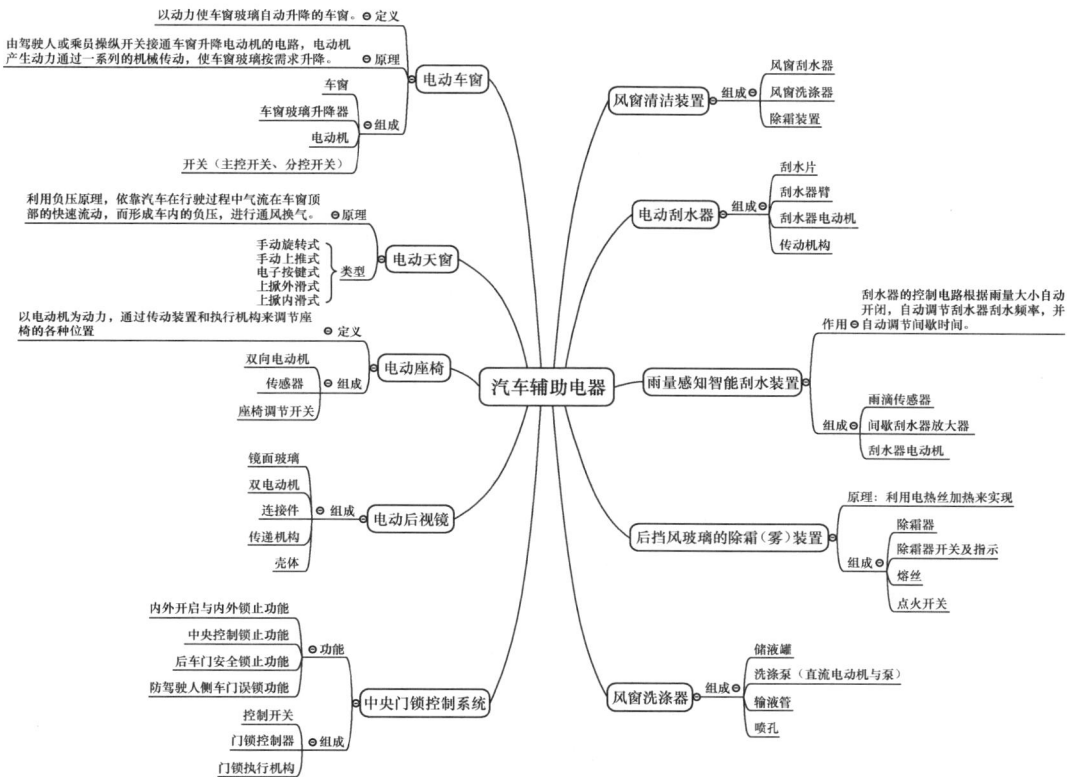

练习思考题

1. 简述电动刮水器的变速原理及自动复位功能。
2. 电动刮水器是如何实现间歇控制的？
3. 简述雨量感知智能刮水装置工作原理。
4. 刮水器与洗涤器的检修内容有哪些？
5. 电动车窗由哪些零件组成？简述电动车窗玻璃升降器的工作原理。
6. 中央门锁控制系统有哪几种功能？
7. 试分析电动座椅的工作原理。
8. 参照永磁式直流电动机电动车窗的控制电路简述其工作原理。

□ 学习目标 □

（1）熟悉汽车电路中汽车导线、汽车线束和插接器的分类与特点。
（2）熟悉汽车控制开关的类型、功能与工作原理。
（3）熟悉电路保护装置、继电器的作用与工作原理。
（4）培养严谨细致的工作态度。

□ 任务引入 □

汽车电路图在汽车电器故障诊断中发挥着重要的作用，能够正确识读汽车电路图，是汽车维修人员必备的技能之一。读懂汽车电路图的前提条件是掌握汽车电气系统的基本工作原理，还要熟悉汽车电路图的组成与特点等基本知识。

□ 相关知识 □

一、汽车导线

1. 汽车导线的分类与特点

汽车电路的导线分为高压线和低压线两种。高压线又分为铜芯线和阻尼线两种；低压线又分为普通导线、起动导线和搭铁导线（即蓄电池搭铁线）3 种。

汽车导线主要根据导线的绝缘、通过电流的大小和机械强度 3 个方面的要求进行选择。

（1）高压导线

高压导线是一种输送高电压的专用导线。汽车用高压导线有铜芯线和阻尼线两种。由于高压导线的工作电压很高（一般都在 10kV 以上）、电流强度较小，因此，高压导线的绝缘包层很厚、线芯截面面积很小，但耐压性能很好。

为了衰减火花塞产生的电磁波干扰，目前已广泛使用高压阻尼导线。

（2）低压导线

① 普通低压导线。普通低压导线为带绝缘包层的铜质多丝软线。根据外皮绝缘包层的材料不同，普通低压导线又分为 QVR 型（即聚氯乙烯绝缘包层）和 QFR 型（即聚氯乙烯 - 丁腈复合绝缘包层）两种。

普通导线的横截面面积主要根据用电设备的工作电流进行选择，但汽车电气系统中所用导线的截面面积不得小于 0.5mm²。

随着汽车电气设备的增多，导线的数量不断增加，为了便于维修，连接各设备的导线常以不同的颜色加以区分。其中截面积在 4mm² 以上的采用单色线，而 4mm² 以下的导线均采用花线（双色线），搭铁线均用黑色线。

在全车线路图中，导线上一般都标注有数字和字母符号，用来表示导线的横截面面积和颜色。如 1-5RW、2.0GV 等，其中，数字 1-5、2.0 表示导线的横截面积，单位为平方毫米（mm²）；第一个字母"R"或"G"表示导线的主色，第二个字母"W"或"V"表示导线的辅助颜色，即轴向条纹状或螺旋状的颜色。

②起动导线。起动导线为带绝缘包层且横截面面积较大的铜质或铝质多丝软线。起动导线是一种专用连接导线，接在蓄电池正极与起动机电源端子 30 之间，其横截面面积有 25mm²、35mm²、50mm²、70mm² 等多种规格，允许电流高达 500A 乃至 1000A 以上。为了保证起动机正常工作并产生足够的驱动力矩，要求起动线路上每 100A 电流产生的电压降不得超过 0.1～0.15V。

③搭铁导线。搭铁导线是一种专用连接电缆，连接在蓄电池负极与车身金属或发动机机体之间，故又称为蓄电池搭铁线。搭铁导线为由铜丝编织而成的扁形软铜线或带绝缘包层且横截面面积较大的铜质多丝软线。

2. 常见的汽车导线颜色代号

在电路图上用字母来表示导线外皮及其系统的颜色。中国车及日本车的电路图中导线常用单个字母表示，个别用双字母，其中后一个为小写字母。美国车的电路图常用 2～3 个字母表示一种颜色，如果导线上有条纹，则要书写较多字母。德国车和法国车的电路图，多用本国字母缩写，这点应注意。常见的导线颜色代号如表 9-1 所示。

表 9-1　　　　　　　　　　　　　　导线颜色代号

颜色	英文	中国	美国	日本	德国	法国
黑	Black	B	BLK	B	sw	MR
白	White	W	WHT	W	ws	BA
红	Red	R	RED	R	ro	RG
绿	Green	G	GRN	G	gn	VE
深绿	Dark Green		DK GRN			
浅绿	Light Green		LT GRN	Lg		
黄	Yellow	Y	YEL	Y	ge	JN
蓝	Blue	BL	BLU	L	bl	BE
浅蓝	Light Blue		LT BLU	Sb		
深蓝	Dark Blue		DK BLU			
粉红	Pink	P	PNK	P		
紫	Violet	V	PPL	PU	li	VI
橙	Orange	O	ORN	Or	qr	

颜色	英文	中国	美国	日本	德国	法国
灰	Grey	Gr	GRY	Gr	gr	GR
棕	Brown	Br	BRN	Br	br	
棕褐	Tan		TAN			
无色	Clear		CLR			
褐						RS
橘黄						OR

二、汽车线束

为了使全车线路规整，安装方便及保护导线的绝缘，汽车上的全车线路除高压线、蓄电池和收放机天线的电缆外，一般都将同区域的不同规格的导线用棉纱或薄聚氯乙烯带缠绕包扎成束，称为线束，如图 9-1 所示。

汽车线束是汽车电路的网络主体，没有线束也就不存在汽车电路。目前，不管是高级豪华汽车还是经济型普通汽车，线束装配的形式基本上是一样的，一般由导线、端子（或称孔）、插接器插头或插座、护套等组成。

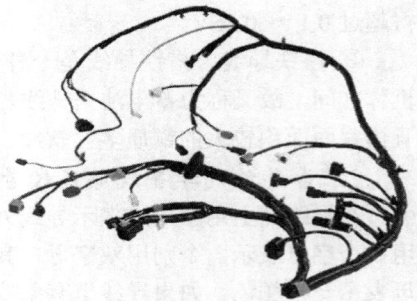

图 9-1　汽车线束

一般汽车的线束分为发动机线束、仪表板线束、地板线束等。图 9-2 所示为整车线束布置。

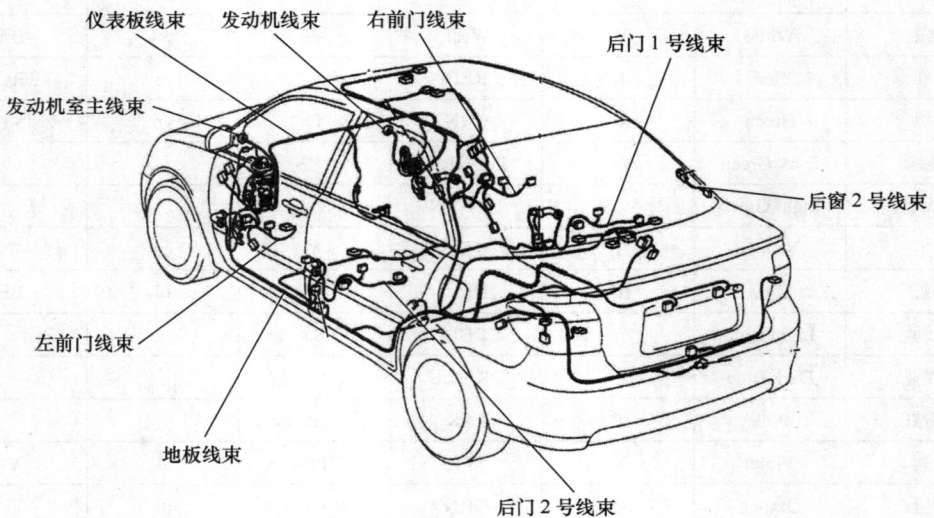

图 9-2　整车线束布置

　　随着汽车功能的增加，电子控制技术的普遍应用，电气元件越来越多，导线也会越来越多，线束也就变得更加粗重。现在大部分汽车引入了 CAN 总线配置，采用多路传输系统。与传统线束比较，多路传输装置大大减少了导线及接插件数目，使布线更为简易。

三、插接器

　　插接器是一种连接分线束与分线束之间、线束与用电设备之间、线束与开关之间的电气装置，又称为连接器。因为插接器连接可靠、检修方便，所以被广泛采用。插接器不能松动、腐蚀，为保证插接器的可靠连接，其上都有锁紧装置，而且为了避免安装中出现差错，插接器还制成不同的规格、形状。

　　插接器由导线端子与塑料壳体或橡胶壳体组成，如图 9-3 所示。根据线束连接的需要，插接器有单路式、双路式或多路式几种。现代汽车线束中设有很多插接器。为了避免装配和安装中出现差错，插接器还制成不同型号规格、不同形状和颜色等加以区分。

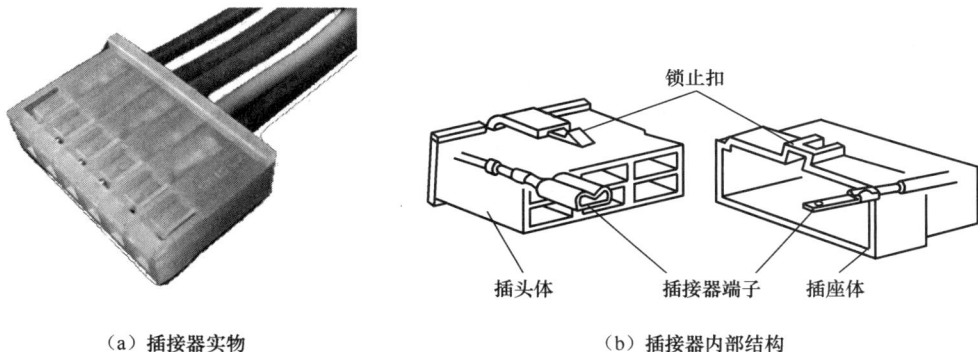

（a）插接器实物　　　　　　　　　　　（b）插接器内部结构

图 9-3　插接器的结构

　　插接器端子上设有倒刺片，装入护套内以防脱出。拔开插接器时，不能直接拉拔导线，应当先将插接器的锁止扣解除，再向两边用力拉动壳体将插头与插座拔开，如图 9-4 所示。有些插接器采用钢丝扣进行锁止，压下钢丝扣后才能将插接器的插头与插座拔开。

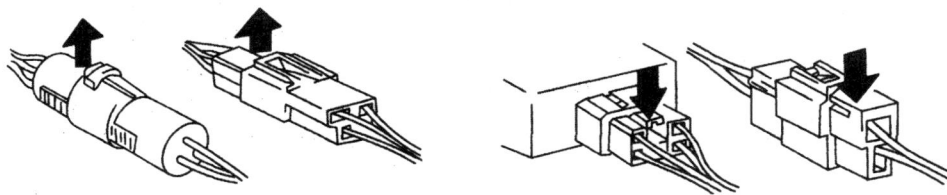

图 9-4　拔开插接器的正确方法

为了保证插接器能可靠连接，有的插接器上设有双重锁定机构，如图 9-5 所示。

双重锁定机构在插接器插头上设有主锁和两个凸台，在插座上设有锁柄能够转动的副锁。当主锁未锁定时，插头上的两个凸台就会阻止副锁锁定，如图 9-5（a）所示；当主锁完全锁定时，副锁锁柄方能转动并锁定，如图 9-5（b）所示；当主锁与副锁双重锁定后，插头与插座可靠连接，如图 9-5（c）所示，从而防止插接器脱开。

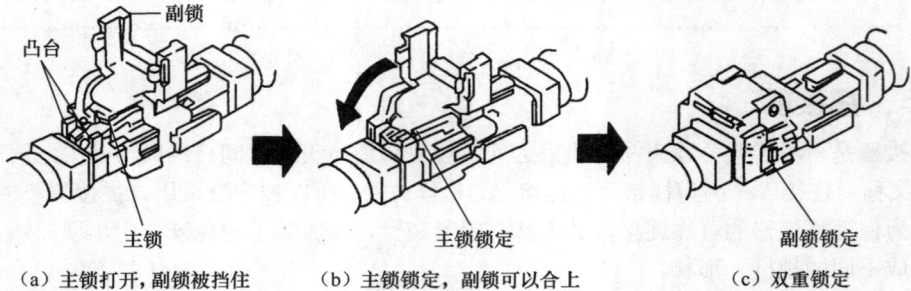

（a）主锁打开，副锁被挡住　　（b）主锁锁定，副锁可以合上　　（c）双重锁定

图 9-5　插接器双重锁定机构

提示

当插接器出现端子接触不良或导线断路故障时，先将插接器插头与插座拔开，然后用小螺钉旋具或专用工具从壳体中取出导线与端子，进行修理或更换后再装复使用。

四、汽车控制开关

1. 汽车常用的控制开关

在汽车电路中，各用电设备或独立的电气系统中都设有单独的控制开关。如点火开关、灯光开关、变光开关、刮水器开关、洗涤器开关、转向开关、紧急报警开关、空调开关、倒车开关、制动开关、喇叭开关等。

2. 点火开关（点火钥匙）

汽车各种开关的介绍　　　点火钥匙的正确使用　　　点火锁的检修

（1）点火开关工作原理

在所有的开关中，点火开关最为复杂，它控制着充电系统、点火系统、起动系统以及绝

大多数的辅助电气设备。点火开关（见图9-6）是一个复合开关，一般需用钥匙对其进行操纵。

图9-7所示为点火开关的原理图。三片电刷组合在一起并同时转动，当点火钥匙拧到起动挡时，所有电刷转到"ST"位置，此时，电刷B将蓄电池的电压输送到点火线圈6，电刷C将蓄电池的电压输送到起动系统和点火控制器3，电刷A没有输出。

图9-6 点火开关实物

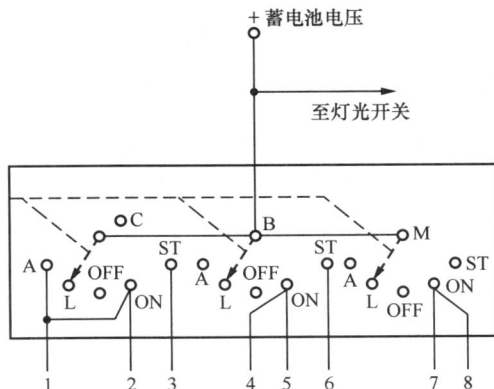

图9-7 点火开关的原理图

A—附件 L—锁住 OFF—断开 ON—运行 ST—起动 1—连接刮水器、洗涤器、电动门窗 2—连接仪表 3—连接起动系统、点火控制器 4—连接点火控制器 5—连接点火线圈、安全带报警灯 6—连接点火线圈 7—连接空调系统、转向信号灯 8—连接交流发动机报警灯

当发动机起动后，电刷便转到"ON"位置，此时，电刷M、B、C的输出情况如图9-7所示。在电刷C的端子A和ON之间的跨接线，表示它所接的附件在点火开关的电刷处于"ON"和"A"位置，并且都可开动。

（2）点火开关的其他功能

① 如图9-8所示，很多车型点火开关的锁体有锁止转向盘的功能（图9-8中点火开关的LOCK位置）。当点火开关转至LOCK挡并拔下钥匙时，转向盘被锁止。这些点火开关各挡的位置通常是按LOCK（转向盘锁止挡）、ACC（备用挡）、ON（点火挡）、START（起动挡）的顺序排列。

② 有的车型还具有防止误起动的功能（如大众轿车）：点火开关只能从OFF挡开始拧到ST挡，当没有起动发动机或发动机熄火时，若要重新起动发动机，必须将点火开关拧回到OFF挡，然后，再从OFF挡拧到ST挡。

（3）具有防盗功能的点火开关

目前，大部分汽车点火开关的钥匙采用了电子钥匙，具有防盗功能。图9-9所示为电子钥匙防盗系统。其原理：点火钥匙上装有一个晶片。每把钥匙所用的晶片有一特定的阻值，其范围在380～12300Ω。点火钥匙除了像普通钥匙那样必须与锁体匹配之外，其晶片电阻值还要与起动机电路相匹配。

当点火钥匙插入锁体时，电阻晶片与电子检测触头接触。当锁体转到ST挡时，钥匙晶片的电阻值输送到电子钥匙解码器。若钥匙晶片的电阻值与电子钥匙解码器中存储的电阻值一致，则起动机工作，同时，起动信号送给发动机ECU，发动机ECU控制燃油喷射系统及点火系统，完成发动机的起动过程。

图 9-8 有锁止转向盘功能的点火开关（丰田车型）

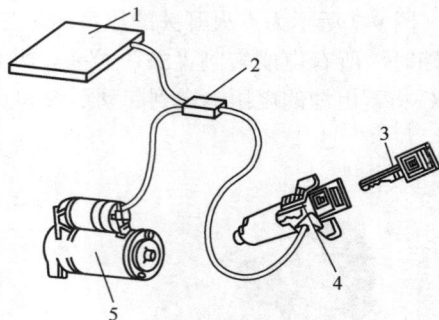

图 9-9 电子钥匙防盗系统

1—发动机ECU 2—电子钥匙解码器 3—电阻晶片
4—电子检测触头 5—起动机

若钥匙晶片的电阻值与电子钥匙解码器中存储的电阻值不一致，电子钥匙解码器便禁止起动机工作。尽管锁体已经转到了起动位置，发动机仍然不能起动。

（4）智能钥匙系统及无钥匙一键起动点火开关

智能钥匙系统也称"无钥匙进入系统"，不同厂家的称呼略有不同。智能钥匙系统大多包括无钥匙进入车内和无钥匙起动功能，部分车型只具有无钥匙进入功能，不能无钥匙起动。目前，宝马、本田、大众、丰田等很多车型采用智能钥匙及无钥匙一键起动点火开关。

提示

智能钥匙系统采用先进的无线射频识别（RFID）技术，通过车主随身携带的智能卡里的芯片感应自动开关门锁。无钥匙进入系统具有出色的防盗功能，每个智能钥匙都有唯一的 ID 码与车辆 ID 码对应。即使简单复制了钥匙，没有 ID 码也不能起动车辆。

① 采用智能钥匙的车型（如大众迈腾、奔驰 E 级轿车），驾驶人只需将智能钥匙插入起动按钮下方的一个插槽中，按下起动按钮就可以起动发动机，如图 9-10 所示。

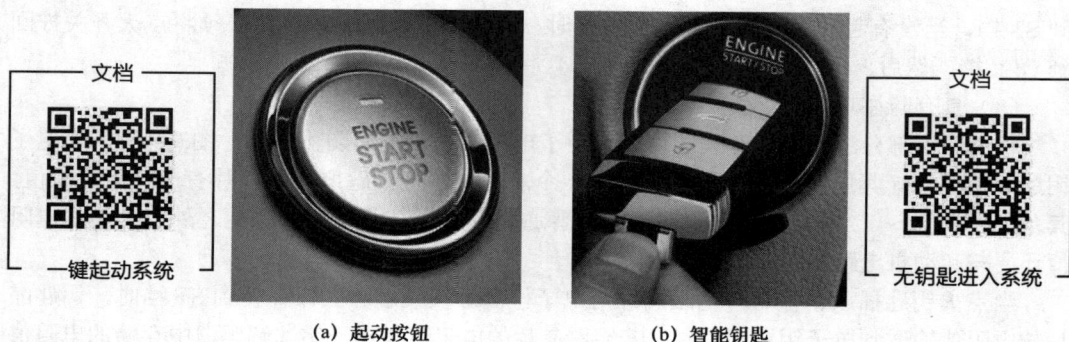

文档

一键起动系统

（a）起动按钮

文档

无钥匙进入系统

（b）智能钥匙

图 9-10 智能钥匙点火开关

智能钥匙系统的功能如下。

a. 当携带智能钥匙走到距驾驶人侧车门把手 1m 以内时，车体外部的信号发射器即可识别到智能钥匙内置的 ID 码，这时只需轻轻拉动门把手，4 个车门便会全部解锁。

b. 在关闭所有车门并离开车辆后，门锁会自动上锁进入防盗状态。有的车辆是轻按驾驶人侧门把手上的锁定键锁定 4 个车门。

c. 当携带智能钥匙靠近行李箱中央位置 0 ～ 7m 以内时，置于尾部的信号发射器也可识别到钥匙内置的 ID 码，按下行李箱盖上的开启按键，行李箱即可解锁并开启。

② 智能无钥匙一键起动系统采用智能卡＋旋钮式无钥匙起动方式，如图 9-11 所示。智能无钥匙一键起动系统

(a) 起动按钮　　　　　(b) 智能卡

图 9-11　智能无钥匙一键起动系统

除了具有智能钥匙系统的功能外，还有一项功能，即：当驾驶人进入车内后，车内检测系统会自动识别智能卡，这时只需按动起动按钮，发动机就会进入正常起动状态，全过程免钥匙用车。

3. 组合开关

为了操作方便，保证行车安全，现在大多数汽车都将灯光开关（前照灯开关、变光开关）、转向灯开关、刮水器开关、洗涤器开关、紧急报警开关等组装在一个组合体内，称之为组合式开关，实物如图 9-12 所示。

图 9-12　组合开关实物

视频　组合开关的检修

视频　组合开关的复装

组合开关是一个多功能开关，一般安装在转向盘下的转向柱上，便于驾驶人操纵。组合开关的操纵手柄上一般均标有表示用途的图形符号。

五、电路保护装置

为防止电路中导线或电气设备过载，在每个用电设备的电路中都需要电路保护装置。当电路中的电流超过规定值时，保护装置可自动将电路切断，防止烧坏电路中导线和电气设备。常用的电路保护装置有熔断器、易熔线和断电器。

1. 熔断器

（1）熔断器的种类与特点

熔断器是最普通的电路保护装置，按结构形式可分为熔管式、绝缘式、插片式、平板式、缠丝式（金属丝式）、陶瓷式等多种形式，常见熔断器的外形如图 9-13 所示。

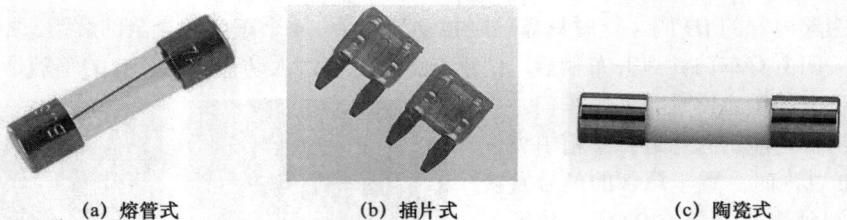

(a) 熔管式   (b) 插片式   (c) 陶瓷式

图 9-13　常见的熔断器

熔断器也称熔丝、保险丝、保险片等，主要用于线路短路保护，其材料多采用铝锡合金。熔断器一般用在负荷不大的电路中，当电路发生短路故障或在电路中电流过载的情况下，可在数秒内迅速熔断，自动切断电路，实施电路的自动保护。

如图 9-14 所示，熔断器集中装在熔断器盒（又称中央配电盒、中央继电器盒、中央线路板等）内，熔断器盒通常位于仪表台里面或仪表台下面的围板上、发动机罩下等位置。

熔断器的规格及控制内容通常标在熔断器的盒盖上（见图 9-15），一些车型通常标注英文缩写字母。

图 9-14　熔断器盒

图 9-15　熔断器的盒盖上标注熔断器的规格及控制内容

（2）熔断器的使用

熔断器与它保护的用电设备串联，电源电压加至熔断器盒内的汇流排，熔断器的一端与汇流排连接，另一端与要保护的用电设备连接。

当熔断器被熔断后，更换新的熔断器时，必须选用额定电流值正确的熔断器，否则对电路及用电设备是有害的。如果换上新的熔断器后立刻又被熔断了，这说明电路出现了故障，此时需要排除故障后再装上新熔断器。

提示

千万不可采用加大熔断器规格的方法来处理新熔断器被熔断的故障，否则极有可能导致线路起火。

（3）典型轿车熔断器的布置

图9-16和图9-17所示为桑塔纳系列轿车熔断器盒正、反面的布置（仪表台左下侧），熔断器的规格及控制内容如表9-2和表9-3所示。

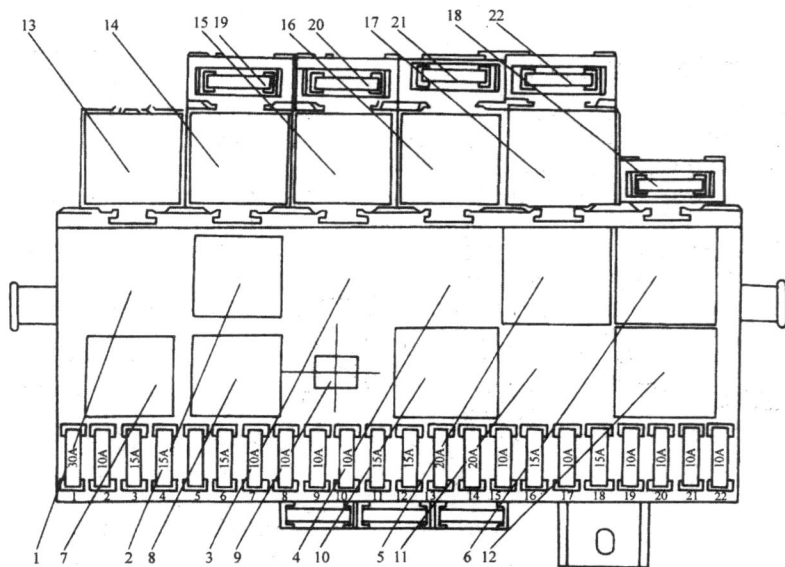

图 9-16　桑塔纳系列轿车熔断器盒正面布置

1、3、4、11—空位　2—进气歧管预热继电器　5—空调组合继电器　6—双音喇叭继电器　7—雾灯继电器　8—X-接触继电器　9—拆卸熔丝专用工具　10—风窗刮水器及洗涤器继电器　12—转向继电器　13—冷却风扇继电器　14、15—电动摇窗机继电器　16—内部照明继电器　17—冷却液位指示继电器　18—后雾灯熔丝（10A）　19—热保护器　20—空调鼓风机熔丝（30A）　21—自动天线熔丝（10A）　22—电动后视镜熔丝（3A）

表 9-2　　　　　　　　　　　　桑塔纳系列轿车熔断器的规格及控制内容

序号	熔断器名称	额定电流 /A	序号	熔断器名称	额定电流 /A
1	电动散热风扇、空调	30	12	电动玻璃升降机	15
2	制动灯	10	13	后窗玻璃加热器	20
3	点烟器、时钟、顶灯	15	14	鼓风机	20
4	报警灯	15	15	倒车灯	10
5	备用		16	喇叭	15
6	雾灯	15	17	进气预热温控开关	10
7	左小灯	10	18	ABS 故障报警灯	15
8	右小灯	10	19	转向灯	10
9	右前照灯远光	10	20	牌照灯、行李箱照明灯	10
10	左前照灯远光	10	21	左前照灯近光	10
11	风窗刮水器及洗涤器	15	22	右前照灯近光	10

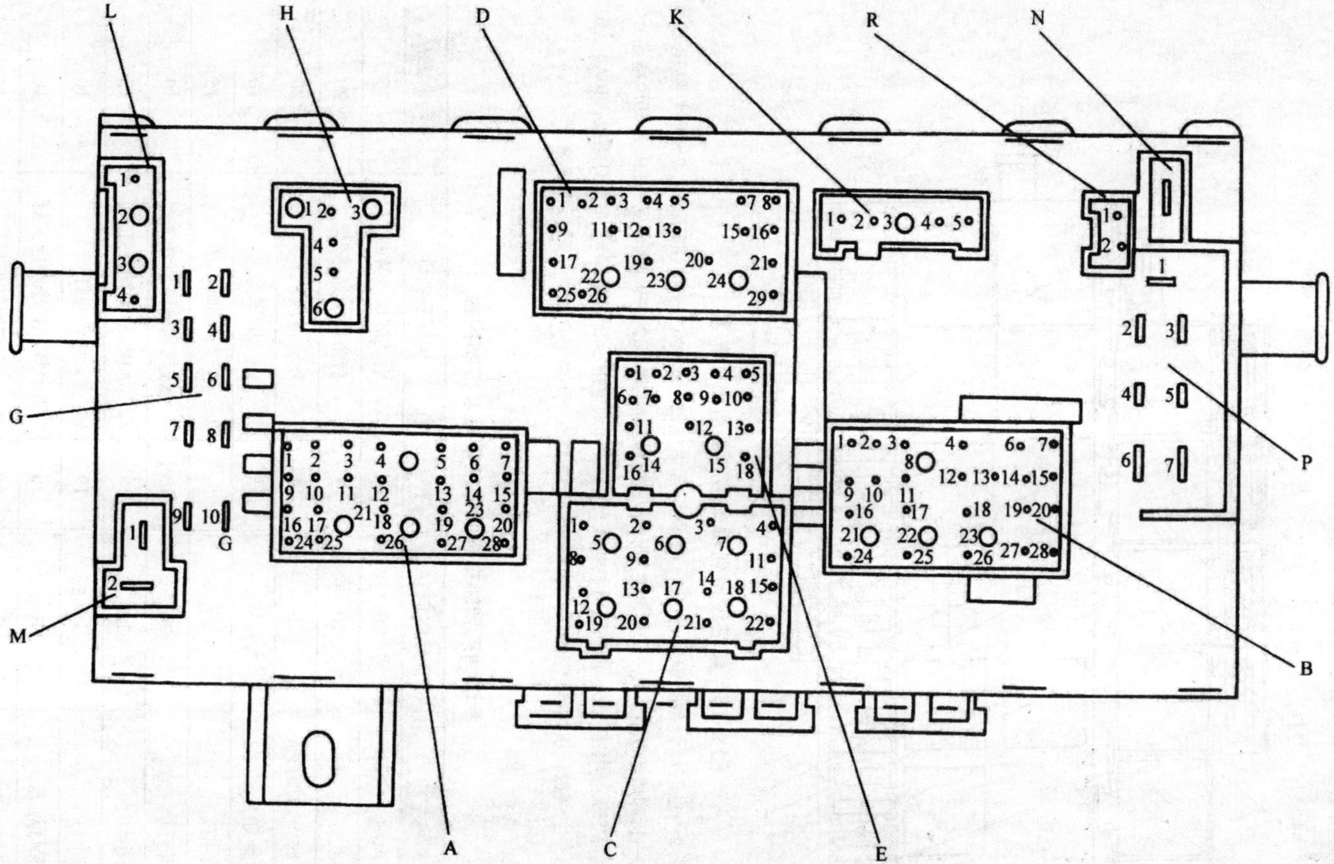

图 9-17 桑塔纳系列轿车熔断器盒反面布置

A—用于仪表板线束，插件颜色为蓝色 B—用于连接仪表板线束 C—用于连接发动机室左边线束 D—用于连接发动机室右边线束，插件颜色为红色 E—用于连接车辆后部线束 F—用于连接车辆后部线束，插件颜色为白色 G—用于连接黑色，插件颜色为黑色线束 H—用于连接空调装置的线束，插件颜色为棕色 K、M、R—空位 L—用于连接双音喇叭等线束，插件颜色为灰色 N—用于单个插头（主要用于冷却液不足指示控制器） H—用于连接空调装置的线束 P—用于单个插头（主要用于蓄电池火线与中央线路板"30"的连接，中央线路板"30"与点火开关"30"接线柱连接）电阻的电源）

2. 易熔线

易熔线是一种大容量的熔断器，用于电源电路和大电流电路的过载保护。易熔线是一种截面积一定，能长时间通过较大电流的合金导线。由易熔材料制造，外表包裹特别的耐热绝缘层。易熔线盒外壳上一般标有额定值，当电流超过易熔线额定电流（或几倍）时，易熔线首先熔断，从而切断电路，以确保电路和用电设备不会损坏。

易熔线比常见导线柔软，长度一般为 50～200mm，通常连接在蓄电池正极端（见图 9-18）或集中安装在中央接线盒内。

图 9-18 易熔线连接在蓄电池正极端

识别易熔线是否熔断主要看包裹易熔线的绝缘层是否起泡。如果起泡，说明已熔断。易熔线不得捆扎在线束内，也不得被车内其他部件包裹。

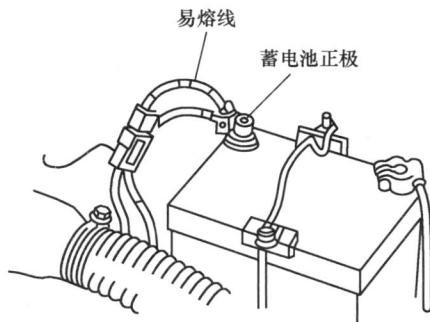

提示

◆不允许换用比规定容量大的易熔线。

◆易熔线熔断，可能是主要电路发生短路故障，因此需要仔细检查相关电路，彻底排除隐患。

3. 断电器（双金属片式）

断电器用于正常工作时容易过载的电路中，断电器是利用双金属片受热变形的原理制成的。断电器按其作用形式有两种类型。

一类是当电路发生过载时，双金属片受热向上弯曲变形，使触点分离，自动切断电路，保护线路及用电设备。排除故障后，须用手按下按钮，使双金属片复位，如图 9-19 所示。

另一类是当电路发生过载时，双金属片受热变形弯曲，触点打开，电路自动切断，当双金属片冷却后，自动复位，触点闭合，电路自动接通，双金属片受热变形，触点再次打开，如此，断电器触点周期地打开和闭合，直至电路不过载为止，如图 9-20 所示。

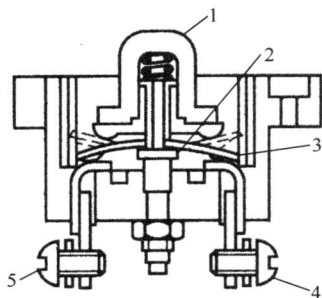

图 9-19 非循环式断电器
1—复位按钮 2—双金属片 3—触点 4、5—接线柱

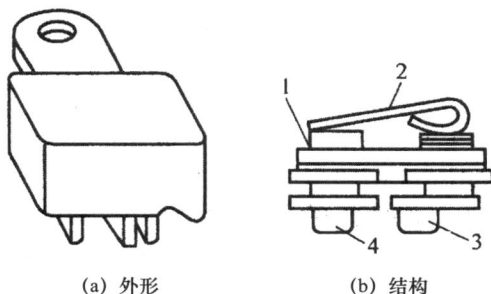

（a）外形 （b）结构
图 9-20 循环式断电器
1—触点 2—双金属片 3、4—接线柱

六、继电器

1. 继电器的作用

继电器可以实现自动接通或切断一对或多对触点，从而控制电路的通断，在电路中起着自动调节、安全保护、转换电路等作用。

在汽车电路中，应用大量的继电器来控制电路的导通与截止，它的主要作用是用小电流控制大电流，即用流经开关的小电流，通过继电器的触点控制用电设备的大电流，这样可保护开关触点不被烧蚀，提高开关的使用寿命。

汽车上常见继电器：电源继电器、预热继电器、前照灯继电器、雾灯继电器、起动继电器、喇叭继电器、鼓风机继电器、空调继电器、电动窗继电器等。多数继电器放置在熔断器盒内，还有一部分继电器随系统的线束而定。

部分继电器实物如图 9-21 所示。

(a) 预热继电器	(b) 起动继电器	(c) 喇叭继电器

图 9-21　部分继电器实物

2. 继电器的结构

继电器一般由电磁铁（包括线圈、铁心）、触点（包括动触点、静触点）、外壳和接线端子（也称引脚）等组成。为了减小继电器线圈断电时产生的自感电动势，保护开关和电子元件，有些继电器线圈两端还并联一个电阻或续流二极管。继电器的内部结构如图 9-22 所示。

3. 继电器的工作原理

只要在继电器线圈两端加上一定的电压，线圈中就会流过一定的电流，从而产生电磁效应，衔铁就会在电磁力吸引的作用下克服返回弹簧的拉力吸向铁心，从而带动衔铁的动触点与静触点（常开触点）吸合。当线圈断电后，电磁的吸力也随之消失，衔铁就会在弹簧的反

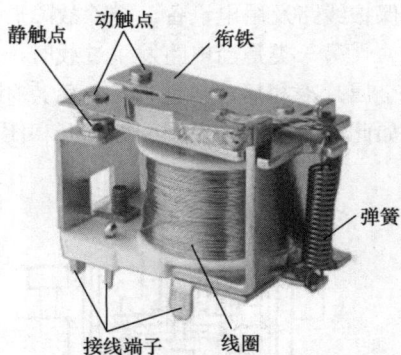

图 9-22　继电器的内部结构

作用力下返回原来的位置，使动触点与静触点（常闭触点）断开。这样吸合、断开，从而达到在电路中导通、切断的目的。

对于继电器的"常开、常闭"触点，可以这样来区分。
◆继电器线圈未通电时处于断开状态的触点，称为"常开触点"，采用常开继电器。
◆继电器线圈未通电时处于接通状态的触点，称为"常闭触点"，采用常闭继电器。

（1）常开继电器的工作原理

如图 9-23 所示，常开继电器（在继电器的控制电路线圈端子 1 和端子 3 不通电时，开关端子 2 和端子 4 保持断开状态）一般都有两个电路，一个是控制电路（图中连接端子 1 和端子 3 的线圈的浅色部分），一个是负载电路（图中连接端子 2 和端子 4 的导线的深色部分）。

其中，控制电路的线圈控制负载电路中开关的开闭：当给控制电路中的线圈（端子 1 和端子 3）接通电流后，线圈中就会产生一个磁场，该磁场会控制负载电路（端子 2 和端子 4）中原来断开的开关使其闭合，从而使负载电路导通；当切断控制电路中的电流后，线圈中磁场消失，负载电路中的开关会因复位弹簧的作用而回复原位（断开状态）。这样，就可以实现以小电流（流过线圈端子 1 和端子 3 间的电流）控制大电流（开关端子 2 和端子 4 间的电流）。

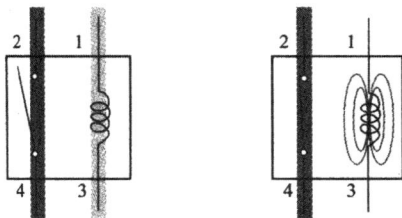

(a) 线圈不通电时（开关断开）　(b) 线圈通电时（开关闭合）

图 9-23　常开继电器的工作原理

（2）常闭继电器的工作原理

常闭继电器的工作原理如图 9-24 所示。常闭继电器和常开继电器的工作原理是一样的，所不同的是，该继电器负载电路中的开关（端子 2 和端子 4）是常闭的。在接通控制电路中的线圈（端子 1 和端子 3）后，开关会在磁力的作用下断开。断开控制电路的电流后，磁场消失，负载电路中的开关就又恢复到闭合状态。

(a) 线圈不通电时（开关闭合）　　　　(b) 线圈通电时（开关断开）

图 9-24　常闭继电器工作原理

（3）继电器的控制类型

根据不同控制需要，继电器的端子是不同的，有端子 3、端子 4、端子 5 等多种，图 9-25 所示为常见继电器的内部原理图。

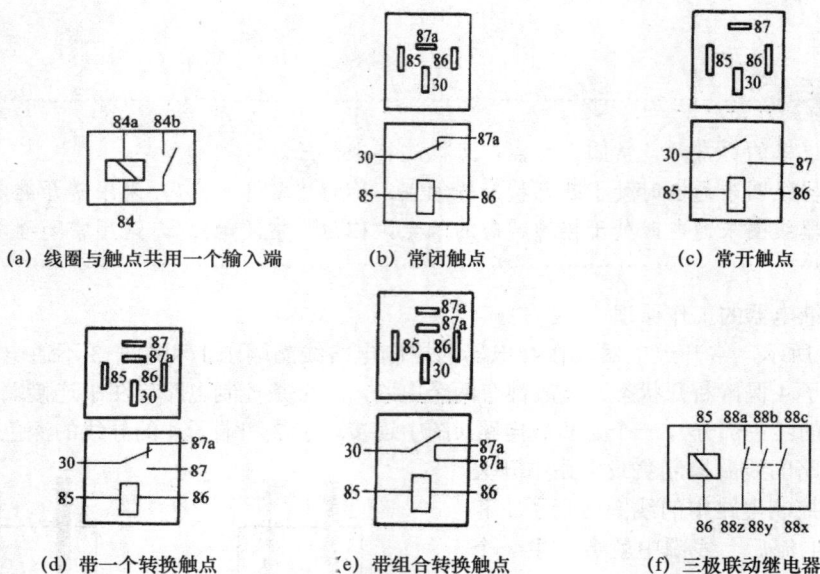

(a) 线圈与触点共用一个输入端　　　(b) 常闭触点　　　　　(c) 常开触点

(d) 带一个转换触点　　　(e) 带组合转换触点　　　(f) 三极联动继电器

图 9-25　常见继电器的内部原理图

任务二　汽车电路图的特点

□ 学习目标 □

（1）能够了解汽车电路图的常用电气符号。

（2）能够掌握汽车电气设备电路接线图的特点、汽车电路原理图的特点、汽车电气设备线束图的特点。

（3）能够掌握识别汽车电路图的方法。

（4）培养遵守社会公德意识。

□ 任务引入 □

在维修汽车电器的过程中，离不开汽车电路图。汽车电路图，就是将充电系统（电源系统）、起动系统、点火系统、照明与信号系统、仪表与电子显示装置、电子控制装置以及辅助电器等全车电气设备，用标准电气图形符号，按照它们各自的工作特性及相互的内在联系，通过开关、熔断器、继电器（或电子控制单元）及导线连接而成的图形。

□ 相关知识 □

一、汽车电路图的类型

常见的汽车电路图有 3 种形式：汽车电气设备电路接线图、汽车电路原理图和汽车电气设备线束图。

现在各汽车公司使用的维修手册，除全车电路图外，还广泛使用系统电路图。系统电路图仅涉及单个系统的电路图。全车电路图和系统电路图不仅符合车上线路的实际连接关系，而且电路清晰，简单明了，对分析各电气设备的工作原理有很大作用。

提示

汽车电路图是汽车维修过程中一个非常重要的工具。电路图上是以电气图形符号来表示的。不同的车型其电路图是不同的，而且电路图还没有采用统一标准。这样在维修过程中，要求先掌握该车型的维修资料，其次要能正确读懂电路图。

二、电路图的常用电气符号

虽然不同车型的电路图不相同，但汽车电路图所采用的符号大体相同。汽车电路图中使用的各种常用电气图形符号如表 9-3 所示。

表 9-3　　　　　　　　　　汽车电路图中使用的各种电气图形名称及符号

名称	图形符号	名称	图形符号	名称	图形符号
蓄电池组	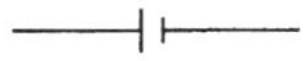	双丝灯	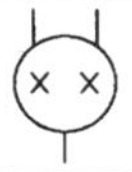	集电环或换向器上的电刷	
直流发电机	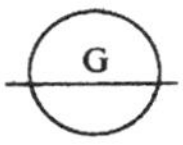	磁感应信号发生器	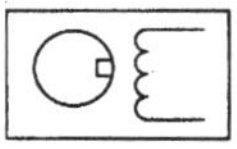	起动机（带电磁开关）	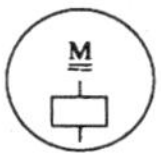
定子绕组为星形（Y）连接的交流发电机	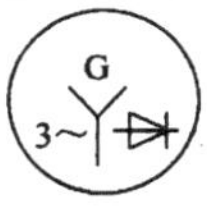	霍尔信号发生器	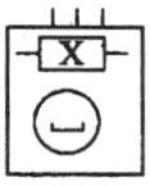	刮水器电动机	
定子绕组为三角形（△）连接的交流发电机	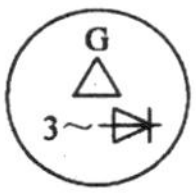	点火电子组件		天线电动机	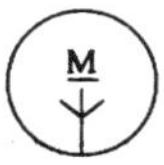
外接电压调节器与交流发电机	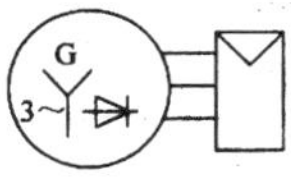	断电器	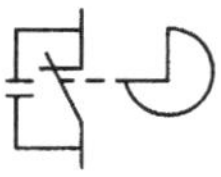	风扇电动机	
整体式交流发电机		直流电动机	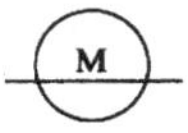	燃油泵电动机、洗涤电动机	
点火线圈		串励直流电动机	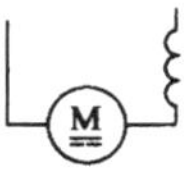	晶体管电动燃油泵	
分电器	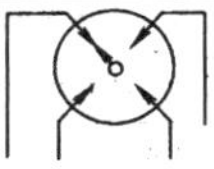	并励直流电动机	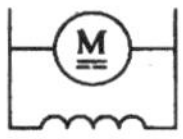	加热定时器	
火花塞		永磁直流电动机		信号发生器	

续表

名称	图形符号	名称	图形符号	名称	图形符号
脉冲发生器	G	电压调节器	U	电喇叭	
闪光器	G	温度调节器	t°	扬声器	
间歇刮水器继电器		转速调节器	n	蜂鸣器	
防盗报警系统		照明灯 信号灯 仪表灯 指示灯	⊗	报警器	
稳压器	U on st	电容器		传声器	
电热器加热元件		可变电容器		熔断器	
加热器（除霜器）		极性电容器		易熔线	
天线		组合灯		电路断电器	
收音机		荧光灯	FL	永久磁铁	
收放机		预热指示器		动合（常开）触点	

续表

名称	图形符号	名称	图形符号	名称	图形符号
动断（常闭）触点		具有动合触点但无自动复位的旋转开关		凸轮控制	
先断后合的转换触点		液位控制开关		热敏开关动合触点	
中间断开的双向转换触点		机油压力开关 OP		电磁离合器	
双动合触点		一般机械操作		热敏自动开关的动断触点	
双动断触点		二极管		热继电器触点	
手动操作开关的一般符号		钥匙操作		热敏开关动断触点	
定位（非自动复位开关）		热器件操作		推拉多挡开关位置	0 1 2
具有动合触点且自动复位的按钮		温度控制 t°		钥匙开关（全部定位）	0 1 2
定位（非自动复位）按钮		压力控制 P		多挡开关点火起动开关瞬时位置为2能自动返回到1（即2挡不能定位）	0 1 2
具有动合触点且自动复位的拉拔开关		制动压力控制 BP		旋转多挡开关位置	0 1 2

续表

名称	图形符号	名称	图形符号	名称	图形符号
节流阀开关		热继电器		机油压力表	OP
一个绕组 电磁铁		点烟器		速度表	v
		空气调节器		时钟	
两个绕组		用电动机操纵的 怠速调速装置	M	数字式电子钟	
电磁铁		指示仪表（单号 按规定的字母或 符号代入）	*	电阻	
不同方向绕组 电磁铁				可变电阻	
触点常开的 继电器		电流表	A	压敏电阻	U
电磁阀的一般 符号		电压表	V	热敏电阻	θ
常开电磁阀		冷却液温度表	t°	滑线式电阻器	
常闭电磁阀		燃油表	Q	传感器的一般 符号（星号按 规定的字母或 符号代入）	*
触点常闭的 继电器		转速表	n		

名称	图形符号	名称	图形符号	名称	图形符号
机油压力表传感器	OP	导线分支连接		PNP型晶体管	
温度表传感器	t°	导线的交叉连接		NPN型晶体管	
空气温度传感器	t°ₐ	导线的跨越		NPN型晶体管集电极接管壳	
冷却液温度传感器	t°w	插座的一极			
燃油表传感器	Q	插头的一极		三极晶体闸流管	
空气流量传感器	AF	插头和插座		电感器、线圈、绕组、扼流圈	
氧传感器	λ	多级插头和插座（示出的为三极）		带磁心的电感器	
爆燃传感器	K				
转速传感器	n	稳压管		边界线	
速度传感器	υ	发光二极管		屏蔽（护罩）	
空气压力传感器	AP	光敏二极管		屏蔽导体	
制动压力传感器	BP	仪表照明调光电阻		搭铁	

三、汽车电气设备电路接线图的特点

图 9-26 所示为汽车电气设备电路系统接线图。接线图是按照电气设备在汽车上的大致安装位置来绘制的电路图。

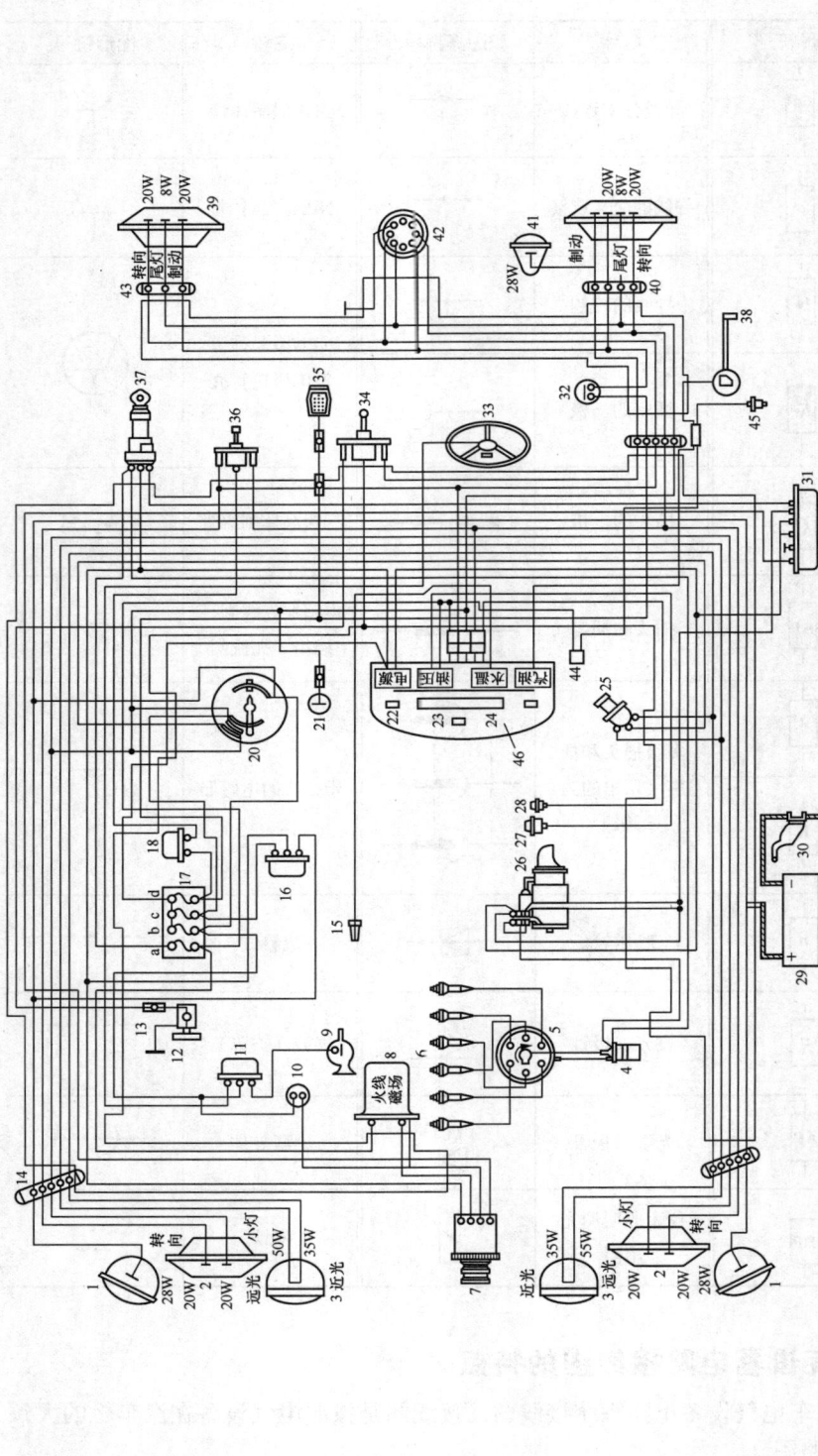

图 9-26 汽车电气设备电路系统接线图

1—前侧灯 2—组合前灯 3—前照灯 4—点火线圈 5—分电器 6—火花塞 7—发电机 8—调节器 9—喇叭 10—工作灯插座 11—喇叭继电器
12—暖风电动机 13—接线盒 14—五线接线板 15—冷却液温度传感器 16—灯光继电器 17—熔断器盒 18—闪光器 19—车灯开关 20—车灯罩下灯 21—发动机罩下灯
22—左右转向指示灯 23—低油压警告灯 24—车速里程表 25—变光开关 26—起动机 27—机油压力表传感器 28—低油压报警开关 29—蓄电池 30—电源总开关 39—组合后灯
31—二线接线板 32—制动灯开关 33—喇叭按钮 34—后照灯和暖风电动机开关 35—驾驶室顶灯 36—转向灯开关 37—点火灯开关 38—燃油表传感器
40—四线接线板 41—后照灯 42—牲牛插座 43—三线接线板 44—低气压报警开关 45—低气压蜂鸣器 46—仪表板

电气设备电路系统接线图的优点：这种图的电气部件的外形和安装位置与汽车实际比较接近，整车电气设备数量准确，线路的走向清楚，有始有终，查找起来比较方便。

电气设备电路系统接线图的缺点：图上电线纵横交错，印制版面小且不易分辨，版面过大印装又受限制；识图、画图费时费力，不易抓住电路重点、难点；不易表达电路内部结构与工作原理。因此，在电气系统复杂程度不高的情况下常采用接线图。

四、汽车电路原理图的特点

汽车电路原理图如图 9-27 所示。电路原理图重在表达各电气系统电路的工作原理，既可以是全车电路图，也可以是各系统电路原理图。尽管各汽车制造公司的表达方式不一，但一般都具有以下特点。

（1）通过电气图形符号表达各电器。

（2）在大多数图中，电源线在图上方，搭铁线在图下方，电流方向自上而下。电路图中电器串、并联关系十分清楚，电路图易于识读。

（3）各电气元件不再按电器在车上的安装位置布局，在图中合理布局，使各系统处于相对独立的位置，从而易于对各用电设备进行单独的电路分析。

（4）各电器旁边通常标注有电器名称及代码（如控制器件、继电器、过载保护器件、用电器、铰接点及搭铁点等）。

（5）电路原理图中所有开关及用电器均处于不工作的状态，如点火开关断开、发动机不工作、车灯关闭等。

（6）导线一般标注有颜色和规格代码，有的车型还标注有该导线所属电气系统的代码。根据以上标注，易于对照定位图找到该电器或导线在车上的位置。

（7）原理图能用简明的图形符号按电路原理将每个电器与电子控制系统合理连接，再将每个系统按一定顺序排列（系统包括：电源系统、起动系统、点火系统、照明系统、仪表系统、电子控制系统等）。

五、汽车电气设备线束图的特点

线束图是根据汽车线束在汽车上的布置、分段以及各分支导线端口的具体连接情况而绘制的电路图，其重点反映的是已制成的线束外形，组成线束各导线的规格大小、长度和颜色，各分支导线端口所连接的电气设备的名称、连接端子和护套的具体型号，线束各主要部分的长度等。因此，线束图主要用于汽车线束的制作和较方便地连接电气设备。在有的车型线束图上还表示了各段线束在汽车上的具体布置情况，即所谓的汽车线束布置图，以便于在汽车上安装。

汽车电气设备线束图如图 9-28 所示。

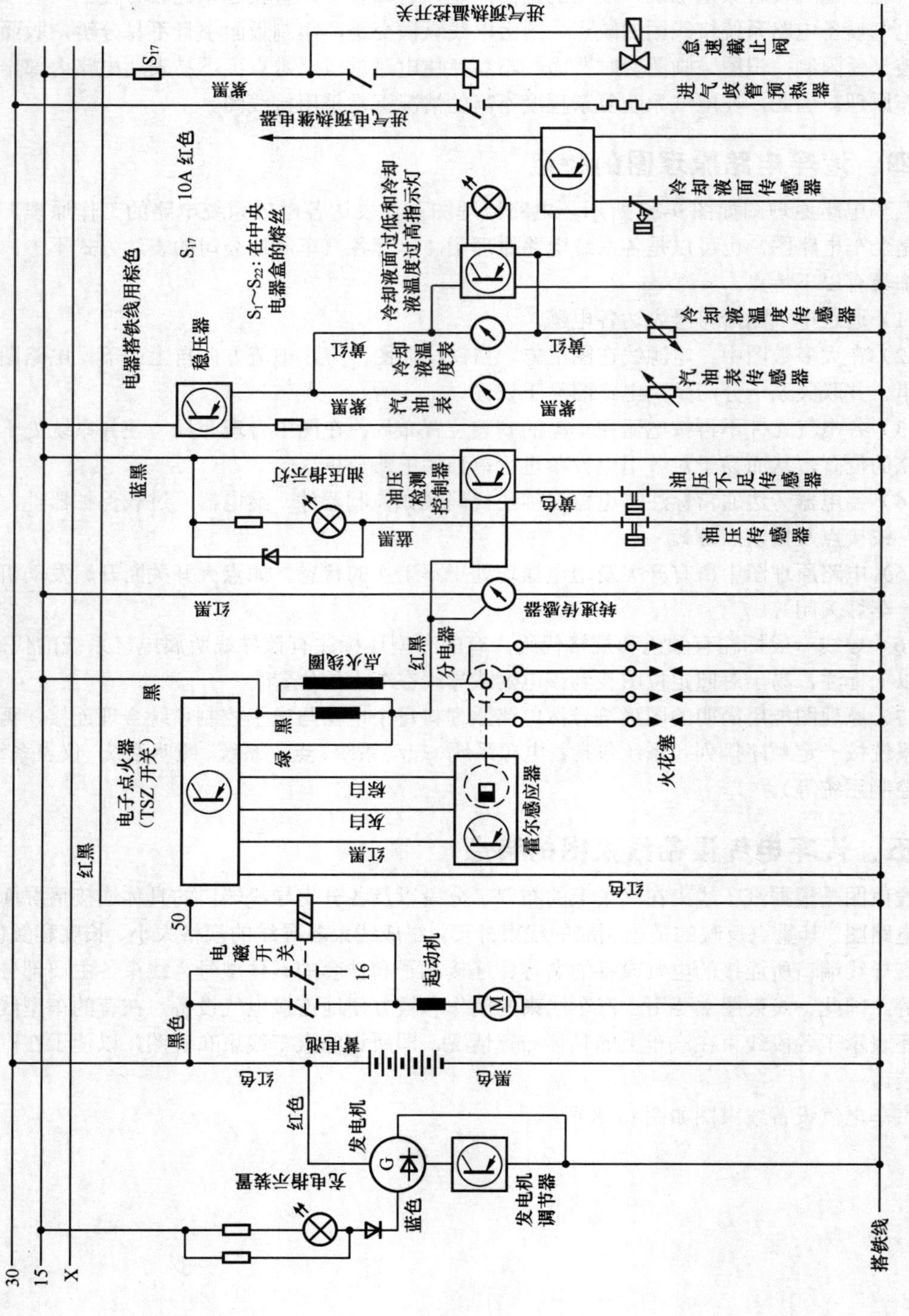

图 9-27　汽车电路原理图

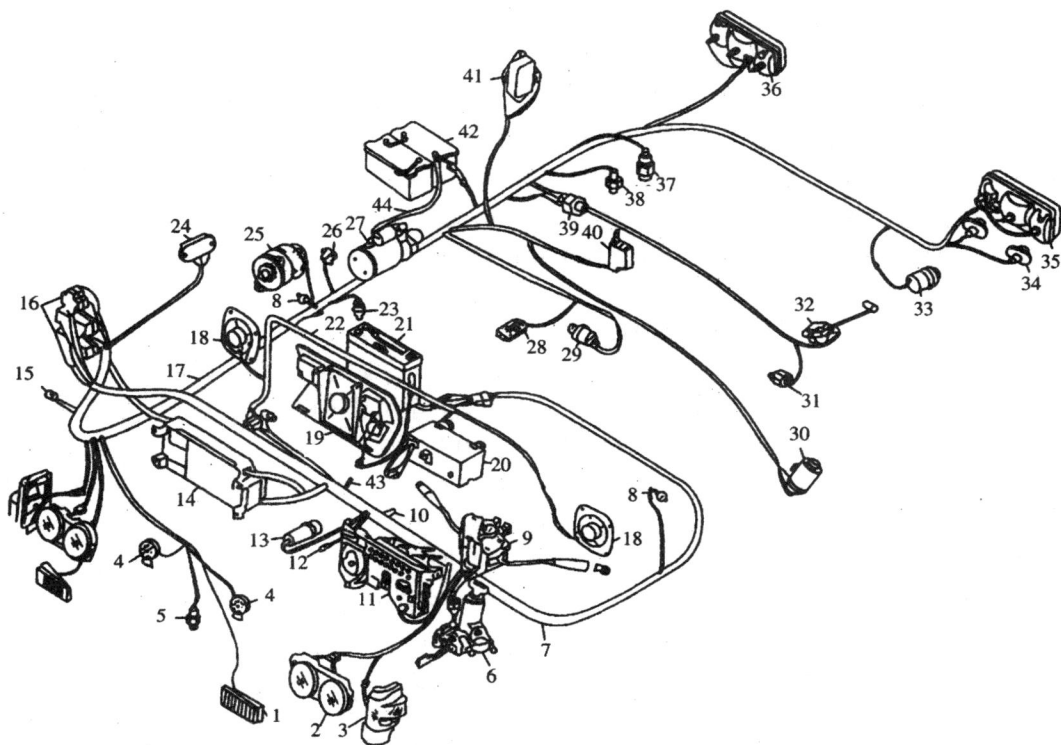

图 9-28　汽车电气设备线束图

1—左、右雾灯总成　2—左、右前照灯总成　3—左、右前小灯总成　4—喇叭总成　5—前制动灯开关　6—起动
开关总成　7—车身线束总成　8—车门报警开关总成　9—组合开关　10—空调器按钮　11—仪表板总成　12—烟灰盒
照明灯　13—点烟器总成　14—熔断器总成　15—洗涤器接线　16—插接器　17—底盘线束总成　18—扬声器总成
（放音机用）　19—驾驶室室内灯总成　20、21—收放机总成　22—室内灯线束总成　23—冷却液温度表预热控制器
传感器　24—交流发电机调节器总成　25—交流发电机总成　26—机油压力警报开关　27—起动机总成　28—空气
加热器　29—机油压力表及警报指示灯传感器　30—起动继电器总成　31—气压警报开关　32—油量表传感器
33—倒车蜂鸣器总成　34—牌照灯总成　35—左组合后灯　36—右组合后灯　37—气压制动报警开关
38—后制动灯开关　39—倒车灯开关　40—驾驶室翻转开关　41—起动预热继电器总成
42—蓄电池总成　43—暖风电动机接线　44—起动机接蓄电池电线总成

六、识别汽车电路图的要领

1. 识别汽车电路图的总体要领

（1）牢记电气图形符号

汽车电路图是利用电气图形符号来表示其构成和工作原理的。因此，必须牢记电路图形
符号的含义，才能看懂电路原理图。

（2）熟记电路标记符号

为了便于绘制和识读汽车电路图，有些电气装置或其接线柱等上面都有不同的标志

代号。

（3）掌握各种开关在电路中的作用

对多层多挡接线柱的开关，要按层、按挡位、按接线柱逐级分析其各层各挡的功能。有的用电设备受两个以上单挡开关（或继电器）的控制，有的受两个以上多挡开关的控制，其工作状态比较复杂。当开关接线柱较多时，首先抓住从电源来的一两个接线柱，再逐个分析与其他各接线柱相连的用电设备处于何种挡位，从而找出控制关系。

对于组合开关，实际线路是在一起的，而在电路图中又按其功能画在各自的局部电路中，遇到这种情况必须仔细研究识读。

（4）浏览全图，分割各个单元系统

① 熟记各局部电路之间的内在联系和相互关系。要读懂汽车电路图，首先必须掌握组成电路的各个电气元件的基本功能和特性。在大概掌握全图基本原理的基础上，再把一个个单元系统电路分割开来，这样就容易抓住每一部分的主要功能及特性。

② 在框画各个系统时，一定要遵守回路原则，注意既不能漏掉各个系统中的组件，也不能多框画其他系统的组件，一般规律：各电气系统只有电源和总开关是公共的，其他任何一个系统都应是一个完整的、独立的电气回路，即包括电源、开关（熔丝）、电器（或电子线路）、导线等。从电源的正极经导线、开关、熔断器至电器后搭铁，最后回到电源负极。

③ 从整车电路来讲，各局部电路除电源电路公用外，其他单元电路都是相对独立的，但它们之间也存在着内在联系（如信号共享）。因此，识图时，不但要熟悉各局部电路的组成、特点、工作过程和电流流经的路径，还要了解各局部电路之间的联系和相互影响。这是迅速找出故障部位、排除故障的必要条件。

（5）牢记回路原则

任何一个完整的电路都是由电源、熔断器、开关、控制装置、用电设备、导线等组成的。电流流向必须从电源正极出发，经过熔断器、开关、控制装置、导线等到达用电设备，再经过导线（或搭铁）回到电源负极，才能构成回路。因此读图时，有 3 种思路：

① 沿着电路电流的流向，由电源正极出发，查找用电设备、开关、控制装置等，回到电源负极；

② 逆着电路电流的方向，由电源负极（搭铁）开始，经过用电设备、开关、控制装置等回到电源正极；

③ 从用电设备开始，依次查找其控制开关、连线、控制单元，到达电源正极和电源负极（搭铁）。

实际应用时，可视具体电路选择不同读图思路，但有一点值得注意：随着电子控制技术在汽车上的广泛应用，大多数电气设备电路同时具有主回路和控制回路，读图时要兼顾两回路。

2. 典型轿车电路图的识读

下面以桑塔纳 2000GSi 轿车为例，介绍大众车系电路图的识读要领。

图 9-29 所示为汽车生产厂家提供的桑塔纳 2000GSi 轿车发动机电控汽油喷射系统和点火系统电路图，该图是一幅与电路原理图比较接近的电路布线图。

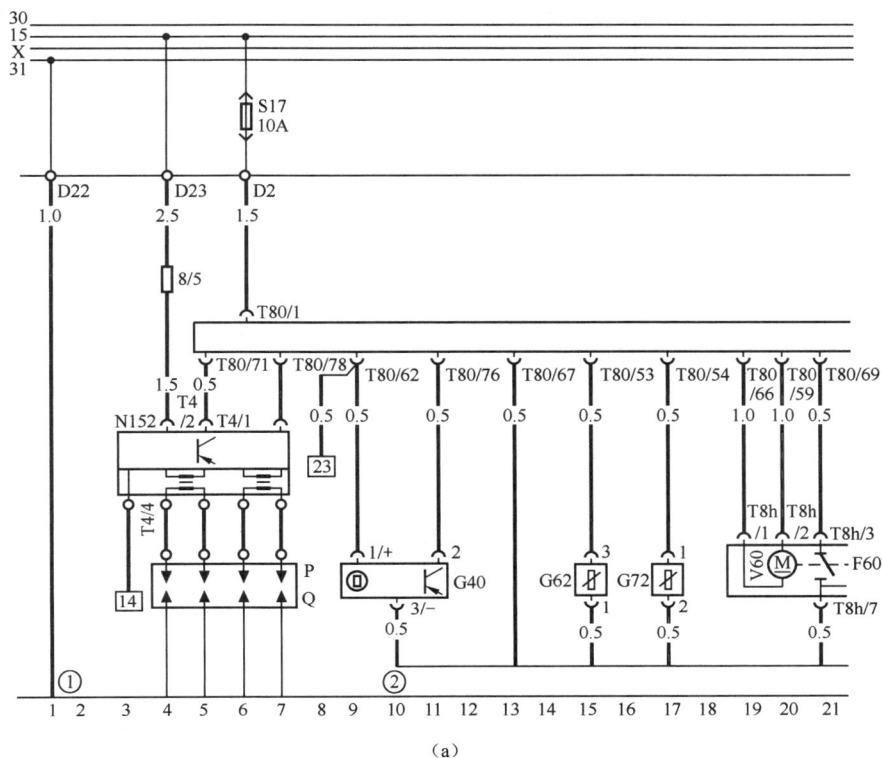

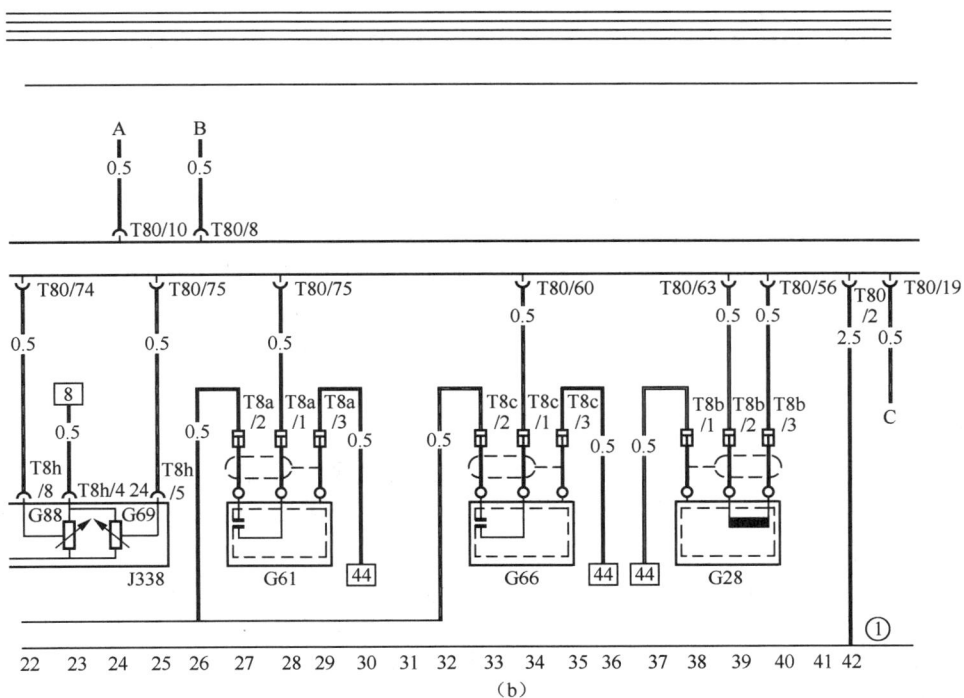

图 9-29　桑塔纳 2000GSi 轿车发动机电控汽油喷射系统和点火系统电路图

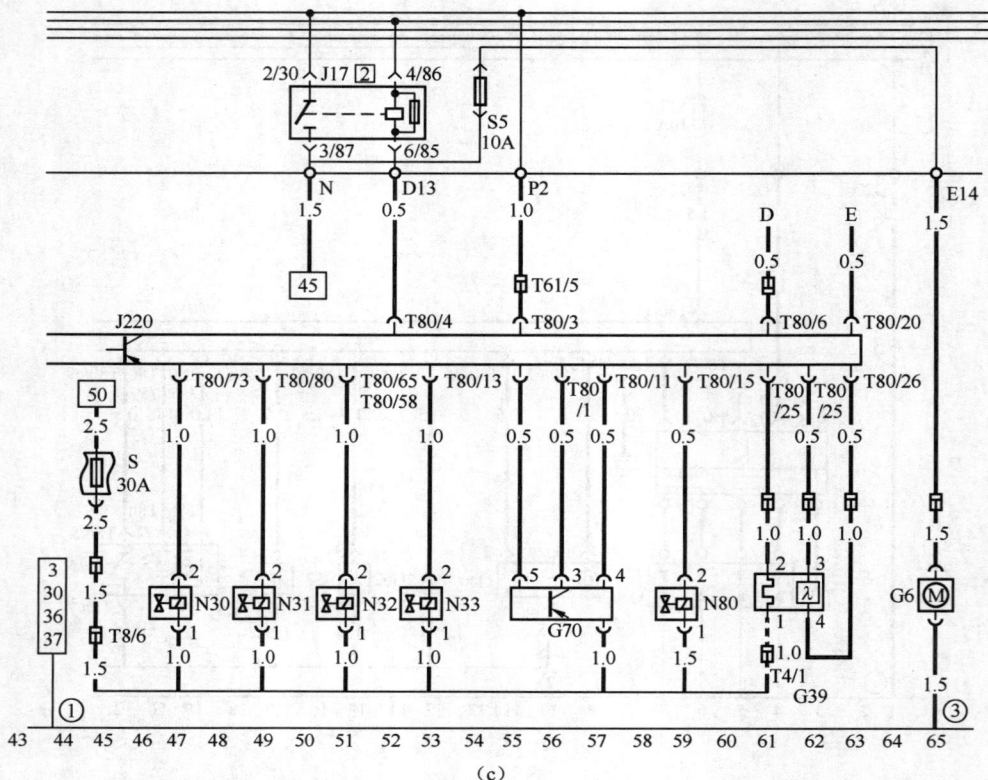

图 9-29　桑塔纳 2000GSi 轿车发动机电控汽油喷射系统和点火系统电路图（续）

A—空调A/C开关信号　B—空调压缩机信号　C—自诊断E线　D—发动机转速信号　E—车速信号　F60—怠速开关　G6—燃油泵　G28—转速传感器（灰色插头）　G39—氧传感器　G40—霍尔传感器　G61—1、2缸爆燃传感器（白色插头）　G62—冷却液温度传感器　G66—3、4缸爆燃传感器（蓝色插头）　G69—节气门电位计　G70—空气质量流量计　G72—进气温度传感器　G88—怠速节气门电位计　J17—燃油泵继电器　J220—控制单元　J338—节气门体　N30—第1缸喷油器　N31—第2缸喷油器　N32—第3缸喷油器　N33—第4缸喷油器　N80—活性炭罐电磁阀　N152—点火线圈　P—火花塞插头　Q—火花塞　S—附加熔丝（30A）　S5—燃油泵熔断器（10A）　S17—控制单元熔丝（10A）　V60—怠速控制器　①—发动机搭铁点（在发动机控制单元的旁边）　②—传感器到控制单元搭铁连接　③—中央接线盒左侧星形搭铁插座

（1）掌握具体电路图的特点

以桑塔纳轿车的电路图为例，该电路图与其他车型的电路图相比，有一定的特点。它不仅用于表达汽车电气系统中主要元器件的线路走向，而且还表达了电气线路的结构情况。其主要特点如下。

① 按同一系统控制电路依次排列。整个电路都是从左向右纵向排列的，同一系统的电路放在一起，在整个电路图中放在某一范围，构成一个局部完整的控制系统。

② 电路图中最下端的顺序数字编号，使维修人员或用户根据此号方便地寻找各电气部件在电路图上的位置。

③ 中央接线盒内的成型铜片表示方法。电路图上方的 4 条横线，用来表示压装在中央接线盒塑料盘身内的成型铜片。其中 3 条是引入接线盒内的不同用途的火线，一条是搭铁线。线端标号为"30"的是常火线，直接与蓄电池正极相接；标号为"15"的是从点火开关 15 接线柱引出的受点火开关控制的小容量用电器的火线；标号为"X"的是受卸荷继电器控制的大容量用电器的火线，只有当卸荷继电器触点闭合时（卸荷继电器受点火开关控制，利用卸荷继电器减少通过点火开关的电流，保护点火开关），才能将 30# 线的电流引入 X# 线；标号为"31"的为搭铁线，它与中央接线盒支架搭铁点相连接。

④ 整个电路转折交叉很少。有些线路比较复杂的电器，为了使它们有机地连接起来而不破坏图面的纵向性，采用断线带号法加以解决。例如，图 9-29（c）所示的最下端的电路编号 45 的上方，在上半段电路终止处的 50，表示该电路的下半段应在电路图最下端的电路编号为 50 的位置上寻找；同样，在 50 位置下半段电路起始端也标有 45，说明其上半段电路应在电路图最下端的电路编号为"45"位置上寻找。通过这 4 个数字，就把画在不同位置的同一电路的上、下两段连接起来了。

⑤ 线路中的连接插头统一表示。线路中的连接插头统一用字母 T 作为代号，紧接的数字表示该插头的孔数以及连接导线对应孔的序号。例如，T4/2 表示该插头为 4 孔，连接导线对应的插孔序号为 2；T80/71 表示该插头（T80 为电控单元上的连接插头）为 80 孔，连接导线对应的插孔序号为 71。

⑥ 线路中的连接导线都有铜芯截面积的直径（m），如数字 1.5 和 1.0 表示此线径为 1.5 mm 和 1.0 mm。

⑦ 整个电路突出以中央接线盒为中心。电路图上方第 5 条横线以上的部分，表明了中央接线盒中安装的器件与导线。例如，图 9-29（c）中 J17 为燃油泵继电器，上侧小方框内的数字是 2，表示该继电器插在中央接线盒正面板的第 2 号位置上。燃油泵继电器 J17 的周围标有 2/30、4/86、3/87、6/85 等 4 组数字，其中分母 30、86、87、85 是指该继电器上 4 个插脚的标号，分子 2、4、3、6 是指中央接线盒正面板第 2 号位置上相应的 4 个插孔。

又如，S5 为燃油泵熔断器，位于中央接线盒正面板下方熔断器安装部位的右起第 5 个位置，额定电流为 10A。电路图上方第 5 条横线上标有中央接线盒背面插接器的代号 D、N、P、E 等，代号后面的数字表明了该插接器连接的导线在插接器中的插孔位置，如 E14 表示插接器 E 上第 14# 插孔，N 表示该插接器只有 1 个插孔；同理，D23、D7、D13 分别表示插接器 D 的第 23#、7#、13# 插孔，而且凡是接点标有同一代号的所有导线都在车上的同一线束内，这也为实际工作中查找线路提供了方便。

⑧ 该电路图标明电器的搭铁方式和部位。电路图底部横线表示搭铁线，导线搭铁端标注有带圈的数字代号，如①、②、③等表示搭铁点的位置。从图 9-29 中可以看出，在汽车上，不是所有电器都直接与金属车体相连接而搭铁的，有的通过搭铁插座，有的则通过其他电器或电子设备再搭铁连接。

⑨ 有的原版电路图为彩色图，故电路中导线没有标明颜色代号。不是彩色的电路图上用汉字或英文字母标明导线颜色。

提示

弄清了桑塔纳轿车电路图的上述特点，再按照一般电路图的读图要领，读懂这一电路图就不难了。

（2）一般电路图的读图要领

① 对照图注和图形符号。熟悉有关元器件名称及其在图中的位置、数量和接线情况，例如，图 9-29（c）中，G6 为燃油泵，J17 为燃油泵继电器，S5 为燃油泵熔断器（10A）等。燃油泵一端通过熔断器 S5 接至燃油泵继电器 J17 的输出端，另一端接至中央接线盒左侧星形搭铁插座③。

② 根据"回路原则"分析电路。任何一个电路都应是一个完整的电气回路，其中包括电源、开关（或熔断器）、电器（或电子线路）、导线和插接器等，并从电源正极经导线、开关（或熔断器）至用电器后搭铁，回到同一电源的负极。仍以燃油泵为例，电源从蓄电池正极（30# 电源线）经闭合的燃油泵继电器触点、熔断器 S5 至燃油泵（电动机）G6，再经中央接线盒左侧的星形搭铁插座③搭铁，回到蓄电池负极。

③ 注意电路中开关或继电器的状态。大多数电器或电子设备都是通过开关（包括电子开关）或继电器的不同状态而形成回路或改变回路实现不同功能的。例如，上述燃油泵 G6 的回路必须在燃油泵继电器触点闭合时才能形成，而燃油泵继电器触点闭合的条件是继电器线圈得电导通。同理，从电路图可以看出，燃油泵继电器线圈必须在电控单元 J220 中起开关作用的晶体管导通时才能通过电控单元中的搭铁点形成回路。

注意

对于采用多挡点火开关或组合开关的电路，还应注意：

蓄电池（或发电机）电流是通过什么途径到达这个开关的，中间是否经过其他开关或熔断器，火线接在开关的哪个接线柱上；

多挡开关共有几个挡位，开关内部有几个同时或分别动作的触刀，在每一挡位各接通或关断哪些电器；

组合开关由哪些开关或按钮组合而成，各通过哪些触点接通电路或改变回路等。

④ 要善于利用汽车电路特点，把整车电路化整为零。汽车电路的单线制、各电路负载相互并联以及两个电源也相互并联等特点，为把整车电路化整为零进行读图提供了方便。整车电路可以按前面所述的组成汽车电路的各个分电路逐一进行分析；对于各分电路同样可以采取各个击破的办法进行识读。例如，电子控制系统电路，就可以分成发动机电子控制系统、自动变速器电子控制系统、制动防抱死电子控制系统等电路；发动机电子控制系统又可分为汽油喷射控制、点火控制、排放控制等不同电路。

小　结

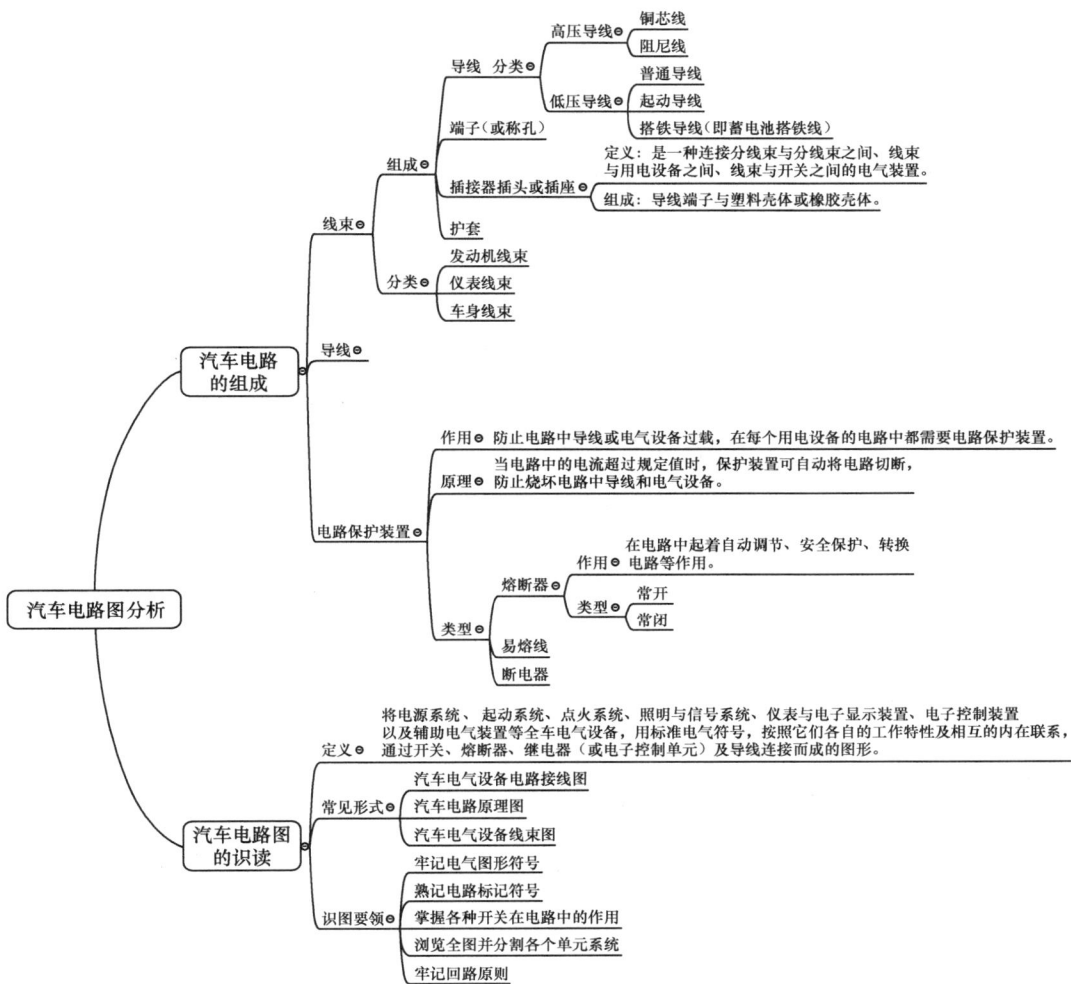

练习思考题

1. 汽车电路中的导线分为哪几种？
2. 汽车线束由哪些部件组成？汽车上有哪些线束？
3. 常见的汽车电路保护装置有哪几种？
4. 继电器有何作用？举例说明继电器的工作原理。
5. 什么是汽车电路图？
6. 常见的汽车电路图有哪几种形式？试举例说明。
7. 识别汽车电路图的总体要领有哪些？

参考文献

[1] 毛峰 . 汽车电气设备与维修 [M]. 北京：机械工业出版社，2007.

[2] 凌永成，等 . 汽车电气设备 [M]. 2 版 . 北京：北京大学出版社，2010.

[3] 高昌和 . 汽车电气系统检修 [M]. 北京：化学工业出版社，2010.

[4] 段伟 . 汽车电器构造与维修 [M]. 北京：中国水利水电出版社，2010.

[5] 边焕鹤 . 汽车电器与电子设备 [M]. 北京：人民交通出版社，2006.

[6] 徐向阳 . 汽车电器与电子控制技术 [M]. 北京：机械工业出版社，2002.

[7]Wilfried Staudt. 汽车机电技术（一）学习领域 1 ～ 4[M]. 华晨宝马汽车有限公司，组译 . 北京：机械工业出版社，2008.

[8] 明光星，等 . 汽车电器实训教程 [M]. 北京：中国人民大学出版社，2010.

[9] 杨智勇 . 汽车车身电气维修问答 [M]. 北京：中国电力出版社，2006.

[10] 韩梅，等 . 机动车电器维修人员从业资格考试必读 [M]. 北京：金盾出版社，2008.

[11] 舒华，等 . 汽车电气设备构造与维修 [M]. 北京：金盾出版社，2006.

[12] 周建平 . 汽车电气设备构造与维修 [M]. 北京：人民交通出版社，2007.

[13] 李春明 . 汽车电器与电路 [M]. 北京：高等教育出版社，2003.

[14] 胡光辉 . 汽车电气设备构造与维修 [M]. 北京：机械工业出版社，2008.

[15] 孙余凯，等 . 汽车电器识图技巧 [M]. 北京：人民邮电出版社，2003.